高等职业院校汽车类规划教材
编审委员会

普通高等学校“十二五”省级规划教材
高等职业院校汽车类规划教材

汽车空调结构与检修

QICHE KONGTIAO JIEGOU YU JIANXIU

主　　审　黄道业
主　　编　姜继文
副 主 编　张秋华　毛光峰　王仕雄
编写人员（以姓氏笔画为序）
王仕雄　毛光峰　江　伟
张秋华　陈梦雅　姜继文

中国科学技术大学出版社

内 容 简 介

本书是按照国家新标准要求及国家“十二五”规划教材要求进行编写的，是安徽省“十二五”规划教材和安徽省示范性高等职业院校合作委员会（简称“A联盟”）汽车类专业规划教材。本书采用工学结合、基于工作过程导向的项目化编写模式，使理论与实践有机地结合在一起，具有很强的针对性和实用性。

全书分为7个项目，主要内容包括了汽车空调技术的主要知识点：汽车空调系统基础知识、汽车空调制冷系统检修、汽车空调供暖系统检修以及汽车空调通风、净化和配气系统检修以及汽车空调控制系统检修、汽车空调系统的维护与检修、汽车空调系统故障诊断与检修等。

本书内容翔实，图文并茂，通俗易懂，突出职业岗位高技能人才的培养，对关键问题分析透彻，新增实用内容多，可作为高职高专汽车类专业教材，也可作为学习现代汽车空调技术的培训用书，还可以供汽车维修技术人员、汽车生产和科研人员参考。

图书在版编目(CIP)数据

汽车空调结构与检修/姜继文主编. —合肥：中国科学技术大学出版社，2015.2
ISBN 978-7-312-03659-0

Ⅰ.汽… Ⅱ.姜… Ⅲ.①汽车空调—构造 ②汽车空调—维修 Ⅳ.①U463.850.3 ②U472.41

中国版本图书馆CIP数据核字(2014)第304029号

出版 中国科学技术大学出版社
安徽省合肥市金寨路96号，230026
http://press.ustc.edu.cn
印刷 合肥市宏基印刷有限公司
发行 中国科学技术大学出版社
经销 全国新华书店
开本 787 mm×1092 mm 1/16
印张 16.5
字数 412千
版次 2015年2月第1版
印次 2015年2月第1次印刷
定价 36.00元

序

安徽省示范性高等职业院校合作委员会(Cooperative Commission of Vocational Colleges Under Model Construction in Anhui Province),简称“A联盟”,由安徽省教育厅牵头组建,以国家示范、省示范高等职业院校为主体,坚持“交流、合作、开放、引领”的理念,连接政府、学校与社会,以实现优势互补、互惠互利、资源共享,构建安徽省示范院校交流与合作的平台,引领和深化安徽省高等职业教育的改革与发展。

“A联盟”汽车类专业建设协作组(皖高示范合[2012]5号)是安徽省示范性高职院校合作委员会中的一个专业指导组,在“A联盟”指导下负责安徽省高职汽车类专业教学的研究和指导。组长由安徽职业技术学院姚道如教授担任,副组长分别由安徽水利水电职业技术学院余承辉教授、芜湖职业技术学院安宗权副教授、六安职业技术学院何其宝副教授担任,秘书长由安徽汽车职业技术学院宋晓敏主任担任。关于汽车专业和课程建设,“A联盟”多次召开会议讨论,并根据《高等职业学校专业教学标准(试行)》制定了汽车类专业课程体系,成立了教材编审委员会,编写系列教材。此套教材具有下列特色:

1. 此套教材为安徽省示范性高等职业院校合作委员会规划教材

教材的研究、开发、推广及应用是以“A联盟”为平台的,主编和参编人员均为“A联盟”一线骨干教师。

2. 以标准为准绳

教材以教育部职业教育与成人教育司最新发布的《高等职业学校专业教学标准(试行)》为准绳,以汽车行业标准为依据,并结合安徽省实际情况展开编写。

3. 体现校企合作

参与教材编写的企业人员为奇瑞汽车股份有限公司、江淮汽车股份有限公司及安徽汽车贸易公司等企业的技术骨干。

4. 紧跟产业升级

将新工艺、新结构、新技术、新管理等引入教材,贴近汽车企业生产、工艺、维修、销售等实际情况。

5. 编写理念新,具有“教、学、做”的可操作性

教材根据相应课程特点,采用适合的编写模式编写:专业及核心课程采用项目或任务驱动等模式编写,而公共基础课程采用章节形式编写。在编写过程中充分考虑实际教学中“教、学、做”的可操作性。

6. 体现中高职衔接

教材内容选取、专业能力培养、方法能力培养、社会能力培养以及评价标准体现中高职衔接的发展方向。

该套教材的出版将服务于高职院校汽车类专业教育教学改革，促进汽车类专业高端技能人才的培养。

安徽省示范性高等职业院校合作委员会汽车专业协作组
2013 年 6 月 11 日

前　言

随着科技的发展和社会的进步，汽车已经成为人们生活工作中不可缺少的交通工具，中国汽车普及率已经迅速逼近发达国家的水平，我国汽车的销量已经全球第一。然而从整个售后市场来看，国内汽车检测诊断与维修行业的专业人才数量远远不能满足需要，汽车检测诊断与维修技术人才已经成为国内紧缺型人才之一。

汽车空调检修技术是汽车院校师生们及维修人员公认的重点中的难点技术。本书在编写中坚持以学生为主体，以培养技术应用型人才为根本任务，以培养汽车维修人员必备的能力和基本素质为主线的原则。在内容编排上，以国家有关职业标准为基本依据，摒弃“繁难偏旧”的内容；在结构安排上，充分考虑学生的接受能力，从基本的理论知识介绍开始，循序渐进地讲解各个知识点；在内容呈现形式方面，力求图文并茂、通俗易懂，适于学生课堂学习；课后还设有习题，用于学生课堂学习之余巩固所学知识点。

本书由7个项目组成，包含了汽车空调技术的主要知识点：汽车空调系统基础知识、汽车空调制冷系统检修、汽车空调供暖系统检修、汽车空调通风、净化和配气系统检修、汽车空调控制系统检修、汽车空调系统的维护与检修以及汽车空调系统故障诊断与检修。

本书由姜继文担任主编，张秋华、毛光峰和王传雄担任副主编。安徽国防科技职业学院陈梦雅编写了项目一，安徽国防科技职业学院姜继文编写了项目二、项目六和项目七中的任务二，三联学院江伟编写了项目三，芜湖职业技术学院张秋华编写了项目四，淮北职业技术学院毛光峰编写了项目五，宣城职业技术学院王仕雄编写了项目七中的任务一、任务三。

本书主审黄道业教授对书稿提出了很多宝贵的修改意见，我们在此表示诚挚的感谢！

由于编者水平有限，书中难免存在不妥之处，敬请广大读者批评指正。

编　者

2014年10月

目　录

项目一

汽车空调系统基础知识

项目描述

一辆上海通用别克轿车装有R134a全自动空调。行驶过程中,空调出风口的冷风出风量逐渐减小,再过一段时间后,又恢复正常,出现间歇性制冷的故障现象,到汽车维修站诊断维修。

项目目标

1. 专业能力要求

(1) 了解汽车空调的定义、功能,汽车空调性能评价指标;
(2) 理解热力学中温度、汽化、冷凝、热传导、节流等知识;
(3) 掌握制冷剂的特性、性能要求和使用注意事项;
(4) 掌握冷冻油的特性、性能要求和使用注意事项;
(5) 熟悉汽车空调系统的结构、组成、工作原理。

2. 社会能力要求

(1) 具有较强的表达能力和沟通能力;
(2) 具有与客户建立良好、持久关系的能力;
(3) 具有良好的心理素质与克服困难的能力;
(4) 具有团队精神与协作精神。

3. 方法能力要求

(1) 能够根据故障现象查找资料、收集信息、制订诊断维修方案;
(2) 能够使用诊断仪器对汽车空调制冷系统主要部件进行检测;
(3) 能主动独立地学习,具备一定的创造、创新能力。

4. 重点和难点

(1) 汽车空调系统的组成与工作原理;

(2) 热力学中温度、汽化、冷凝、热传导、节流等知识的理解;

(3) 制冷剂的特性、性能要求和使用注意事项;

(4) 冷冻油的特性、性能要求和使用注意事项。

任务一 汽车空调概述

一、汽车空调的基本概念和性能评价指标

(一) 汽车空调基本概念

空调即空气调节,它是指在封闭的空间内,对温度、湿度及空气的清洁度进行调节控制的设备。

空调是汽车现代化的标志之一。现代汽车空调的基本功能是在任何气候和行驶条件下,改善驾驶员的工作劳动条件和提高乘员的舒适性。由于汽车空调的服务对象是车内的人,故偏重于舒适性的要求。舒适性是由人对车内的温度、湿度、空气流速、含氧量、有害气体含量、噪声、压力、气味、灰尘、细菌等参数指标的感觉和反映决定的。现代汽车空调就是要将车内空间的环境调整到对人体最适宜的状态,创造良好的乘用条件和工作环境,以提高驾驶员的工作效率和行车安全,同时保护乘员的身体健康,利于乘员旅游观光、学习或者休息。为此,现代汽车空调系统就必须具备完善的功能以及完成这些功能所需要的装置。这些装置既可单独使用,也可综合使用,以完成空气调节工作。

(二) 汽车空调的性能评价指标

衡量汽车空调质量的指标主要有四个,即温度、湿度、流速和清洁度。

1. 温度

在夏季人感到最舒适的温度是22～28 ℃,在冬季则是16～18 ℃。温度低于14 ℃,人就会感觉到"冷",温度越低,越觉得手脚动作僵硬,不能灵活操作机件。温度超过28 ℃,人就会觉得燥热,温度越高,越觉得头昏脑涨,精神集中不起来,思维迟钝,容易造成交通事故。超过40 ℃,则称为有害温度,会对身体的健康造成损害。另外,人体面部所需求的温度比足部略低,即要求"头凉足暖",温差大约为2 ℃。

2. 湿度

人觉得最舒适的相对湿度夏季是50%～60%,冬季则是40%～50%。在这些适宜的湿度环境中,人会觉得心情舒畅,皮肤特别光滑、润泽。湿度过低,人会感到皮肤干燥,这是由于湿度太低时,干燥的皮肤表面和衣服之间(特别是化纤衣服)摩擦产生静电的缘故;湿度过高,人会觉得闷,这是由于人体皮肤的水分蒸发不出来,干扰了人体正常的新陈代谢。

3. 流速

人在流动的空气中比在静止的空气中感觉要舒服，这是因为流动的空气能促进人体散热，所以空气流速是汽车空气调节的重要内容。通常空气流速在 0.2 m/s 以下时人感觉舒适，所以以低速流动为佳。

4. 清洁度

由于车内空间小，人员密度大，又是全封闭空间，空气极易产生缺氧和二氧化碳浓度过高的问题；汽车发动机废气中的一氧化碳、道路上的粉尘和野外有刺激性的花粉都容易进入车内，造成车内空气混浊，严重时会影响乘员的身体健康。

舒适性环境参数如表 1.1 所示。

表 1.1　舒适性环境参数

项目范围	温度(℃)		相对湿度	换气量	风速(m/s)	CO_2	CO	加速度(m/s^2)	振动(mm)	噪声(dB)
	冬	夏								
舒适带	16%~18%	22%~28%	50%~70%	20%~30%	0.075~0.2	<0.03%	<0.01%	<3	<0.2	<45
不舒适带	0~14%	30%~35%	15%~30%以及90%~95%	5%~10%	<0.075或>0.3	>0.03%	>0.015%	>3	>2	>65
有害带	<0%	>43%	<15%以及>95%	<5%	>0.4	>10%	>0.03%	>4	>15	>120

二、汽车空调的工作特点和技术的发展

(一) 汽车空调的工作特点

汽车空调是房间空调的变种。其最大的不同之处在于汽车空调是以消耗发动机的动力来调节控制汽车内的环境的。了解汽车空调的特点，有利于汽车空调的使用和维护。汽车空调的主要特点如下：

(1) 因汽车空调安装在运动中的车辆上，要承受剧烈和频繁的振动和冲击，所以汽车空调的各个零部件应有足够的强度和抗震能力，接头牢固并防漏。汽车空调制冷系统极容易发生制冷剂的泄漏，破坏整个空调系统的工作条件。统计表明，因制冷剂泄漏而引起的故障约占全部汽车空调故障的 80%。

(2) 空调系统所需的动力来自发动机。轿车、轻型汽车、中小型客车及工程机械的空调所需的动力和驱动汽车的动力都来自同一发动机，这种空调系统叫非独立式空调系统；大型客车和豪华型大中型客车由于所需制冷量和暖气量大，一般采用专用发动机驱动制冷压缩机和独立的取暖设备，故称之为独立式空调系统。非独立式空调系统，会影响汽车的动力性能，但比

独立式空调系统在设备成本和运行成本上都经济。汽车安装并使用了非独立式空调后，耗油量平均增加了10%～20%(和汽车的速度有关)，发动机的输出功率减少了10%～12%。

(3) 要求汽车的制冷制热能力大，其原因在于：

① 车内乘员密度大、产生热量多、热负荷大，而冬天人体所需的热量也大。

② 汽车为了减轻自重，隔热层薄；汽车的门窗多、面积大，所以汽车隔热性能差，热量流失严重。

③ 汽车都在野外工作，直接承受太阳的热辐射，经受霜雪的寒冷和风雨的潮湿，工作环境恶劣，条件千变万化。要使汽车空调能迅速地降温，在最短的时间里达到舒适的环境，就要求制冷量特别大。非独立式空调系统，由于汽车发动机的工况变化频繁，所以制冷系统的制冷剂流量变化大。

(4) 汽车空调结构紧凑、质轻。由于汽车本身的特点，要求汽车空调结构紧凑，能在有限的空间进行安装，而且安装了空调后，不至于使汽车增重太多，影响其他性能。现代汽车空调的总重，已经比20世纪60年代下降了50%，是原始汽车空调质量的1/4，而制冷能力却增加了50%。

(5) 汽车空调的取暖方式与房间空调完全不同。非独立式汽车空调制暖，一般利用发动机的冷却水供暖；而独立式空调系统则通常采用燃油取暖装置。

(二) 汽车空调技术的发展

汽车空调的功能是随着人们对汽车舒适性要求的不断提高，而从低级到高级，由功能简单向功能齐全方向发展的，其过程可以概括为以下五个阶段：

第一阶段：单一供暖。1925年首先在美国出现利用汽车冷却液通过加热器的方法取暖的技术，到1927年发展到具有加热器、鼓风机和空气滤清器等比较完整的供热系统。目前，在国内大部分货车上仍然使用单一供暖系统。

第二阶段：单一制冷。1939年，美国通用汽车公司首先在轿车上安装机械制冷降温的空调器，成为汽车空调的先驱。目前，在热带、亚热带地区，汽车空调仍然使用单一制冷系统。

第三阶段：冷暖一体化。1954年，美国通用汽车公司首先在纳什牌轿车上安装了冷暖一体化的空调器，汽车空调才基本上具有调节控制车内温度、湿度的功能。随着汽车空调技术的改进，目前的冷暖一体化空调基本上具有降温、除湿、通风、过滤、除霜等功能。这种方式是目前使用量最大的一种形式。

第四阶段：自动控制的汽车空调。冷暖一体化汽车空调需要人工操纵，这显然增加了驾驶员的工作量，同时控制质量也不太理想。1964年美国通用汽车公司将自动控制的汽车空调安装在卡迪拉克轿车上。这种自动空调装置使用了电子控制方法，只要预先设定好温度，机器就能自动地在设定的温度范围内工作，达到调节车内空气的目的。

第五阶段：微机控制的汽车空调。1973年美国通用汽车公司和日本五十铃汽车公司一起联合研究微机控制的汽车空调系统，1977年同时安装在各自生产的汽车上。随着微电子技术的发展，微机控制的汽车空调功能不断增加和完善，实现了控制显示数字化、冷/暖/通风三位一体化、故障诊断智能化。目前，高档轿车全自动空调已经与车身计算机系统组成局域网络，计算机根据车内外的环境条件，自动控制空调系统的工作，实现了空调运行与汽车运行的相关统一，极大地提高了调节效果，节约了燃料，从而提高了汽车的整体性能和最佳舒适性。

我国汽车空调工业的发展大致经历了三个阶段：第一阶段是从20世纪60年代初到20世纪70年代末，主要是利用汽车发动机排出的废气或冷却循环水产生的热量来供给车室内采暖。第二阶段是20世纪80年代初至20世纪90年代初。20世纪80年代初期，我国从日本购进制冷降温用的汽车空调系统，装配在红旗、上海等小轿车和豪华大客车上；20世纪80年代中后期，我国一汽以及上海、北京、广州、佛山等地汽车厂从日本、德国引进先进的空调生产线和空调生产技术，生产大中型客车、轻型车及轿车的空调系统。第三阶段是从20世纪90年代开始到目前。国内一批形成生产规模的汽车空调制造企业，分别从国外引进最先进的压缩机、冷凝器和蒸发器的生产技术和生产线。同时，按照《蒙特利尔议定书》和《中国消耗臭氧层物质逐步淘汰国家方案》的要求，普及应用汽车空调制冷系统工质由R12向R134a的转换。至此，我国汽车空调技术在短时间内接近了世界先进水平。

（三）空调制冷新技术在汽车上的应用

随着人类对环境污染的重视和科技水平的提高，目前，在汽车空调制冷系统中采用了许多新技术，如氢化物汽车空调系统、二氧化碳汽车空调系统、固体吸附式汽车空调系统、吸收式汽车空调系统等。

任务二　汽车空调系统的组成及工作原理

一、汽车空调系统的功用、组成、分类

（一）功用

（1）调节车内温度：能控制车厢内的气温，既能加热空气，也能冷却空气，把车厢内温度控制在舒适的水平。

（2）调节车内湿度：干燥的空气可吸收人体汗液，湿度调节能够排出空气中的湿气，可形成更舒适的环境。

（3）调节车内的空气流速：可吸入新风，具有通风、调节气流的功能。

（4）过滤净化车内空气：排除空气中的灰尘和花粉。

（二）组成

汽车空调系统主要包括制冷系统、供暖系统、配气系统、通风和净化系统以及控制系统。

(1) 制冷系统主要由压缩机、冷凝器、储液干燥器、膨胀阀、蒸发器、冷凝器散热风扇、制冷管道等组成,如图 1.1 所示。

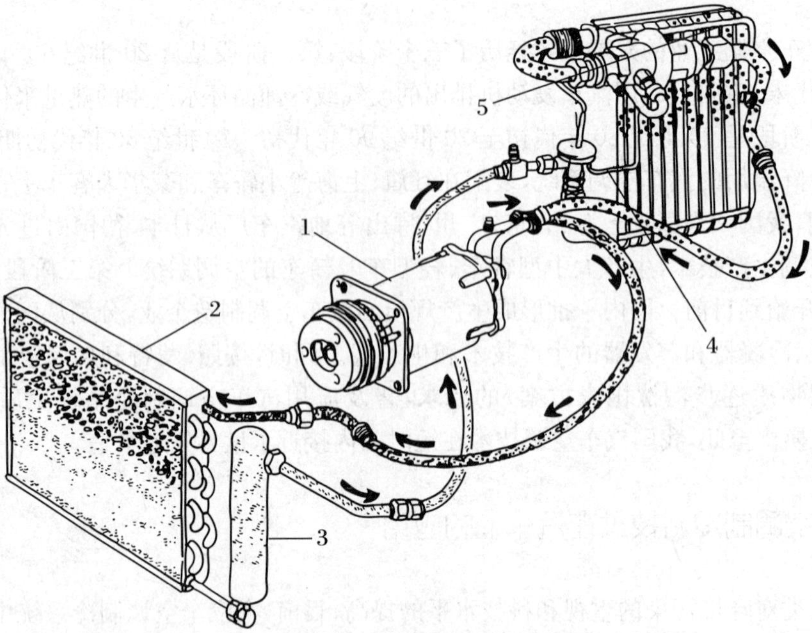

图 1.1 汽车空调系统结构图

1. 压缩机; 2. 冷凝器; 3. 储液干燥器; 4. 膨胀阀; 5. 蒸发器

(2) 供暖系统主要由加热器、水阀、水管、发动机冷却液等组成,如图 1.2 所示。

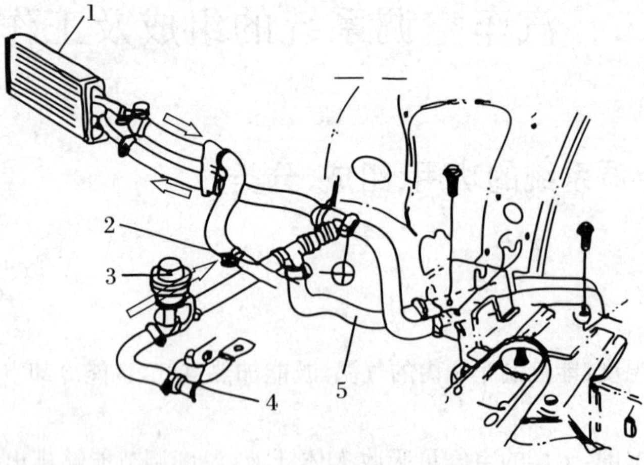

图 1.2 汽车空调供暖系统结构图

1. 加热器; 2. 发动机进水管; 3. 水阀; 4. 发动机出水管; 5. 预热管

(3) 配气系统由进气模式风门、鼓风机、混合气模式风门、气流模式风门、导风管等组成,如图 1.3 所示。

(4) 空气净化装置由车外空气和车内循环空气两部分组成。

(5) 控制装置由点火开关、A/C 开关、电磁离合器、鼓风机开关调速电阻器、各种温度传感器、制冷剂高低压力开关、温度控制器、送风模式控制装置、各种继电器等组成。

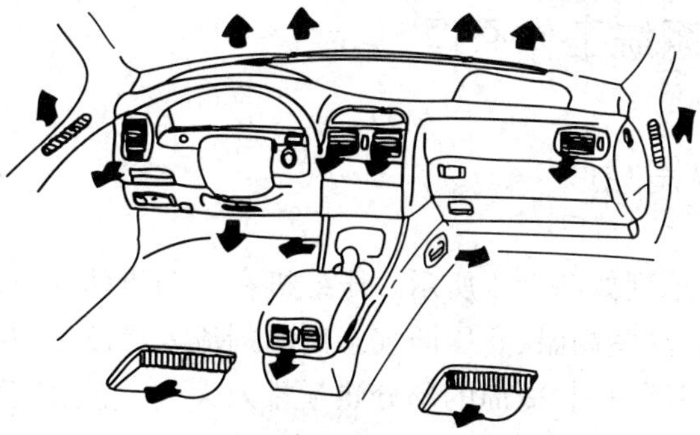

图 1.3　汽车空调配气系统结构图

(三) 汽车空调系统的分类

1. 按功能分

汽车空调系统按功能可分为单一功能和组合式两种。

(1) 单一功能:是指冷风、暖风各自独立,自成系统,一般用于大、中型客车上。

(2) 组合式:是指冷风、暖风合用一个鼓风机、一套操纵机构。这种结构又分为冷风、暖风分别工作和冷风、暖风可同时工作两种方式,多用于轿车上。

2. 按驱动方式分

汽车空调系统按驱动方式可分为非独立式汽车空调系统和独立式汽车空调系统两种。

(1) 非独立式汽车空调系统:空调压缩机由汽车本身的发动机驱动。

非独立式空调由主发动机带动压缩机运转,并由电磁离合器进行控制。接通电源时,离合器断开,压缩机停机,从而调节冷气的供给,达到控制车厢内温度的目的。其优点是:结构简单,便于安装布置,噪音小。其缺点是:由于需要消耗主发动机10%～15%的动力,直接影响汽车的加速性能和爬坡能力;同时其制冷量受汽车行驶速度影响,如果汽车停止运行,其空调系统也停止运行。尽管如此,非独立式空调由于其较低的成本(相对独立式空调),已逐渐成为市场的主导产品。目前,绝大部分轿车、面包车、小巴都使用这种空调。

(2) 独立式汽车空调系统:空调压缩机由专用的空调发动机(也称副发动机)驱动。

一般用于长途货运、高地板大中巴等车型上。

3. 按控制方式分

汽车空调系统按控制方式可分为手动、半自动和全自动(智能)空调系统三种。

手动空调系统:这类系统不具备车内温度和空气配送自动调节功能,制冷、采暖和风量的设置需要使用者按照需要调节,控制电路简单,通常使用在普及型轿车和中、大型货车上。

半自动空调系统:这类系统虽然具备车内温度和空气配送调节功能,但制冷、采暖和送风量等部分功能仍然需要使用者调节,它配有电子控制和保护电路,通常使用在普及型或者部分中档轿车上。

全自动(智能)空调系统:具有自动调节和控制车内温度、风量以及空气配送方式的功能,保护系统完善,并具有故障诊断和网络通信功能,工作稳定可靠,目前广泛应用在中、高档轿车和大型豪华客车上。

二、汽车空调系统工作原理

(一) 汽车空调制冷原理

汽车空调制冷工作原理如图 1.4 所示。压缩机在发动机驱动下旋转,将制冷剂压缩成高温、高压的气态排出。这些高温、高压的气态制冷剂流入冷凝器,在冷凝器冷却风扇作用下冷却,降低制冷剂的温度,将制冷剂的部分热量排入大气,直至降到沸点时,高温、高压的气态制冷剂便转换为中温、高压的液态制冷剂。中温、高压的液态制冷剂流入干燥器,干燥器吸收水分和过滤制冷剂中的杂质,并储存小部分的制冷剂。过滤后的液态制冷剂流至膨胀阀进行节流,节流后的液态制冷剂立即变为低温、低压的雾状液/气态混合物。这种低温、低压的液/气态混合制冷剂在流至蒸发器后吸收。

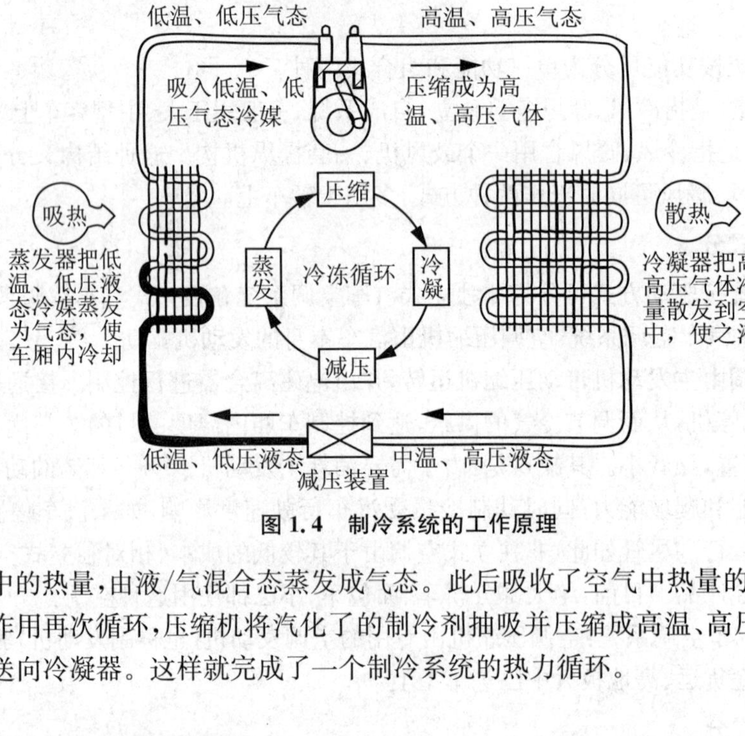

图 1.4　制冷系统的工作原理

空气中的热量,由液/气混合态蒸发成气态。此后吸收了空气中热量的气态制冷剂经由压缩机的作用再次循环,压缩机将汽化了的制冷剂抽吸并压缩成高温、高压的气体,又通过高压软管送向冷凝器。这样就完成了一个制冷系统的热力循环。

(二) 汽车空调供暖原理

汽车空调供暖系统的种类很多,根据热源不同,分为水暖式供暖系统、气暖式供暖系统、独立燃烧式供暖系统和综合预热式供暖系统。一般轿车空调系统上采用水暖式供暖系统。

水暖式供暖系统一般以水冷式发动机冷却系统中的冷却液为热源。将冷却液引入车辆内的热交换器中,使鼓风机送来的车厢内空气(内气式)或外部空气(外气式)与热交换器中的冷却液进行热交换,鼓风机将加热后的空气送入车厢内。

水暖式供暖系统工作原理如图 1.5 所示。从发动机出来的冷却液经过节温器,在温度达到 80 ℃时,节温器开启,让发动机冷却液流到供暖系统的加热器,在节温器和加热器之间设置了一个热水开关，用来控制热水的流动，冷却液的另一部分流到散热器。冷却液在加热器散热，加热周围的空气，然后再用风扇送到车内；冷却液从加热器出来，在水泵的泵吸下，又重新进入发动机的散热器内，冷却发动机，完成一次供暖循环。

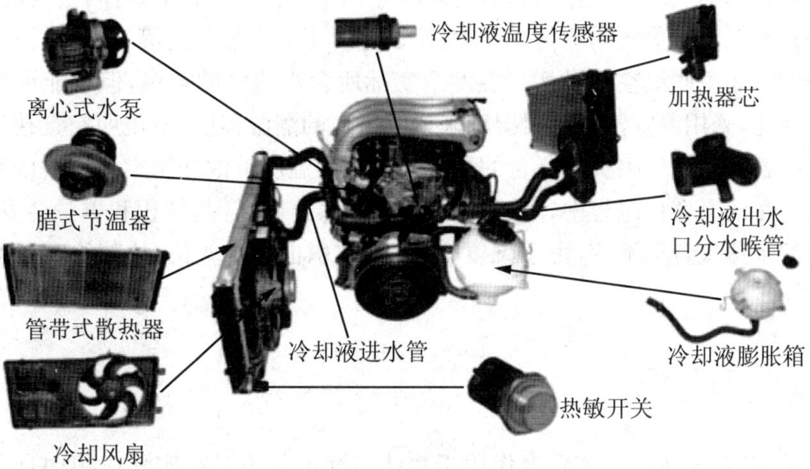

图 1.5　水暖式供暖系统工作原理

任务三　制冷剂与冷冻油

一、热力学基础知识

(一) 温度

温度是用来衡量物体冷热程度的物理量，测量温度的标尺称为温标。工程上常用的温标有：摄氏温标、华氏温标和热力学温标，三种温标的比较如表 1.2 所示。

表 1.2　温标的比较换算

温度标定名称	代　号	单　位	换算方法
摄氏温标	t	℃	$t=5/9(F-32)$
华氏温标	F	°F	$F=9/5t+32$
热力学温标	T	K	$T=t+273$

用于测量温度的仪表称为温度计。测试汽车空调性能常用的温度计有压力表式温度计、热电偶温度计和热敏电阻式温度计（数字式），它们是利用蒸汽的饱和压力和饱和温度的对应关系（压力表式温度计）或某些材料的热电效应进行温度测量的。

(二) 湿度

湿度用来表示空气的潮湿程度，1 m^3湿空气中所含水蒸气的重量，叫空气的绝对湿度。由于湿空气是空气和水蒸气的均匀混合物，所以绝对湿度在数值上等于水蒸气的含量。

绝对湿度只能说明湿空气在某一温度下实际所含水蒸气的重量，但不能说明湿空气的吸湿能力。因此，采用湿空气的相对湿度来说明空气的潮湿程度，或说明空气接近饱和的程度。相对湿度就是湿空气中实际所含的水蒸气量与同温度下饱和湿空气所含的水蒸气量的比值。湿空气在状态变化过程中，由于水分蒸发、水蒸气凝结，其体积和重量会发生变化，即使湿空气中的水蒸气含量不变，由于温度变化，其体积也跟着变化，故其绝对湿度也将发生变化。

(三) 压力与真空度

压力就是固体、液体或气体垂直作用于物体表面上的力。在实际应用中是以物体单位表面积上所受压力——压强来表示的，常用 p 表示。其单位为帕斯卡，简称帕(Pa)，一个标准大气压相当于 101.325 kPa。表示压力常用的指标有绝对压力、表压力和真空度。

(1) 绝对压力：表示实际的压力值，把完全真空状态作为零值。

(2) 表压力：通过压力表指示读出的压力值，称为表压力值。它是将标准大气压作为零值，在此基础上进行压力计量的结果。

(3) 真空度：低于大气压力的数值称为真空度。

(四) 汽化与冷凝

物质由液态变为气态的过程称为汽化。汽化过程有两种形式，即蒸发和沸腾。

蒸发是指在任何温度下液体表面上所发生的汽化过程。蒸发过程一般为吸热过程。

沸腾是一种在液体表面和内部同时进行的汽化现象。任何一种液体只有在一定的温度下才能沸腾，沸腾时的温度称为沸点。在一定压力下，蒸发可以在任何温度下进行，而沸腾只能在一定温度下发生。制冷剂在蒸发器内吸收了热量后，由液态汽化为蒸气，这个过程就是沸腾。在制冷技术中，对蒸发一词通常理解为液体的沸腾过程。

在空调制冷系统中，主要是利用制冷剂在蒸发器内的低压下，不断吸收周围空气的热量进行汽化的过程来制冷的。这种过程通常在蒸发器中以沸腾的方式进行，但习惯上称它为蒸发过程，并把沸腾时的温度称为蒸发温度，沸腾时所保持的压力称为蒸发压力。

冷凝是指气态物质经过冷却(与空气或水等以热交换方式进行)使其转变为液体的过程。冷凝过程一般为放热过程。在制冷技术中，冷凝指制冷剂在冷凝器中由气态凝结为液态的过程，这一过程中放出热量，放出的热量由冷却空气带走。在汽车空调制冷系统中，制冷剂在冷凝器中由气态变成液态的变化过程就是一个冷凝过程。

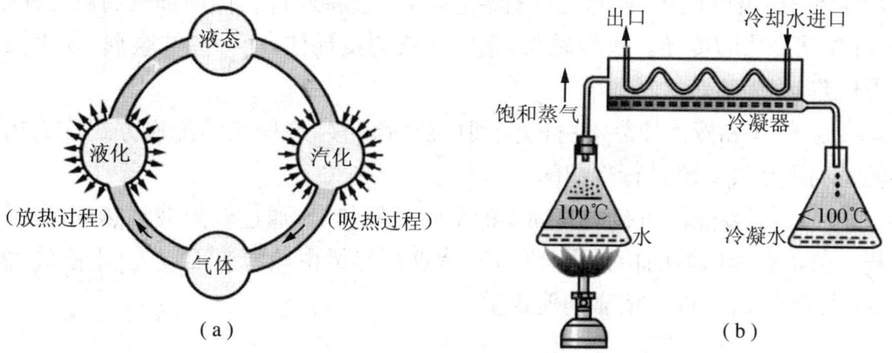

（a）　　（b）

图 1.6　水液化、汽化、冷凝示意图

（五）节流

在流体通路中，通道突然缩小然后增大，液体压力便下降，如果此时产生气体，则总体积还要增大。这种变化只是状态的变化，与外界没有热和功的交换，因此流体的热量不变，这种状态变化称为节流，如图 1.7 所示。

在空调制冷系统中，制冷剂在膨胀阀中的状态变化就是节流过程。制冷剂被膨胀阀节流后，如果压力下降得比饱和压力还低，部分液体将变成饱和蒸气，体积急剧增大。这时的蒸发热是由液体本身供给的，所以液体温度下降较大。

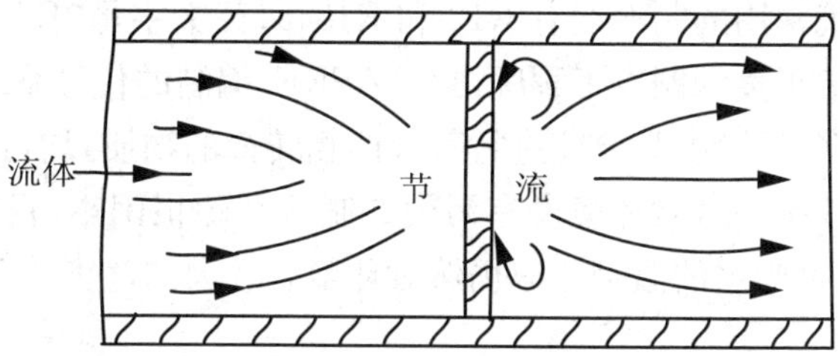

图 1.7　节流示意图

（六）传导、对流和辐射

热的传递有传导、对流和辐射三种形式（图 1.8）。

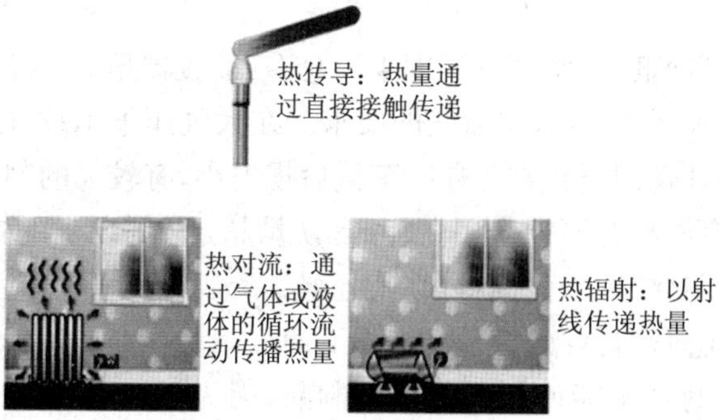

图 1.8　热量传递的方式

(1) 传导:在物体(固体)两点之间有温差时,热量将通过物体内部从高温点向低温点传播,这种现象就是热的传导。一般说来,金属是热的良导体;而一些非金属,如木头、石棉等导热能力极差,称为绝热材料。

(2) 对流:气体和液体依靠本身的流动使热量转移,这种热的传递方式称为热的对流。冷凝器就是利用空气对流进行冷却的。

(3) 辐射:是指发热源直接向其周围的空间散发热量,通过辐射波将热量传递给其他物体的过程。热辐射和电波的传播很类似,其特点是热量由热源表面以光(电磁波)的形式连续发射,以光速传播,可以不依靠其他物质。

二、制冷剂

(一) 制冷剂的定义

制冷剂是空调制冷系统中用于转移热量并循环流动的工作介质。对制冷剂的使用有严格的要求。

汽车空调是利用蒸气压缩制冷装置驱动制冷剂循环流动实现制冷的。液体制冷剂在蒸发器中低温下吸取被冷却对象的热量而汽化,使被冷却对象得到降温,然后又在高温下把热量传给周围介质而冷凝成液体。如此不断循环,借助于制冷剂的状态变化,达到制冷的目的。

目前汽车空调系统常用的制冷剂有 R12 和 R134a,英文字母"R"是"Refrigerant"(制冷剂)的简称,数字代号源于美国制冷工程师协会(ASRE)编制的代号系统。

制冷剂的种类很多,理论上只要能进行气液两相转换的物质,均可作为蒸发制冷系统的制冷剂。但寻找制冷效率高且对环境没有污染的制冷剂却很困难,目前使用的 R134a 只是 R12 的替代品,其排放物产生的温室效应仍然对环境有较大的危害。

(二) R12 制冷剂的特性

车用空调中曾广泛使用的制冷剂 R12,分子式为 CF_2Cl_2,化学名称为二氟二氯甲烷,是一种较为理想的制冷剂,其有以下主要特性:

(1) 无色、无刺激性臭味;一般情况下不具有毒性,对人体没有直接危害;不燃烧、无爆炸危险;热稳定性好。

(2) 是一种中压制冷剂,正常蒸发温度小于 0 ℃,冷凝器压力小于 1.5~2.0 MPa,由于压力不是很高,降低了对冷凝器结构强度的要求。在大气压下 R12 的沸点为−29.8 ℃,凝固温度为−158 ℃,能在低温下正常工作。节流后损失小,有较大的制冷系数。

(3) R12 对一般金属没有腐蚀作用(镁和含镁量超过 2%以上的铝合金除外)。R12 在 60~70 ℃的温度时遇氧化铁、氧化铜,可被其分解。

(4) R12 制冷系统对密封件的特殊要求如下:

① 制冷系统的密封件不能使用天然橡胶制品,因为 R12 会导致天然橡胶变软、膨胀、起泡。

② 对氯丁乙烯和氯丁胶制品破坏作用较小。

③ 对尼龙和塑料制品破坏作用不明显。

(5) R12 有良好的绝缘性能，它对制冷系统电器绕组的绝缘性能无影响。

(6) R12 液态时对润滑油的溶解度无限制，可以以任意比例溶解。但 R12 气态时对润滑油的溶解度有限并随压力增高、温度降低而增大。R12 与润滑油的这种互溶特性对制冷系统是有益的，因为 R12 液态时润滑油已溶解在其中并随 R12 一起流动，所以在这段管路中不会积存润滑油。在气态管路(特别是蒸发器)中，如果有足够的气体流速，就不会在蒸发器壁上产生油膜而影响传热效率，润滑油也能被带回到压缩机中去。当压缩机曲轴箱中存在有互溶的 R12 气体和润滑油时，由于曲轴箱内的压力和温度是变化的，而一定压力和温度下的 R12 气体溶油量是一定的，当曲轴箱内压力突然降低时，因溶解量会减小，于是原来溶解的 R12 就以沸腾的形式从油中跑出，从而使曲轴箱中的一部分润滑油随着 R12 蒸气被带到压缩机气缸和系统中去，给制冷系统的工作带来不利影响。

(7) R12 在水中的溶解度很小；气态与液态时，其在水中的溶解度不同，气态高于液态。

在制冷系统中，R12 的含水量不得超过 0.0025%。如有过量的水分随制冷剂运行，在通过膨胀阀时，在低温、低压下水分中的热量被吸收形成冰塞，将堵塞制冷系统的循环通道，从而使空调的制冷系统失效。

水与 R12 能发生化学反应，生成盐酸—氢氟酸，对设备有腐蚀作用。水与制冷系统中的酸、氧发生反应，会在压缩机的机件表面(压缩机的轴套、系统管路)生成三氧化二铁和二氧化铜，这些物质的形成，反过来又分解 R12，使制冷系统的效率下降。水的侵入是系统开始被腐蚀的信号。

水还能与系统中的酸、氧化物和其他杂质反应，形成金属盐，随着制冷剂和润滑油一起循环，加快运动机件的磨损及破坏电器的绝缘性能。

水能使冷冻油老化。它在氧的作用下，会生成一种油酸性质的絮状酸性物质，腐蚀金属表面，降低润滑效能。

水与 R12 作用还能生成二氧化碳气体。这种气体在冷凝器中冷却后并不液化，成为一种不凝性气体，使压缩机排气压力增高，制冷功耗增大，制冷效果下降。

虽然在制冷系统中为了防止水分的侵入影响制冷循环的正常运行而设有干燥器(干燥罐)，但是干燥器的吸水功能极其有限(只能吸收约半滴水)，对于含量大于 0.0025%的水分是无能为力的。

在制冷系统中水的存在是有百害而无一利的，必须采取严格的防水措施，才能保证系统正常工作。防水措施主要有以下三个方面：

① 使用纯度高的制冷剂。

② 在装配或维修制冷系统后，一定要严格地抽真空。

③ 选含水量小于 0.002%的冷冻油，而且要防止加注冷冻油时侵入水。

综上可以看出，R12 是一种易于制造，原料来源丰富，价格相对低廉且可以回收重复使用的制冷剂。只是它对大气同温层的臭氧层有很强的破坏作用，因此，目前已经被新的制冷剂所替代。

(三) R134a 制冷剂的特性

长期以来,汽车空调系统大多采用 R12 作为制冷剂。众所周知,R12 因泄漏而进入大气会破坏地球的臭氧保护层,危害人类的健康和生存环境,引起地球的温室效应。统计资料表明,现在大气层中 CFC(即 Cl、F、C 三种元素)物质的 75%来自汽车空调系统泄漏的 R12,这不能不引起人们的广泛关注。1987 年国际上制定了控制破坏大气层的蒙特利尔协议。我国于 1991 年加入该协议,并决定从 1996 年起,汽车空调的制冷剂开始使用 R134a,到 2000 年全部使用 R134a。因此,作为汽车维修人员,必须掌握采用新型制冷剂的空调系统的使用和维修特点。

R134a 制冷剂的分子式为 CH_2FCF_3,是卤代烃类制冷剂中的一种。R134a 制冷剂与 R12 制冷剂热物理性能的对比如表 1.3 所示。

表 1.3　R134a 与 R12 的热物理性能比较

项　目	R134a	R12
分子式	CH_2FCF_3	CF_2Cl_2
分子量	102.031	120.92
沸点(℃)	−26.18	−29.80
临界温度(℃)	101.14	111.8
临界压力(MPa)	4.065	4.125
临界密度(kg/m^3)	1206	1311
0 ℃时的饱和蒸气压(kPa)	293.14	308.57
0 ℃时的汽化潜热(kJ/kg)	197.89	154.87
60 ℃时的饱和蒸气压(kPa)	1680.47	1518.17
ODP 值(臭氧破坏潜能值)	0	1.0
GWP 值(全球变暖潜能值)	0.11	1.0
与矿物冷冻油的融合性	不溶	溶
溶态热导率	大	小

从表 1.3 可以看出 R134a 的主要特性如下:

1. 热物理性

R134a 的热力学性能,包括分子量、沸点、临界参数、饱和蒸气压和汽化潜热等,均与 R12 相近,具有无色、无臭、不燃烧、不爆炸、基本无毒的特性。

2. 传热性能

R134a 制冷剂的传热性能优于 R12,当冷凝温度为 40～60 ℃、质量流量为 45～200 kg/s

时，R134a 蒸发和冷凝传热系数比 R12 高出 25%以上。因此，使用 R134a 制冷剂在换热器表面积不变的条件下，可减少传热温差，降低传热损失；当制冷量或放热量相等时，可减少换热器表面积。

3. 相溶性

用 R134a 替代 R12 后，原有的压缩机润滑油（简称压缩机油）必须更换，这是因为 R134a 本身与矿物油是非相溶的，必须使用合成润滑油来取代，如 PAG 类润滑油等。否则，系统将会损坏。

4. 易泄露

分子直径比 R12 略小，易通过橡胶向外泄露，也较易被分子筛吸收。

5. 水溶性

R134a 的吸水性和水溶解性高。

（四）对制冷剂的要求

① 能与冷冻机油互溶，不起化学反应，不改变润滑油的特性。

② 不易燃烧、不易爆炸，无毒、无刺激性，对金属和密封件无腐蚀作用。

③ 在蒸发器内易蒸发，蒸发温度低。蒸发压力应稍高于大气压力，以防止制冷系统产生负压吸进空气，影响制冷效果。

④ 冷凝压力不宜太高，否则对制冷设备、管路的要求会提高，同时引起压缩机的功耗增加。

⑤ 在高温下要求不易分解，化学性能稳定。

（五）使用制冷剂的注意事项

① 装制冷剂的钢瓶，应贮存在阴凉、干燥、通风的库房中，防止受潮而腐蚀钢瓶；在运输过程中要严防震动和撞击。

② 要远离热源，不要把它存放在日光直射的场所或炉子附近。在充灌制冷剂时，对装制冷剂的容器加热，应在 40 ℃以下的温水中进行，而不可将其直接放在火上烘烤。否则，会引起内贮的制冷剂压力增大，导致容器发生爆炸。

③ 避免接触皮肤。因制冷剂在大气环境下会急剧蒸发，当其液体落到皮肤上时，会从皮肤上大量吸热而汽化，造成局部冻伤。尤其危险的是，当其进入眼球时，会冻结眼球中的水分，就有可能造成失明的重大事故。因此，在处理制冷剂时，应戴上眼镜和防护手套。若制冷剂触及眼睛，应尽快用冷水冲洗，不要用手或手帕揉眼，如有痛感时，可用稀硼酸溶液或2%以下的食盐水冲洗；如触及皮肤，应立即用大量清水冲洗，并马上涂敷凡士林，面积大时应立即到医院治疗。

④ 要避开明火。制冷剂不会燃烧和爆炸，但与明火接触时，会分解出剧毒的气体（光气）。

⑤ 要注意通风良好。当制冷剂排到大气中的量过高时，会使大气中的氧气浓度下降，

而使人窒息。因此，在检查和添加制冷剂时，或打开制冷系统管路时，要在通风良好的地方进行操作。

三、冷冻机油

车用空调压缩机使用的润滑油叫作冷冻机油，是一种能在高、低温工作情况下正常工作的特殊润滑油。

（一）冷冻油的作用和特性

冷冻机油也叫冷冻油，是制冷压缩机的专用润滑油，用于保证压缩机正常运转、可靠工作和延长使用寿命。其在空调制冷系统中的作用如下：

1. 润滑作用

压缩机是高速运动的机器，轴承、活塞、活塞环、曲轴、连杆等机件表面需要润滑，以减少阻力和磨损，延长使用寿命，降低功耗，提高制冷系数。

2. 密封作用

汽车使用的压缩机传动轴需用油封来密封，防止制冷剂泄漏。有润滑油油封才起密封作用。同时，活塞环上的润滑油，不仅起减摩作用，而且起密封压缩机蒸气的作用。

3. 冷却作用

运动的摩擦表面会产生高温，需要用冷冻油来冷却。冷冻油冷却不足，会引起压缩机过热，排气压力过高，降低制冷系数，甚至烧坏压缩机。

4. 降低压缩机噪声

冷冻机油可降低压缩机噪声，减少环境污染。

（二）对冷冻油的性能要求

冷冻油在空调制冷系统中是完全溶于制冷剂中的，并随制冷剂一起在制冷系统中循环。冷冻油的工作温度有时会超过 120 ℃，而制冷剂的蒸发温度范围为－30～＋10 ℃，这使冷冻油工作在高温与低温交替的条件下。为保证其正常工作，对冷冻油有以下性能要求：

（1）冷冻油的凝固点要低，在低温下具有良好的流动性。若低温流动性差，则冷冻油会沉积在蒸发器内影响制冷能力，或凝结在压缩机底部，失去润滑作用而损坏运动部件。

（2）冷冻油应具有一定的黏度，且受温度的影响要小。温度升高或降低时，其黏度随之变小或增大。与冷冻油完全互溶的制冷剂会使冷冻油变稀，因此，应选用黏度较高的冷冻油；但黏度也不宜过高，否则需要的起动转矩增大，压缩机起动困难。所以冷冻油的黏度要选择适当。

（3）冷冻油与制冷剂的互溶性能要好。在汽车空调制冷系统中，制冷剂与润滑油是混合在一起的。当制冷剂流动时，润滑油也随之流动，这就要求制冷剂与润滑油能够互溶。若两者不互溶，润滑油就会聚集在冷凝器和蒸发器的底部，阻碍制冷剂流动，降低换热能力。同时由于润滑油不能随制冷剂返回压缩机，压缩机将会因缺油而加剧磨损。

(4) 冷冻油的闪点温度要高,具有较高的热稳定性,即在高温下不氧化、不分解、不结胶、不积炭。

(5) 冷冻油应无水分。若润滑油中的水分过多,则会在膨胀阀节流口处结冰,造成冰堵,影响系统制冷剂的流动。同时,油中的水分会使冷冻油变质分解,腐蚀压缩机材料。

冷冻润滑油的性能指标主要有黏度、凝固点、闪点、燃点、浊点、水分、酸碱性、机械杂质等。

(三) 冷冻润滑油的种类

国内冷冻润滑油的牌号有 4 种,即 13 号、18 号、25 号和 30 号。牌号越大,其黏度越大。具体性能如表 1.4 所示。进口冷冻润滑油一般有 SUNISO 3GS~SUNISO 5GS 等牌号。

表 1.4　国产冷冻润滑油性能指标

性能指标 \ 牌号	13	18	25	30
运动黏度(50 ℃)($\times10^{-6}$ m/s)	11.5~14.5	>18	>25.4	<30
凝固点(℃)	<−40	<−40	<−40	<−40
闪点(℃)	<160	<160	<170	<180
酸值(mg KOH/g)	<0.14	<0.03	<0.02	<0.01
机械杂质	<0.012%		<0.007%	
水分	无	无	<0.007%	无
灰分	无	无	无	无

(四) 冷冻油的使用及性能检查

(1) 必须严格使用原车空调压缩机所规定的冷冻油牌号,或换用具有同等性能的冷冻油,不得使用其他油来代替,否则会损坏压缩机。

(2) 冷冻油吸收潮气能力极强,所以在加注或更换冷冻油时,操作必须迅速。在没有准备好,不能立刻加油时,不得打开油罐,在加注完后应立即将油罐的盖子封紧贮存,不得有渗漏现象。

(3) 不能使用变质的冷冻油。冷冻油变质的原因是多方面的,归纳起来有如下几方面:

① 混入水分后,在氧气作用下生成一种油酸性质的酸性物质。这种油酸物质是絮状的会腐蚀金属零部件。

② 高温氧化。当压缩温度过高时,油被氧化分解而炭化变黑。

③ 不同牌号的油混合使用时,由于不同牌号的冷冻油所加的氧化剂不同而产生化学反应,引起变质,破坏冷冻油的品质。

(4) 冷冻油是不制冷的,还会妨碍热交换器的换热效果,所以只允许加到规定的用量,绝不允许过量使用,以免降低制冷效率。

(5) 在排放制冷剂时要缓缓进行，以免冷冻油和制冷剂一起喷出。

项目练习

1. 简述汽车空调的组成、功能、分类。
2. 汽车空调的性能评价指标有哪些？
3. 简述汽车空调制冷系统的组成和工作原理。
4. 简述汽车供暖系统的组成和工作原理。
5. 简述水液化、汽化、冷凝的关系。
6. 简述 R12 和 R134a 两种制冷剂的特性和异同。
7. 简述制冷剂的使用注意事项。
8. 简述冷冻油的作用和特性。
9. 简述冷冻油的使用和注意事项。

技能实训

一辆通用别克轿车空调出风口的冷风出风异常故障实训。

一、训前准备

(一) 学生组织

学生按照 5～6 人一组进行分组，每组内按照实训进行分工，主要有测量、工具准备、故障分析推导等工作。

(二) 实训场地及工具准备

维修车间；通用别克轿车或大众系列车型数台；大众专用诊断仪 V. A. G1551 或 V. A. S5051；维修工具及设备。

其他车型可参照本项目的实施过程，按照车型的维修手册和相应的诊断仪器进行诊断维修实训。

二、操作步骤

按照已经分好的小组，让学生制订维修计划，实施维修：资讯→诊断分析→制定检修方案→查阅维修手册进行检修→故障点确认与排除等。

(一) 资讯

首先倾听客户对故障的描述后再进行有针对性的询问，确认故障发生时的症状、故障发生的时间、出现在什么工况和环境条件以及故障发生前后的保养维修情况等，资讯如表 1.5 所示。

表 1.5　维修车辆登记表

<table>
<tr><td rowspan="4">基本信息</td><td>车主</td><td></td><td>电话</td><td></td></tr>
<tr><td>性别</td><td></td><td>检修日期</td><td></td></tr>
<tr><td>车型</td><td></td><td>保养次数</td><td></td></tr>
<tr><td>底盘号</td><td></td><td>行驶里程</td><td></td></tr>
<tr><td rowspan="2">使用状况</td><td>道路</td><td colspan="3"></td></tr>
<tr><td>载荷</td><td colspan="3"></td></tr>
<tr><td>故障日期</td><td colspan="4"></td></tr>
<tr><td colspan="5">用户对故障描述</td></tr>
<tr><td colspan="5"></td></tr>
<tr><td colspan="5">故障现象确认</td></tr>
<tr><td colspan="5"></td></tr>
<tr><td colspan="5">故障原因分析</td></tr>
<tr><td colspan="5"></td></tr>
</table>

（二）汽车空调系统出风口的冷风出风异常故障分析

虽然引起汽车空调系统出风口的冷风出风异常故障的原因很多，但是从汽车空调制冷系统工作原理分析，常见的制冷系统出风口处冷风异常的故障，也就是常说的空气分配故障有：出风口不出风、风量不足、出风量不变、出风模式不变、制冷剂问题。下面详细介绍各个故障的检测方法。

1. 出风口不出风

如何有效地进行出风口不出风的检测呢？考虑到控制出风的电路主要是进气风扇控制电路，因此可按如下步骤进行检测：检测风机继电器、风扇电机、电阻和风扇开关；打开点火开关，置于“ON”的位置；打开风扇开关，看风扇是否运转；检查风扇单元，检测风扇电机是否卡死。如以上三种检测没有发现异常，则进行风量不足检测。如有异常则对相应继电器和开关进行修理。

2. 出风量不足

出风口风量不足的具体情况可能有所不同，主要针对不同气流模式下气体的流动情况，如在通风模式、加热模式以及除霜模式时，气流是否有变化。对于空调风量不足的检测过程是：当操作气流模式时，是否有阻力的存在，各个挡位是否都可以操作；当气流模式处于 VENT 状态时，空气是否可以正常排出；检查通风口是否堵塞、破损、漏风以及仪表盘上的风道是否安装正确，如不正常则进行修理；再进入加热（HEAT）模式的检测，看空气能否正常排出，如不能则检查通风口是否堵塞；进入除霜（DEFROSTER）模式看空气能否排出，如不能则进行相应通风口检查。

3. 出风量不变

出风口风量不变的故障可按如下步骤进行检测：检测鼓风机继电器、鼓风机电机、电阻以及电子风扇开关，如有问题参照维修手册进行维修；打开电扇开关，将车内空气设为内循环，风扇转动，看是否运转顺畅，如有问题则进行维修；对鼓风机单元进行检测，风扇与扇框有无干涉，风扇中有无异物以及鼓风机进气通风口有无异物或堵塞，如有则进行修理。

4. 出风模式不变

出风模式不变，可能有以下三种原因：暖风散热器单元的风板单元控制件出现故障；气候控制单元的传动件出现故障；一个或多个暖风散热器单元开口出现故障。

以第一种原因进行故障检测的顺序是：检查暖风散热器单元的气流模式连杆、气流模式曲柄、气流模式杆和线缆卡子。

检查的内容有：连杆和曲柄是否有润滑油脂，所有连杆、曲柄和杆是否牢固安装到位，线缆卡子是否变形，如不正常，则进行相应的维修；检查气候控制单元传动件是否牢固定位，是否正确地与暖风散热器单元的气流模式连杆相对应，如不正确，进行相应的维修；对暖风散热器各单元的开口进行检查，检查的内容是各单元开口安装是否牢固、位置是否正确。

5. 制冷剂问题

若空调系统 R134a 制冷剂内混入了 R12，会造成系统内压力控制不良，制冷强度上升。在此状态下工作一段时间后，过低的温度会使蒸发器外壁结霜，空调出风口无风，当蒸发器外壁的霜融化后系统又恢复正常。一般通过制冷剂纯度分析仪测试制冷剂成分，即可发现故障原因并排除之。

（三）制定检修方案

在制定诊断维修方案时，必须明确汽车空调系统出风口的冷风出风异常的故障原因。诊断和维修要看汽车空调是否具备正常制冷的条件，如果不具备就要通过维修和更换故障元件来满足。诊断按照由简到繁、先电后油、从外到内的一般程序进行。

故障原因分析：观察压缩机的工作情况，发现压缩机能够一直吸合。连接好空调压力计，测试系统内的高、低压端压力，数值正常。利用车辆专用检测仪 TECH2 进行检测，无故障码存储，读取 ECU 内有关空调的数据（主要是空调压力信号），没有发现异常。

通过制冷剂纯度分析仪测试制冷剂成分后发现，系统存在 28% 的 R12。别克轿车装备的是变排量空调压缩机。空调系统工作时，空调控制系统不是通过采集蒸发器出风口的温度信号，而是根据空调管路内压力的变化信号来控制压缩机的压缩比以此来自动调节出风口温度。在制冷的全过程中，压缩机始终是运转的，制冷强度的调节完全依赖装在压缩机内部的压力调节阀来控制。当空调管路内高压端的压力过高时，压力调节阀缩短压缩机内活塞行程以减小压缩比，这样就会降低制冷强度；当高压端压力下降到一定程度，低压端压力上升到一定程度时，压力调节阀则增大活塞行程以提高制冷强度。

该车空调系统制冷剂内混入了 R12，造成系统内压力控制不良，制冷强度上升。在此状态下工作一段时间后，过低的温度使蒸发器外壁结霜，空调出风口无风，当蒸发器外壁的霜融化后系统又恢复正常。

因为别克轿车空调系统添加的制冷剂应为 R134a，于是需排空系统内的制冷剂以清除 R12。由于过低的温度已经改变了压力调节阀内部弹簧的弹性系数，所以压力调节阀也应更换。更换压缩机压力调节阀后，用氮气清洗空调管路并抽真空后填充纯正的 R134a 制冷剂，再次开空调试验，故障排除。

（四）查阅维修手册进行检修

检修出风口不出风、风量不足、出风量不变、出风模式不变、制冷剂问题等，参见汽车空调系统出风口的冷风出风异常故障分析单元。

（五）故障点确认与排除

按照检测维修方案，经过对出风口不出风、风量不足、出风量不变、出风模式不变、制冷剂问题等部分的检修，最终排除确认汽车空调系统出风口的冷风出风异常的故障点。

按照表 1.6 进行故障点确认。

表 1.6　故障点确认

序号	检查项目	正常与否

按照表 1.7 进行故障排除。

表 1.7　故障排除

序号	故障部位或零部件	故障原因	修复方法

（六）废料和废品处理

针对维修中更换的零部件和废气液体，要分门别类的进行处理，避免造成资源浪费和环境污染。

三、学生填写任务工单

任务结束后，填写《任务工单》。

四、实训结果评价

对实训结果进行评价。

项目反馈

将项目评价反馈填入表 1.8。

表 1.8　项目评价反馈表

项目名称							
学生基本信息		姓名		学号		班级	
		组别		时间		成绩	
考核能力	考核项目	评分标准	满分值	学生自评	小组互评	教师评价	平均分小计
专业能力	相关知识	是否正确	35				
	技能实训	是否正确	35				
社会能力	团队合作	是否和谐	5				
	劳动纪律	是否严格遵守	5				
	沟通讨论	是否积极	5				
方法能力	制订计划	是否合理	5				
	学习新技术能力	是否具备	5				
	总结能力	能否正确总结	5				

项目二

汽车空调制冷系统检修

项目描述

一辆 1999 年产捷达都市先锋轿车，空调制冷效果不佳，用测温仪在空调出风口检测，空调运行时车内最低温度只有 16 ℃，到汽车维修站诊断维修。

项目目标

1. 专业能力要求

（1）根据故障现象，具有利用相关知识进行综合分析的能力；

（2）具有制定故障诊断、排除的工作计划，并正确选择检测设备的能力；

（3）根据技术规范，具有正确进行维修和操作的能力；

（4）具有使用仪器和工具的能力；

（5）具有车辆全面维护作业的能力；

（6）具有汽车维修质量竣工检验的能力。

2. 社会能力要求

（1）具有较强的表达能力和沟通能力；

（2）具有与客户建立良好、持久关系的能力；

（3）具有良好的心理素质与克服困难的能力；

（4）具有团队精神与协作精神。

3. 方法能力要求

（1）根据故障现象能够查找资料、收集信息、制订诊断维修方案；

（2）使用诊断仪器能够对汽车空调制冷系统主要部件进行检测；

（3）根据汽车制冷系统工作原理和检测数据，能够分析和排除制冷系统一般性故障。

4. 重点和难点

（1）汽车空调制冷系统的组成与工作原理；

（2）汽车空调制冷系统主要部件的识别与拆装；

(3) 热交换装置的检修;
(4) 节流膨胀装置的检修;
(5) 汽车空调制冷系统的温度控制。

任务一　汽车空调制冷系统的组成及工作原理

一、汽车空调制冷系统的功用与组成

(一) 功用

对车内空气或由外部进入车内的新鲜空气进行冷却或除湿,使车内空气变得凉爽舒适。

(二) 组成

汽车空调制冷系统由压缩机、冷凝器、储液干燥器、膨胀阀、蒸发器、冷凝器、散热风扇、制冷管道等组成(如图 2.1 所示)。各部件由下列三种管路连成空调系统:

(1) 高压软管,用于连接压缩机和冷凝器;
(2) 液体管路,用于连接冷凝器和蒸发器;
(3) 回气管路,用于连接蒸发器和压缩机。

使用集液器的系统必须把集液器装在蒸发器和压缩机之间;使用储液干燥器的系统必须把储液干燥器放在冷凝器和膨胀阀之间。

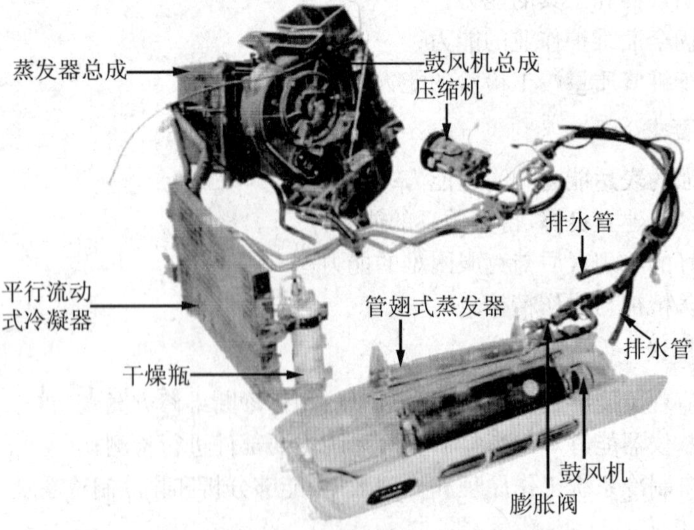

图 2.1　汽车空调制冷系统结构图

制冷循环系统各部件在车上的安装位置如图 2.2 所示。

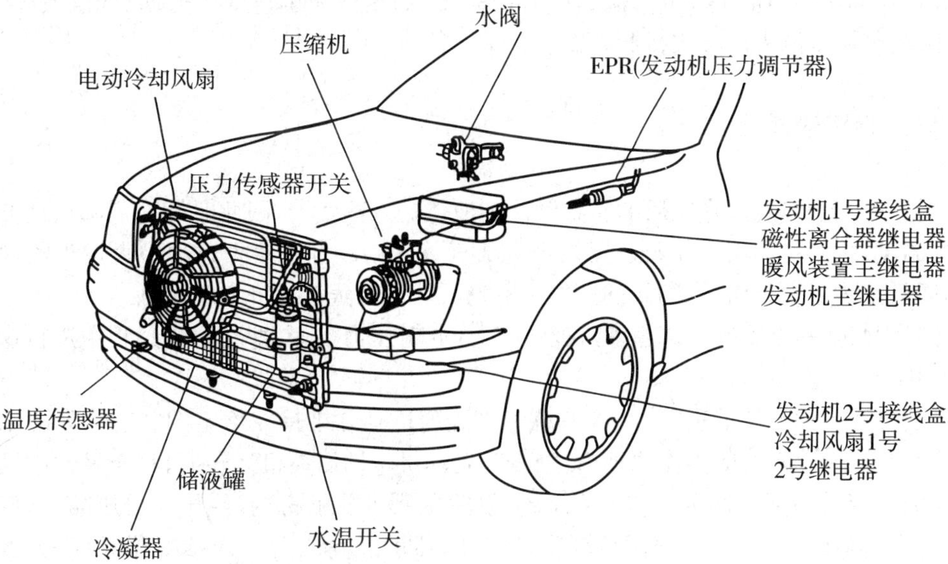

图 2.2　空调制冷循环系统各部件在车上的安装位置

二、汽车空调制冷系统的工作原理

汽车空调制冷系统各部件之间采用铜管(或铝管)和高压橡胶管连接成一个密闭系统。制冷系统工作时,制冷剂以不同的状态在这个密闭系统内循环流动,每个循环又包括四个基本过程:压缩过程、放(散)热过程、节流过程、吸热过程(如图 2.3 所示)。

(一) 压缩过程

压缩机吸入蒸发器出口处的低温、低压的制冷剂气体,把它压缩成高温、高压的气体排出压缩机,然后送入冷凝器。

此过程的主要作用是压缩增压,以便使气体液化。压缩过程中制冷剂状态不发生变化,而温度、压力不断升高,形成过热气体。

(二) 放(散)热过程

高温、高压的过热制冷剂气体进入冷凝器与大气进行热交换,由于压力及温度的降低,制冷剂气体冷凝成液体,并排出大量的热量。

此过程的作用是排热、冷凝。冷凝后的制冷剂液体是高温、高压液体。制冷剂液体过冷度越大,在蒸发过程中其蒸发吸热的能力也越大,制冷效果就越好,即产冷量相应增加。

(三) 节流过程

高温、高压的制冷剂液体通过膨胀装置(膨胀节流管)节流降温、降压后体积变大,压力和温度急剧下降，以雾状（细小液滴）排出膨胀装置。

此过程的作用是使制冷剂降温、降压，由高温、高压液体迅速变成低温、低压液体，以利于吸热、控制制冷能力以及维持制冷系统正常运行。

（四）吸热过程

经膨胀节流管降温、降压后的雾状制冷剂液体进入蒸发器，因此时制冷剂沸点远低于蒸发器内温度，故制冷剂液体在蒸发器内蒸发成气体。制冷剂在蒸发过程中大量吸收周围的热量，降低车内温度。而后低温、低压的制冷剂气体流出蒸气又进入压缩机。

此过程特点是制冷剂状态由液态变成气态，此时压力不变，即在定压过程中进行这一状态的变化。

上述过程周而复始的进行，便可使汽车内温度达到并维持在给定的状态。如图 2.3 所示的汽车空调制冷系统的工作原理为：当汽车发动机带动压缩机运转时，将蒸发器中因吸热而汽化的低温（273 K）、低压（约 0.15 MPa）制冷剂吸入压缩机内，经压缩机压缩后，变为高温（343 K）、高压（1.37～1.5 MPa）制冷剂气体，然后经高压管送入冷凝器，经冷凝器冷却后，变为高温（323～328 K）、高压（1.1～1.4 MPa）制冷剂液体。经高压管流入储液干燥器，液态制冷剂在储液干燥器中除去水分和杂质后，再经高压管流入膨胀阀，经膨胀阀节流膨胀变成低温（274～277 K）、低压（0.15～0.3 MPa）雾状液体进入蒸发器，进入蒸发器的低温、低压雾状液态制冷剂将蒸发器管壁表面周围的热量吸收，沸腾汽化。在鼓风机的作用下加速空气的对流，从而降低车室内的温度，达到制冷效果。在蒸发器内吸热汽化后的制冷剂蒸气再次被压缩机吸入，周而复始的重复上述过程。

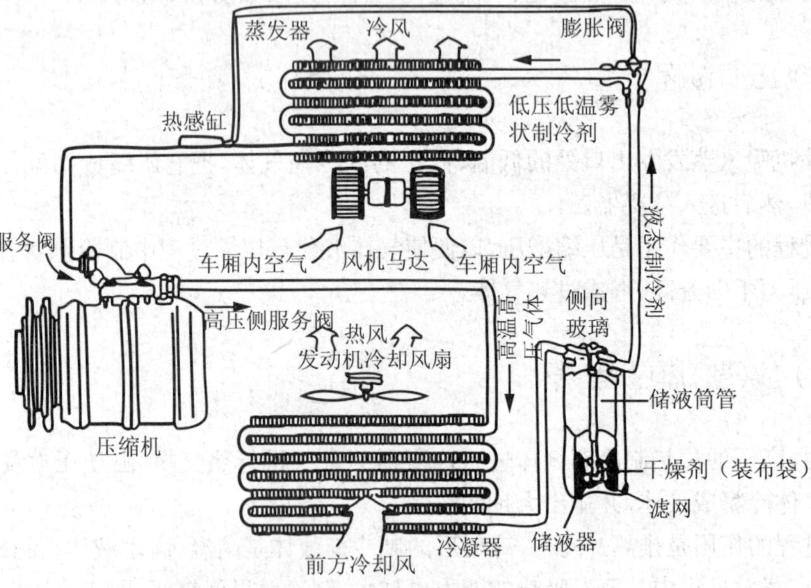

图 2.3　空调制冷系统的工作过程示意图

三、汽车空调制冷系统的分类

汽车空调制冷系统分为两类，一类是膨胀阀系统，另一类是孔管系统。它们的差别是所用的节流膨胀装置的结构不同,储液干燥器的安装位置不同。汽车空调膨胀阀系统的特征是:只要驾驶员一开动空调,电磁离合器就总是啮合,从不断开,压缩机始终处于运行状态,靠吸气节流阀或靠绝对压力阀把蒸发器温度控制在 0 ℃左右。而孔管系统的特征是:电磁离合器时而结合,时而断开,压缩机根据车室内、外温度时而运行,时而停止,因此也叫作循环离合器系统。循环离合器系统也有使用膨胀阀的,但只是作为一种节流装置而已。膨胀阀系统也叫作传统空调系统。

(一) 膨胀阀式制冷系统

如图 2.4 所示为膨胀阀式的制冷循环,循环系统主要包括压缩机、冷凝器、储液干燥罐、膨胀阀、蒸发器和管路等主要部件。

这种制冷循环的工作原理是压缩机提高气态制冷剂的压力(同时温度也提高),目的是使制冷剂比较容易液化放热。高压的制冷剂气体进入冷凝器,冷凝器风扇使空气通过冷凝器的缝隙,带走制冷剂放出的热量并使制冷剂液化。液化后的制冷剂进入储液干燥罐,滤掉其中的杂质、水分,同时存储适量的液态制冷剂以备制冷负荷发生变化时保证制冷剂不会断流。从储液干燥罐出来的制冷剂流至膨胀阀,从膨胀阀中的节流孔喷出形成雾状制冷剂,雾状的制冷剂进入蒸发器,由于制冷剂的压力急剧下降,便很快蒸发汽化,吸收热量。蒸发器外部的风扇使空气不断通过蒸发器的缝隙,空气温度下降,使车内温度降低,蒸发器出来的气态制冷剂再进入压缩机重复上述过程。这种循环系统中的膨胀阀可以根据制冷负荷的大小调节制冷剂的流量。

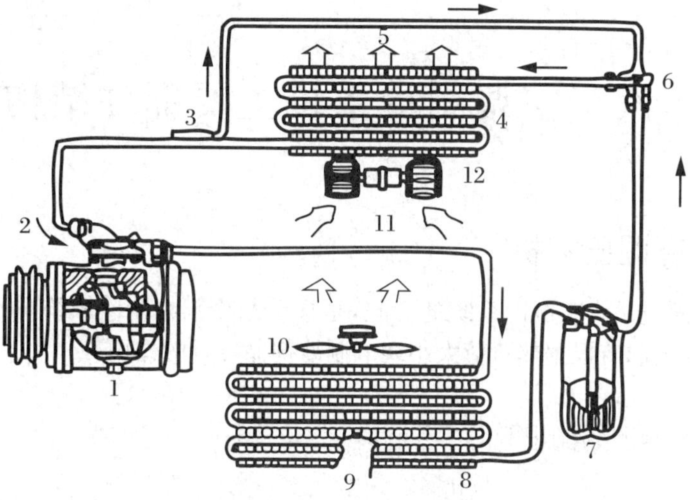

图 2.4 膨胀阀式制冷系统

1. 压缩机; 2. 低压侧; 3. 感温包; 4. 蒸发器; 5. 冷气; 6. 膨胀阀; 7. 储液干燥器; 8. 冷凝器; 9. 迎风面; 10. 冷却风扇; 11. 空气; 12. 鼓风机

(二) 孔管式制冷系统(CCOT 方式)

从制冷的工作原理来看,孔管式的制冷循环系统与膨胀阀式的制冷循环系统无本质的差别，只不过将可调节流量的膨胀阀换成不可调节流量的孔管，使结构更加简单，其制冷循环如图 2.5 所示。为了防止液态的制冷剂进入压缩机造成压缩机的损坏，这种循环系统将储液干燥罐安装在蒸发器的出口，并按照它所起的作用更名为集液器，同时进行气液分离——液体留在罐内，气体进入压缩机，其他部分的工作过程与膨胀阀式的制冷循环相同。

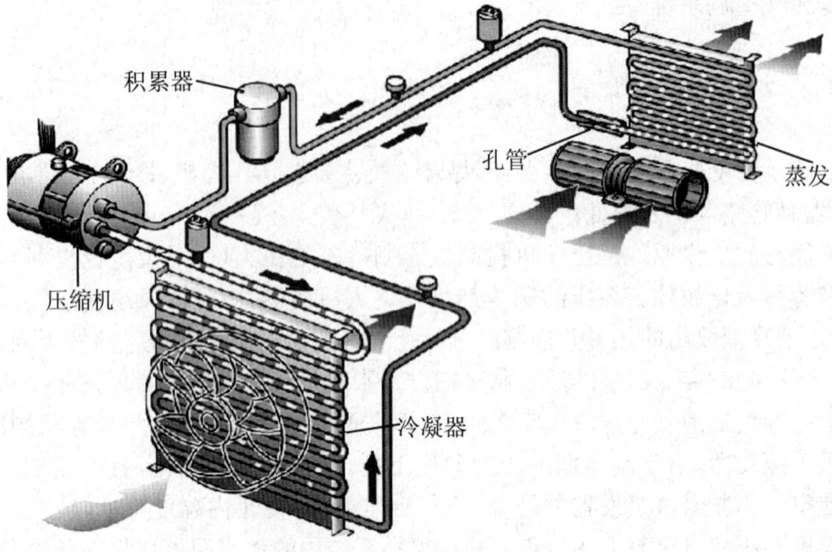

图 2.5　孔管式制冷系统

任务二　汽车空调制冷系统主要部件结构与检修

一、汽车空调压缩机

汽车空调压缩机是汽车制冷系统的心脏，是推动制冷剂在制冷系统中不断循环的动力源，变排量压缩机还起着根据热负荷大小调节制冷剂循环量的作用。

(一) 汽车空调压缩机的作用与分类

1. 汽车空调压缩机的作用

① 压缩机是一个动力源，促使制冷剂在系统内循环流动。若没有它，制冷剂就无法流动，更不能转移热量。

② 提高制冷剂的压力，促使其在冷凝器中液化放热。

③ 提高制冷剂压力后，伴随着温度也提高(超过环境温度)，这样有利于向外散热。

2. 汽车空调压缩机的分类与应用

目前正式应用在汽车空调上的压缩机不少于三十多种，按其运动形式和主要零部件形状，压缩机分类如图 2.6 所示。

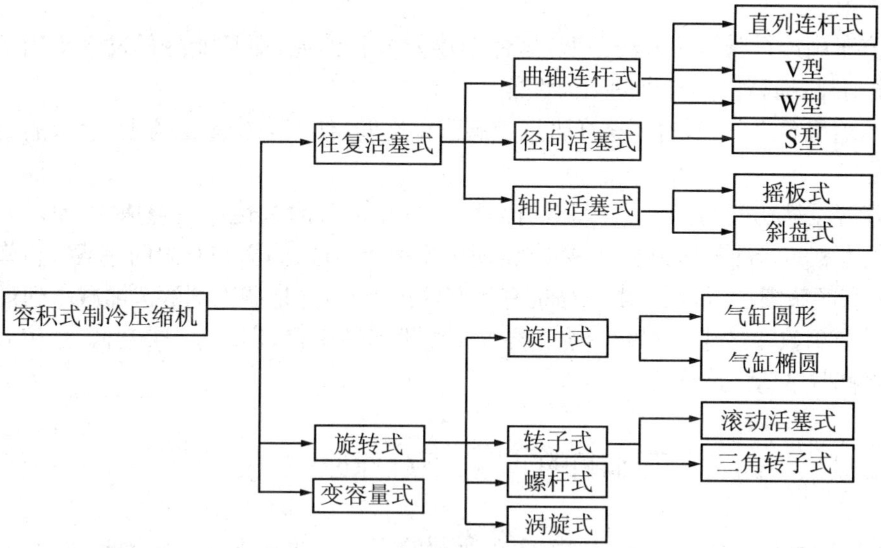

图 2.6　汽车空调压缩机的分类

各类压缩机的应用情况如下：

① 曲轴连杆式压缩机是使用时间最早、使用时间最长的第一代产品。中型曲轴连杆式压缩机仍在公共汽车和旅游客车上大量应用。

② 翘板式和斜板式活塞压缩机是第二代产品。它的优点是没有连杆，主轴上惯性较小、结构紧凑。从 1953 年使用至今，目前汽车空调仍以它为主。

③ 径向活塞压缩机虽然 20 世纪 70 年代便已问世，但在应用过程中，遇到了回转式压缩机的竞争，所以这种压缩机至今没有得到应有的重视。

上述几种均属于往复活塞式压缩机，其共同的特点是活塞作往复运动，所以运动惯性力大，限制了转速的提高。在相同体积下与其他制冷机比较，具有制冷量小、振动大、容积效率较低的缺点，特别是惯性力对转速的限制，使它们被旋转式压缩机所取代。

④ 旋叶式、滚动活塞式、三角转子式和螺杆式压缩机可称为第三代产品。它们的共同特点是容积系数较高，都需要大量的黏度较高的冷冻油润滑和密封，所以润滑系统较复杂。

⑤ 涡旋式压缩机为第四代。其特点是基本具备了汽车对空调压缩机提出的要求和特性，是一种最有前途的压缩机。目前应用在轿车上的一些型号已全面地显示了其优越性，但其在大型客车上的应用还有一段距离。

为了保护地球的有限资源、减少环境污染，各国对汽车的每 100 km 耗油量都作出了严格的限制。加装空调后，汽车油耗增加 7%～10%，因此节能型汽车空调压缩机是今后的发展方向。很显然，在高速下，调节压缩机的制冷输出量、降低发动机的能量消耗、保证汽车具有优良的动力性和车内的舒适性以及降低油耗，是当今各类型压缩机开发研究的方向。

变容量压缩机便是根据上述要求提出来的。它可以根据发动机的转速、车内的温度自动调节压缩机的容量。

3. 汽车空调压缩机的特殊要求

汽车运行的动态特征与多变的外界环境对汽车空调压缩机的性能和结构提出了以下一些特殊要求：

① 要有良好的低速性能，要求压缩机在汽车发动机低速和空载时有较大的制冷能力和较高的效率。

② 汽车高速行驶时输入功率低，这样不仅能节省油耗，而且能降低发动机用于空调方面的功率消耗，提高汽车自身的动力性能。

③ 压缩机要小型轻量化，这样可以节省汽车空间，使安装位置更方便，且节省材料和燃料的消耗。

④ 能经受恶劣运行条件的考验，有高度的可靠性和耐久性。在怠速时，发动机舱内温度有时高达 80 ℃，冷凝压力高，就要求压缩机能承受高温、高压和有限的过载。汽车行驶在道路上总有颠簸震动，这也要求压缩机有良好的抗震性，并把制冷剂的泄漏减小到最低。

⑤ 不要对汽车产生不利的影响。要求压缩机运转平稳，震动小，噪音低，启停对发动机转速的影响小，起动力矩小。

（二）典型汽车空调压缩机的结构与工作原理

压缩机的理想工作过程可用如图 2.7 所示的 $P-V$ 图来表示。纵坐标表示压力 P，横坐标表示活塞移动时在气缸中形成的容积 V。

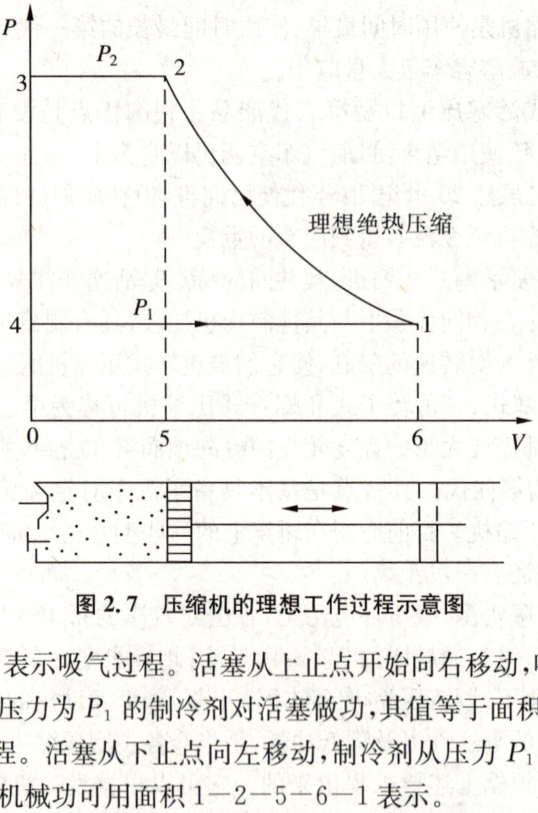

图 2.7　压缩机的理想工作过程示意图

在图 2.7 中：4—1 表示吸气过程。活塞从上止点开始向右移动，吸气阀打开，在压力 P_1 下吸入制冷剂。此时，压力为 P_1 的制冷剂对活塞做功，其值等于面积 4—1—6—0—4。

1—2 表示压缩过程。活塞从下止点向左移动，制冷剂从压力 P_1 被绝热压缩到 P_2。此时，活塞对制冷剂做的机械功可用面积 1—2—5—6—1 表示。

2—3 表示排气过程。当活塞左行到点 2 位置时排气阀打开，活塞继续左移，在压力 P_2 条件下将制冷剂全部排出。此时活塞对制冷剂做功等于面积 2—3—0—5—2。由于假设不存在余隙容积，排气终了时气缸中没有残留的制冷剂。当活塞再一次向右移动时重复 4—1 吸气过程。

压缩机的实际工作过程与理想工作过程有很大不同。实际工作过程存在余隙容积、吸排气阀有阻力、工作时存在压力损失、气缸壁与制冷剂之间有热交换、有漏气损失等情况。

1. 曲轴连杆式压缩机

图 2.8 所示为曲轴连杆式压缩机，主要由曲轴、活塞、连杆、气缸体、气缸盖、曲轴箱、吸排气阀片和阀板等零件构成。该压缩机是立式，机体为箱形。

机体就是压缩机的机身，由气缸体、曲轴箱和缸盖等部件组成。机体的几何形状复杂、加工面多，在工作时承受较大的流体压力和运动部件的惯性力。氟利昂制冷剂的渗透性极强，故必须采用强度高和密封性好的灰铸铁铸造。

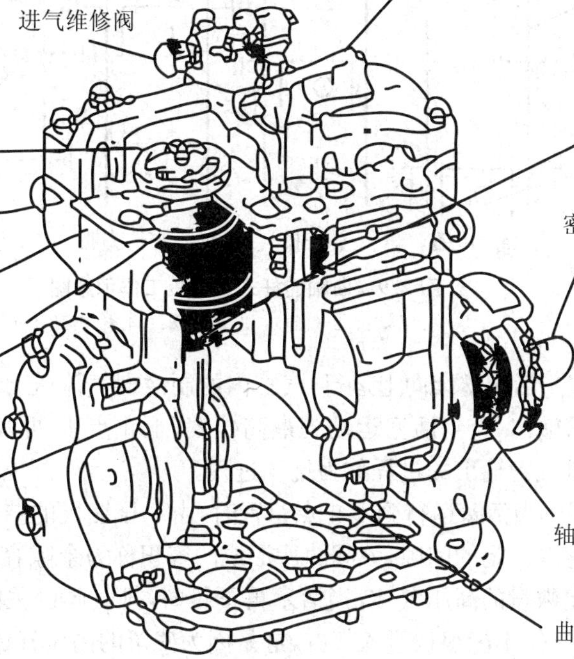

图 2.8　曲轴连杆式压缩机结构图

小型压缩机的机体一般都采用把气缸体和曲轴箱铸成一体的整体结构，称为气缸体曲轴箱结构。该结构的优点是整个机体的刚度好，工作时变形小，因此压缩机的磨损和耗功有所减少；其次，机体的配合面少，可以改善压缩机的密封性。

大、中型压缩机的气缸工作面不是直接和机体铸造在一起，而是另配有可单独装卸的气缸套，这样做主要有以下优点：

① 气缸套耗材少，可以采用优质材料或表面镀铬，提高气缸面的耐磨性。

② 如气缸面磨损到超过允许范围，只要更换气缸套就可以，既可节省修理费用，又简单省时。

③ 可以简化气缸体曲轴箱结构，便于铸造。

当发动机带动曲轴旋转时，通过连杆的传动，活塞在气缸内上下往复运动，在吸、排气阀的配合下，完成对制冷剂气体的吸入、压缩和输送的任务。压缩机的活塞在气缸内不断地运动，改变了气缸的容积，从而在制冷系统中起到了压缩和输送制冷剂的作用。

压缩机的工作，可分为压缩、排气、膨胀、吸气等四个过程，如图 2.9 所示。

(1) 压缩过程　活塞在曲轴的带动下在气缸内运动，当活塞运行到缸内最低点(下止点Ⅰ-Ⅰ)时，气缸内充满了由蒸发器吸入的制冷剂气体。活塞再上行时，吸气阀被关闭，而排气阀因缸内压力降低而不能顶开。因此，活塞上行，缸内体积缩小，即气缸工作容积不断变化，密闭在缸内的制冷剂气体的压力和温度不断升高。当活塞向上移动到一定位置(Ⅱ-Ⅱ)，即缸内气体压力略高于排气阀上部的压力时，排气阀便被打开，开始排气。制冷剂气体在气缸内从进气时的低压升高到排气压力的过程称为压缩过程。

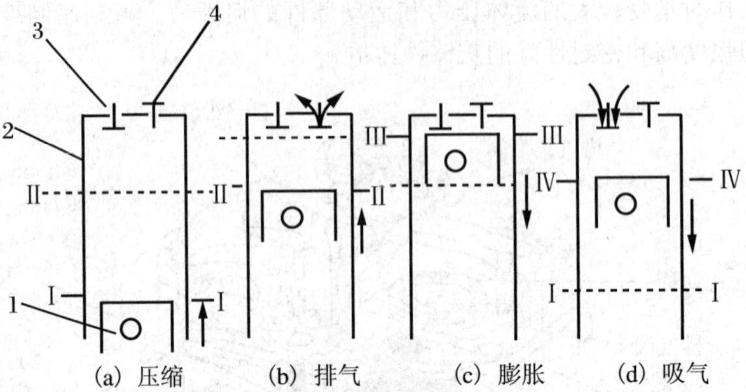

图 2.9　曲轴连杆式压缩机工作示意图

1. 活塞；　2. 气缸；　3. 进气阀；　4. 排气阀

(2) 排气过程　活塞继续向上运行，气缸内的制冷剂气体压力不再升高，而是不断地经过排气阀向排气管输出，直到活塞运动到最高位置(上止点Ⅲ-Ⅲ)时，排气过程结束。制冷剂气体从气缸向排气管输出的过程称为排气过程。

(3) 膨胀过程　当活塞运行到上止点位置时，由于压缩机的结构及工艺等原因，活塞顶部与气阀座之间存在一定的间隙，该间隙所形成的容积称为余隙容积。排气过程结束时，由于该间隙内有一定数量的高压气体，当活塞再下行时，排气阀已关闭，可进气阀并不能马上打开，吸气管内的气体不能很快进入气缸，这是因为残留的高压气体还需在气缸容积增大后膨胀，使其压力下降到气缸内的压力稍低于吸气管道内的压力时，吸气阀才能打开。活塞从上止点向下移动到吸气阀打开的位置(Ⅳ-Ⅳ)，称为膨胀过程。

(4) 吸气过程　活塞继续下行，吸气阀打开，低压制冷剂气体便不断地由蒸发器经吸气管和吸气阀进入气缸，直到活塞下行至下止点为止，这一过程称为吸气过程。

完成吸气过程后，活塞又上行，重新开始了压缩过程，如此周而复始，循环不已。

目前小型曲轴连杆式压缩机已经停止生产，但在大、中型汽车上的空调压缩机仍然采用曲轴连杆式。这是因为它可以按照需要的制冷量，配置多缸制冷压缩机，既便于生产，又便于维修。曲轴连杆式压缩机的低速性能也比其他压缩机好，所以特别适用于有大、中制冷量需求的汽车空调。

2. 径向活塞式压缩机

径向活塞式压缩机是一种往复活塞式压缩机，其特点是在一个截面上有四个气缸对置。其采用径向十字形排列、轴向尺寸短、平衡性能好、振动小，这是往复活塞式压缩机中结构最简单、最紧凑的品种，而且低速性能好，可靠性高。

径向活塞式压缩机一般都为四缸，它有两种类型：一类有四个径向活塞，四个气缸位于同一径向平面，一根连杆连接两个活塞，曲柄在连杆槽中滑动，将曲轴的旋转运动转变为活塞的直线往复运动，如图 2.10(a)所示，称为连杆径向活塞式压缩机；另一类无连杆，称为滑环径向活塞式压缩机，气缸分别在压缩机的一端，互相间隔 90°，气缸轴线垂直于压缩机曲轴。曲轴与汽车发动机的曲轴一样，有一个呈 U 形的曲拐，但它没有普通的连杆和活塞，而是由一个对置双活塞总成构成，如图 2.11(b)所示。这个对置的(左和右、上和下)双活塞总成称为滑环，滑环总成中间部分装有两个活塞，相隔 180°，靠轭叉相连，轭叉和曲轴相连。曲轴转动时，U 形曲拐使这个对置双活塞总成前后移动，推动一个活塞在其气缸内上行，同时将与其对置的活塞向下拉。压缩机有两个对置双活塞总成，即有两个滑环。如通用汽车公司的径向式四缸压缩机，气缸布置在同一平面上，有两个滑环一前一后，使四个活塞可沿径向布置在同一圆形壳体中。当压缩机轴旋转时，它迫使每个滑环在与曲轴垂直的平面上前后运动。

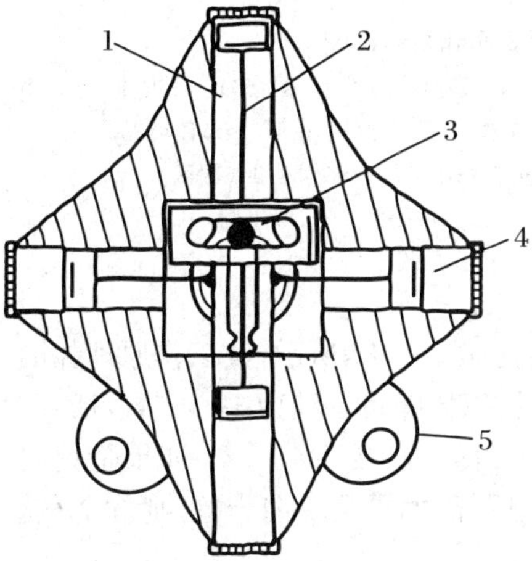

(a) 连杆径向活塞式压缩机

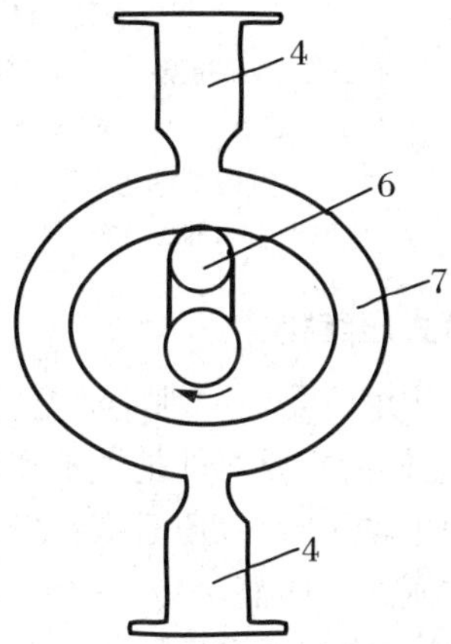

(b) 滑环径向活塞式压缩机

图 2.10　径向活塞式压缩机

1. 气缸；　2. 连杆；　3. 曲轴轴颈；　4. 活塞；　5. 基座；　6. 压缩机轴；　7. 滑环

3. 翘板式压缩机

翘板式压缩机是一种轴向活塞式压缩机，图 2.11 所示为 SD－5 翘板式压缩机的结构图。各气缸以压缩机主轴为中心布置，活塞运动方向平行于压缩机的主轴，活塞和翘板用连杆相连，连杆的两端和活塞及翘板之间用球形万向节连接，使翘板的摆动和活塞的移动协调而不发生干涉。翘板中心用钢球作支承中心，并用一对固定锥齿轮来限制翘板的运动，使翘板只能沿压缩机轴线方向前后移动，但不能绕轴线转动。

压缩机的主轴与传动板固定在一起，主轴转动时带动传动板一起旋转。由于传动板是楔形的，迫使翘板翘动，翘板的任何一边向后推动，相对的另一边就向前移动，就像跷跷板。通过钢球与翘板连接的连杆，活塞就进行往复运行。

由于翘板式压缩机与曲柄连杆式压缩机一样，设有进、排气阀片，所以其工作循环也有压缩、排气、膨胀和吸气四个过程。当活塞向前运动时，该气缸处于膨胀、吸气两个过程；而翘板另一端的活塞作相反方向的向后运动，该气缸处于压缩、排气两个过程。主轴转动一周，一个气缸就要完成压缩、排气、膨胀、吸气一个循环。如果一个翘板上有五个活塞，对应的五个气缸在主轴转动一周就有五次排气过程。

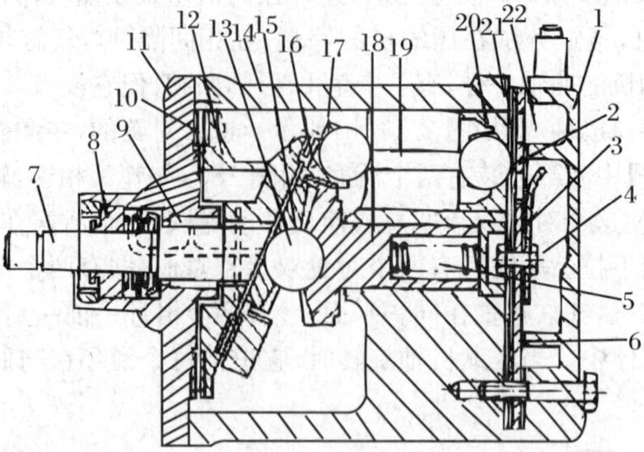

图 2.11　SD—5 翘板式压缩机结构图

1. 后缸盖；　2. 阀板；　3. 排气阀片；　4. 排气腔；　5. 弹簧；　6. 后盖缸垫；　7. 主轴；
8. 轴封总成；　9. 滑动轴承；　10. 端面滚子轴承；　11. 前缸盖；　12. 楔形传动板；
13. 锥齿轮；　14. 缸体；　15. 钢球；　16. 摆盘圆柱滚子轴承；　17. 摆盘；
18. 锥齿轮；　19. 连杆；　20. 活塞；　21. 阀板垫；　22. 吸气腔

4. 斜板式压缩机

斜板式压缩机是一种轴向活塞式压缩机，结构如图 2.12 所示，其工作原理如图 2.13 所示，斜板压缩机的主要零件是主轴和斜板。各气缸以压缩机主轴为中心布置，活塞运动方向与压缩机的主轴平行，以便活塞在气缸体中运动。活塞制成双头活塞，如果是轴向六缸，则三个气缸在压缩机前部，另外三个气缸在压缩机后部；如果是轴向十缸，则五个气缸在压缩机前部，另外五个气缸在压缩机后部。

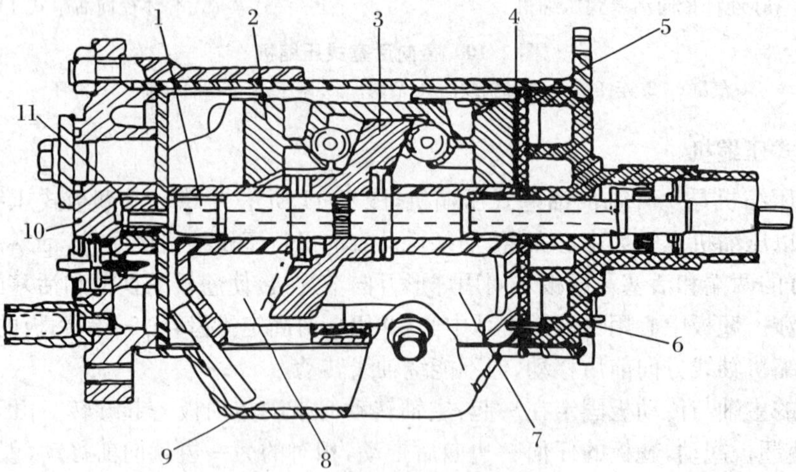

图 2.12　斜板式压缩机结构图

1 主轴；　2. 活塞；　3. 旋转斜盘；　4. 吸气阀；　5. 前排气阀；　6. 前盖；　7. 前缸半部；
8. 后缸半部；　9. 油底壳；　10. 后盖；　11. 机油泵齿轮

双头活塞的两活塞各自在相对的缸（一前一后）中滑动，活塞一头在前缸中压缩制冷剂蒸气时，活塞的另一头就在后缸中吸入制冷剂蒸气，反向时互相对调。各缸均备有高低气阀，另有一根高压管，用于连接前后高压腔。斜板与压缩机主轴固定在一起，斜板的边缘装合在活塞中部的槽中，活塞槽与斜板边缘通过钢球轴承支承在一起。当主轴旋转时，斜板也随着旋转，斜板边缘推动活塞作轴向往复运动。如果斜板转动一周，前后两个活塞各完成压缩、排气、膨胀、吸气一个循环，相当于两个气缸的作用。如果是轴向六缸压缩机，缸体截面上均匀分布三个气缸和三个双头活塞，当主轴旋转一周，相当于六个气缸的作用。

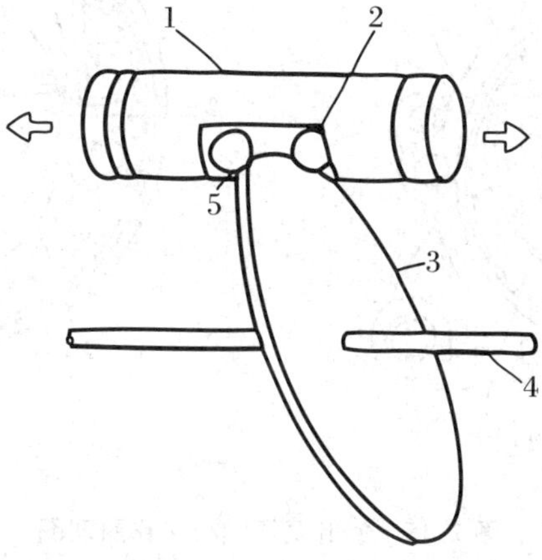

图 2.13　斜盘式压缩机工作原理图

1. 双头活塞；　2、5. 钢球；　3. 斜板；　4. 主轴

斜板式压缩机的润滑有两种：一种是采用强制润滑，由主轴驱动的油泵供油到各润滑部位及轴封处，主要用于豪华型轿车或小型客车较大制冷量的压缩机；另一种是采用飞溅润滑，我国上海内燃机油泵厂生产的斜板式压缩机即是采用飞溅润滑。

5. 旋叶式压缩机

图 2.14 所示为旋叶式压缩机轴向断面图。从图 2.14 中看出，旋叶式压缩机由缸体、转子、主轴、叶片、排气阀等零件构成，前缸盖上有离合器和主轴的轴封，后端盖和前缸盖上有两个滚动轴承支承主轴转动，后端盖内有一个油气分离器。

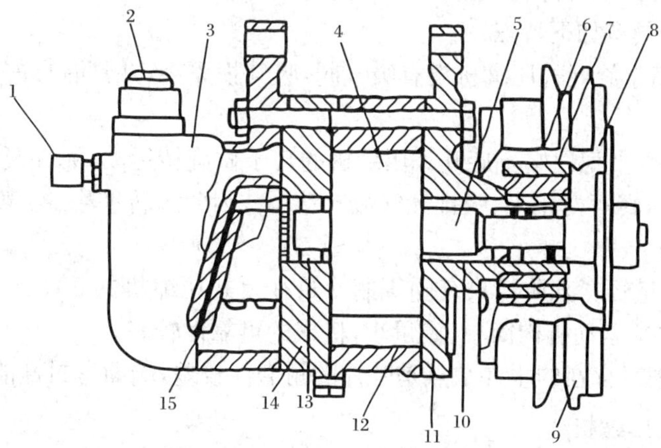

图 2.14　旋叶式压缩机结构图

1. 前板；　2. 带轮；　3. 前端盖；　4. 轴承；　5. 缸体；　6. 后盖板；　7. 轴承；　8. 吸油；
9. 排气口；　10. 进气口；　11. 后端盖；　12. 转子；　13. 主轴；　14. 带轮轴承；　15. 轴衬

旋叶式压缩机的气缸形状有圆形和椭圆形两种，叶片有两片、三片、四片和五片等几种。圆形缸对应有两片、三片、四片，椭圆形缸对应有四片、五片，如图 2.15 所示。

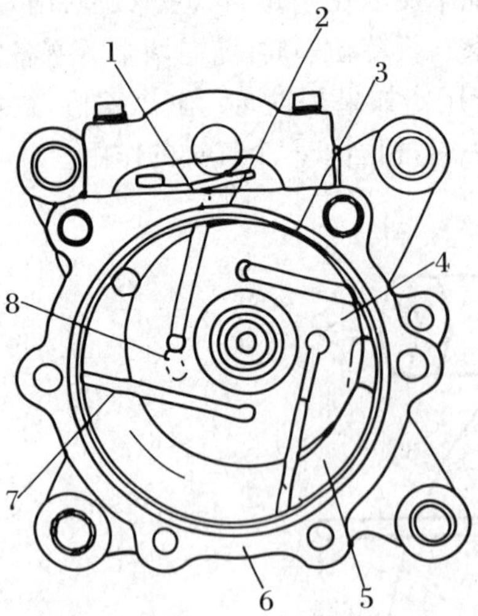

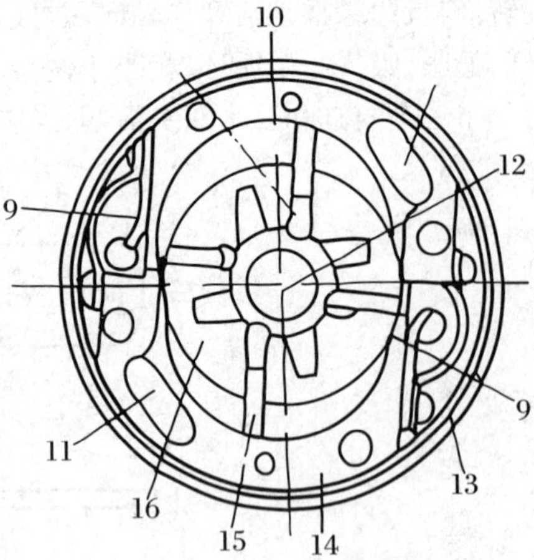

图 2.15 旋叶式压缩机工作原理图

1. 排气阀； 2. 排气孔； 3. 接触点； 4. 转子； 5. 吸气孔； 6. 气缸； 7. 叶片； 8. 油孔； 9. 排气簧片； 10. 进油孔； 11. 吸气腔； 12. 主轴； 13. 机壳； 14. 缸体； 15. 叶片； 16. 转子

在圆形气缸的旋叶式压缩机中，转子的主轴与气缸的圆心有一个偏心距离使转子紧贴气缸内表面的进、排气孔之间。在椭圆形气缸中，转子的主轴和椭圆中心重合，转子上的叶片和它们之间的接触线将气缸分成几个空间。当主轴带动转子旋转一周时，这些空间的容积发生扩大—缩小—几乎为零的循环变化，制冷剂蒸气在这些空间内也发生吸气—压缩—排气的循环。压缩后的气体通过安装在接触线旁的簧片阀排出。旋叶式压缩机没有吸气阀，因为滑片能完成吸入和压缩制冷剂的任务。对于圆形气缸而言，两叶片将空间分成两个空间，主轴旋转一周，即有两次排气过程，四叶片则有四次。叶片越多，压缩机的排气脉冲越小。对于椭圆形气缸，四叶片将气缸分成四个空间，主轴旋转一周，有四次排气过程。

旋叶式压缩机具有如下特点：

① 容积效率高。旋叶式压缩机没有吸气阀，吸气损失小，并具有良好的密封性能，因此容积效率高。

② 能高速运转、平稳性好。旋叶式压缩机的转子做旋转运动，无往复惯性力，而旋转惯性力易平衡。另外，转矩变化小、吸排气气流脉动小。因此运转平稳、噪声小，即使在高速旋转时，振动也小。

③ 体积小、质量轻。其质量只有同等制冷量往复式压缩机的 50%～70%，旋叶式压缩机零件少，易损件少，运动机构简单、质量小，机械的可靠性较高。

④ 旋叶式压缩机存在的主要缺点是叶片的耐磨性较差，端面密封性能较差。

6. 滚动活塞式压缩机

滚动活塞式压缩机主要由曲轴、气缸、滚动活塞、排气阀、吸气口、滑片和弹簧组成。气缸固定在轴承座与端板之间，三个弹簧将刮片顶在滚动活塞上。电磁离合器与安装滚动活塞的曲轴连接。滚动活塞偏心地套在曲轴上，由曲轴带动偏心轮在气缸内绕旋转中心转动。同时，滚动活塞自身绕曲柄销转动。滑片在滑片槽内作往复运动，受到弹簧力作用。滑片端部与滚动活塞外圆接触。滚动活塞式压缩机不设吸气阀，设有排气阀。制冷剂中润滑油由油分离器分离，在壳底部积聚起来，靠压力差再注到各运动部件中。

滚动活塞式压缩机的工作原理如图 2.16 所示。

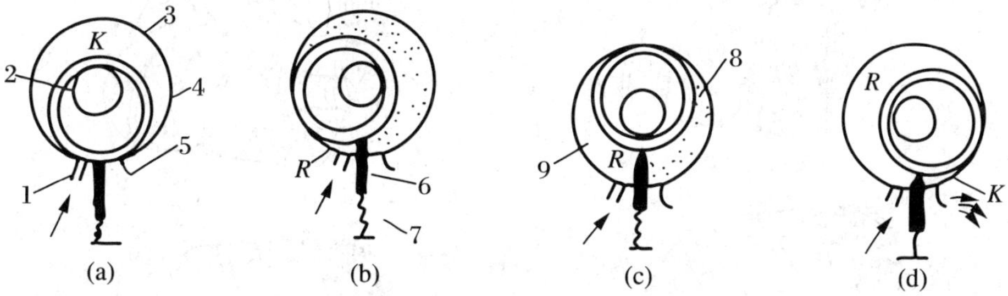

图 2.16　滚动活塞式压缩机工作原理图

1. 进气口；　2. 曲轴；　3. 气缸；　4. 滚动活塞；　5. 排气阀；　6. 滑片；　7. 弹簧；　8. 压缩腔；　9. 吸气腔

当滚动活塞处于图 2.16(a)的位置时，活塞外表面与气缸内表面形成月牙形空间(图中容积 K)，从蒸发器流入的低压制冷剂蒸气经吸入口流入该空间（气室）。此时该气室内为低压气体，排气阀处于关闭状态。

曲轴继续旋转，活塞在气缸内表面滑动。当活塞处于图 2.16(b)的位置时，滑片、气缸及活塞将气缸内容积分成两个空间。滑片左侧与吸气口相通的空间为低压室(图中容积 R)，随活塞转动容积不断增大，吸入气体。滑片另一侧容积则由于活塞转动而使容积缩小(图中阴影部分)，压力升高。

滚动活塞位于图 2.16(c)时，滑片左侧容积 R 扩大，吸入气体；而右侧容积 K 继续缩小，压力升高。

活塞位于图 2.16(d)时，吸气容积 R 扩大，吸入更多的气体。同时，压缩腔容积缩小而使气体压力高于排气阀外气体压力，排气阀打开，高压气体自排气阀排入冷凝器中。

滚动活塞式压缩机具有质量小、体积小、零部件少、效率高、可靠性好以及适宜于大批量生产等优点。与往复活塞式压缩机相比，质量为往复活塞式的 45%、体积为往复活塞式的 44%、零件数为往复活塞式的 62%、耗电量只为往复活塞式的 66%，但是与往复活塞式相比，其加工精度要求高，尤其在大型化时难以保证其精度。另外在高转速和大功率时，单缸压缩机的振动及磨损会随之加剧。目前滚动活塞式压缩机的发展正在逐步完善，并有双缸和变容量滚动活塞式压缩机问世。

7. 螺杆式压缩机

螺杆式压缩机主要由阴阳螺杆、缸体、前后缸盖、油分离器和单向阀等组成，如图 2.17 所示。一对阴阳螺杆是关键零件，阴螺杆有六条凹齿螺纹，阳螺杆则为四条。阴螺杆为主动杆，带动阳螺杆。

螺杆式压缩机的工作利用一对互相啮合的螺杆转子的转动来实现对制冷剂蒸气的压缩和输送。阴螺杆凹腔吸进制冷剂蒸气并充满凹型空间，如图 2.17(a)所示。此时阳螺杆在阴螺杆的带动下，凸起部分嵌进阴螺杆的吸气螺齿头部，这时阴螺杆、阳螺杆和缸体构成一个封闭空间，并进入压缩过程(图 2.17(b))。阴螺杆继续带动阳螺杆转动，阳螺杆啮合进阴螺杆越来越多，则蒸气不断被压缩(图 2.17(c))。此时阴螺杆再旋转，与排气口相通，压缩的蒸气排出，随着螺杆的转动，阴阳螺杆在排气口将所有气体排尽(图 2.17(d))。此时阴螺杆的凹齿又处于最大容积，开始新的吸气、压缩和排气过程的循环。

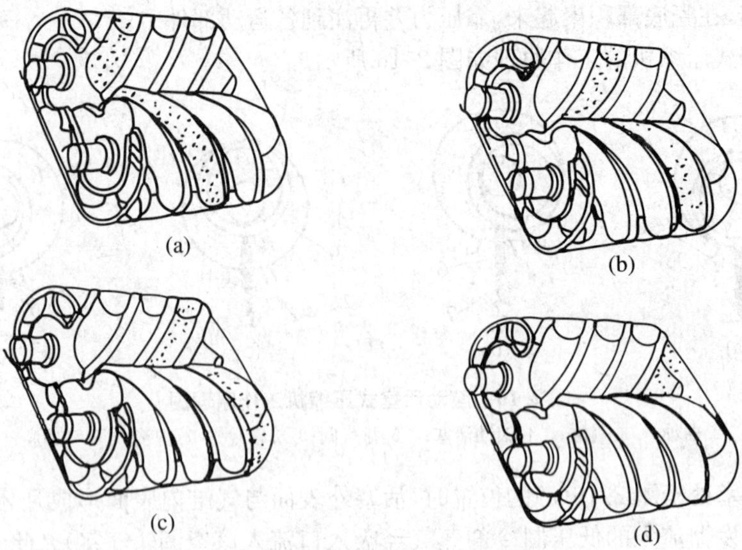

图 2.17　螺杆式压缩机工作原理图

一对凹凸腔每旋转一周完成一个吸气、压缩、排气的循环。如果阴螺杆上有六条凹齿螺纹，并且由阴螺杆带动阳螺杆转动，那么阴螺杆旋转一周，则六条凹齿螺纹也转了一周，则有六次循环过程，所以螺杆式压缩机的工作过程可以认为是连续的、无脉冲的。

(三) 汽车空调压缩机的检修

1. 压缩机的常见故障

汽车空调系统的大多数运动件都在压缩机上，因此压缩机的检修量最大，压缩机常见故障有卡住、泄漏、压缩机制冷不良、有异响等故障。

(1) 卡住

压缩机卡住使输出轴不能转动，卡住的原因通常是润滑不良或者没有润滑产生的。如果发现离合器或传动带打滑，在排除不是离合器和传动带故障后，一般都是由于压缩机卡住所致，这时应立即关闭 A/C 开关，检查系统是否有泄漏。如果系统泄漏而带走冷冻润滑油，则应进行检测。如果系统不泄漏，则为系统有堵塞造成的。应将系统中的制冷剂放掉，并清洗其管道和各个阀体，之后重新装回系统。

(2) 泄露

压缩机泄漏有漏油和漏气两种情况。制冷剂泄漏是空调系统中最常见的问题。压缩机泄漏的部位通常在压缩机与高低压管的结合处，此处通常因为安装位置的原因，检查起来比较麻烦。空调系统内部压力很高，当制冷剂泄漏时，压缩机润滑油会随之流失，这会导致空调系统不工作或压缩机润滑不良。空调压缩机上都有泄压保护阀，泄压保护阀通常是一次性使用，在系统压力过高进行泄压后，应该及时更换泄压保护阀。

(3) 压缩机制冷不良

压缩机制冷不良，可用歧管压力表检测压缩机的吸气压力和排气压力。如果两者之间压力几乎相同，并用手触摸压缩机，发现其温度异常的高，则可判断是压缩机缸垫窜气。从排气阀出来的高压气体通过气缸垫的缺口窜回到吸气室，再次压缩，产生温度更高的蒸气，这样来回循环，会使冷冻润滑油烧焦造成压缩机报废。

如果进、排气弹簧片破坏或者变软，也会造成压缩机的制冷不良，这种故障表现为吸气压力或者排气压力相同或相差不大，但压缩机是不会发热的。

(4) 电磁离合器自身异响

压缩机电磁离合器是出现异响的常见部位。压缩机经常在高负荷下从低速到高速变速运转，所以对电磁离合器的要求很高，而且电磁离合器安装位置一般离地面较近，经常会接触到雨水和泥土，当电磁离合器内的轴承损坏时就会产生异响。

除了电磁离合器自身的问题，压缩机传动胶带的松紧也直接影响电磁离合器的寿命。传动胶带过松，电磁离合器就容易打滑；传动胶带过紧，电磁离合器上的负荷就会增加。传动胶带松紧度不当，轻则会引起压缩机不工作，重则会引起压缩机的损坏。当传动胶带工作时，如果压缩机带轮以及发电机带轮不在同一个平面内，就会降低传动胶带或压缩机寿命。

电磁离合器的反复吸合也会导致压缩机出现异响。例如，发电机的发电量不足、空调系统的压力过高或者发动机负荷过大，都会造成电磁离合器的反复吸合。

(5) 离合器安装间隙

电磁离合器与压缩机安装面之间有一定的间隙，如果间隙过大，那么冲击也会增大，如果间隙过小，电磁离合器工作时就会与压缩机安装面之间产生运动干涉，这也是产生异响的一个常见原因。

压缩机工作时需要可靠的润滑。当压缩机缺少润滑油，或者润滑油使用不当时，压缩机内部就会产生严重异响，甚至造成压缩机磨损报废。

(6) 离合器烧坏

现象：离合器烧坏。

原因及判断：线圈温度过高烧毁或压缩机咬死。

解决措施：判断压缩机内部是否失效，若否，则需更换离合器部件并且要求压缩机厂家分析离合器的设计是否存在问题。

(7) 压缩机不通电

现象：压缩机不工作。

原因及判断：使用万用表首先检查电磁离合器的线圈，看是否能够导通；若能导通，再拔下高、低压切断开关的电源插头，先测压力开关接头，看高、低压两组触点是否导通。若能导通，再测量电源插头是否有电。最后检查系统电源的起始点有无电压、接触是否可靠等。通过电路检查，压缩机不转的故障一般都可解决。

(8) 压缩机失效

现象：压缩机内部咬死。

原因及判断：用成分分析仪检测制冷剂成分，判断是否是假冒制冷剂或制冷剂成分不纯；通过冷冻油的颜色、气味判断是否是假冒冷冻油或冷冻油失效；通过观察空调系统零部件内表面冷冻油颜色，判断系统洁净度。

解决措施：必须用汽车专用空调清洗机对空调系统进行清洗，并在解决其他导致压缩机失效故障后更换储液干燥器，然后才能更换压缩机。

2. 压缩机的检修

(1) 压缩机拆卸

如图 2.18 所示。

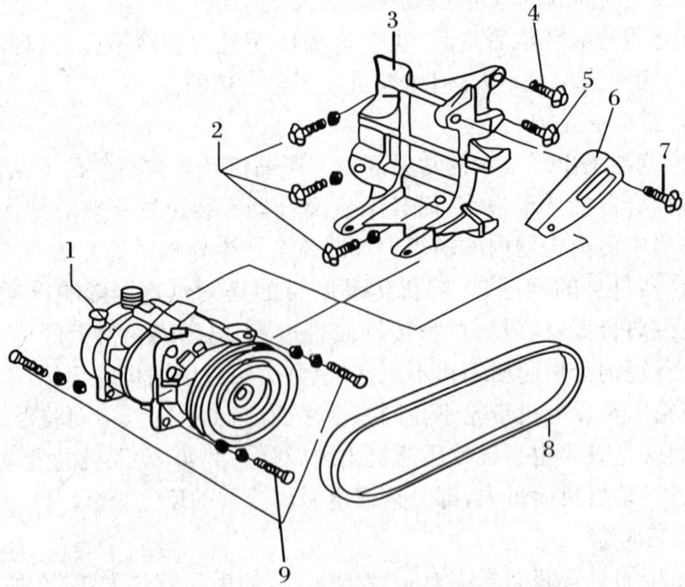

图 2.18　压缩机的拆卸

1. 空调压缩机（型号：SE7PVl6A Rl34a）；　2. 六角组合螺栓（4ON. m）；　3. 压缩机支架；
4. 带肩六角螺栓（4ON. m）；　5. 内六角螺栓（4ON. m）；6. 皮带张紧支架；　7. 皮带张紧调节螺栓；
8. 压缩机皮带；　9. 内六角组合螺栓（4ON. m）

① 压缩机拆卸要求如下：

a. 拆卸时首先要清楚压缩机结构，拆下零件应按部件分类摆放，以免损伤弄乱。

b. 压出或打出轴套和销子时应先辨别方向，然后再操作，一般要用木槌敲打，以免损伤零件表面。

c. 拆卸零件时不要用力过猛，以免损伤零件。

d. 拆卸形状和尺寸相同的零件时，需做好记号，以防装错。

e. 拆卸的零件用冷冻油清洗，清洗时要用毛刷，不能用碎布纱头，以防污物进入。

② 压缩机拆卸方法如下：

a. 拆除电磁离合器连接导线。

b. 从制冷系统内排出制冷剂。

c. 从压缩机吸、排气口拆下软管，并给压缩机吸、排气口加盖，以免灰尘和水汽进入系统内。

d. 拆除压缩机驱动带。

e. 从制冷系统托架上拆卸压缩机固定螺钉取下压缩机，再将压缩机装在一个支架上，支架夹在台虎钳上。

f. 排出压缩机内的冷冻油，用量筒测量出油量，并检查冷冻油是否变色，油内是否混有杂质。

(2) 空调压缩机皮带的拆卸与安装

① 用内六角扳手，旋松空调压缩机下方两个连接螺栓（箭头 B）。

② 沿顺时针方向旋转皮带张紧调节螺栓（箭头 A）直至皮带放松。

③ 用套筒扳手将皮带由带轮上向汽车前进方向脱出。

如更换皮带,应拆卸发动机前悬置;如仅拆空调压缩机,可不拆发动机前悬置。

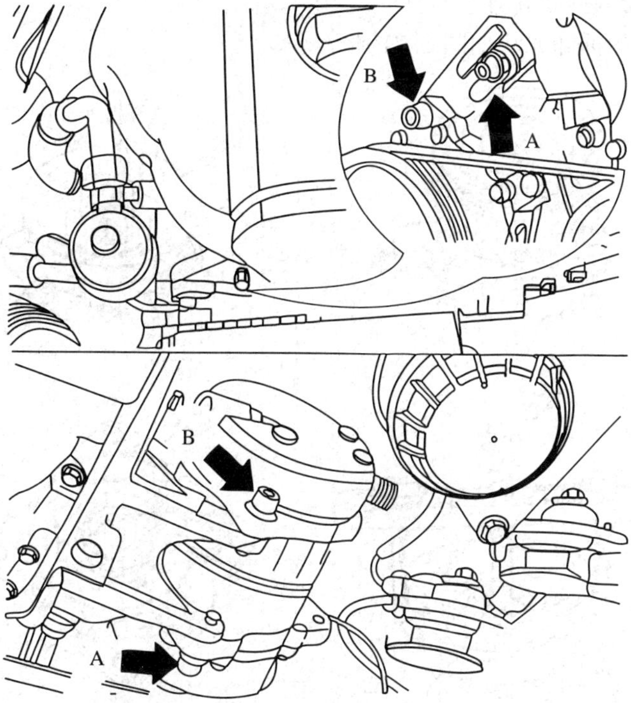

图 2.19　空调压缩机皮带的拆卸

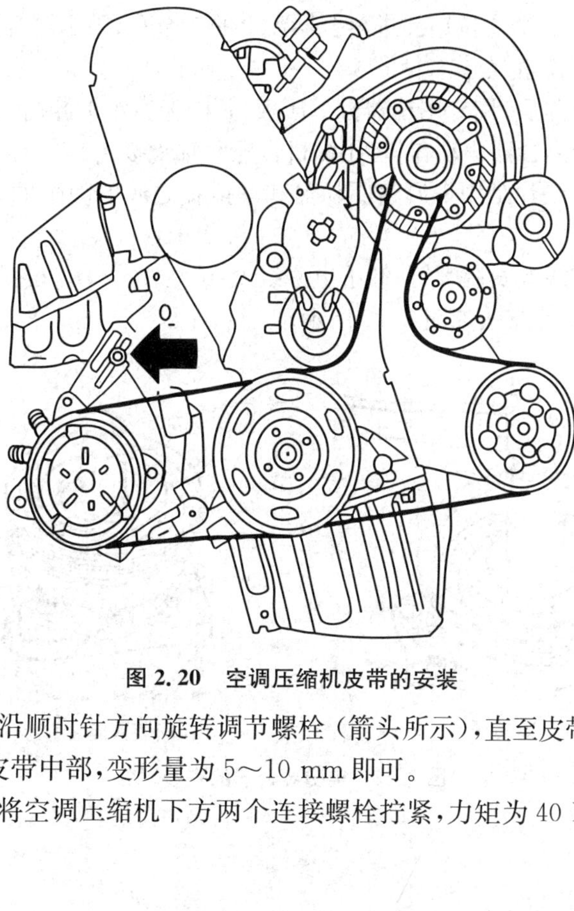

图 2.20　空调压缩机皮带的安装

① 用套筒扳手,沿顺时针方向旋转调节螺栓(箭头所示),直至皮带张紧。

② 用拇指按压皮带中部,变形量为 5～10 mm 即可。

③ 用扭力扳手,将空调压缩机下方两个连接螺栓拧紧,力矩为 40 N·m。

④ 将皮带套在带轮上,注意运转方向。

(3) 电磁离合器的拆卸和修理

① 电磁离合器的拆卸方法如图 2.21 所示。

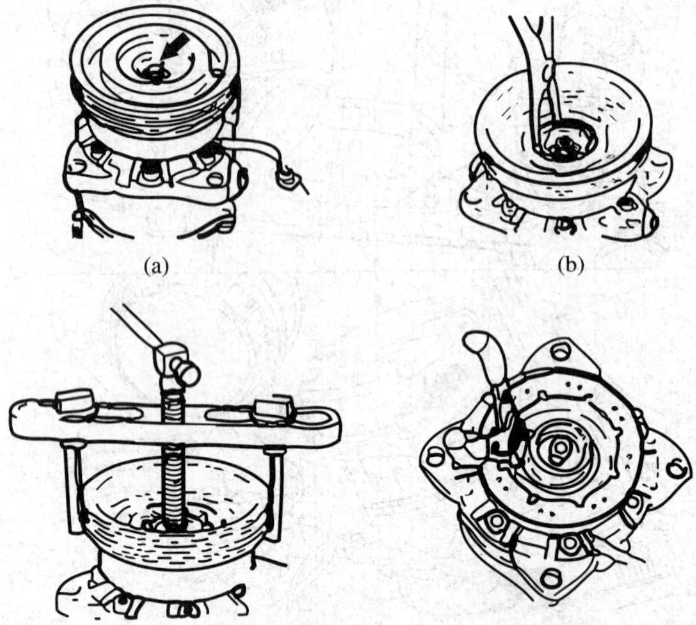

(a) (b) (c) (d)

图 2.21 电磁离合器的拆卸

a. 使用 Y 形爪具的三个定位销插进离合器盘上的三个孔,固定离合器的驱动盘,用套筒扳手拆下主轴上的六角锁紧螺母。

b. 六角锁紧螺母拆除后,用专用拉器拆下压板,并用卡簧钳拆卸内卡簧。

c. 用拉拔工具拆卸离合器驱动盘,将压缩机带轮和轴承拔出。

d. 拆下键和垫片。垫片是用来调整驱动盘和摩擦板之间的间隙的,安装时用它来调整到规定的间隙。

e. 用旋具拆下电磁线圈安装螺钉,卸下电磁线圈。

② 电磁离合器的安装方法如图 2.22 所示。

(a) 安装转子　　(b) 安装离合器吸盘

图 2.22 电磁离合器的安装

a. 装转子：将专用工具组合使用，并置于中心部位，用锤子轻击四周，使转子安装到位。

b. 安装离合器吸盘：将图示工具压在离合器吸盘中心孔部位，用锤子轻击，使离合器吸盘安装到位。

③ 电磁离合器的检修程序如下(图 2.23)：

a. 检查离合器从动盘的摩擦表面，看是否由于过热和打滑而引起刮痕以及是否翘曲变形，若从动盘有刮痕损伤或变形，就要更换带轮总成。另外摩擦表面上的油物和脏物用清洁剂洗净。

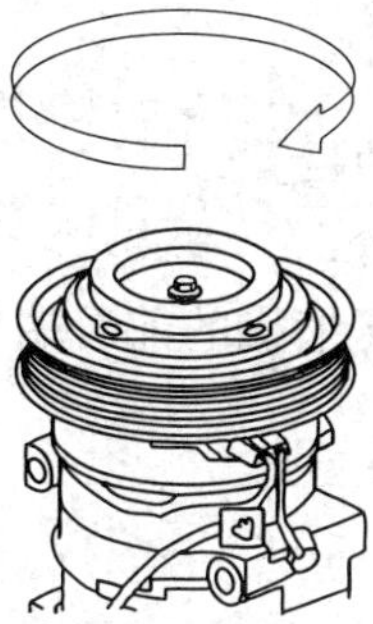

(a) 检查皮带轮轴承的间隙和阻力

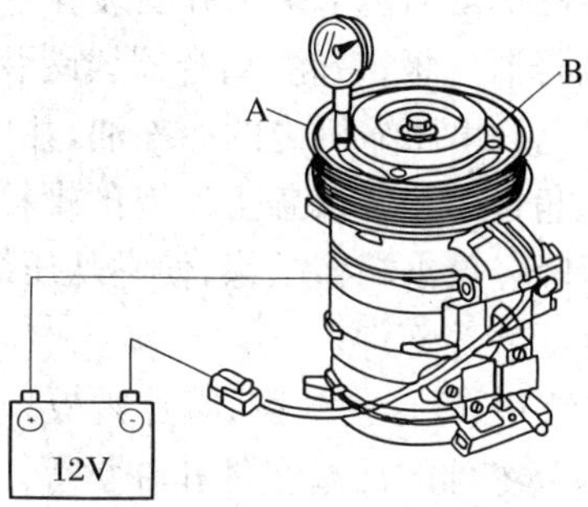

(b) 测量皮带轮与压盘之间的间隙（百分比）

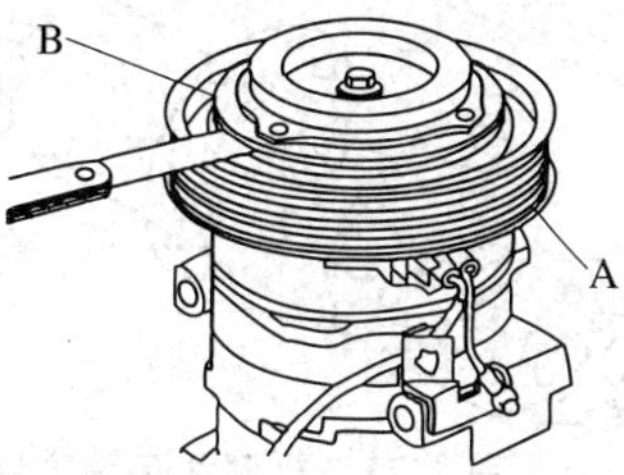

(c) 测量皮带轮与压盘之间的间隙（塞尺）

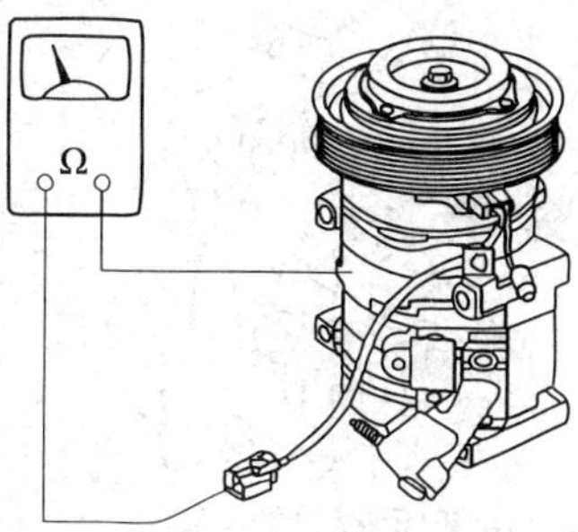

(d) 测量电磁线圈电阻

图 2.23　电磁离合器的检修

b. 检查离合器轴承有无松动或损坏，损坏的轴承必须更换，并且需要换上同规格的新轴承。

c. 用万用表检查电磁离合器线圈有无短路或断路故障，若发生短路或断路，则须更换线圈。

d. 检查完的电磁离合器，按拆卸时的相反步骤装配。

(4) 压缩机轴封的拆卸和修理

① 压缩机轴封的拆卸程序如下：

a. 拆下离合器总成。

b. 使用卡环钳，取下密封座卡环。

c. 使用密封拆卸工具，伸入密封座位置，然后锁紧密封座的内周面，向外拉出密封座。

d. 用钩子取出密封件的 O 形密封圈。

② 压缩机轴封的修理和安装程序如下：

a. 检查轴封摩擦表面是否良好以及石墨环是否磨损，拆下的轴封不能重复使用，必须更换新的轴封。

b. 用清洁的冷冻油清洗压缩机密封部位。

c. 用清洁的冷冻油涂抹U形密封圈，并将其装入密封沟槽内。

d. 用清洁冷冻油涂抹密封座，并将其细心地压入安装孔内。

e. 安装卡环和油封盖。

f. 重新装上离合器。

(5) 压缩机内部零件的拆卸和修理

① 压缩机内部零件的拆卸程序如下(图2.24～图2.27)：

a. 将压缩机从发动机上拆下并安装在专用夹具上。

b. 取下离合器压板、带轮、离合器线圈及轴封等。

c. 从放油孔放出压缩机内的冷冻油，并用量筒测量出油量。

d. 用内六角扳手松开端盖上所有的螺栓，然后取下螺栓。

e. 用木锤轻轻敲击端盖凸缘，使它从压缩机分开。当压缩机的前后端盖打开后，就可以容易地抽出其活塞等部件。

f. 取下汽缸垫、O形密封圈、簧片阀板。

g. 取下内部零件的活塞组件和轴承等。

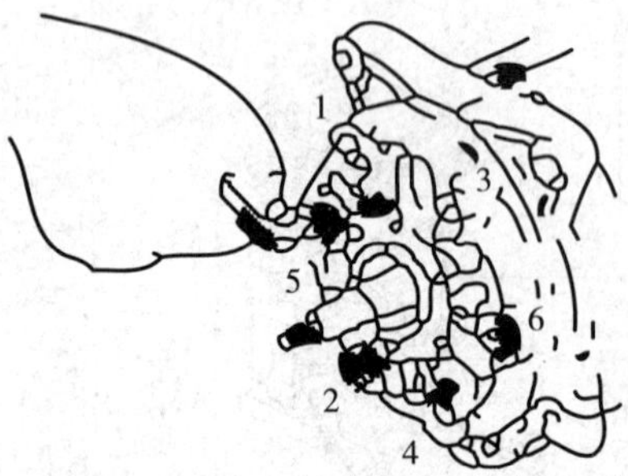

图2.24 拆卸压缩机盖

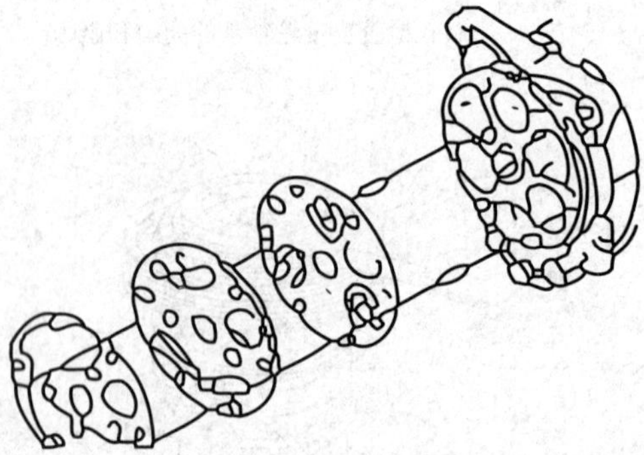
图2.25 拆卸活塞等零件

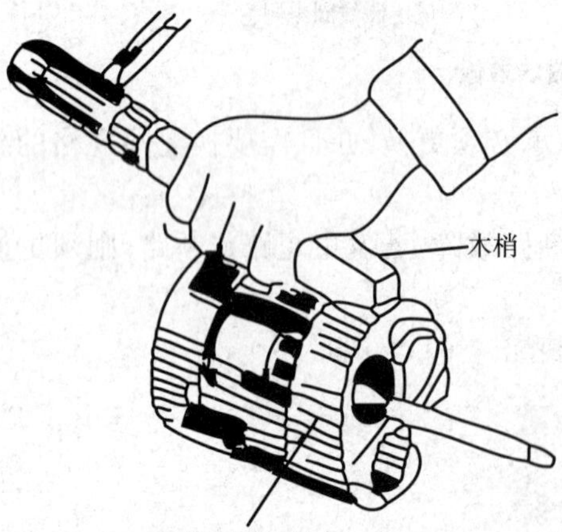

图2.26 拆卸气缸

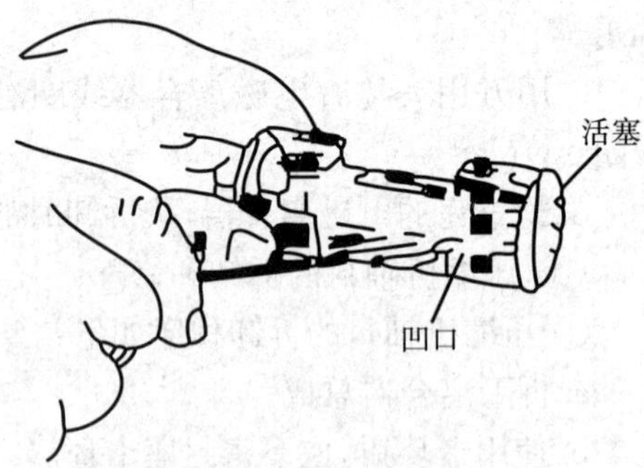

图2.27 取出活塞钢球

② 压缩机内部零件的修理和安装程序如下：

a. 检查压缩机活塞和气缸，若活塞和气缸有拉毛现象，则须更换压缩机。

b. 检查压缩机轴承，若有损坏则须更换。

c. 检查压缩机阀片和阀板。阀板可以用油打磨平整，阀片、缸垫和O形密封圈损坏则须更换。

d. 装配时所有的零部件都要清洗干净，以保障油路畅通，并在各摩擦部位涂抹冷冻油。

e. 所有的结合面须清洁干净并在垫片上涂上冷冻油，均匀的压紧螺栓，装上前后盖板。

f. 用手转动压缩机检查运转是否顺利。

(6) 压缩机维修后的性能检查

① 压缩机内部的泄露检查：在压缩机吸排气检修阀上装上歧管压力计，并关闭手动高低压阀，再用手转动压缩机主轴，每秒转一圈，共转十圈。这时打开手动高压阀，高压表的压力大于 0.345 MPa 或更大，若压力小于 0.310 MPa，则说明压缩机内部有泄露，须重新修理或更换阀片、阀板和缸垫。

② 压缩机外部泄露检查：从压缩机吸入端注入少量的制冷剂，然后用手转动其主轴，用检漏仪检查轴封、端盖、吸排气阀口等处有无泄露，若有泄露须拆卸重新修理，若无泄露，就可以装回发动机。

二、热交换装置

蒸发器、冷凝器和加热器都是汽车空调系统的热交换器，它们的功能都是实现两种不同温度的流体之间的热量交换。蒸发器使管内的低温、低压液态制冷剂通过管壁和翅片吸收周围空气中的热量，然后沸腾汽化。管内是制冷剂吸热过程，而管外的空气则被降温减湿，是放热过程。冷凝器使管内的高温、高压气态制冷剂通过管壁和翅片放出热量给周围空气，自己冷凝成液体，是放热过程，而通过冷凝器的空气被加热升温，是吸热过程。加热器则使管中的热水或废气通过管壁将热量传给车内空气、热水或废气被降温，是放热过程，而车内空气因吸收热量而升温。

(一) 热交换装置的作用与材料选用

1. 热交换装置的作用

冷凝器的作用是通过增大压力(压缩机)和降低温度(用冷却风扇等)，使制冷剂很快从气态变为液态，同时向外界放出热量。而蒸发器的作用是通过降低压力(用膨胀阀)，使制冷剂从液态变为气态，同时吸收车厢内空气的热量。

也就是说冷凝器是用来排除制冷剂蒸气热量的热交换设备，而蒸发器则是吸收被冷却介质(空气)的热量，即产生“冷量”的设备。在汽车空调中，对这两种热交换器的基本要求是：

① 换热效率要高。

② 重量轻，安装占用的空间小。

③ 制冷剂侧及空气侧阻力小。

④ 抗震性能好，耐腐蚀，不易产生泄露。

2. 热交换装置的主要材料

热交换器的材料原来以铜为主，后来发展成铜管铝片，现在除部分客车空调还采用铜管铝片的热交换器外，绝大部分的汽车空调都采用全铝化热交换器。主要原因是相比于铜和钢，铝在密度、热传导性、耐腐蚀性和极低温性能等方面都有好的表现。但铝的最大缺点是焊接困难。管子和翅片之间的连接方法主要有钎焊和机械连接两大类。

汽车空调冷凝器采用风冷形式，冷凝器冷凝效果的好坏不仅与其本身的散热能力有关，还和通风效果有关。前者由冷凝器本身的结构、材料、尺寸及工艺所决定，而后者则与风扇的通风能力、安放位置等有关。

（二）热交换装置的结构与检修

1. 冷凝器

（1）冷凝器的结构与分类

汽车空调系统冷凝器均采用风冷式结构，其冷凝原理是：让外界空气强制通过冷凝器的散热片，将高温的制冷剂蒸气的热量带走，使之成为液态制冷剂。制冷剂蒸气所放出的热量，被周围空气带走，排到大气中。

汽车空调系统冷凝器的结构形式主要有管片式、管带式和鳍片式三种。冷凝器的结构从管片式向管带式发展，并主要向平行流动式发展。层叠式和平行流动式的内部结构又在不断发展，以利于进一步提高换热效率和减轻重量，平行流动式冷凝器从单元平行流动式发展成多元平行流动式。并采取减薄管片厚度、增加管子内肋片、翅片开切口、改变翅片形状及开口角度等措施，加大了翅片散热面积，强化了气侧和液侧的热交换效率。上述发展使冷凝器尺寸和质量（重量）大幅度降低。

目前我国轿车主要采用全铝管带式和平行流动式冷凝器，大型客车上主要采用铜管铝片式冷凝器，中型客车上几种形式都有，以管带式为主。如奥迪 A6、宝来、本田、别克、赛欧、上海帕萨特等车型的空调均采用平行流动式冷凝器，桑塔纳轿车采用的是管带式冷凝器，但即将改成层叠式蒸发器。

① 管片式：管片式由铜质或铝质圆管套上散热片组成，如图 2.28 所示。片与管组装后，经胀管处理，使散热片与散热管紧密接触，使之成为冷凝器总成。这种冷凝器结构比较简单、加工方便，但散热效果较差。一般用在大、中型客车的制冷装置上。

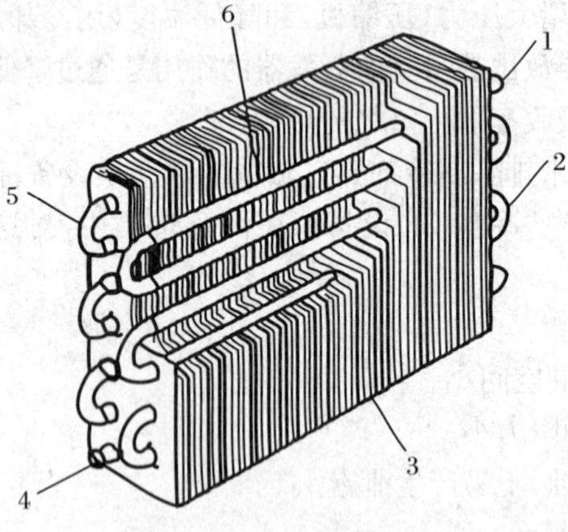

图 2.28　管片式冷凝器示意图

1. 进口；2. U 形管；3. 翅片；4. 出口；5. 弯头；6. 盘管

② 管带式：管带式由多孔扁管与 S 形散热带焊接而成，如图 2.29 所示。管带式冷凝器

的散热效果比管片式冷凝器好一些(一般可高10%左右),但工艺复杂,焊接难度大且材料要求高。一般用在小型汽车的制冷装置上。

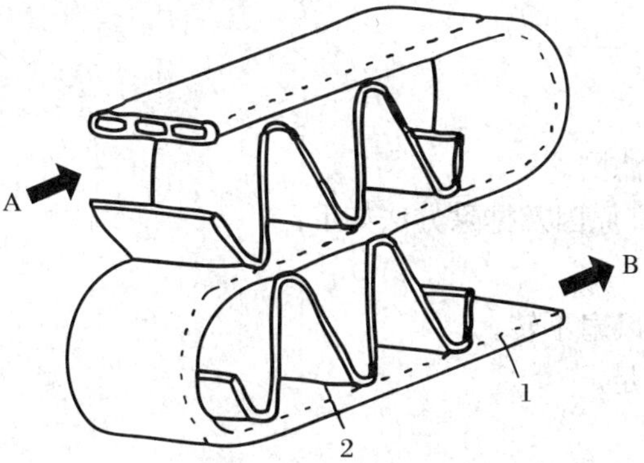

图 2.29　管带式冷凝器示意图

1.盘管；　2.散热片；　A.气态制冷剂；　B.液态制冷剂

③ 鳍片式:鳍片式是在扁平的多通道表面直接铣出鳍片状散热片,然后装配成冷凝器,其生产过程和结构如图2.30所示。由于散热鳍片与管子为一个整体,因而不存在接触热阻,故散热性能好;另外管、片之间无需复杂的焊接工艺、加工性好、节省材料,而且抗震性也特别好。所以是目前较先进的汽车空调冷凝器。

对于轿车,冷凝器一般安装在发动机冷却系统散热器之前,利用发动机冷却风扇吹来的新鲜空气和行驶中迎面吹来的空气流进行冷却。对于一些大、中型客车和一些小型客车,冷凝器安装在车厢两侧或车厢后侧和车厢的顶部。当冷凝器远离发动机散热器时,在冷凝器旁都必须安装辅助冷却风扇进行强制风冷,加速冷却。

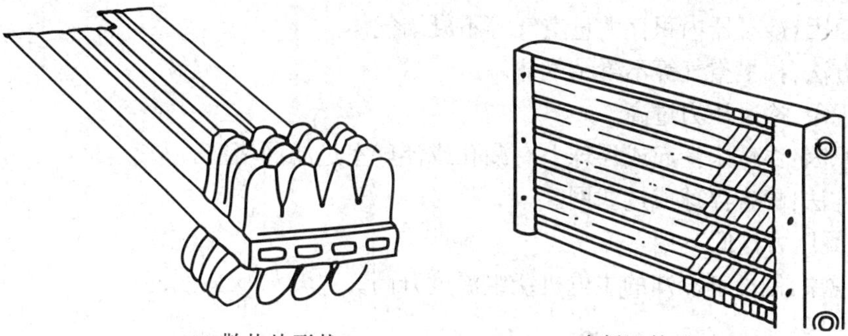

(a) 散热片形状　　(b) 冷凝器外形

图 2.30　鳍片式冷凝器示意图

(2) 冷凝器常见故障

① 冷凝压力过高。

故障现象:冷却水出水温度过高,冷却水进水温度过高。

冷却水出水温度过高原因及排除方法如下:

原因:

a. 水泵运转不正常或选型容量过小。

b. 冷却水回路上各阀未全部开启。

c. 冷却水回路上水外溢或冷却水池水位过低。

d. 水路上的过滤网堵塞。

排除方法：

a. 检查或更换水泵。

b. 检查水阀并开启。

c. 检漏并提高水位。

d. 清洗水路上的过滤网。

冷却水进水温度过高原因及排除方法如下：

原因：

a. 冷却塔上的轴流风扇不转。

b. 冷却水补给水不足。

c. 淋水喷嘴堵塞。

排除方法：

a. 检查风扇。

b. 加足补给水。

c. 拆洗喷嘴堵塞。

② 冷却水温差比较大。

故障现象：冷却水出水温度过高，冷却水进水温度过高。

冷却水出水温度过高原因及排除方法如下：

故障现象：冷却水温差小。

故障原因：冷凝器水室的隔流板、封垫短路。

排除方法：检修水室。

故障现象：制冷剂温度过高。

故障原因：冷凝器内积存大量空气等不凝结气体。

排除方法：抽尽空气等不凝结气体。

故障现象：冷凝压力过高。

故障原因：浮球未浮起或浮球上有漏孔或浮球室过滤网堵塞。

排除方法：检查浮球或过滤网。

③ 冷凝压力过低。

故障现象：制冷剂冷却的主电机绕组温度升高。

故障原因：

a. 冷却水量过大。

b. 冷却水进水温度过低。

排除方法：减少冷却水量至正常值。

故障现象：冷凝压力指示值低于冷却水温度的相应值。

故障原因：压力表接管内有制冷剂凝结。

排除方法：修正接管。

(3) 冷凝器的检修

冷凝器的检查程序如下：

a. 用检漏仪检查冷凝器泄露情况。

b. 检查冷凝器管内的赃物或管外弯曲情况。若发现压缩机排气压力过高，不正常制冷，管外有结霜、结露现象，说明管内有污物或管外弯堵。

c. 冷凝器管外及翅片外表面有污垢、残渣等将造成散热不良。

冷凝器的拆卸程序如下(图 2.31)：

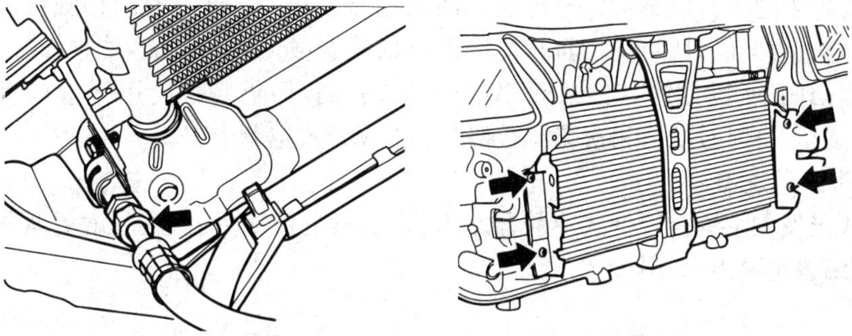

(a) 冷凝器管路拆装　　(b) 冷凝器拆装

图 2.31　冷凝器的拆卸

a. 慢慢地从系统中排出制冷剂。

b. 将制冷剂管从冷凝器的进出口螺纹接头上拆卸下来。

c. 拆卸冷凝器，拧下连接螺栓，取出衬垫。

在安装冷凝器时，需注意以下两点：

a. 在连接冷凝器的管接头时，要注意哪里是进口、哪里是出口。从压缩机输来的高压制冷剂蒸气，必须从冷凝器上端入口进入，再流动到下部管道，冷凝成液态的制冷剂再沿下方出口流出而进入储液干燥器，此顺序绝对不能接反。否则会引起制冷系统压力升高、冷凝器胀裂的严重事故。

b. 在安装连接管接头之前，不要长时间打开管口的保护盖，以免潮气进入。

冷凝器维修程序如下：

a. 冷凝器由于碰撞或振动而损坏，应拆卸冷凝器进行焊接修补，若无法修理，应更换同规格的冷凝器，并向压缩机补充 40～50 mL 的冷冻油。

b. 冷凝器散热翅片若变形，可用镊子校正铝散热翅片。

c. 冷凝器内脏堵，应拆开冷凝器出口和进口接头，用高压氮气吹洗，冲出污物。

d. 冷凝器表面积灰，通风受阻，可用软毛刷轻刷表面或用吸尘器吸除灰尘。

e. 冷凝器管接头处泄露，应更换管接头，并重新进行检漏试压。

f. 若是冷凝器风机故障，可不必拆卸冷凝器，只需修理风机。

2. 蒸发器

(1) 蒸发器的结构与分类

蒸发器的基本要求同冷凝器，因其置于车内，其防腐蚀性能没有冷凝器要求高，但车内空间有限，因此对其体积提出了更苛刻的要求。

蒸发器的作用是将膨胀阀出来的低压制冷剂蒸发吸收车内空气的热量，以达到车内降温的目的。蒸发器主要有管片式、管带式和层叠式。目前我国轿车上主要采用全铝层叠式和管带式蒸发器，大型客车上主要采用铜管铝片式蒸发器，中型客车上几种形式都有，但以管带式为主。如奥迪 A6、宝来、本田、别克、赛欧、上海帕萨特等车型的空调均采用层叠式蒸发器，桑塔纳 2000 轿车的空调采用管带式蒸发器。

① 管片式蒸发器。

管片式蒸发器与管片式冷凝器结构基本相同，只是长度更短些、厚度更厚些、结构更紧凑，如图 2.32 所示。由于管片式蒸发器都不如管带式换热效率高的缺点，因此其在前置式空调中用得越来越少。但是管片式蒸发器的胀管与散热片之间具有结构独特，散热片垂直排列，构成垂直方向的直线水流通道，冷凝水可以顺着散热片往下流，能很好地解决顶置式空调的排水问题，所以尽管其换热效率不如管带式高，但仍广泛应用于微型汽车，如长安 SC6331 微型车、昌河微型车和松花江微型车等的顶置式空调中。

② 管带式蒸发器。

管带式蒸发器结构与管带式冷凝器基本相同，只是长度更短些、厚度更厚些、扁管的孔数要多些、结构更紧凑，如图 2.33 所示。

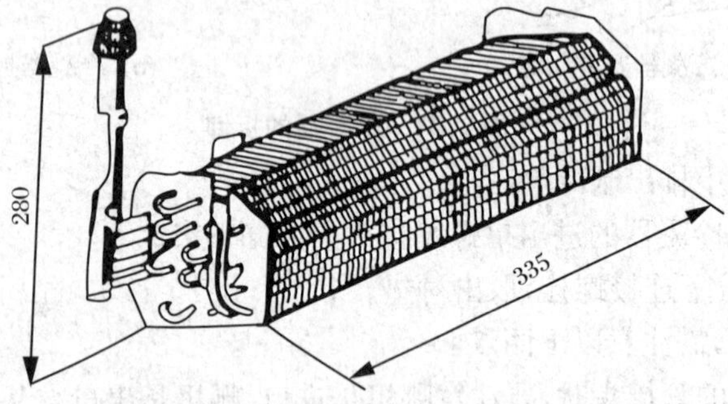

图 2.32　管片式蒸发器

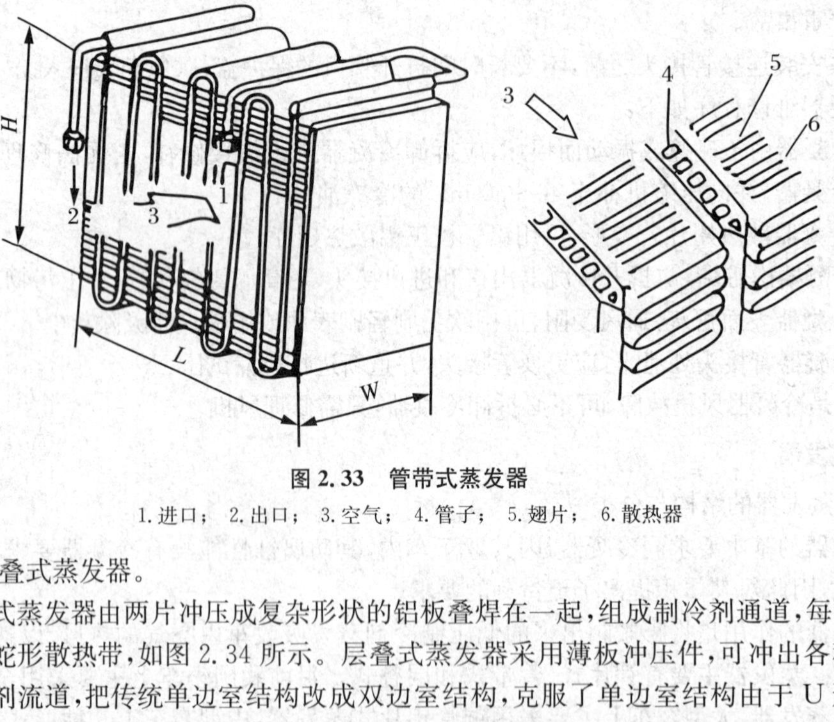

图 2.33　管带式蒸发器

1. 进口；　2. 出口；　3. 空气；　4. 管子；　5. 翅片；　6. 散热器

③ 层叠式蒸发器。

层叠式蒸发器由两片冲压成复杂形状的铝板叠焊在一起，组成制冷剂通道，每两片通道之间夹有蛇形散热带，如图 2.34 所示。层叠式蒸发器采用薄板冲压件，可冲出各种扰流花纹状制冷剂流道，把传统单边室结构改成双边室结构，克服了单边室结构由于 U 形腔形成的偏流而影响工质传热性能的缺点；上板与下板之间的连接方式由点结合改变成线结合，提高了结合的可靠性，同时增大了与翅片的结合面积，提高了空气侧的换热效率，其换热效率在目前蒸发器中为最高，层叠式的换热效率比管带式提高10%以上；另一方面，由于采用高性能翅片，工质通道具有最佳的液力半径及合理的结构，结构最为紧凑，使蒸发器的质量减轻，单位制冷能力比单边室提高15%以上。此外，层叠式蒸发器具备优越的使用性，板的外侧呈直线通道，使冷凝水容易流走，提高了脱水能力。同时层叠式蒸发器表面经过特殊的工艺处理，使表面能防腐、防臭和具有良好的亲水性。

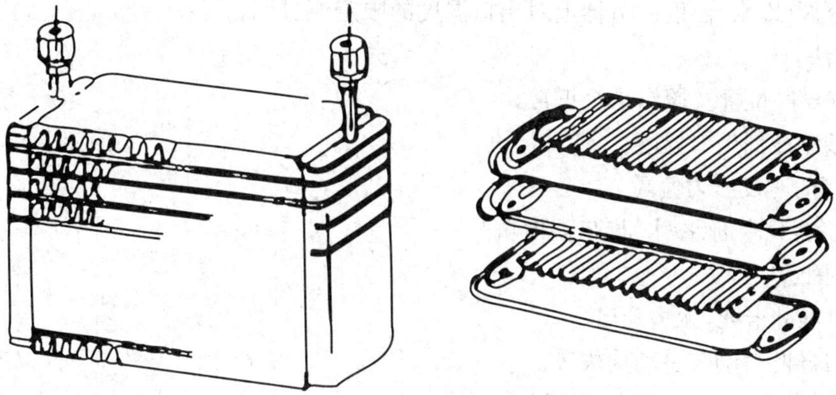

图 2.34　层叠式蒸发器

(2) 蒸发器常见故障

① 蒸发压力过低。

故障现象：蒸发温度与载冷剂出口温度之差增大，压缩机进口过热度加大造成冷凝温度过高。

故障原因：

a. 制冷剂充灌量不够。

b. 机组内制冷剂泄漏。

c. 浮球阀动作失灵，制冷液不能流入蒸发器。

d. 蒸发器中漏入载冷剂(冷水)。

e. 蒸发器水室短路。

f. 载冷剂(冷水)泵的吸入口有空气混入参加循环。

排除方法：

a. 补加制冷剂。

b. 机组检漏。

c. 修复浮球阀。

d. 堵管或换管。

e. 检修水室。

f. 检修载冷剂(冷水)泵。

故障现象：蒸发温度偏低，但冷凝温度正常。

故障原因：

a. 蒸发器传热管污垢或部分管子堵塞。

b. 制冷剂不纯或污脏。

排除方法：

a. 清洗或修复堵塞的管子。

b. 更换制冷剂。

故障现象:载冷剂(冷水)出口温度偏低。

故障原因:

a. 制冷量大于外界热负荷(进口导叶关闭不够)。

b. 载冷剂(冷水)温度调节器上对出口温度的限定值过低。

排除方法:

a. 检查导叶位置及操作是否正常。

b. 调整制冷剂出口温度。

故障名称:蒸发压力偏高。

故障现象:载冷剂(冷水)出口温度偏高。

故障原因:

a. 进口导叶卡死,无法开启。

b. 进口导叶自动与手动均失灵。

c. 载冷剂(冷水)出口温度整定过高。

d. 制冷量小于外界热负荷。

排除方法:

a. 检修导叶传动机构。

b. 检修导叶执行机构。

c. 调整整定值。

d. 检查导叶位置及操作是否正常。

(3) 蒸发器的检修

① 蒸发器检查程序如下:

a. 蒸发器是否损坏。

b. 用检漏仪检查其是否泄露。

c. 观察排泄管路是否洁净、畅通。

d. 观察蒸发器外表面是否有积垢。

② 蒸发器拆卸程序如下(图 2.35):

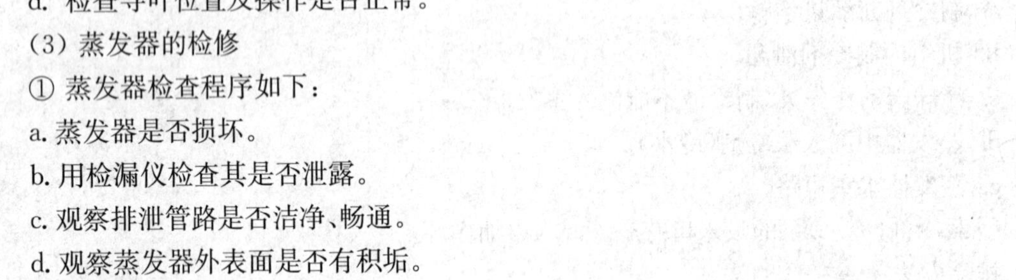

(a) 蒸发器管路拆装　(b) 蒸发器连接螺栓位置　(c) 蒸发器感温管插头位置

图 2.35 蒸发器的拆卸

a. 拆下蓄电池的连接线。

b. 慢慢地从系统中放出制冷剂。

c. 将制冷软管分别从蒸发器的进口和出口接头螺纹上卸下来,并立即盖住开口部位。

d. 拆卸副驾驶侧储物箱。

e. 拆卸仪表板。

f. 拆卸进风罩。

g. 旋出紧固螺母,拆下 S 管(蒸发器至压缩机管路),封住已经拆下的管子端口。

h. 旋出紧固螺母,拆下 L 管(储液干燥器至蒸发器管路),封住已经拆下的管子端口。

i. 拆下连接螺栓。

j. 拔下感温管插头,小心取出蒸发器。

③ 蒸发器的维修程序如下:

a. 清除蒸发器外表面积垢、异物。

b. 若蒸发器管有泄露,应进行焊补,若无法焊补应更换蒸发器总成,并向压缩机补充 40~50 mL 的冷冻油。

c. 清洁排泄管路,并清除积聚在板底的水分。

④ 若是蒸发器风机故障,应修理风机。

三、节流膨胀装置

(一) 膨胀阀节流装置

膨胀阀也称节流阀,是汽车空调制冷装置的主要组成部分,安装在蒸发器入口处,是汽车空调制冷系统的高压与低压的分界点。其功用是:把来自储液干燥器的高压液态制冷剂节流减压,调节和控制进入蒸发器中的液态制冷剂量,使之适应制冷负荷的变化,同时可防止压缩机发生液击现象和蒸发器出口蒸气异常过热。

在实际工作中,要求进入蒸发器的低温、低压液态制冷剂量不能过多或过少,进入蒸发器的液态制冷剂汽化沸腾后,只要足以吸收车厢内的热量,使车厢内的温度降低到调定温度即可。若进入蒸发器中的制冷剂量过多,不仅易使液态制冷剂不能完全以气态进入压缩机气缸内产生液击现象损坏压缩机,而且还会导致蒸发器过度冷却,造成蒸发器表面结霜、挂冰,阻碍空气通过蒸发器,使整个制冷系统的制冷能力下降;若进入蒸发器的制冷剂量过少,则液态制冷剂在蒸发器管内流动途中就已蒸发成气体,而在这之后的蒸发器中就没有液态制冷剂可供蒸发,从而使车厢内得不到足够的冷气。而膨胀阀可自动控制进入蒸发器的制冷剂量,保证制冷系统的正常工作。

1. 热力膨胀阀工作原理

汽车空调系统用的感温式膨胀阀根据平衡力不同分为两种形式,即内平衡式热力膨胀阀和外平衡式热力膨胀阀,其结构分别如图 2.36、图 2.37 所示。

现以内平衡式热力膨胀阀为例说明其工作原理。

膨胀阀具有计量、调节和控制三大功能。膨胀阀的计量孔可以释放制冷剂的压力(由针阀控制),使之由高压变为低压,是制冷系统内低压侧的始点。膨胀阀自动调节制冷剂流量的功能是依靠结扎在蒸发器出口管子上的感温包来实现的。内平衡式热力膨胀阀工作原理如图 2.38 所示。

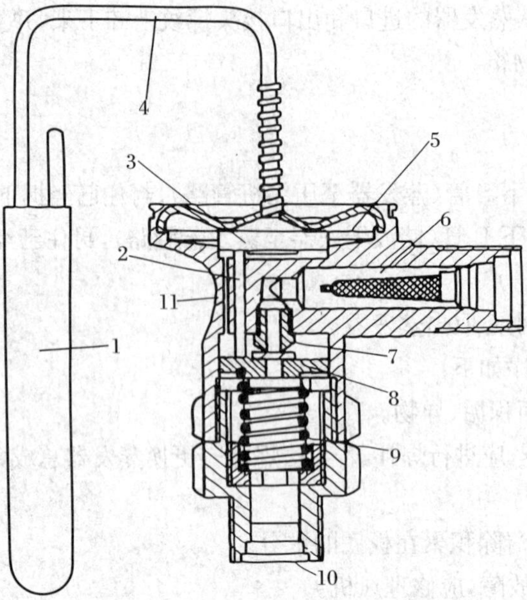

图 2.36　内平衡膨胀阀结构

1. 感温包；　2. 顶杆；　3. 支承片；　4. 毛细管；　5. 金属膜片；　6. 滤网；
7. 孔口；　8. 阀芯；　9. 弹簧；　10. 出口；　11. 内平衡孔

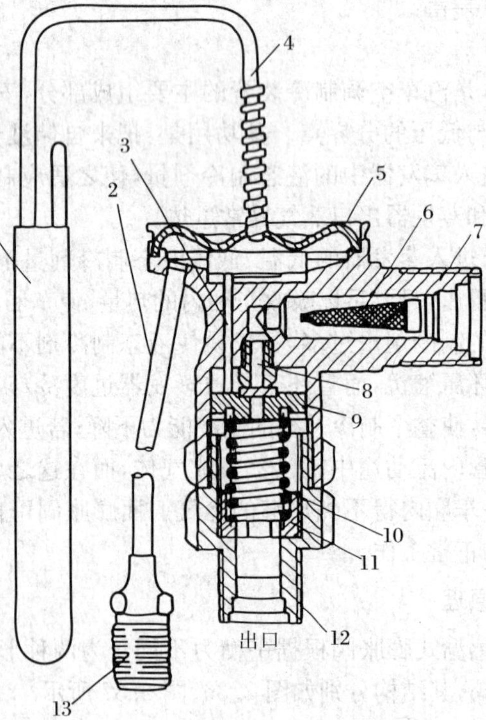

图 2.37　外平衡膨胀阀结构

1. 感温包；　2. 平衡管；　3. 顶杆；　4. 毛细管；　5. 膜片；　6. 滤网；　7. 阀体；　8. 节流口；
9. 阀芯；　10. 过热弹簧；　11. 弹簧座；　12. 调节螺母；　13. 外平衡管接口

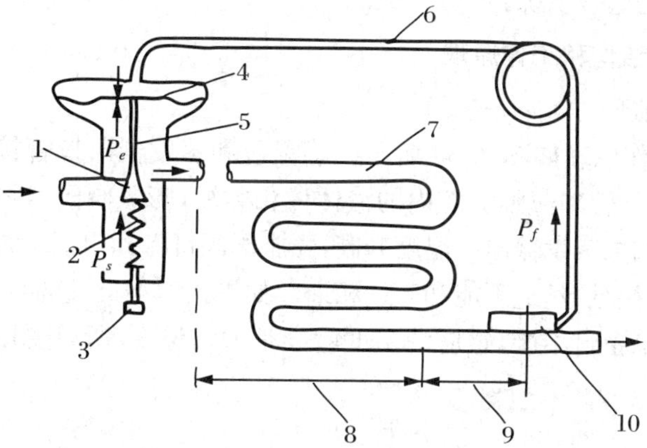

图 2.38　内平衡热力膨胀阀工作原理图

1. 针阀；　2. 过热弹簧；　3. 调节螺钉；　4. 膜片；　5. 推杆；　6. 毛细管；
7. 蒸发器；　8. 湿蒸汽部分；　9. 过热蒸气部分；　10. 感温包

膨胀阀的开度决定于膜片所处的位置，膜片所处的位置决定于膜片的受力情况。膨胀阀在工作时膜片所受的力有三个：膜片上方受感温包内饱和气体的压力 P_f，下方受由蒸发器进口导入的制冷剂压力 P_e 和过热弹簧的压力 P_s。当三个力处于平衡状态，即 $P_f=P_e+P_s$ 时，阀门处于某一开度，制冷剂流量保持一定。温度变化可以改变作用在膜片上方的压力 P_f，改变阀门的开度，从而调节制冷剂流量。当压缩机不转动时，膜片上下两侧的压力相等，在弹簧作用下阀体将计量孔关闭，以防止制冷剂向压缩机倒流。在压缩机运转后，在制冷剂的压力下，膜片下方的作用力减小，计量孔开启，制冷剂开始循环。当温度变化时，膜片上方的压力 P_f 也随之变化，计量孔开启的程度也就发生相应的变化，从而达到调节制冷剂流量的目的。

当蒸发器的温度下降到 0 ℃以下且吹出的冷风在 0～4 ℃时，恒温器便会自动切断离合器的电磁线圈回路中的电流，压缩机就停止运行，这样便可防止蒸发器冻结。压缩机停止运行后蒸发器温度回升，但当温度升高到恒温开关设定的温度时，恒温器便会自动接合。此时离合器的电磁线圈通电，压缩机又开始运行，蒸发器又进行供冷。内平衡膨胀阀系统便是这样通过恒温器和内平衡膨胀阀的开度变化来控制蒸发器的温度，保证制冷系统的正常工作的。

膨胀阀的压力弹簧也可以人工调整。当膨胀阀的出液量少，车厢内温度降不下来时，可通过调节螺钉将压力弹簧调软些；相反，则可将压力弹簧调硬些。

由于节流后的压力是通过内平衡孔进入膜片下表面的，所以这个压力其实不是蒸发器出口压力，而是节流后的压力，它比蒸发器出口的压力略大。因此相对外平衡阀来说，这种阀被称为内平衡膨胀阀。

当汽车空调不工作时，由于感温包的压力增高比蒸发器的压力增高快，故阀芯开始时是打开孔口的。但是，随着时间的延长，蒸发器内温度增加，两者压力平衡，弹簧力使阀口关闭。所以内平衡膨胀阀的阀口在空调器不工作时是保持关闭状态的，这样有利于防止压缩机在重新工作时发生液击现象。

内平衡式制冷系统是目前应用得最广泛的一种离合器制冷循环控制系统。丰田、尼桑等经济型轿车和由此改装的轻型货车，都是应用这一系统。国内装配的汽车和后来装上的空调制冷系统，也都是这一系统。

2. 典型膨胀阀的结构和工作原理

(1) F 形热力膨胀阀

F 形膨胀阀的工作原理如图 2.39 所示。感温包和蒸发器出口管接触。蒸发器出口温度降低时，感温包、毛细管和薄膜上腔内的液体体积收缩，膨胀阀阀口将闭合以限制制冷剂进入蒸发器。相反，如果蒸发器出口温度升高，膨胀阀阀口将开启以增加制冷剂流量。感温包和蒸发器必须紧密接触，丝毫不能和大气相通。如果接触不良，感温包就不能正确地感应蒸发器出口温度；如果密封不严，感应的温度就会是大气温度，所以要用一种特殊的空调胶带捆扎和密封感温包。

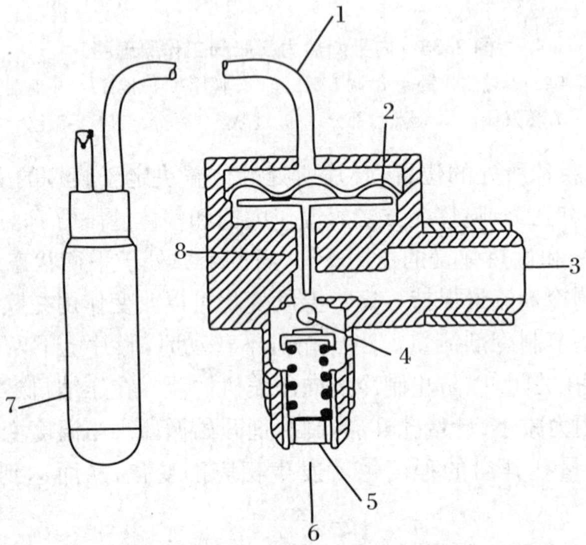

图 2.39　F 形膨胀阀的工作原理图

1. 毛细管；　2. 薄膜；　3. 进口；　4. 球阀；　5. 调整弹簧；　6. 出口；　7. 感温包；　8. 阀杆

(2) H 形热力膨胀阀

H 形热力膨胀阀是以其 H 形内部通路而得名，整个阀体在蒸发器上固定。它有四个接口通往汽车空调系统，其中两个接口和标准膨胀阀的一样，一个接储液干燥器出口，另一个接蒸发器进口；另外两个接口，一个接蒸发器出口、另一个接压缩机进口，如图 2.40 所示。

压缩机首先将制冷剂压缩后送到冷凝器冷却液化，经干燥器后再进入 H 形膨胀阀，先进行节流减压，然后进入蒸发器蒸发、吸热。制冷剂蒸发成气体后再次进入膨胀阀，从阀中出来后回到压缩机再循环。当蒸发器的温度过低时，恒温器切断离合器的电磁线电路，压缩机停止运行。温度升高后，恒温器自动接通离合器电路，压缩机开始运行。由此可见 H 形膨胀阀同内平衡膨胀阀一样，能够根据蒸发气体的温度来自动调节供给蒸发器的制冷剂量。

在高压液体进口和出口之间，有一个球阀控制的节流孔，节流孔的开度大小由弹簧和感温器控制。感温包内部的制冷剂直接感受从蒸发器出来的蒸气温度，控制杆下部球阀的上下运动，并与弹簧一起控制流量的大小。当蒸发器的温度升高，则感温包内制冷剂压力增大，克服弹簧压力，球阀开度增大，制冷剂流量增加，制冷量增大。反之亦然。

H 形热力膨胀阀结构紧凑、性能可靠，适合汽车空调的需要。常用于循环离合器系统，它采用恒温器和 H 形膨胀阀共同完成制冷系统的循环通断运行。

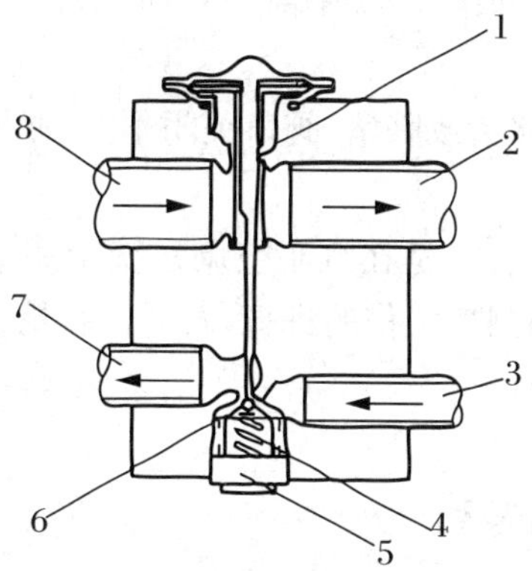

图 2.40　H 形热力膨胀阀结构示意图

1. 感温器；　2. 至压缩机；　3. 自储液干燥器来；　4. 弹簧；
5. 调整螺栓；6. 球阀；　7. 至蒸发器进口；　8. 自蒸发器来

H 形膨胀阀制冷系统目前已被许多著名的汽车厂家采用，如北京切诺基越野车、奔驰230E 型汽车、克莱斯勒汽车等。其中，克莱斯勒公司把低压开关、恒温器一起装在 H 形膨胀阀上。

3. 典型膨胀阀的检修

(1) 膨胀阀的拆装与检修

① 膨胀阀拆检的注意事项如下：

a. 膨胀阀需直立安装，不能倒置；感温包的安装很重要，否则会降低传感效果，造成膨胀阀流量波动幅度加大，一般安放在水平出口管的上表面，要包扎牢靠，保证感温包与管路有良好的接触，并用隔热防潮胶包好，必要时膨胀阀本体也用隔热胶包好。

b. 每一种膨胀阀只能使用指定的制冷剂，如 R12、R134a 等，不得随意使用。

② 膨胀阀的拆卸方法如下：

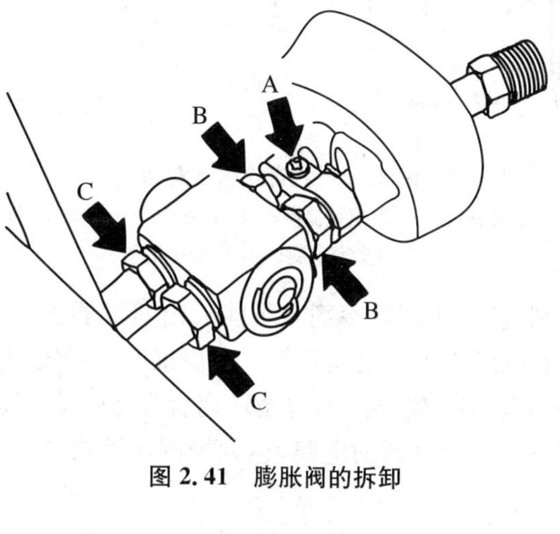

图 2.41　膨胀阀的拆卸

a. 拆下蒸发器。

b. 旋出螺栓(如图 2.41 中箭头 A 所示)，拆下固定块。

c. 拆下蒸发器上的高、低压管(L 管，S 管)(如图 2.41 中箭头 B 所示)。

d. 从蒸发器上拆下膨胀阀(如图 2.41 中箭头 C 所示)。

③ 膨胀阀的拆卸方法如下：

膨胀阀的常见故障是发生冰堵或脏堵、阀口关闭不严、滤网堵塞及感温包或动力头焊接处泄漏。

测定膨胀阀性能有两种方法：一是在汽车空调系统中测量。二是由于各种压力保护开关及调节阀起作用，常常会影响测量工作的进行，若遇此种情况，只能将膨胀阀从车上拆下，在台架上测定。

(二) 孔管(CCOT)节流装置

1. 孔管节流装置的结构

孔管是固定孔口节流装置，两端都装有滤网，以防止系统堵塞。和膨胀阀一样，孔管也装在系统高压侧，但是取消了储液干燥器，因为孔管直接连通冷凝器出口和蒸发器进口。孔管的构造很简单，在一根工程塑料管的中间装置了一条节流用的铜管，铜管的内孔孔径为 4 mm，塑料管两端装有金属过滤网。塑料外表面有密封用 O 形橡胶密封圈。塑料管一端插进蒸发器，一端插进从冷凝器来的橡胶管，其结构如图 2.42 所示。由于孔管没有运动件，所以结构简单，不易损坏，唯有滤网会发生堵塞，这时只需拆下孔管，换上一个新的即可。

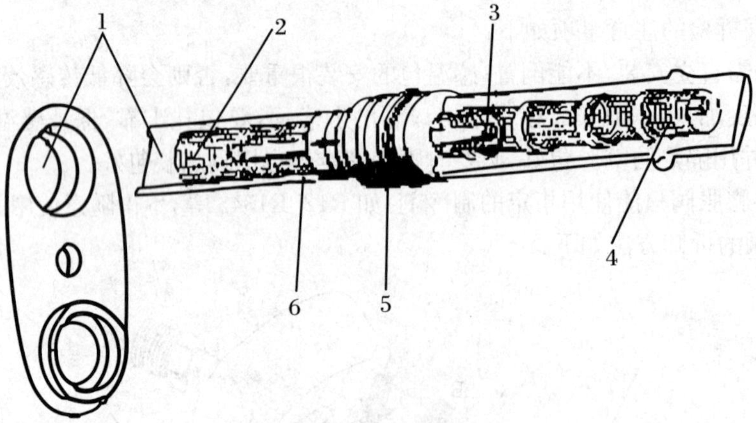

图 2.42　孔管结构示意图

1. 通向蒸发器；　2. 出口滤网；　3. 毛细管；　4. 进口滤网；
5. O 形密封圈；　6. 安装标记

孔管不能改变制冷剂流量，液态制冷剂有可能流出蒸发器出口。因此装有孔管的系统必须同时在蒸发器出口和压缩机进口之间安装一个积累器实行气液分离，以防液击压缩机。中、低档汽车空调系统多采用孔管结构，称为循环离合器系统，因其成本低廉且利于节油。孔管制冷系统用恒温器来控制离合器的电路，达到控制压缩机的运行，控制蒸发器的温度，防止发生冰堵的目的。

2. 孔管节流装置的检修

(1) 节流管的拆装与检修

① 节流管的检测程序如下：

a. 将歧管压力计与系统连接，发动机转速调至 1000～1200 r/min，将空调控制器调至最冷(MAX)位置，空调系统运行 10～15 min。

b. 查看低压表读数。若系统无其他问题，制冷剂量合适，低压表读数偏低，说明节流管可能堵塞。

c. 将低压开关短路。

d. 在节流管周围包上约 52 ℃的温湿布。

e. 若低压表读数上升至正常值或接近正常值，表明系统内有水汽，节流管正常，应更换集液器。

f. 若低压表读数仍偏低，甚至出现真空，则说明节流管有脏堵，应更换节流管。

② 节流管的拆卸程序如下：

a. 有拆卸口的节流管拆装如图 2.43、图 2.44 所示。

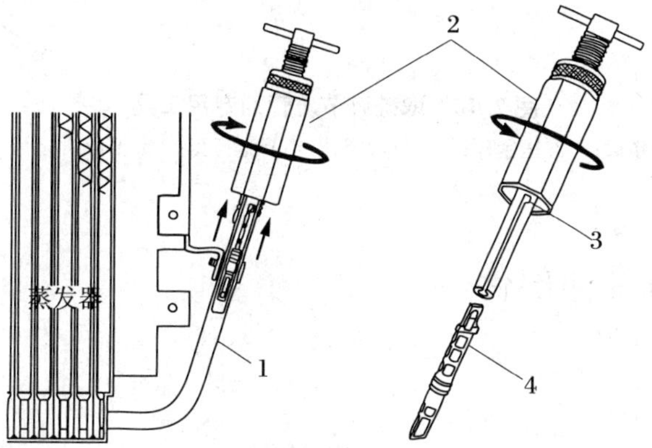

图 2.43　节流管的拆卸工具

1. 蒸发器进液管；　2. 节流管拆卸工具；　3. 切口；　4. 节流管

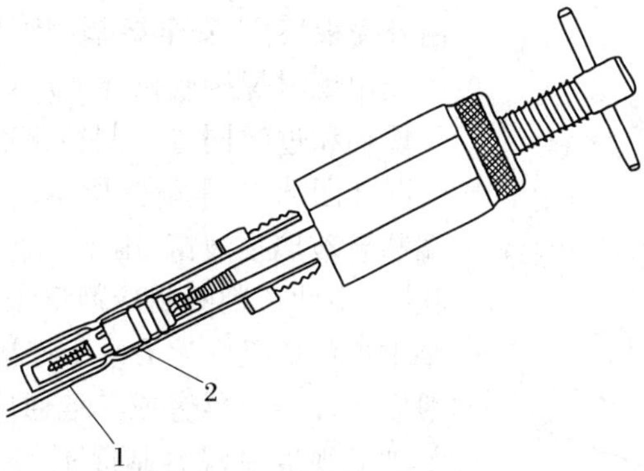

图 2.44　取破碎节流管的专用工具

1. 蒸发器进液管；　2. 取破碎节流管工具

b. 无拆卸口的节流管拆装如图 2.45、图 2.46 所示。

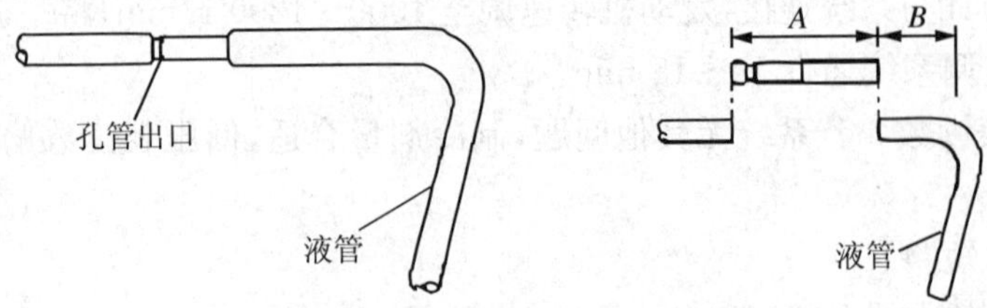

图 2.45　无拆卸口的节流管拆装

1. 确定节流管位置；　2. 切去旧节流管

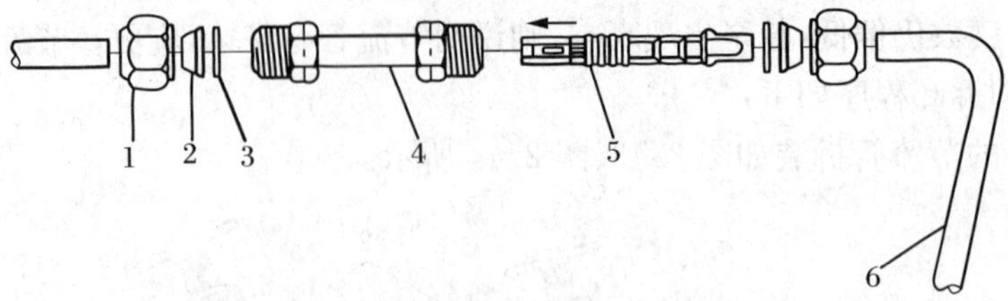

图 2.46　取破碎节流管的专用工具

1. 压紧螺母；　2. 压紧环；　3. O形圈；　4. 节流管套；　5. 节流管；　6. 液管

四、制冷系统其他部件

(一) 储液干燥器

1. 储液干燥器的结构原理

储液干燥器简称储液器，储液器安装在冷凝器和膨胀阀之间，如图 2.47 所示。它主要由外壳视液窗、安全熔塞和管接头等组成。储液器的外壳由钢材焊接或拉伸而成，在其内部装有中心吸管干燥剂和过滤网等。制冷剂在储液干燥器中的流动情况如图 2.47 中箭头所示。在储液干燥器上部出口端装有玻璃视液窗，用于观察制冷剂在工作时的流动状态，由此可判断制冷剂量是否合适以及制冷系统的基本工作情况。为了便于连接和安装，储液干燥器一般安装在冷凝器旁或其他通风良好的位置，且易从顶部玻璃视液窗观察制冷剂的流动情况。储液器作用是临时储存从冷凝器流出的液态制冷剂，以便在制冷负荷变动和系统中有微漏时，能及时补充和调整供给热力膨胀阀的液态制冷剂量，以保证制冷剂流动的连续性和稳定性。同时可防止过多的液态制冷剂储存在冷凝器里，导致冷凝器的传热面积减少而使散热效率降低。而且还可滤除制冷剂中的杂质，吸收制冷剂中的水分，防止制冷系统管路脏堵和冰塞，保护设备

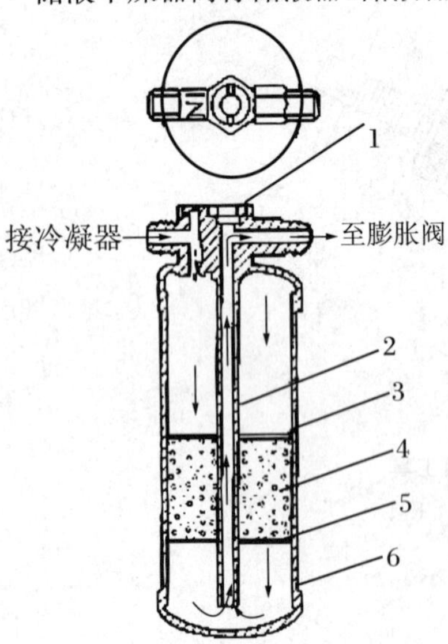

图 2.47　储液干燥器结构示意图

1. 玻璃见视窗；　2. 吸取管；　3. 粗过滤器；
4. 干燥剂；　5. 过滤器；　6. 壳体

部件不受侵蚀，从而保证制冷系统工作正常。

对直立式储液干燥器而言，安装时一定要垂直，倾斜不得超过15°。在安装新的储液干燥器之前，不得过早将其进出管口的包装打开，以免湿空气侵入储液干燥器和系统内部，使之失去除湿的作用。安装前一定要先弄清储液干燥器的进、出口端，在储液干燥器的进、出口端一般都打有记号，如进口端用IN表示、出口端用OUT表示，或直接打上箭头以表示进、出口端。如果进、出口接反，会导致制冷剂量不足。

储液干燥器出口端旁边装有一只安全熔塞，也称易熔螺塞，是制冷系统的一种安全保护装置。安全熔塞中心有轴向通孔，孔内装有焊锡之类的易熔材料，这些易熔材料的熔点一般为85～95℃。当冷凝器因通风不良或冷气负荷过大而冷却不够时，冷凝器和储液干燥器内的制冷剂温度升高，当压力达到3 MPa左右、温度超过易熔材料的熔点时，安全熔塞中心孔内的易熔材料便会熔化，使制冷剂通过安全熔塞的中心孔逸出散发到大气中去，从而可避免系统的其他部件因压力过高而被胀坏的危险。

2. 储液干燥器的检修

储液干燥器主要用来储存多余的制冷剂、吸附系统内的水分、过滤系统内的杂质或脏物，保证系统正常工作。

(1) 储液干燥器的检测

用手触摸储液干燥器的进出管路，并观察视镜。如果进口很烫，而且出液管接近大气温度，从视液玻璃中看不到或很少有制冷剂流过，或者制冷剂很浑浊，可能储液干燥器中的滤网堵塞或干燥剂散了并堵住储液干燥器出口。

① 一般干燥剂使用三个月，吸湿能力要下降一半，所以每两年要更换一次干燥器。

② 如果是储液干燥器的故障造成的空调制冷不足或不制冷，则必须更换储液干燥器。

③ 更换安装完毕后确认前后接口无泄漏。

④ 检查易熔塞是否熔化，各接头处是否有油污。

⑤ 检查视镜是否有裂纹，周围是否有油污。

3. 储液干燥器的拆卸与安装

(1) 拆卸步骤

① 在拆卸之前，用冷媒回收加注设备将制冷剂抽空。

② 拔下高低压开关连接插头(如图2.48中箭头A所示)。

③ 拆下C管(冷凝器至储液干燥器，如图2.48中箭头B所示)，封住管口。

④ 拆下L管(储液干燥器至蒸发器，如图2.48中箭头C所示)，封住管口。

⑤ 拆卸连接螺栓(如图2.48中箭头B所示)，取出储液干燥器。

(2) 安装步骤

① 安装顺序与拆卸顺序相反。

② 储液干燥器应垂直安装。

③ 安装后应从观察窗处密切注视冷媒的流动情况。

④ 更换安装完毕后确认前后接口处无泄漏。

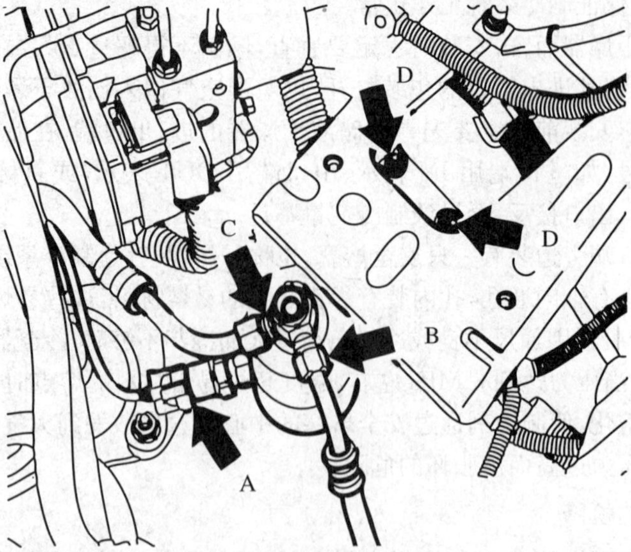

图 2.48　储液干燥器管路拆卸

（二）积累器

1. 积累器的作用

积累器除了干燥、过滤制冷剂的功能外，主要功能还有如下两个：

① 为了防止蒸发器中未蒸发的 R134a（或 R12）进入压缩机，从蒸发器出来的未蒸发的 R134a（或 R12）需在液气分离器再次蒸发后才可进入压缩机。

② 压缩机停止运行时，由于孔管不能关死，则高压侧的液态 R134a（或 R12）会产生液击，击毁压缩机。所以只有在低压端设置一个体积比较大的液气分离器，将高压端流过来的液态制冷剂储存起来，不让其流至压缩机，这样才能做到使压缩机容易重新起动，又不会发生液击现象。而装在分离器里的液态制冷剂在压缩机起动后会再蒸发。由于孔管制冷系统设置了液气分离器，使压缩机容易起动，这是孔管系统节能的根本原因。据有关资料报道，孔管系统比其他离合器循环制冷系统节能 15%，而比蒸发器控制的制冷系统节能则达 30%。由于压缩机容易重新起动，离合器和压缩机的寿命均延长一倍以上。另外由于起动转矩小，压缩机损耗可以降低更多。

需要补充的是，最新式的孔管系统已经不再使用恒温控制器了，而是在液气分离器上装一个压力开关，以测量蒸发器出来的压力。当蒸发压力低于 0.308 MPa 时，低压开关便切断离合器电磁线圈的电路，使制冷压缩机停止运行。例如，当开关测得 0.310 MPa 时离合器吸合，压缩机运行，而在压力降到 0.273 MPa 时离合器分离。

孔管制冷系统的最大特点是节能和可靠，所以被广泛使用在对经济性能要求高的经济型轿车和中级轿车上，福特、丰田、大众等大汽车公司均普遍采用这一系统，如丰田吉普车 4W 型、大众汽车公司奥迪轿车。近年来由于重视汽车节能，许多高级汽车也采用孔管制冷系统。

2. 积累器的结构原理

积累器也叫气液分离器或集液器/吸气储液器，其和储液干燥器类似。在装有积累器空调系统的车上通常都有孔管(膨胀管、节流管或 CCOT 阀)。积累器装在蒸发器出口和压缩机进口之间,目的是为了避免制冷剂液体流入压缩机而发生“液击”现象,积累器的结构如图 2.49 所示。

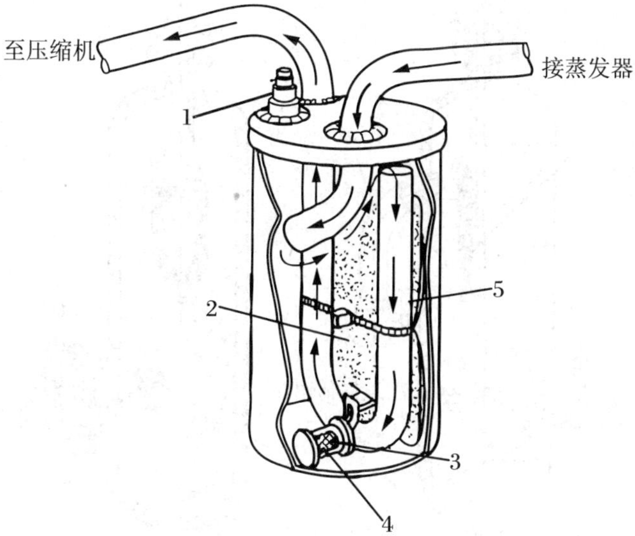

图 2.49　积累器的结构

1. 检测口； 2. 干燥剂； 3. 滤网； 4. 泄油孔； 5. 出气管

制冷剂从积累器顶部进入容器,其中液态制冷剂沉入容器底部,而在顶部的气态制冷剂则被吸出管引向压缩机。在容器底部的吸出管上有一个小孔,允许少量冷冻机油流回压缩机,以保证压缩机工作时的润滑需要,此小孔也允许少量液态制冷剂流入并随同冷冻机油和气态制冷剂流向通往压缩机的管路。由于在到达压缩机之前,这点液态制冷剂必将在管路中被汽化,所以不会引起“液击”现象。

3. 积累器与一般储液干燥器的区别

① 积累器安装在制冷系统的低压区,而储液干燥器则安装在系统的高压区。

② 积累器和储液干燥器存储的都是液态制冷剂,但积累器存储的液态制冷剂在低压区慢慢地自然蒸发,离开积累器的只是气态制冷剂,因而可起到气液分离的作用;而储液干燥器留下的是多余的液态制冷剂,以满足调节运行的需要。

③ 积累器中主要是气体,所以容积要求大,因而其尺寸一般比较大,而储液干燥器的尺寸一般比较小。

(三) 油分离器

在大、中型汽车空调压缩机工作过程中,一部分润滑油因受高温的影响也随之汽化,混合在制冷剂中排出,当其进入冷凝器和蒸发器后,就会在管壁上凝结成一层油膜,油膜的导热系数很小,会导致冷凝器和蒸发器的传热效率降低,从而降低了制冷效率。一些压缩机特别是回转式制冷压缩机(如螺杆式压缩机等),喷冷冻油不仅起润滑作用,而且还起密封和冷却作用,所以一般喷油量较大。因此制冷剂气体中的润滑油应当在压缩之后设法排回压缩机,而油分离器起的正是这个作用,这也是它安装在压缩机和冷凝器之间的原因。

油分离器的结构如图 2.50 所示，主要由筒体 7、滤网 3、浮球阀 5、进气管 1、排气管 2 及手动回油阀 4 等组成。

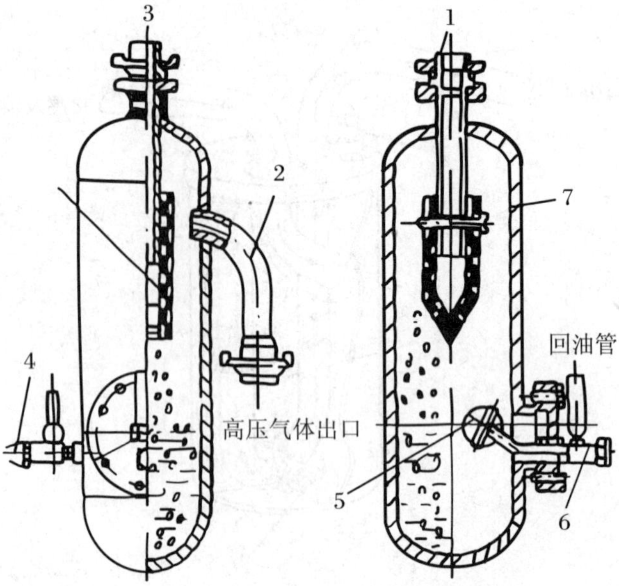

图 2.50　油分离器的结构示意图

1. 进气管；　2. 排气管；　3. 滤网；　4. 手动回油阀；　5. 浮球阀；　6. 回油阀；　7. 筒体

油分离器的工作过程如下：当压缩机排出的高压气体进入油分离器时，由于通路面积突然增大，气体流速突然降低，流动方向也发生变化(因进、排气管的方向不同)以及油分离器内滤网的阻挡，所以气体中夹带的油蒸气和油滴因比重大而与气体分离，聚积在容器的底部，只有极少量混在气体中，被带到冷凝器和蒸发器中去。当油分离器底部聚集的润滑油量多到足够使浮球浮起时，浮球阀门被打开，积存的油便被压回到压缩机的曲轴箱内，使压缩机的油位保持正常，确保它安全运转。当油分离器中油量减少后，浮球也随着降低，当油位下降到一定位置时，浮球阀即自动关闭。

(四) 电磁离合器

在非独立式汽车空调制冷系统中，压缩机是由汽车主发动机驱动的。为了使空调系统的开、停不影响发动机的工作，压缩机的主轴不是与发动机曲轴直接相连，而是通过电磁离合器把动力传递给压缩机。电磁离合器是发动机和压缩机之间的一个动力传递机构，受空调 A/C 开关、温控器、空调放大器、压力开关等控制，在需要时接通或切断发动机与压缩机之间的动力传递。另外，当压缩机过载时，它还能起到一定的保护作用。因此通过控制电磁离合器的结合与分离，就可接通与断开压缩机。

在汽车空调系统中，电磁离合器一般安装在压缩机前端面，成为压缩机总成的一部分。电磁离合器由带轮(又称皮带轮)、电磁线圈和压力板等主要部件组成。离合器有两种形式：一种为旋转线圈式，电磁线圈与带轮一起转动；另一种是固定线圈式，电磁线圈不转动，只有带轮转动。后者应用较广泛。

图 2.51 所示为一种固定线圈式电磁离合器的工作原理图。电磁线圈固定在压缩机的

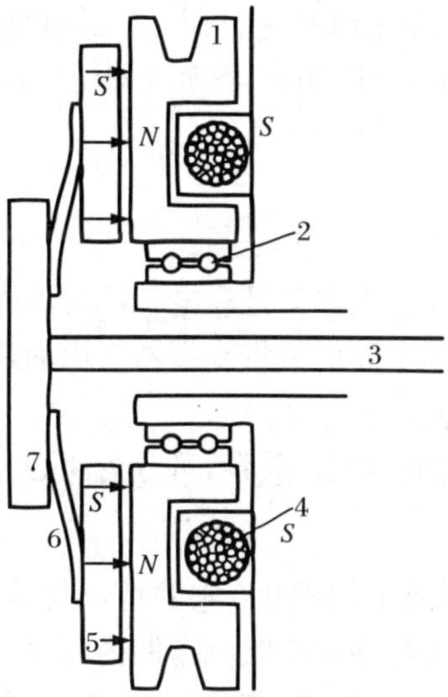

图 2.51　电磁阀离合器工作原理

1.皮带轮；　2.轴承；　3.压缩机轴；　4.线圈；5.压力板；　6.弹簧片；　7.驱动盘

外壳上，压力板与压缩机的主轴相连接，带轮通过轴承套在轴上，可以自由转动。

当接通空调开关时，电流通过电磁离合器的电磁线圈，电磁线圈产生电磁吸力，使压缩机的压力板与带轮结合，将发动机的转矩传递给压缩机主轴，使压缩机主轴旋转。

当切断空调开关时，电磁线圈的吸力消失。在弹簧作用下，压力板和带轮脱离，压缩机便停止工作。

（五）电磁旁通阀

电磁旁通阀多用于大、中型客车的独立式空调制冷系统，其作用是控制蒸发器的蒸发压力和蒸发温度，防止蒸发器因温度过低而结冰和挂霜。

电磁旁通阀一般安装在储液干燥器与压缩机吸入阀之间，如图 2.52 所示。其工作原理是：当吹过蒸发器的冷风温度低于设定温度时，控制电路使电磁旁通阀开启，一部分高压液态制冷剂便通过旁通阀通道到达压缩机吸入侧，与蒸发器出来的制冷剂蒸气混合，这样便减少了通过蒸发器的制冷剂流量，使蒸发器蒸发压力相应提高，因而也提高了蒸发温度，使蒸发器免

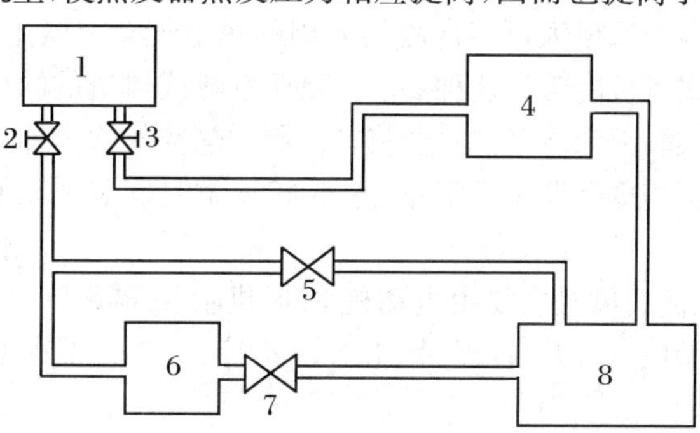

图 2.52　电磁旁通阀工作原理图

1.压缩机；　2.吸入阀；　3.排出阀；　4.冷凝器；

5.电磁旁通阀；　6.蒸发器；　7.膨胀阀；　8.储液干燥器

于结冰和挂霜；当蒸发温度升高到一定值时，控制电路又使该阀关闭，进入蒸发器的制冷剂随之增加，蒸发温度也降低。这一过程不断循环，将蒸发器温度控制在规定的范围之内。

（六）风机

汽车空调制冷系统采用的风机，大部分是靠电动机带动的气体输送机械，其会对空气进行较小的增压，以便将冷空气送到车厢内或将冷凝器四周的热空气吹到车外，因而风机在空调制冷系统中是十分重要的设备。

风机按其气体流向与风机主轴的相互关系，可分为离心式风机和轴流式风机两种。

1. 离心式风机

离心式风机的空气流向与风机主轴成 90°，它的特点是风压高、风量小、噪声也小。蒸发器采用这种风机，是因为风压高可将冷空气吹到车厢内每个乘员身上，使乘员有冷风感。噪声小是设计空调的一项重要指标，车厢内噪声小，乘员不至于感到不适而过早疲劳。至于风量小，在设计、选型时可考虑周全。

离心式风机主要由电动机、风机轴（与电动机同轴）、风机叶片和风机壳体组成，如图 2.53所示。风机叶片有直叶片、前弯片、后弯片等形状，随叶轮叶片形状不同，所产生的风量和风压也不同。

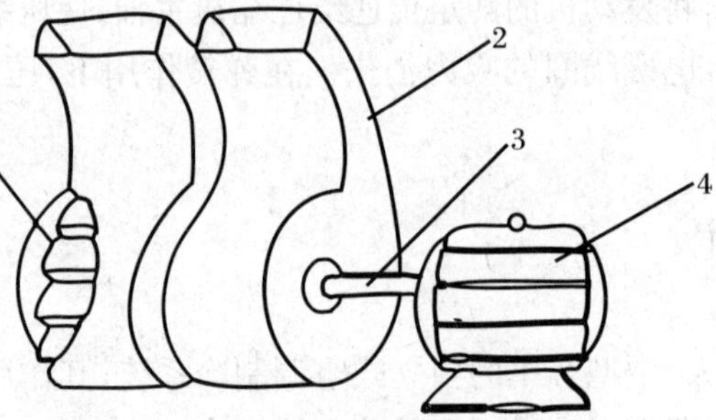

图 2.53　离心式风机结构示意图

1. 风机叶片；　2. 风机壳体；　3. 风机轴；　4. 电动机

2. 轴流式风机

轴流式风机的空气流向与风机主轴平行，其特点是风量大、风压小、耗电少、噪声大。冷凝器采用这种风机，是因为风量大可将冷凝器四周的热空气全部吹走。耗电省是对车用电器最重要的要求，轴流式风机能满足这种要求。至于轴流式风机的缺点，如风压小、噪声大，对冷凝器来说不是大问题，因为冷凝器只要将其四周的热空气吹离即可，并不要求将热空气吹很远，所以风压小不影响冷凝器正常工作；另外，冷凝器是安装在车厢外面的，所以风机噪声大也不影响到车内。

如图 2.54 所示，轴流式风机主要由电动机 3、风机轴 4、风扇叶片 1 和键 2 组成。叶片固定在骨架上，风扇常做成三叶片、四叶片、五叶片不等，叶片骨架穿在电动机轴上，由键带动旋转。

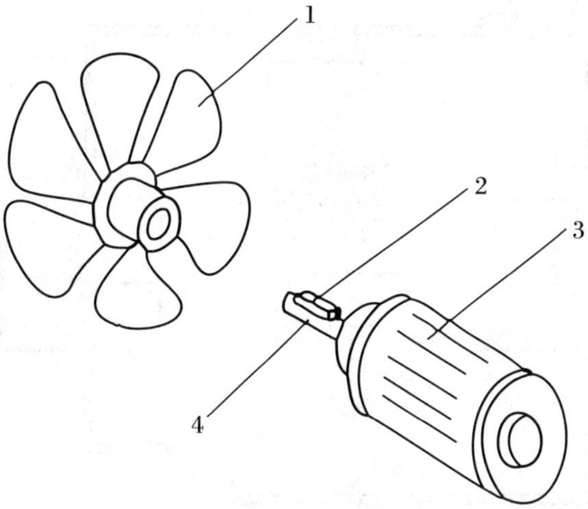

图 2.54　轴流式风机结构示意图

1. 风扇叶片；2. 键；3. 电动机；4. 风机轴

任务三　汽车空调制冷系统的温度控制

防止蒸发器冻结，是汽车空调制冷系统必备和特有的功能。事实上防止蒸发器冻结，关键是控制蒸发器的温度。这样，汽车空调制冷系统的控制，实质上便是对蒸发器温度的控制。目前，主要是采取控制其表面温度和制冷剂蒸发压力的方法。这两种方法均是通过节流装置和蒸发器控制阀、恒温器来实现的。因此，汽车空调制冷系统分为离合器循环控制系统和蒸发器压力控制系统，或兼具两者特征的系统。

一、恒温器控制的离合器制冷循环系统

恒温器控制的离合器制冷循环系统，就是将恒温器设定在预定的温度范围内，一旦温度超过阈值就切断或接通电磁离合器，使压缩机处于通—断循环状态的一种控制系统。该系统一般使用在经济型轿车、卡车的空调上。离合器制冷循环系统根据使用膨胀阀的不同，分为如下几种制冷系统。

（一）内平衡膨胀阀系统的工作原理

图 2.55 所示的是内平衡膨胀阀系统的工作原理图。压缩机将制冷剂压缩成高压蒸气，然后将它输送到冷凝器中进行冷却。在这个过程中，制冷剂将热量传递出去后液化，在储液干燥器经过滤、干燥后再送至内平衡膨胀阀内，节流降压后送到蒸发器蒸发、吸热。蒸发后的制冷剂低压蒸气被压缩机吸入后再度压缩，进入了下一个工作循环。

当蒸发器的温度比较高时，内平衡膨胀阀的节流孔相应开度较大，便可输送较多制冷剂到蒸发器，这样制冷量就增大。当蒸发器温度较低时，内平衡膨胀阀输送到蒸发器的制冷剂便减少，蒸发器的制冷量就减小。但在蒸发器的温度下降到 0 ℃以下，吹出的冷风在 0～4

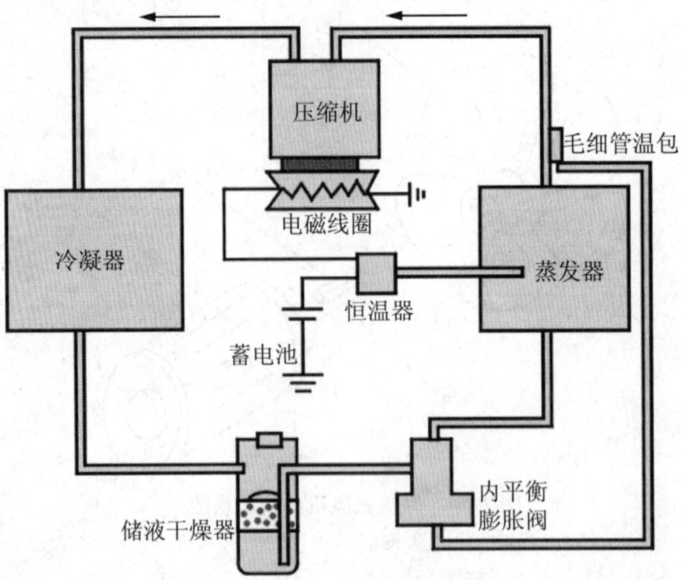

图 2.55 内平衡膨胀阀系统

℃时，恒温器便会自动切断离合器电磁线圈回路中的电流，压缩机停止运行，这样便可防止蒸发器发生冻结。这时蒸发器温度回升。但当温度升高到恒温开关设定的温度时，恒温器便会自动接合，离合器的电磁线圈通电，压缩机又开始运行，蒸发器恢复制冷。内平衡膨胀阀系统便是这样通过恒温器和内平衡膨胀阀的开度变化来控制蒸发器的温度，保证制冷系统正常工作的。

1. 机械式恒温器的结构与工作原理

机械式恒温器的结构如图 2.56 所示，主要由感温系统、调温装置和触点开关三部分组成。

感温系统由毛细管和波纹管（或波纹膜片）两部分构成，里面充注感温剂，汽车空调一般充注 R12。

感温毛细管的一端用钢丝固定在蒸发器尾端翅片之间，以感受其表面通道的空气温度。它的主要功能是通过内部工质的温度变化，导致感温系统内的工质压力发生变化，从而使波纹管伸长或缩短。

调温装置由凸轮、转轴、调节螺钉几部分组成。功能是能在温度控制范围内，从最低温度到最高温度的范围内动作，恒温器触点的断开点是随调节轴调定的位置变化而改变。

触点开关主要由触点、弹簧、杠杆几部分组成。功能是执行由控制机构传来的动作信号，通过触点的通、断来接通或断开电磁离合器的电路。

机械式恒温器的优点是工作可靠，寿命长，价格便宜，不怕振动，所以特别适于汽车空调和家用空调等的结构，其工作原理如图 2.57 所示。图 2.57 中的触点是断开位置，压缩机停止运行时蒸发器表面温度逐渐升高。与此同时，毛细管内工质温度也随之升高，管内压力逐步增大。波纹膜盒受压伸长，带动了杠杆向左运动，触点随之向上运动。离合器电路接通，压缩机开始运行。

当压缩机运行后，蒸发器表面温度开始下降，毛细管内的工质温度亦下降，波纹膜盒收缩，带动杠杆向右运动。在弹簧力作用下拉开活动触点，离合器电路断开，压缩机停止运行。

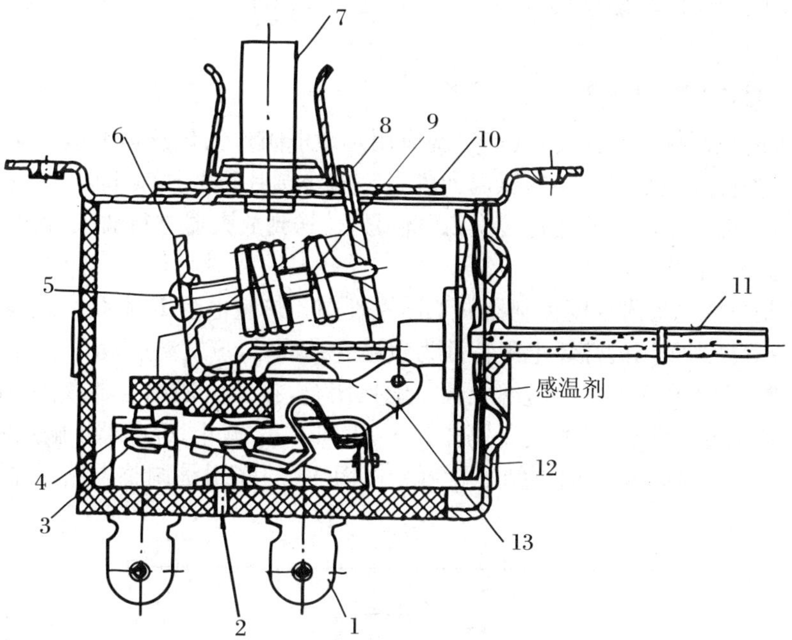

图 2.56　机械式恒温器结构图

1.接线柱；2.温差调节螺钉；3.动触点；4.静触点；5.调温螺钉；6.固定架；7.调温轴；8.控温板；9.主弹簧；10.调温凸轮；11.毛细管；12.膜盒；13.杠杆

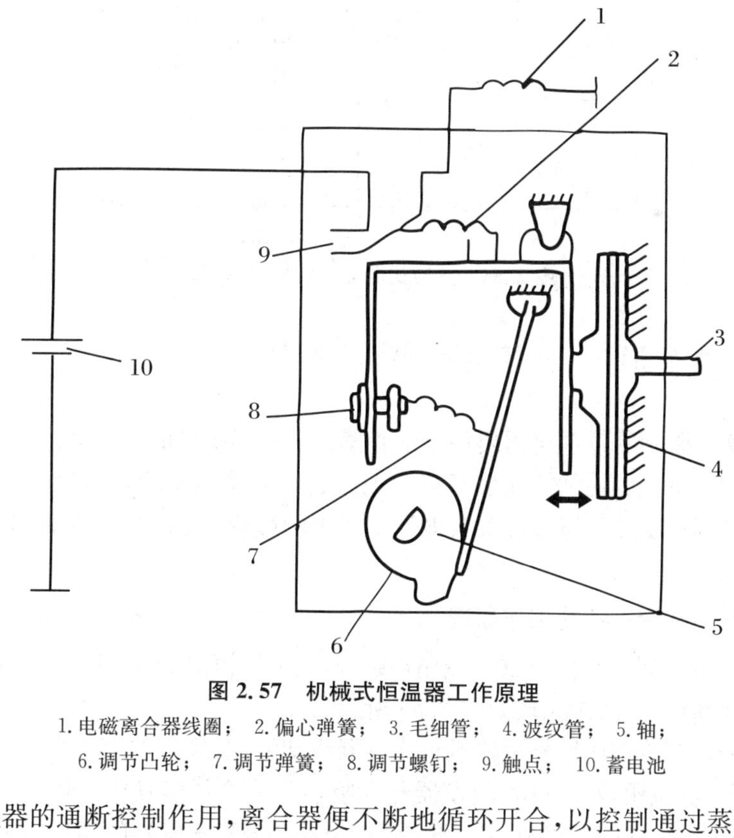

图 2.57　机械式恒温器工作原理

1.电磁离合器线圈；2.偏心弹簧；3.毛细管；4.波纹管；5.轴；6.调节凸轮；7.调节弹簧；8.调节螺钉；9.触点；10.蓄电池

这样由于恒温器的通断控制作用，离合器便不断地循环开合，以控制通过蒸发器表面的空气。在一定的范围内，对温度的控制，可以通过调节凸轮的位置和调节弹簧的作用力来实现。

2. 热敏电阻式温度控制器

随着热敏电阻可靠性的提高，汽车空调应用热敏电阻作为传感器的电子温度控制器也愈来愈多。这种温度控制器所用的感温元件是一支小圆片形的热敏电阻，它安装在蒸发器的出风口位置。由它把温度的变化转换为电信号，传送到放大器进行放大，通过继电器控制电磁离合器的通断电路。

图 2.58 是热敏电阻式温度控制器的工作原理图。热敏电阻 R 安装在最能反映蒸发器表面温度的位置。当采用的热敏电阻特性为负温度系数时，蒸发温度较高，则热敏电阻值减小，复合晶体管 VT1 和 VT2 导通，继电器 J 触点闭合，接通电磁离合器线圈，压缩机运行。反之，当蒸发器温度降到 0 ℃时，复合晶体管 VT1 和 VT2 截止，继电器 J 触点断开，压缩机停止工作，从而保证蒸发器表面不结冰。可变电阻 W 的作用是调整电路对温度变化的起控点。

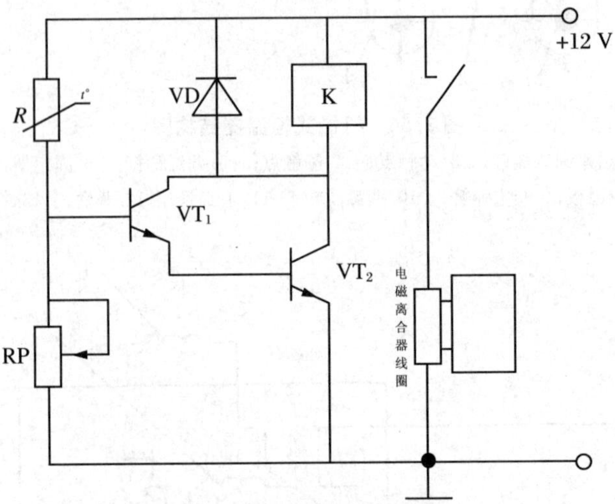

图 2.58　热敏式温度控制器原理图

(二) 恒温器 H 形膨胀阀控制的制冷系统

由于内平衡膨胀阀制冷系统需要用毛细管感测蒸发器出口的温度的高低进而调节供应蒸发器的制冷剂流量。因毛细管比较长以及毛细管是间接感测蒸发器出口的温度，所以内平衡膨胀阀的控制精度受环境温度及其他许多因素的影响，而采用 H 形膨胀阀制冷系统便解决了这一问题。

1. H 形膨胀阀制冷系统的工作原理

H 形膨胀阀制冷系统是离合器制冷循环系统，它采用恒温器和 H 形膨胀阀共同完成制冷系统的循环通断运行，工作原理如图 2.59 所示。

压缩机首先将制冷剂压缩然后输送到冷凝器冷却液化，经过储液干燥器后再进入 H 形膨胀阀，先进行节流减压，然后进入蒸发器蒸发吸热。制冷剂蒸发成气体后再次进入 H 形膨胀阀，从阀中出来后回到压缩机再循环。当感温器感测到蒸发器的温度过低后，恒温器切

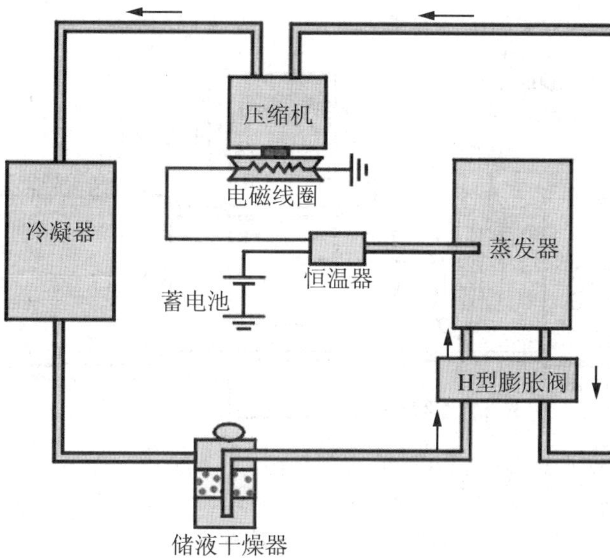

图 2.59　H 形膨胀阀制冷系统

断离合器的电磁线圈电路，压缩机停止运行。温度升高后，恒温器又自动接通离合器电路，压缩机又开始运行。由此可见 H 形膨胀阀同内平衡膨胀阀一样，能够根据蒸发气体的温度自动调节供给蒸发器的制冷剂量。

H 形膨胀阀制冷系统目前已被许多著名的汽车厂家所采用，例如，北京切诺基越野车、奔驰 230E 型汽车、克莱斯勒汽车等。

2. H 形膨胀阀制冷系统的优点

① 安装简单，不需要绝热处理的毛细管温包系统结构也很紧凑（因它直接将恒温器、压力保护开关安装在一起）。

② 可靠性高。因 H 形膨胀阀直接安装在蒸发器上，接头少，制冷剂泄漏的可能性大为降低，所以不怕震动，运行事故少。

③ 维修调试方便。

（三）恒温器孔管控制的制冷系统

孔管制冷系统也是离合器制冷循环系统的一种。CCOT 是在 1974 年由美国通用汽车公司发明的，被用来代替较复杂的膨胀阀，目前普遍应用于 R134a 制冷系统中。CCOT 系统是英文 cycling clutch orifile tube 的缩写。

1. 孔管制冷系统的工作原理

孔管制冷系统用恒温器来控制离合器电路，以达到控制压缩机的运行，控制蒸发器的温度，防止其发生冰堵的目的。

CCOT 系统最大的特点是用节流孔管来取代了复杂的膨胀阀，用集液器取代了储液干燥器，所以结构极其简单。CCOT 系统工作原理如图 2.60 所示。

制冷剂经压缩成高压，在冷凝器里液化成高压液体后，经过孔管的节流降压作用，又变为低压制冷剂，在蒸发器内吸热蒸发成气体。由于孔管不具备调节液体流量的功能，所以当

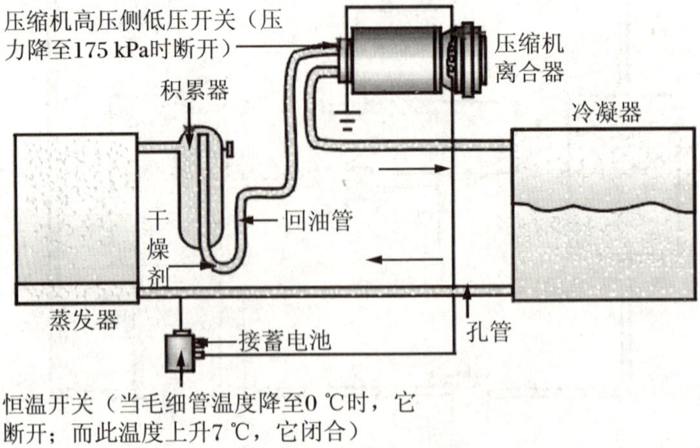

图 2.60 CCOT 制冷系统

压缩机高速运转时，蒸发器有可能蒸发不彻底，在其出口出现液态制冷剂。为了避免压缩机发生液击损坏，所以蒸发器出口处安装一个集液器，多余的液态制冷剂在此再蒸发成气体，送到压缩机进行压缩。在集液器出口处，设置了一个溢油孔，目的是把制冷剂中分离出的冷冻油从溢油孔送回压缩机。

由于 CCOT 制冷系统设置了集液器，所以使压缩机容易起动，这是 CCOT 系统节能的根本原因。据有关资料报道，CCOT 系统一般比其他离合器循环制冷系统节能 15%，而比蒸发器控制的制冷系统节能可达 30%。由于压缩机重新起动容易，离合器的寿命和压缩机的寿命均延长一倍以上；另外由于起动转矩小，压缩机损耗更低。

新式的 CCOT 系统已经不再使用恒温控制器了，而是在集液器上装一个压力开关，以感测蒸发器出来的压力，当蒸发压力低于限定值时，低压开关便切断离合器电磁线圈的电路，使制冷压缩机停止运行。例如，当开关在 0.310 MPa 时离合器吸合，压缩机运行在制冷剂降到 0.273 MPa 时离合器分离。实际应用中，只要将调试好的压力开关装在测试孔口上，就和离合器电磁线圈构成一个控制电路，即组成了一个新型的用压力开关控制的 CCOT 制冷系统，其工作原理如图 2.61 所示。

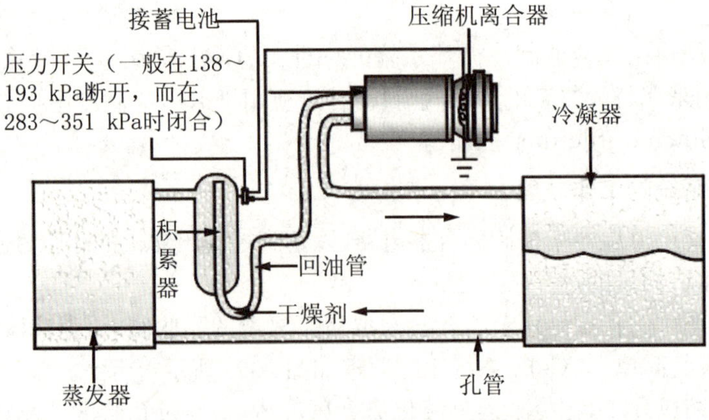

图 2.61 用压力开关控制的 CCOT 制冷系统

从图 2.61 可知，用压力开关控制的 CCOT 制冷系统与恒温器控制的 CCOT 系统最大的不同之处是恒温器被压力开关取代，这样使制冷系统更简单、可靠，温度控制也更准确。

2. CCOT 制冷系统的特点

CCOT 制冷系统的最大特点是节能和可靠，所以被广泛使用在对经济性能要求高的经济型轿车和中级轿车上。近年来，由于越来越重视汽车节能，许多高级汽车也采用 CCOT 制冷系统。

有些轿车的空调制冷系统采用 CCOT 系统后，为了消除压缩机的高压噪声，在压缩机出口处配置了一只金属罐消声器，并设有高低压开关用于保证制冷系统的安全工作。

二、吸气节流阀控制的蒸发器压力制冷循环系统

由于恒温器控制的离合器循环制冷系统是通过压缩机的间断工作来达到防止蒸发器结冰的目的，所以汽车空调的温度波动比较大，影响了其舒适性。另外，压缩机的频繁起动，亦影响发动机工况的稳定，还易造成离合器的损坏。采用吸气节流阀的方式来控制的蒸发器压力制冷系统，便能克服上述缺点。

因饱和温度和压力有着一一对应的关系，只要控制器在 0 ℃时对应的制冷剂的饱和蒸发压力不再降低，便可以防止蒸发器表面结冰。而此时压缩机仍在运行，所以蒸发器内的制冷剂还在蒸发，不过其制冷量只需维持其表面不结冰的状况即可。这样，输送出的冷气量仍然能保持车内的温度和湿度处于一个相对平衡的状态，汽车空调的舒适性亦得到提高。

上述制冷系统称为蒸发器压力控制的制冷系统，是中高级轿车上汽车空调通常采用的形式。蒸发器压力控制因配置的不同又分为多种制冷系统。

（一）吸气节流阀控制的外平衡膨胀阀制冷系统

1. 吸气节流阀（STV 阀）制冷系统的工作原理

吸气节流阀制冷系统的工作原理如图 2.62 所示。它是应用外平衡膨胀阀和吸气节流阀联合控制进入蒸发器的制冷剂流量，进而控制蒸发器的压力在 0.215～0.891 MPa 之间工作，以保证蒸发器表面不结冰，不堵塞空气通路。

STV 阀制冷系统的工作原理为：压缩机将制冷剂压缩后先送到冷凝器冷却，然后经过储液干燥器干燥、过滤，经外平衡膨胀阀节流降压后，再进入蒸发器吸热蒸发，最后蒸发器出来的低压蒸气经过吸气节流阀，回到压缩机，制冷系统便以此方式进行循环。

蒸发器内制冷剂流量的控制由外平衡膨胀阀承担，而蒸发器内制冷剂的蒸发压力则由吸气节流阀来控制。这表明，防止蒸发器表面结冰的工作是由外平衡膨胀阀和吸气节流阀联合控制来完成的。

外平衡膨胀阀的感温包被装在蒸发器的出口处，以感测蒸发器制冷剂的温度。外平衡管将蒸发器的出口制冷剂压力传送到外平衡膨胀阀的膜片下部，来控制制冷系统流到蒸发器内制冷剂的流量。蒸发器温度高，则流量大；温度低，则流量小。

蒸发器的制冷剂蒸发压力则由吸气节流阀控制。当蒸发器的温度下降到 0 ℃时，吸气节流阀会自动关闭蒸发器的出口，这样只有极少量的蒸气被压缩机吸进，用来保持蒸发器的压力在 0 ℃对应的饱和应力，以防止蒸发器结冰。

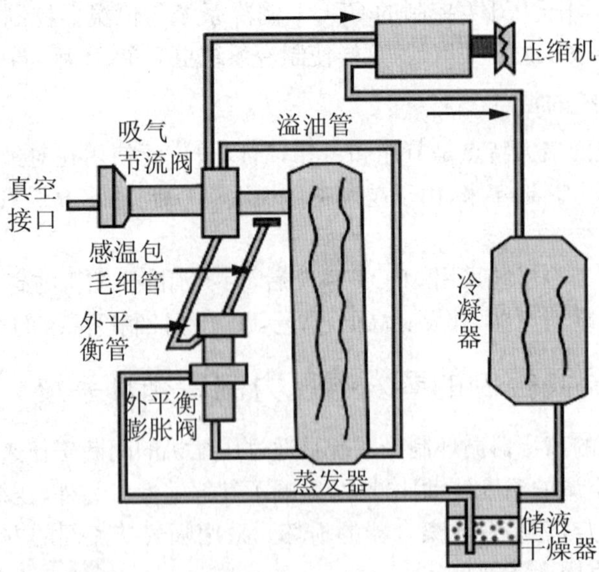

图 2.62　吸气节流阀(STV 阀)制冷系统的工作原理

当蒸发器出口被关闭时,压缩机可能因缺少润滑油而损坏。为了防止这种状况发生,在蒸发器的底部设置有一条溢油管通入压缩机,同时,也允许有少量的制冷剂通过溢流管进入压缩机,以防止压缩机封闭运行。

蒸发器压力控制的制冷系统,与恒温器控制的离合器循环系统最大的区别是:当蒸发器温度降到 0 ℃以下时,蒸发器压力控制的制冷系统仍在运行,还在不断地向车内输送冷气,车内的温度始终保持在一个平稳范围内,车内空调舒适性较好。当然,由于压缩机连续运行,就要不断消耗发动机的功率,所以经济性较差,耗油量大。而恒温器控制的离合器循环系统只有空调蒸发器的风扇在继续运行,压缩机届时会停止工作,系统制冷波动较大,而且压缩机的断续工作对发动机的平稳运行有一定影响,噪音也较大,但节能效果较好。

2. 外平衡膨胀阀的构造和工作原理

外平衡膨胀阀与内平衡膨胀阀相比它们的结构、功能大致相同,只是平衡方式不同。内平衡膨胀阀膜片下面的平衡压力是从节流后的蒸发器入口处导入的,所以蒸发器管路对蒸汽压力没有影响,与感温包毛细管感测的蒸发器出口压力存在误差。外平衡式膨胀阀膜片下面的平衡压力是从蒸发器出口处经外平衡管导入的,其压力和感温包在蒸发器出口感到的压力相匹配,两者不存在压力误差。

外平衡膨胀阀由节流降压组件、过热度调节组件和控制机构组成,结构如图 2.63 所示。节流降压组件包括阀体和节流孔;过热度调节组件包括弹簧和调节螺母;控制机构包括感温包毛细管和外平衡管。

外平衡膨胀阀调控制冷剂的原理为:膜片承受三个力,弹簧力和蒸发器出口处用外平衡管导入的压力,这两个压力之和使膜片向上运动;感温包毛细管内充满感温物质,一般用 R12,受热膨胀后,力图使膜片向下运动;当三个力平衡时,膜片、阀芯和节流孔位置一定,开度也一定,这样,流入蒸发器的制冷剂的流量也一定。

当蒸发器温度升高时,感温包内压力亦升高,同样由外平衡管引进的蒸气压也会升高。但由于感温包内的 R12 蒸气是饱和蒸气,而外平衡管引进的是过热蒸气,所以感温包内压力

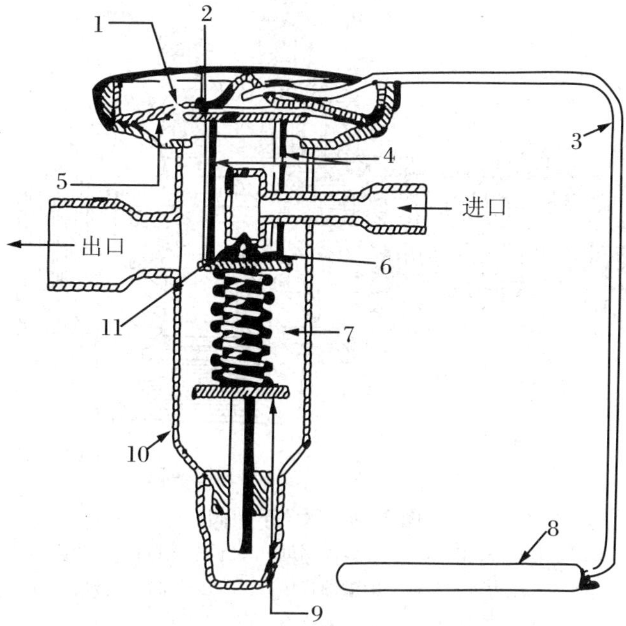

图 2.63　外平衡热力膨胀阀

1. 膜片；　2. 温包压力；　3. 毛细管；　4. 推杆；　5. 蒸发器出口压力；　6. 阀座；
7. 过热调整弹簧；　8. 摇控温包；　9. 弹簧压力；　10. 阀体；　11. 针阀

升高的比外平衡管引进的过热蒸气的压力大得多，将迫使膜片下移，带动顶杆推动阀芯下移，使孔口开度增大，制冷剂流量增大。温度越高，流量越大，则蒸发器制冷量越大，降温也越迅速。当温度下降时，感温包内压力比膜片下方的压力下降快，弹簧将推动阀芯向上，使节流孔开度减小，制冷剂流量减少，温度越低，流量越小。但外平衡膨胀阀不会关死制冷剂通路，而只是调节流量大小。这是因为当制冷剂通路即将关死时，蒸发器的温度会马上上升，蒸发器出口感温包迅速将压力的上升传递给膜片，由此产生的正压力会推开阀芯。即，蒸发器处于低温时，膜片总是处于一个上下腔压力的动态平衡状态，从而维持有少量的制冷剂通过孔口进入蒸发器，维持制冷工况。

当制冷系统停止工作时，由于感温包内随温度升高的饱和压力大于蒸发器的过热蒸气压力，外平衡膨胀阀仍会有少量制冷剂流通。当停机时间增长后，膜片上下两端压力逐渐相等，弹簧的作用力将会把阀芯关死。这样，可避免高压端的液体流进低压端，以防压缩机在重新工作时发生"液击"现象。

3. 吸气节流阀的构造和工作原理

吸气节流阀，英文为 suction throttling value，简写为 STV。其作用就是控制蒸发器蒸发压力不得超出一定的压力范围，以防止蒸发器表面结冰，其构造如图 2.64 所示。

STV 由三部分组成：控制阀、调节机构、真空膜盒。控制阀上共有五个接口，分别为蒸发器、压缩机、外平衡管、溢油管和压力表接口。阀体内有一个配合精密，可以左右移动的活塞，用于控制蒸发器的蒸发压力。活塞上有一对小孔，其作用是当活塞全部封死蒸发器到压缩机的通道时，仍保留有少量的制冷剂输送到压缩机中，以防止压缩机作真空泵运动而耗功，减少能量损失。

吸气节流阀的工作原理：主膜片作为控制活塞动作的元件，受到四个力的作用，蒸发压

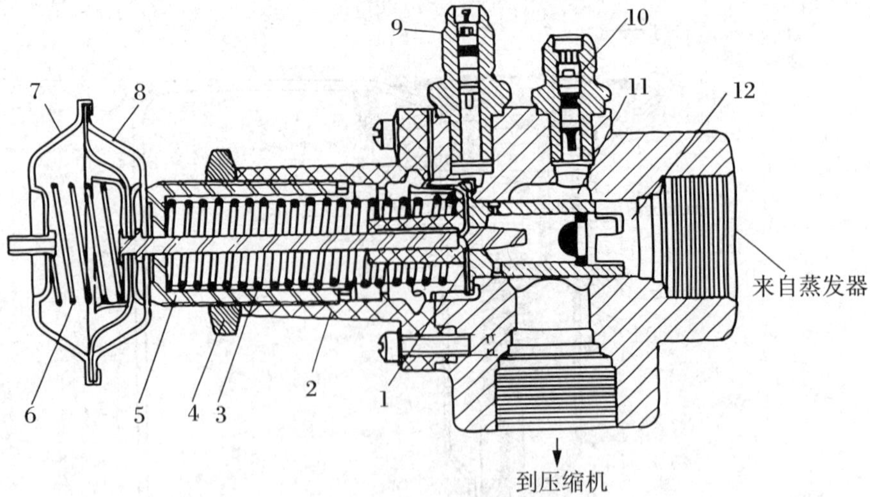

图 2.64　吸气节流阀

1. 主膜片；　2. 固定套；　3. 主弹簧；　4. 紧固螺母；　5. 调节螺钉；　6. 肋簧；　7. 真空膜盒；　8. 大气孔；　9. 压力表接口；　10. 溢油管接口；　11. 外平衡管接口；　12. 活塞

力和膜盒的真空吸力推动活塞向左移动，迫使膜片左移；主弹簧力和大气压力使膜片向右移动。

例如，当蒸发压力为 0.298 MPa 时，活塞刚好关闭蒸发器通往压缩机的通道。此时，主膜片受到的四个力则处于平衡状态。这时由于蒸发器内的饱和温度为 −1 ℃，传到蒸发器表面则为 0 ℃，不会结冰。当蒸发器的温度高于 0 ℃时，则蒸发压力上升，推动活塞左移，在新的位置上达到平衡。温度越高，蒸发压力越高，活塞越向左移，开度越大，配合外平衡膨胀阀的动作，制冷剂流量越大，制冷量越多。温度降低，则反方向移动，减少制冷剂的流量。直到在平衡位置被关死，又达到 0 ℃。控制最小蒸发压力可以通过调节主弹簧的压力来实现，所以，吸气节流阀设有调节螺钉。

由上可知，吸气节流阀显然会受大气压变化的影响。汽车在高海拔地区行驶时，由于大气压降低，原设计关闭通道的平衡位置将被破坏，这样活塞会向左多移一点距离，使蒸发压力比原设计压力更低才平衡，从而导致蒸发器表面结冰。

真空膜盒起两个作用：第一个作用是补偿海拔高度变化引起的大气压变化的影响。若汽车在高海拔区运行时，切断真空膜盒的真空气路，则主膜片上的平衡作用力缺少了真空吸力，以此来弥补高海拔的大气压下降，使蒸发器的压力仍保持在原设计值上，防止汽车高海拔运行时蒸发器结冰。第二个作用是增加制冷量，道理和第一个作用是一样的，只不过这时要接通真空气路。

应用外平衡膨胀阀最大的好处是能够在系统内调节蒸发器出口的过热度。因为所有的蒸发器压力控制系统都配置了一只压力测量阀，将低压表装到测量阀上的压力表接口处，起动发动机，保持发动机转速在 2 000 r/min，经过 13～15 min，观察压力表值，在过热度为 3～4 ℃时，压力表值应为 0.153～0.189 MPa。不论过大或过小，都可以细心地调节螺母，使压力表值逐渐接近上述值。

(二) 先导阀调节的吸气节流阀和外平衡膨胀阀控制的制冷系统(POA系统)

STV制冷系统有以下不足:第一是控制压力受海拔高度影响;第二是控制精度差;第三是主膜片容易泄漏制冷剂。先导阀调节的吸气节流阀可以解决上述问题,所以目前已取代了吸气节流阀而成为现代汽车应用的主要制冷系统。先导阀调节的吸气节流阀的英文是Pilot Operated Absolute Sunclion Throlling Value,简称POA。

1. POA制冷系统的工作原理

POA制冷系统的工作原理与STV系统相差无几,仅用POA阀取代了STV阀,如图2.65所示。制冷剂经压缩、冷凝后,在外平衡膨胀阀的节流、膨胀和控制下,进入蒸发器蒸发吸热。蒸发器出来的低压制冷剂气体,经过POA阀的压力控制后,再回到压缩机。

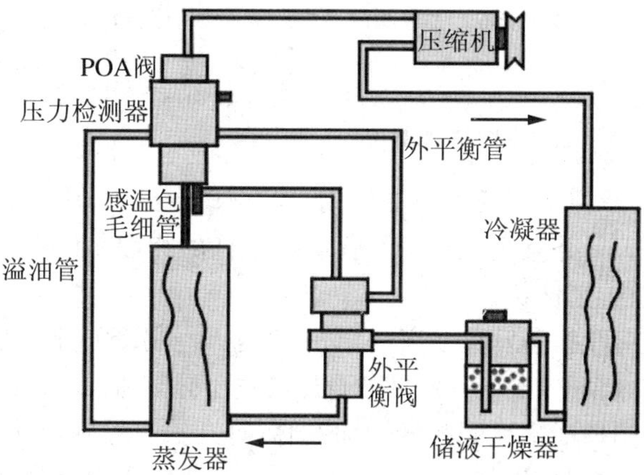

图2.65 POA制冷系统

输送到蒸发器的制冷剂流量由外平衡阀来控制,蒸发器内的制冷剂的蒸发压力和蒸发温度由POA阀控制。POA阀控制蒸发压力不得小于0.298 MPa,这时对应的蒸发温度为-1 ℃,而蒸发器表面温度为0 ℃,这样便防止了蒸发器表面过冷而冻结。

POA阀也开有一个小孔,其作用亦是当蒸发器的蒸发压力降到设计值时,关死气流的主通口,由此小孔输送一些气体到压缩机,使压缩机在空负荷时不作真空泵运动,减少能耗。

从蒸发器底部有一条溢油管到POA阀,其作用是使积存在蒸发器底部的冷冻油回到压缩机,因为清除了积存在蒸发器内的冷冻油,所以能提高系统的制冷能力。

2. POA阀的构造和工作原理

先导阀调节的吸气节流阀这个名称,形象地说明了POA阀的工作原理。它是由一个真空度很高的波纹管上的阀来伺服调控吸气节流阀,所以有些书也叫POA阀为"绝对真空伺服阀",其构造如图2.66所示。

POA阀的构造主要由活塞式的吸气节流阀和波纹管控制的先导阀两部分组成。阀上有五个接口,分别为蒸发器、压缩机、外平衡管、溢油管和压力表接口。吸气节流阀的活塞左右运动,可以控制蒸发器到压缩机的蒸气主通路。活塞由支承板固定的弹簧支承。先导阀的组成为:磷青铜制成的波纹管固定在支承板上,内部处于高度真空状态,波纹管的顶端焊上针阀芯。支承板和波纹管都由主弹簧支承,主弹簧固定在阀壳上。其工作原理如下:活塞

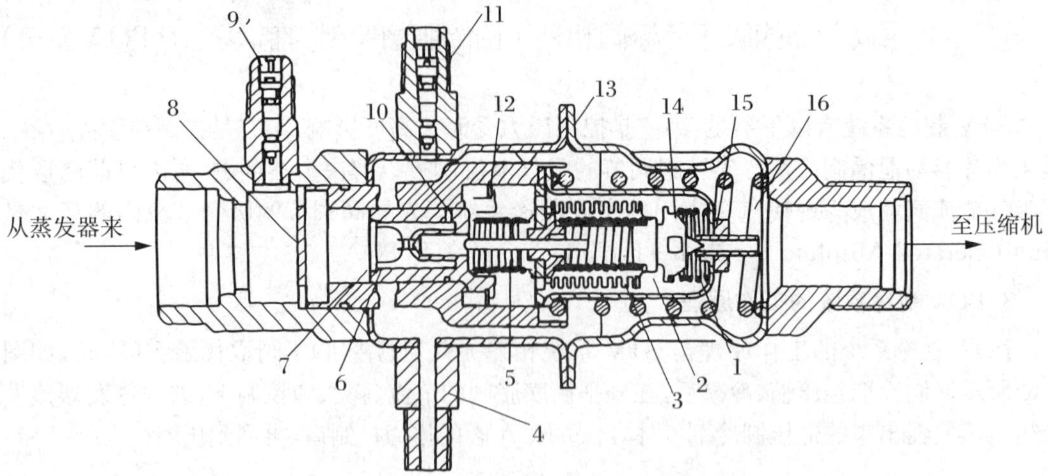

图 2.66　先导阀调节的绝对吸气节流阀

1. 针阀弹簧；　2. 波纹管气室；　3. 波纹管；　4. 溢油管接口；　5. 活塞弹簧；　6. 过滤网；
7. 活塞；　8. 减震板；　9. 压力表接口；　10. 小孔；　11. 外平衡管接口；　12. 活塞环；
13. 支承板；　14. 针阀芯；　15. 阀座；　16. 主弹簧

受到蒸发压力和活塞支承弹簧力两个力的作用，波纹管先导阀采用控制活塞背压的大小方式来控制活塞的运动状态，并且它是一个具备高灵敏性的弹性元件，当外界压力增大时，波纹管缩短；外界压力减小，则伸长。

制冷系统刚开始工作时，蒸发温度高，蒸发压力也大。制冷剂蒸气经过小孔流到波纹管的外腔，波纹管受压缩，打开先导阀。活塞的背压经过小孔节流后，在流动的条件下，压力下降，则活塞的蒸发压力迫使活塞克服弹簧力而右移，打开蒸发器到压缩机的主通路，使大量的制冷剂流进蒸发器后再到压缩机。蒸发温度越高，则蒸发压力越高，波纹管压缩越短，主通孔开度越大，制冷量越大，这样迅速降低车内的温度。

当蒸发温度下降时，蒸发压力也相对下降，流经小孔的压力下降，波纹管伸长，导致先导阀关闭。这时，活塞的背压逐渐增大到和正压相等，活塞弹簧推动活塞左移，逐渐关小主通路。但背压增大又会引起波纹管的压缩，所以，当压缩机转速不变时，压缩和吸气压力不变，波纹管的伸缩使先导阀处于时开时闭的临界状态，活塞处于平衡状态，蒸发压力保持不变。

当蒸发压力降到设计值时，一般为 0.298～0.308 MPa，活塞刚好关闭制冷蒸气流到压缩机的主通路，蒸气便只能通过小孔、针阀少量地流到压缩机，供压缩机在极低负荷下运转。若蒸气压力升高(例如压缩机转速变慢)，波纹管压缩，先导阀打开，活塞的背压消失，蒸气压力便会克服弹簧力而右移，打开主通路。这时制冷量增大，若压缩机还在运转，则波纹管伸长，关闭先导阀，活塞的蒸气背压又增大，活塞在弹簧力作用下便会左移，直至关死主通路。此时蒸发压力在 0.298～0.308 MPa 范围内，保证了蒸发器不会发生结冰现象。

从上面分析可知：POA 阀是利用高灵敏的波纹管感测蒸发压力的大小而随之伸缩，调节先导阀的通、断，控制活塞背压的产生与消失，使蒸发压力和弹簧力在一个新的位置达到平衡，以此来控制蒸气通向压缩机通路的活塞的位置，实现保证系统安全稳定工作的目的。它能把蒸发压力控制在±3.434 kPa 的范围，精度较高。

POA 阀制冷系统是通用汽车公司发明的，之后推广到世界上大多数的高、中级轿车的空调制冷系统上。这类系统能最大限度发挥蒸发器的制冷能力，工况基本不受外界温度、气压等因素的影响，蒸发器能连续制冷而不结冰，使空调系统的温度始终保持在一个稳定的范围内。

(三) 组合式先导阀调节的吸气节流阀 POA —罐中阀制冷系统(VIR 制冷系统)

STV 系统和 POA 系统都具有储液干燥器、外平衡膨胀阀、POA 阀(或 STV 阀)。这些阀都是依靠管道、接头连接成一个制冷系统，特别是外平衡阀、蒸发器、POA 阀的接口多达十多处，容易造成制冷剂的泄漏和使空气、水分进入到制冷系统。由于接头太多，安装、维护的工作量也大。1978 年，美国通用汽车公司发明了一种组合阀，即将储液干燥器、外平衡膨胀阀、POA 阀集中在一只罐中，只有一个进口接头和一个出口接头，克服了 POA 制冷系统的缺点，形成了全新的组合阀制冷系统。罐中阀的英文名称为 vales in recciver，简称 VIR。

1. 组合阀制冷系统的工作原理

组合阀制冷系统的工作原理如图 2.67 所示。

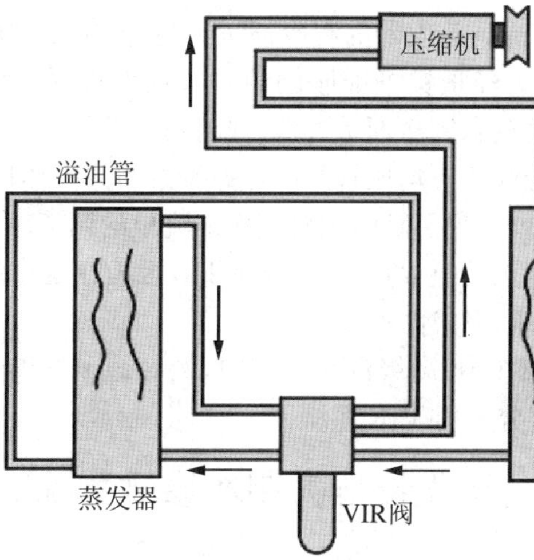

图 2.67　组合阀制冷系统工作原理

其工作原理如下：从压缩机出来的高温制冷蒸气经过冷凝器液化后，进入组合阀，节流降压后进入蒸发器；蒸发吸热成为低压蒸气，再进入组合阀，对制冷剂的蒸发压力进行控制；然后再从组合阀出来到压缩机，完成一个制冷循环。

组合阀起到调节输给蒸发器的制冷剂流量和蒸发压力的作用，使组合阀制冷系统在各种工况下均能保持最大的制冷量的同时，避免蒸发器结冰，同时，蒸发器底部释放出的冷冻润滑油等，从溢油管经过组合阀，流回压缩机。

2. 组合阀的构造和工作原理

所谓组合阀，即在原有储液干燥器的内部再增加一个膨胀阀和一个蒸发压力控制阀，其结构如图 2.68 所示。组合阀体上有四个接头，第一个接头装在组合阀的中部，是从冷凝器来的制冷剂入口，制冷剂经过过滤后沿吸液管进入膨胀阀，经膨胀阀节流降压后，从第二个接头进入蒸发器，蒸发后的制冷剂蒸气再从第三个接头进入组合阀的上部，经过蒸发压力控制阀从第四个接头流向压缩机。

组合阀中膨胀阀的作用是供给蒸发器适当的液态制冷剂，满足蒸发器热负荷的要求；

蒸发压力控制阀的作用是控制蒸发压力高于 0.308 MPa，保证蒸发温度高于 0 ℃避免结霜。

压缩机起动前，空调管路内压力处于平衡，使压缩机易于起动；反之，若冷凝器和蒸发器压差过大，会使压缩机起动困难。

压缩机刚运行时，膨胀阀是关闭的，原因是当蒸发器未运行时，蒸发压力可能高达 0.482 MPa，此压力由蒸发压力控制阀的均衡管引到膜片下方的均压管入口处，再加上调节弹簧的压力一起作用，将膨胀阀关闭。压缩机继续运转，不断把蒸发器内制冷剂蒸气吸入，加压后排至冷凝器，使冷凝压力增加。开始有液态制冷剂流向储液器；与此同时，在吸气作用下，流向压缩机的蒸气压力下降，在均压管作用下，膜片下方的压力也下降。但作用在膜片室上方钢球的蒸气温度并未改变（还没有液态制冷剂流入蒸发器吸热），仍然较高，故膜片与钢球之间的制冷剂压力仍然较高，使膜片上压力大于膜片下压力，就可以克服回位弹簧力，顶开膨胀阀，使液态制冷剂经膨胀阀流向蒸发器的第二个接头，在蒸发器内蒸发吸热，这时，空调系统才真正起作用，开始制冷。

组合阀内膨胀阀的调节过程为：由于蒸发器的制冷剂蒸气直接流到蒸发压力控制阀的上方（图 2.68 中的接头 3），若流到蒸发器的制冷剂量不足，蒸发温度就较高，膜片上方密封腔内的压力也较高，较高的压力经顶销把膨胀阀的球阀顶得更开，让更多制冷剂流到蒸发器，使蒸发器降温；若蒸发器的液态制冷剂量过多，则流到蒸发压力控制阀的蒸气过冷，使膜片上方腔内制冷剂降压。由于膜片下均压管和回位弹簧力的共同作用，球阀向上推，使流向蒸发器的制冷剂减少。这样，就实现了膨胀阀对制冷剂流量的调节。

组合阀的设计平衡蒸发压力为 0.290～0.308 MPa，因为在这个压力范围内，保证有尽可能大的制冷量，又可防止其表面结冰。

组合阀制冷系统广泛应用在中、高级汽车空调中，例如德国的奥迪轿车系列产品，有一些是采用 CCOT 系统，有一部分采用 VIR 系统。

三、其他方法控制的蒸发器压力制冷循环系统

（一）蒸发器压力调节器控制制冷系统（EPR）

蒸发器压力调节器（Evaporator Pressure Regulator，简称 EPR）制冷系统，主要用在克莱斯勒公司和丰田公司的高、中档汽车上。EPR 系统装在压缩机的入口处，而不是在蒸发器出口处。由于安装位置的差异，蒸气的过热度有所不同。所以 EPR 系统的平衡设计值的蒸发压力相对于其他制冷系统略有提高。制冷系统的工作原理和其他系统类似，都是控制蒸发压力高于 0.308 MPa，以防止蒸发器结冰。

目前使用的是 EPR-Ⅱ型阀，其构造如图 2.69 所示，是采用先导阀控制活塞主气量的一种蒸发器压力控制阀，这类阀控制精度高。EPR-Ⅱ型阀与 POA 阀的区别在于，磷青铜波纹管内不是抽成真空，而是充注一种惰性气体，例如氮气。其工作原理和 POA 阀亦有所不同。

EPR-Ⅱ型阀的工作原理如下：当蒸发器压力等于设计压力时（例如 0.308 MPa），活塞刚好关闭主气口，活塞承受着蒸气压力和弹簧力两个力。当蒸发器的温度比较高时，蒸气压力大于 0.308 MPa，这时，蒸气压力大于波纹管内的气体膨胀力，波纹管收缩，先导阀打开，活塞的背压力消失，活塞的正压力大于弹簧力，迫使活塞右移而使主气孔开度增加，供给蒸

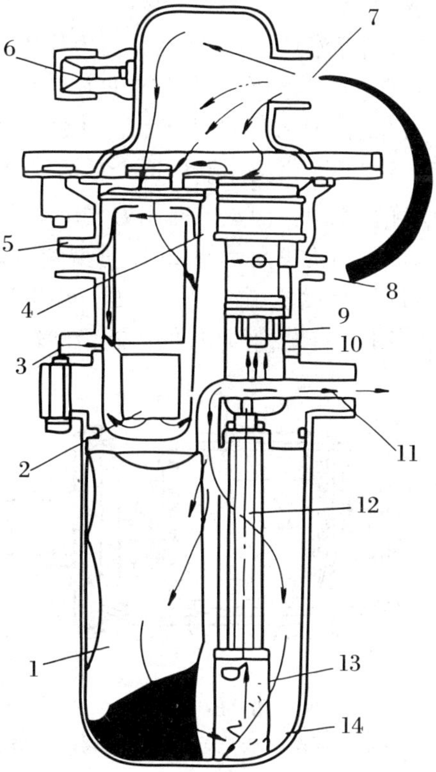

图 2.68　组合阀结构

1. 干燥剂袋； 2. 蒸发压力控制阀； 3. 冷冻油溢流口； 4. 均压管； 5. 到压缩机出口； 6. 压力表接口； 7. 从蒸发器来的制冷剂蒸气入口； 8. 膨胀阀制冷剂出口； 9. 膨胀阀； 10. 视液窗； 11. 从冷凝器来的制冷剂入口； 12. 吸液管； 13. 滤网； 14. 外壳

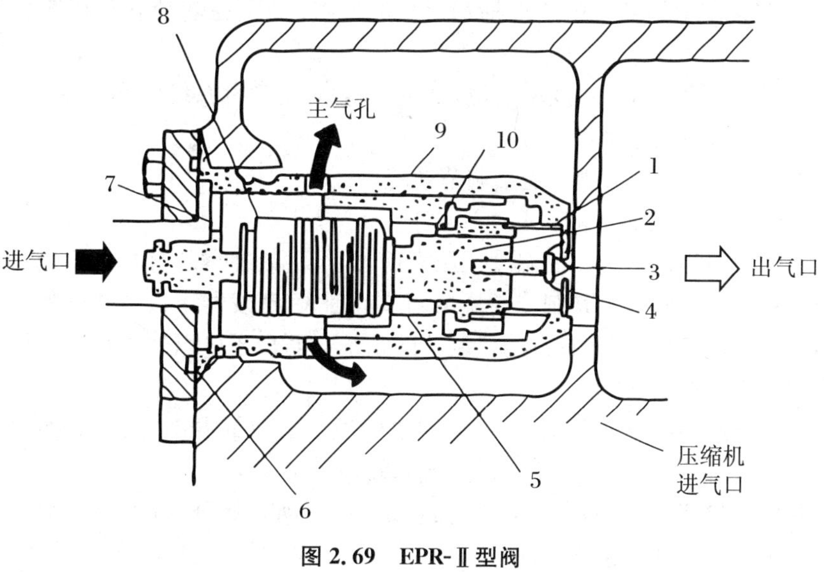

图 2.69　EPR-Ⅱ型阀

1. 活塞支承弹簧； 2. 先导阀座； 3. 先导阀； 4. 先导阀弹簧； 5. 活塞； 6. O 形圈； 7. 波纹管固定板； 8. 波纹管； 9. 阀体； 10. 小孔

发器更多的制冷剂，以增加制冷剂量。

当蒸发器压力下降时，波纹管逐渐增大，活塞在弹簧力作用下，便逐渐向左移动，减小了主气孔的面积。若压缩机的转速不断加大，则吸气压力继续下降，当蒸发器压力下降到0.289～0.308 MPa范围时，波纹管伸长量使先导阀口关闭，此时，蒸气压力和弹簧力相等，活塞亦将主气孔的通路关闭，只让小孔供给压缩机极少量蒸气，控制蒸发器的压力不再继续下降，防止了蒸发器表面发生冻结现象。当蒸发器压力大于0.308 MPa时，则与上述相反。

近来，克莱斯勒汽车公司推出结构更简单的EPR-Ⅲ型阀。如图2.70所示，它只有一个铜质波纹管作制冷剂的通道，进气口设置了一只锥形阀。当蒸发压力高时，波纹管伸长，锥形阀打开；反之，锥形阀关闭。EPR-Ⅲ结构简单，但控制精度较差。

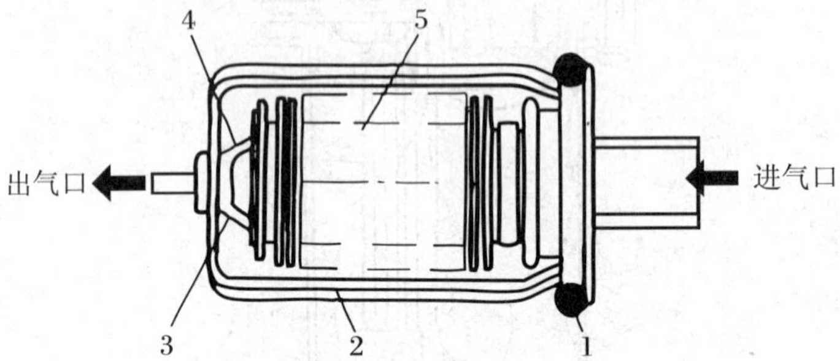

图2.70　EPR-Ⅲ型阀

1. O形圈；　2. 阀体；　3. 锥阀座；　4. 锥阀；　5. 波纹管

（二）电子膨胀阀控制的制冷系统

常规的热力膨胀阀应用在制冷系统中往往存在以下问题：

① 由于流量调节对过热度的响应滞后，因而使制冷装置在起动和负荷突变时，被调参数发生周期性振荡。

② 在低的蒸发温度下，过热度增大，蒸发温度不稳定，制冷系统效率下降。

③ 制冷剂流量调节范围小。

④ 允许负荷变动小，不适用于能量调节系统。

⑤ 蒸发器出口过热度偏差较大。

电子膨胀阀采用蒸发器出口的温度或压力信号，经过处理器的分析计算，驱动执行器实现多功能的流量控制和调节。其制冷剂流量调节范围大，蒸发器出口过热度偏差小，允许系统负荷波动范围大，很适合用于具有能量调节的系统。而且还可以通过指定的调节程序，扩展电子膨胀阀的很多控制功能。

汽车空调系统采用电子膨胀阀后，可以通过蒸发器出口的温度、压力等参数，由微电脑控制器控制制冷系统的运行，使汽车空调系统高效运行。

电子膨胀阀由检测、控制和执行三部分构成。按驱动方式分，有电磁式和电动式两类，而电动式又分力直动型和减速型。

电磁式膨胀阀如图2.71(a)所示。电磁线圈通电前，针阀处在全开位置；通电后，由于电磁力的作用，由磁性材料制成的柱塞被吸引上升，与柱塞连成一体的针阀开度变小。针阀的位置取决于施加在线圈上的控制电压（线圈电流），因此，可以通过改变控制电压来调节膨胀阀的流量。其流量特性如图 2.71(b)所示。

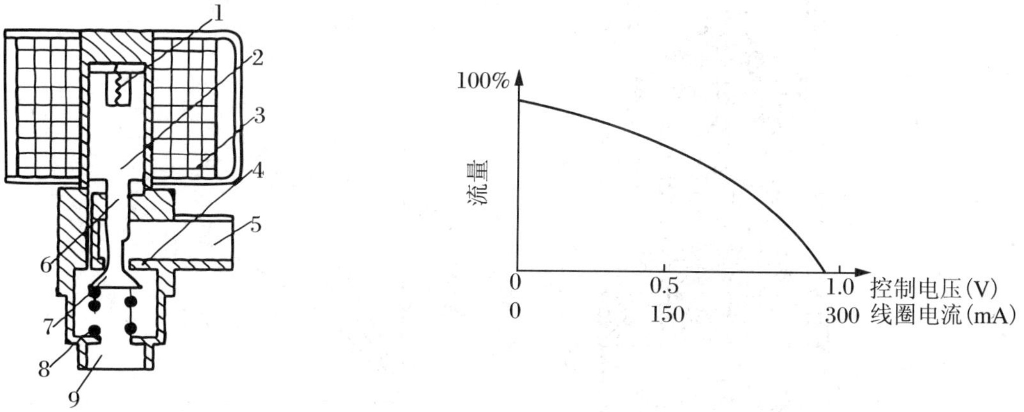

(a) 电磁式膨胀阀结构图　　(b) 流量特性

图 2.71　电磁式膨胀阀

1. 柱塞弹簧； 2. 柱塞； 3. 线圈； 4. 阀座； 5. 入口； 6. 阀杆； 7. 阀针； 8. 弹簧； 9. 出口

电动式膨胀阀用电动机驱动,电动机直接带动阀针作上下移动的为直动型,其结构和流量特性如图 2.72 所示。

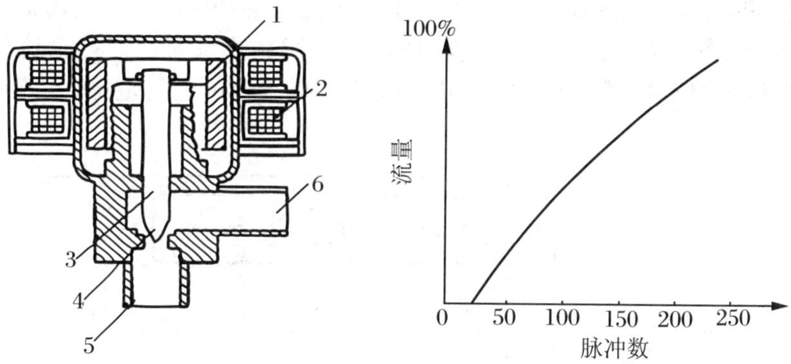

(a) 结构图　　(b) 流量特征

图 2.72　电动式直动型膨胀阀

1. 转子； 2. 线圈； 3. 阀杆； 4. 针阀； 5. 入口； 6. 出口

直动型膨胀阀电动机转子的转动主要是依靠电磁线圈间产生的磁力进行的,转矩由导向螺纹变换成阀针直线移动,从而改变阀口的流通面积。转子的旋转角度及阀针的位移量与输入脉冲数成正比。

电动式膨胀阀的另一种形式是减速型,其结构和流量特性如图 2.73 所示。

减速型膨胀阀的工作原理是:电动机通电后,高速旋转的转子通过齿轮组减速,再带动阀针作直线移动。由于齿轮的减速作用大大增加了输出转矩,使得较小的电磁力可以获得足够大的输出力矩,所以减速型膨胀阀的容量范围大。减速型膨胀阀的另一特点是电机组合部分与阀体部分可以分离,这样,只要更换不同口径的阀体,就可以改变阀的容量。

图 2.74 所示为电子膨胀阀在空调制冷系统中的应用。微处理器输入的信号有蒸发

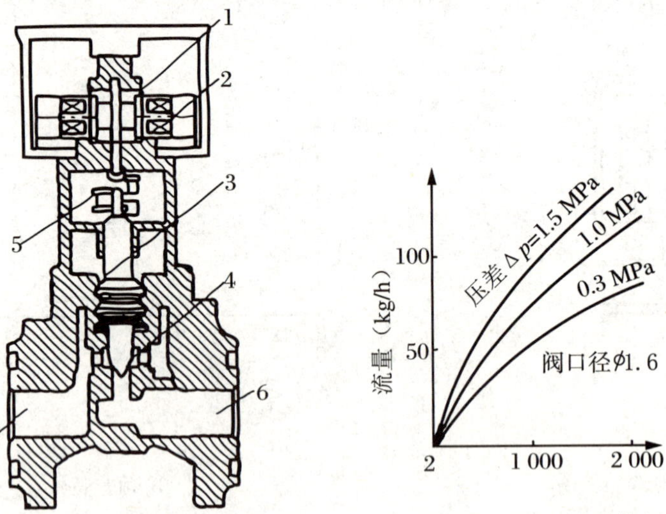

(a) 结构图　　　　(b) 流量特征

图 2.73　电动式减速型膨胀阀

1. 转子；2. 线圈；3. 阀杆；4. 针阀；5. 减速齿轮；6. 入口；7. 出口

器的出口温度和出口压力及压缩机的排气压力。蒸发器出口温度、压力决定了蒸发器的过热度，该过热度信号送入控制器中，与设定值相比较，经 PID 调节后输出信号使电子膨胀阀电机正转或反转，以改变阀芯的开度，从而实现对制冷系统中制冷剂流量的精密控制。排气压力信号用于控制电子膨胀阀开度以防止高压超过规定范围，并能保持机组连续运转。

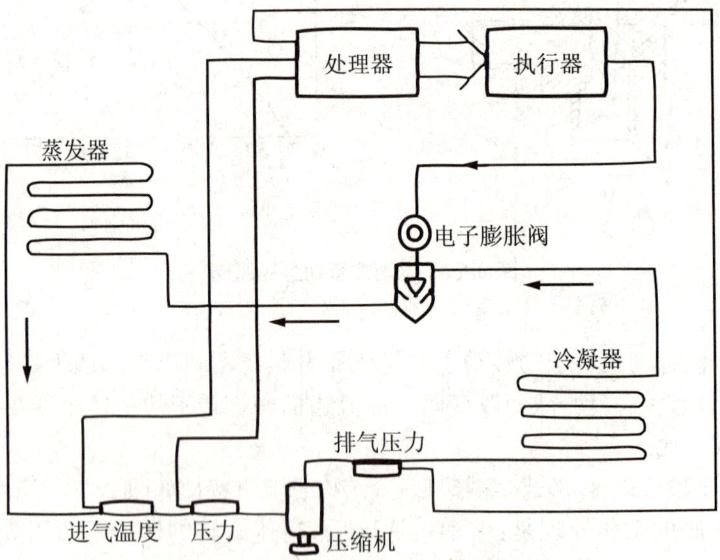

图 2.74　电子膨胀阀在空调系统中的应用

项目练习

1. 简述汽车空调制冷系统的组成、功用和制冷原理。
2. 简述冷凝器和蒸发器的工作原理。
3. 简述电磁离合器的作用。
4. 叙述热力膨胀阀的作用以及其安装过程中应该注意的问题。
5. 如何进行汽车空调压缩机及离合器的检测?
6. 如何进行汽车空调冷凝器及蒸发器的检测?
7. 简述膨胀阀与孔管有什么区别。
8. 简述积累器与一般储液干燥器的区别是什么。
9. 试着分析空调系统蒸发器结霜故障并说明理由。
10. 分析汽车空调制冷效果差的原因。

技能实训

一辆 1999 年捷达轿车,空调制冷效果不佳故障实训。

一、训前准备

1. 学生组织

学生按照 5~6 人一组进行分组,每组内按照实训进行分工,主要有测量、工具准备、故障分析推导等工作。

2. 实训场地及工具准备

维修车间一个、捷达轿车或大众系列车型数台、大众专用诊断仪 V. A. G1551 或 V. A. S5051、维修工具及设备。

其他车型可参照本项目的实施过程,按照车型的维修手册和相应的诊断仪器进行诊断维修实训。

二、操作步骤

按照已经分好的小组,让学生制订维修计划,实施维修:资讯→诊断分析→制定检修方案→查阅维修手册进行检修→故障点确认与排除等。

1. 资讯

首先倾听客户对故障的描述后再进行有针对性的询问,确认故障发生时的症状、故障发生的时间、出现在什么工况和环境条件下以及故障发生前后的保养维修情况等。资讯如表 2.1 所示。

表 2.1　维修车辆登记表

<table>
<tr><td rowspan="4">基本信息</td><td>车主</td><td></td><td>电话</td><td></td></tr>
<tr><td>性别</td><td></td><td>检修日期</td><td></td></tr>
<tr><td>车型</td><td></td><td>保养次数</td><td></td></tr>
<tr><td>底盘号</td><td></td><td>行驶里程</td><td></td></tr>
<tr><td rowspan="2">使用状况</td><td>道路</td><td colspan="3"></td></tr>
<tr><td>载荷</td><td colspan="3"></td></tr>
<tr><td>故障日期</td><td colspan="4"></td></tr>
<tr><td colspan="5">用户对故障描述</td></tr>
<tr><td colspan="5"></td></tr>
<tr><td colspan="5">故障现象确认</td></tr>
<tr><td colspan="5"></td></tr>
<tr><td colspan="5">故障原因分析</td></tr>
<tr><td colspan="5"></td></tr>
</table>

2. 汽车空调系统不制冷故障分析

虽然引起汽车空调系统不制冷故障的原因很多，但是从汽车空调制冷系统工作原理分析，引起制冷效果差的原因有以下几个方面：

(1) 车厢的密封性能或隔热性能变差

车门关闭不严以及车窗密封不严，都会使外部热空气流入车厢内。随空气进入的热量可高达全部热负荷的 40%，使车厢内的空气温度上升，并带入尘土、废弃、噪声。另外，在打开制冷开关的同时，就要把通风手柄关上，以免因风量太大使车厢的降温效果差。车窗上贴遮阳膜与否的影响，占制冷系统的热负荷 20%～30%。

(2) 经过蒸发器的空气量减少

由于经过蒸发器的空气量少，送出的冷风量也就会减少，风感弱，因此感觉到冷量不足。可清洗或更换空调滤网，清除风道中的阻碍物。如果是风机电动机运转不顺畅，则应更换电动机。

(3) 冷凝器效果差

冷凝器上有油污、杂物，就会严重影响到制冷系统向外排散热量，在这种情况下支管压力表上的高压值很高，应清除冷凝器上的泥土和杂物；另一方面，通过冷凝器的空气量不足，也会降低冷凝效果，导致高压值升高。这时需要重新调整冷凝器位置，必要时加装风扇，加大流过冷凝器的空气量。

(4) 制冷剂充入量太多

充注的制冷剂量若超过制冷系统的最大容量，储液器装满后便会占去冷凝器的一部分容积，减少散热器面积，冷却效率降低。这时，支管压力表上的高压值和低压值都比正常时高。必须蒸发掉一部分制冷剂后才能使制冷系统恢复工作正常。

(5) 膨胀阀开启过大

这种情况下，制冷系统的高压值比正常时低，而低压值会升高。这是因为膨胀阀开启过大后，节流效应减少，低压值不能达到所要求的范围，制冷剂不能充分汽化吸热，以液态流回压缩机。其表现为压缩机的吸气端比蒸发器凉，并有可能产生液击现象。可以把膨胀阀中的高压螺母拧紧关至两圈，把制冷系统的低压调到正常范围内。

（6）压缩机效率降低

当压缩机使用一段时间后，由于各零件之间的磨损量增大，导致压缩机效率降低。使得实际输入量大大少于理论排量，造成制冷量不足。要修理就得更换压缩机。

（7）制冷系统中制冷剂不足

制冷系统中的循环制冷剂不足，必然使制冷量不足。这时高、低压力值都比正常时低。视液镜可观察到有气泡翻腾。停车后制冷系统的平衡压力可能低于环境温度所对应的饱和压力，解决的方法就是添加制冷剂，直至视液镜观察不到气泡为止。

（8）系统内有空气

如果系统内有空气，一般都是在充加制冷剂时没有抽真空，或者是抽真空时不够彻底。制冷系统内有空气的表现是排气压力、吸气压力都相应提高。在视液镜中能够观察到雾状泡沫。这时只能重新抽空、充注制冷剂。

（9）脏堵

当制冷剂系统中存在杂物、油污时，会在膨胀阀或储液干燥器处产生堵塞情况。如果完全堵死，也会使制冷剂不足。其表现在储液干燥器的前后管子有明显的温度差，会在膨胀阀处结霜，吸气压力降低甚至出现真空状态。排除方法是拆下膨胀阀清洗，或者更换储液干燥器。

（10）制冷系统间断制冷

当压缩机上的电磁离合器时合时离，就会出现制冷系统间断制冷的现象。这时可以从怠速控制器、温度控制器上找原因。

还有一种引起制冷系统间歇制冷的原因，膨胀阀的“冰堵”。制冷剂中混入水分后，经过膨胀阀的节流孔时，由于温度低于 0 ℃时，水分就会在节流孔结冰而堵塞系统，此时制冷系统失去制冷作用。当节流孔周围的冰融化后，制冷系统有恢复工作，过一会儿节流孔周围又结冰而堵塞系统。这样周而复始，使制冷系统间断制冷。排除的方法就是更换一个储液干燥器，以吸收制冷系统中的水分。

3. 制定检修方案

在制定诊断维修方案时，必须明确汽车空调制冷效果不佳的故障原因，诊断和维修就是要看汽车空调是否具备正常制冷的条件，如果不具备就要通过维修和更换故障元件来满足。按照诊断由简到繁、先电后油、从外到内的一般程序，进行分析。

故障原因分析：

该车压缩机能够正常运转，在空调控制系统电路上应该不会有问题。故障应该出在空调管路系统上。不妨接上压力表测高、低压侧压力以确认故障范围。发动机运转时，将转速控制在 1 500～2 000 r/min之间，让压缩机工作，低压表读数为 0.26 MPa，高于标准值 0.12～0.20 MPa。高压表的读数为 1.90 MPa，也高于标准值 1.20～1.50 MPa，高、低压侧压力均偏高。如果冷凝器散热不良、制冷系统有空气、制冷剂过量或膨胀阀损坏，都会出现高、低压侧压力均高出标准值的情况。

通过观察管路系统中的视镜，可以知道制冷剂量是否正常，或制冷系统是否存在空气。该车制冷系统工作时，视镜中没有气泡流动；当提高或降低转速时，又会出现气泡。关闭空调后，视镜内立即产生气泡，随即消失。看来，制冷剂量正常。压缩机工作时视镜内未见有细小泡沫，看来制冷系统中没有空气。检查冷凝器，发现冷凝器的翅片已经严重堵塞，仔细查看，发现这些堵塞物全是毛状微粒，原来是杨树上的絮毛。当时正值夏初季节，杨絮飘舞，该车电子扇运转时，将很多絮毛吸入冷凝器的翅片之中，影响冷凝器的散热效果。从压缩机过来的高温、高压制冷剂，在冷凝器得不到良好的冷却，空调制冷效果当然不佳。

4. 查阅维修手册进行检修

检修制冷系统管路、节流膨胀装置、热交换器等，参见前面相应的学习单元。在这里按照捷达轿车空调系统维修手册学习空调制冷系统检修。

5. 故障点确认与排除

按照检测维修方案，经过对制冷系统管路、节流膨胀装置、热交换器等部分的检修，最终会排除空调制冷效果差的故障。前面案例：捷达轿车，空调制冷效果不佳故障，通过拆掉冷凝器的固定螺栓，用压缩气体吹净冷凝器上的絮毛，并检查风扇胶带，发现胶带截面上有很多裂纹，更换一根风扇胶带，将冷凝器固定螺栓拧紧。装后复试车，空调运行良好，制冷效果恢复正常。

按照表 2.2 所示进行故障点确认。

表 2.2　故障点确认

序号	检查项目	正常与否

按照表 2.3 所示进行故障排除。

表 2.3　故障排除

序号	故障部位或零部件	故障原因	修复方法

6. 废料和废品处理

针对维修中更换的零部件和废气液体，要分门别类的进行处理，避免造成资源浪费和环境污染。

(三) 学生填写任务工单

任务结束后，填写《任务工单》。

(四) 实训结果评价

对实训结果进行评价。

项目反馈

将项目评价反馈填入表 2.4。

表 2.4　项目评价反馈表

项目名称							
学生基本信息		姓名		学号		班级	
		组别		时间		成绩	
考核能力	考核项目	评分标准	满分值	学生自评	小组互评	教师评价	平均分小计
专业能力	相关知识	是否正确	35				
	技能实训	是否正确	35				
社会能力	团队合作	是否和谐	5				
	劳动纪律	是否严格遵守	5				
	沟通讨论	是否积极	5				
方法能力	制订计划	是否合理	5				
	学习新技术能力	是否具备	5				
	总结能力	能否正确总结	5				

项目三

汽车空调供暖系统检修

项目描述

以一辆上海桑塔纳2000时代超人轿车，汽车空调系统不能采暖。用测温仪在空调出风口检测，空调出风口的最高温度依然和车内温度一样，结合汽车空调取暖系统的控制原理，明确汽车空调供暖系统的组成和工作过程，应用供暖循环的工作原理，结合日产、捷达GT、GTX、桑塔纳2000GSi、现代等车型，判断、分析系统的工作状态。学习汽车空调供暖系统主要部件的结构和原理，结合具体车型分析供暖系统各部件的外形特点和它们的安装位置及其相互之间的关系，学会鼓风机的检测、维修及测试，并能够对加热滤芯、水阀进行判断、拆装、检修，并熟悉操作注意事项。通过学习汽车空调供暖系统温度控制装置，掌握两类温度控制系统的结构、工作原理和实际控制方法。

项目目标

1. 专业能力要求

(1) 根据故障现象，利用相关知识进行综合分析的能力；

(2) 制定故障诊断、排除的工作计划，并具有正确选择检测设备的能力；

(3) 根据技术规范，正确进行维修和操作的能力；

(4) 具有使用仪器和工具的能力；

(5) 车辆全面维护作业的能力；

(6) 具有汽车维修质量竣工检验的能力。

2. 社会能力要求

(1) 具有较强的表达能力和沟通能力；

(2) 具有与客户建立良好、持久关系的能力；

(3) 具有良好的心理素质与克服困难的能力；

(4) 具有团队精神与协作精神。

3. 方法能力要求

(1) 能够根据故障现象查找资料、收集信息、制订诊断维修方案；

(2) 能够使用诊断仪器对汽车空调供暖系统主要部件进行检测；
(3) 能够根据汽车供暖系统工作原理和检测数据分析和排除供暖系统一般性故障。

4. 重点和难点

(1) 汽车空调供暖系统的类型与工作原理；
(2) 汽车空调供暖系统主要部件的识别与拆装；
(3) 汽车供暖系统各部件故障的诊断与排除。

任务一　汽车空调供暖系统概述

汽车空调供暖系统的作用，是将新鲜空气送入热交换器，吸收汽车热源的热量，从而提高空气的温度，并将热空气送入车内的装置。

一、汽车空调供暖系统的主要作用

(1) 调节湿度

加热器和蒸发器一起将冷热空气调节到人所需要的舒适温度。现代汽车空调已经发展到冷暖一体化的水平，可以全年地对车厢内的空气温度进行调节。

(2) 冬季供暖

冬天由于天气寒冷，人在运动的汽车内会感到更寒冷。这时，汽车空调可以向车内提供暖气，以提高车厢内的温度，使乘员感觉到舒适。

(3) 车上玻璃除霜

冬季或者春秋季，室内外温差较大，车上玻璃会结霜或起雾，影响司机和乘客的视线，这样不利于行车安全，这时可以用热风除霜和除雾。

二、汽车空调供暖系统的分类

汽车空调供暖系统的种类很多，根据热源不同，汽车暖风装置可分为如下几种形式：

(1) 水暖式暖风装置

利用发动机冷却液的热量，称为水暖式暖风装置，这种形式多用于轿车、大型货车及采暖要求不高的大客车上。

(2) 气暖式暖风装置

利用发动机排气系统的热量，称为气暖式暖风装置，这种形式多用于风冷式发动机汽车和有特殊要求的汽车上。

(3) 发动机余热式和独立燃烧式暖风装置

汽车空调取暖系统按暖气设备所使用的热源不同，可分为发动机余热式和独立燃烧式暖风装置，独立燃烧式形式多用在大客车上。

(4) 综合式暖风装置

既利用发动机冷却液的热量，又装有燃烧预热器的综合加热装置，称为综合预热式暖风装置，这种形式多用于豪华大客车。

三、根据空气循环方式，汽车供暖系统又可分为

(1) 内气式(又称内循环式)

是指利用车内空气循环，将车厢内部空气(用过的)作为载热体，让其通过热交换器升温，使升温后的空气再进入车厢内取暖。这种方式消耗热源少，升温快，但是从卫生标准来看，是最不理想的。

(2) 外气式(又称外循环式)

是指利用车外空气循环，全部使用车外新鲜空气作为载热体，让其通过热交换器升温，使升温后的空气再进入车厢内取暖。从卫生标准看，外气式是最理想的，但是消耗热源也最大，初始升温慢，经济性较差。

(3) 内外气并用式(又称内外混合式)

是指既引进车外新鲜空气，又利用部分车内的原有余气，以新旧空气的混合体作为载热体，通过热交换器，向车厢里供暖。从卫生标准和热源消耗看，正好介于内气式和外气式之间，但此种方式控制比较复杂，多应用在高档轿车自动空调系统中。

不论是利用何种热源，热量都是通过热交换装置传递给空气，并通过风机把热空气送入车厢的。

任务二　余热式供暖系统

汽车余热式供暖系统是汽车取暖系统的一种非独立式供暖系统，汽车余热式供暖系统主要将汽车排气余热或发动机冷却循环水的余热作为热源并引入热交换器，由风机将车内或车外空气吹过热交换器而使之升温。一般热源装置有热交换器式和热管式两种。

热交换器式：这种装置的工作原理是在发动机的排气管上，安装一个热交换器作加热空气。工作时，将通往消音器的阀门关闭，废气进入热交换器加热另一侧的空气，冷空气吸收热量后温度升高，由风机吹入车厢内。这种装置的供暖效果受车速和发动机工作状况影响，供暖温度不稳定。另外，排气中的 SO_2、H_2O 等会腐蚀热交换器管壁；排气管道和热交换器增加了发动机的排气阻力，对发动机的工作状况有影响。

热管式：利用热管换热器，回收发动机排气中的余热，主要用于大型汽车的冬季供暖。热管式暖风机的供暖效果好，安全可靠，发动机废气不会漏入车厢。

一、水暖式暖风装置

余热式水暖暖风装置一般以水冷式发动机冷却系统中的冷却液作为热源，将冷却液引入车辆内的热交换器中，使鼓风机送来的车厢内空气(内气式)或外部空气(外气式)与热交换器中的冷却液进行热交换，鼓风机将加热后的空气送入车厢内。

轿车、载货车和中小型客车，需要的热量较少，可以用发动机冷却液的余热来直接供暖。余热供暖设备简单，使用安全，运行经济。但其缺点是热量较小，受汽车运行工况的影响，发动机停止运行时，即没有暖气提供。水暖式加热系统工作原理如图 3.1 所示。

每个循环又包括两个基本过程：加热过程、冷却过程。

（一）加热过程

从发动机出来的冷却液经过恒温器，在温度达到 80 ℃时，恒温器开启，让发动机冷却液流到供暖系统的加热器，在恒温器和加热器之间设置了一个热水开关，用来控制热水的流动，冷却液在加热器散热，加热周围的空气，然后再用风扇送到车内。

此过程的主要作用是利用冷却液加热产生热空气，再利用鼓风机的吹动作用产生热风，冷却液流动越多，产生热风越多；鼓风机风速越大，热风越多。

（二）冷却过程

冷却液从加热器出来，在水泵的泵吸下，又重新进入发动机的散热器内，冷却发动机。此过程的作用是利用散热器冷却液使发动机散热。

上述过程周而复始的进行，便可使汽车内温度达到并维持在给定的状态。如图 3.1 所示的汽车空调取暖系统的工作原理为：汽车空调取暖系统的热源通常采用发动机的冷却水，使冷却水流过一个加热器芯，让加热器芯加热冷却水，再使用鼓风机将冷空气吹过加热器芯进行加热，使车内的温度升高，从加热器出来的冷却水通过水泵进入到散热器散热冷却后，再次流入发动机给发动机冷却，达到冷却发动机的效果，周而复始的重复上述过程。

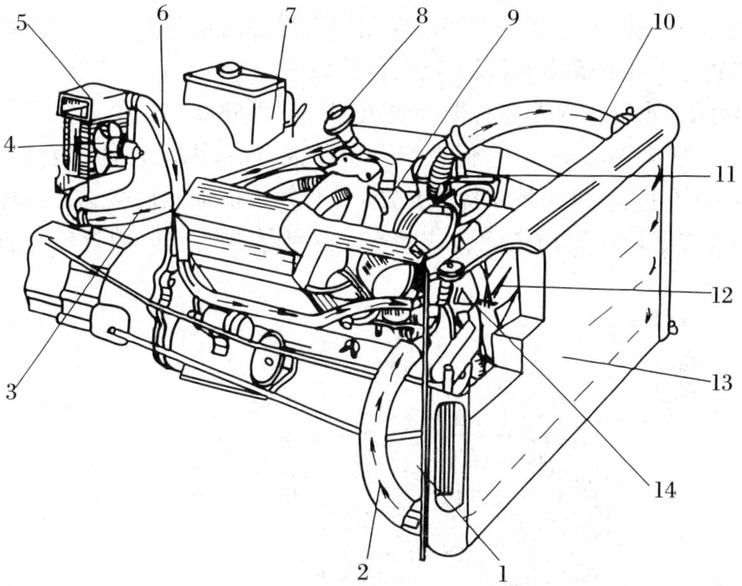

图 3.1　水暖系统工作原理

1. 溢流管；　2. 回液管；　3. 加热器送水管；　4. 风扇；　5. 加热器芯；　6. 加热器出水管；
7. 溢流罐(副水箱)；　8. 热水开关；　9. 发动机；　10. 出液管；
11. 节温器；　12. 风扇；　13. 散热器；　14. 水泵

图 3.2 所示为独立式水暖暖风装置的结构，它由暖风热交换器、风机及外壳组成一个完整的总成。壳体上有吹向脚部、前部的出风口及吹向车窗起除霜作用的出风口。此种结构通常用于普通轿车、货车和小型客车上。

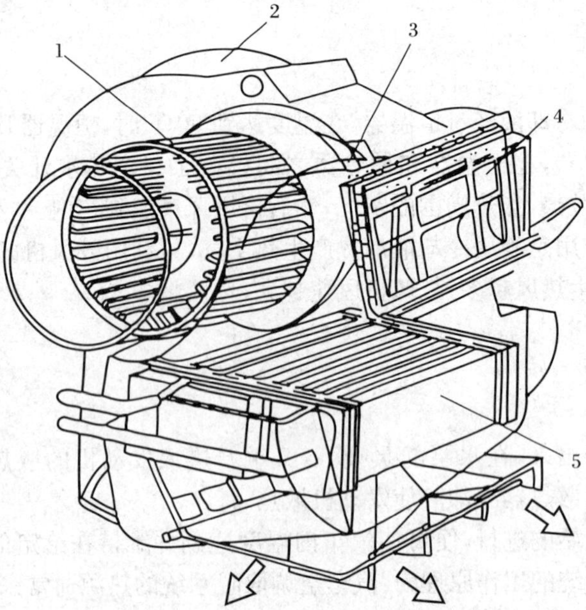

图 3.2 独立式水暖暖风装置结构

1. 风机叶轮； 2. 壳体； 3. 电动机； 4. 暖风加热器； 5. 调节风门

暖风加热器目前结构形式主要有管片式和管带式两种。管带式的加热器散热效率高、体积小、重量轻,但其制造工艺要复杂些。现在用得最多的还是管片式加热器,可以采取减小管壁、在散热翅片上开槽等措施,以提高其传热效率。

如图 3.3 所示为水暖式内外混合循环暖风装置。由外部空气吸入口 7 吸进新鲜空气,内部空气吸入口 5 吸入内部空气,它们在混合室 4 混合后,由风机 8 送入热交换器 1 空气侧,热交换器管内侧由发动机循环水提供热源,混合气体被加热后被送往前座脚下,通过前窗、侧窗除霜的连接管输送到前窗除霜或除雾。这种结构的暖风装置效果较好,一般用在中、高档轿车上。

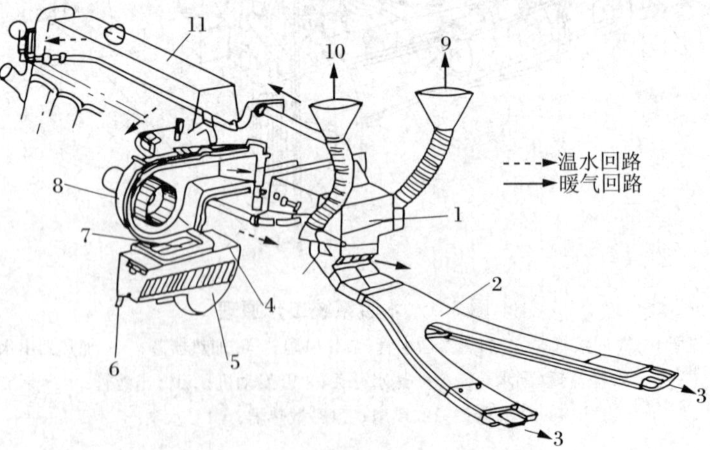

图 3.3 水暖式内外混合循环暖风装置

1. 热交换器； 2. 后座导管； 3. 管道； 4. 混合室； 5. 内部空气吸入口； 6. 风门操纵杆；
7. 外部空气吸入口； 8. 鼓风机； 9. 前窗除霜； 10. 侧窗除霜； 11. 发动机

另一种结构形式如图 3.4 所示，它是将加热器和蒸发器组装在一个箱体内，共用一个风机和壳体，可以实现全功能空调，大多数高级豪华轿车采用这种结构形式。

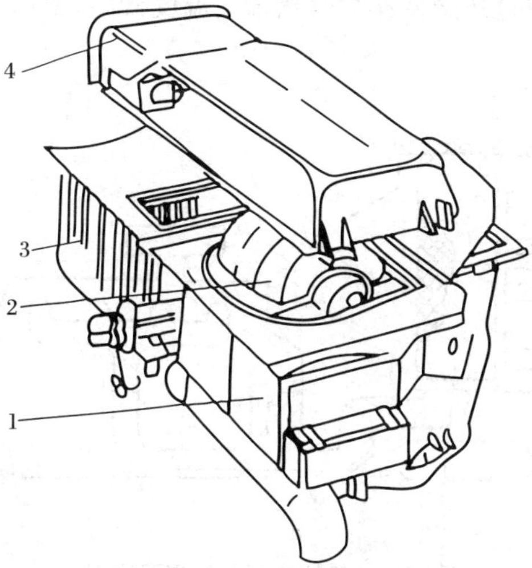

图 3.4　整体式空调器

1. 加热器芯；　2. 轴流风机；　3. 蒸发器；　4. 进风口

二、气暖式供暖系统

余热水暖式暖风装置的优点是供热可靠，不另需燃料，只要发动机工作温度升高，热水即可产生出来，另外使用较安全。其缺点是系统必须在发动机冷却水温度上升到大循环时才能供暖，在寒冷季节供暖量显得有些不足，甚至导致发动机过冷，严重时会影响其正常工作。对于一些大型客车仅依靠水暖式暖风装置难以满足取暖要求，因此，必须采取其他取暖方法。

气暖式供暖系统是利用发动机的排气余热进行车厢采暖。在汽油机中，发动机排气带走的热量约占 36%，在柴油发动机中，则占有 30%左右。气暖式供暖系统是最早采用的空调形式之一，它是让排气管通过驾驶室直接供暖，例如，早期的北京吉普车以及北方寒冷地带的长途客车。

通常采用的方法是将换热器铸成带散热翅片的管子，装在发动机排气管上，一方面内腔作排气管用，外侧加热空气并将此汇集起来，送到车内作供暖用，热交换器的结构如图 3.5 所示。

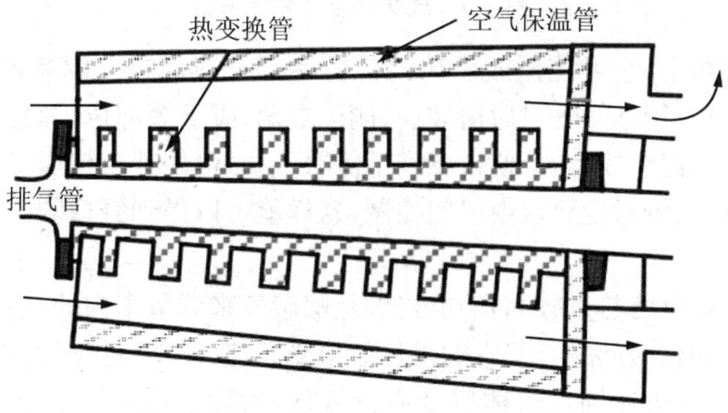

图 3.5　气暖肋片式供暖系统

气暖式暖风装置示意图如图 3.6 所示。它是在发动机的排气管上安装一个热交换器用于加热空气。工作时，将通往消声器的阀门关闭，汽车废气就进入热交换器内，用于加热交换器外的冷空气，冷空气通过热交换器吸收热量后温度升高，由风机吹入车厢内用于采暖和除霜。

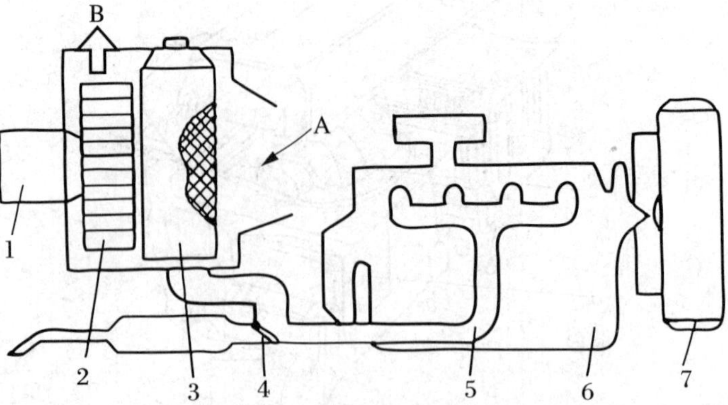

图 3.6　气暖式暖风装置示意图

1. 鼓风机电动机；　2. 暖风鼓风机；　3. 热交换器；　4. 废气阀门；
5. 发动机排气管；　6. 发动机；　7. 发动机散热器
A. 新鲜空气；　B. 暖风

如图 3.7 所示为轿车空调余热气暖式暖风装置布置。热交换器接在发动机后，由进气管将混合气引入热交换器加热，加热的空气通过热排风管，由鼓风机送入车厢内供暖。

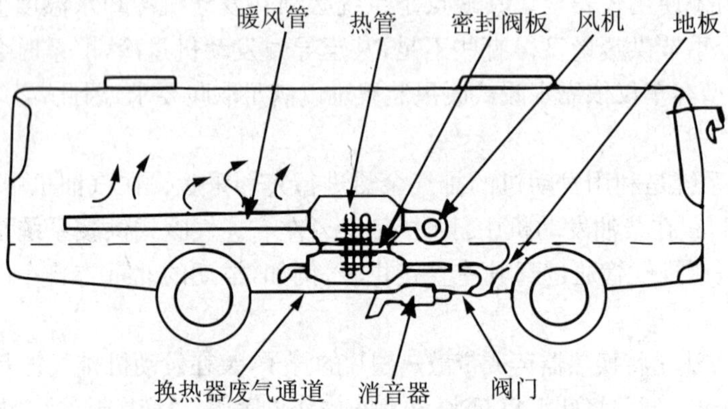

图 3.7　气暖热管式供暖系统

控制板在仪表板上，它可控制改变风门位置使部分热风进入除霜器，对车前窗玻璃除霜。若需要，可通过专用排气管对后窗玻璃、侧位玻璃、脚下等部位供暖。夏季空调制冷时，从蒸发器吹出的冷风温差较大，会使人感到不舒服，这时可使其与热风泄出阀吹出的热风相混合，混合比例可根据舒适度要求由风门控制，这样就可以得到舒适的凉风。截止阀是用来关闭热风的。

由于发动机的废气含热量较高，能够提供足够暖气来调节车内的温度，所以特别适于北方寒冷地方解决车内供暖问题。但它的供热效果受车速、发动机工况的影响，供暖温度不稳定。其次，由于废气中含腐蚀性气体以及有毒气体和微粒，这种取暖器必须采用耐腐蚀材料，连接的密封性必须可靠，否则一旦穿孔，后果不堪设想。另外，在排气管道中加装的换热装置使排气阻力加大，对发动机工况有一定的影响。而且，这种装置的结构比较复杂，体积较大，在一定程度上限制了它的应用。

任务三　独立燃烧式供暖系统

针对非独立式供暖系统的上述缺点，工程师开发了独立式供暖系统。大型豪华旅行车、客车以及在寒冷地区使用的汽车，常用独立式供暖系统。所谓独立式，即它能运行独立发动机。根据被加热介质的不同，分为气暖式加热器和水暖式加热器。这两种加热器都是在燃烧器内燃烧汽油或柴油，产生的热量加热空气或水。燃烧后的气体在热交换后被排出车外，对车室内空气无污染。

独立燃烧式暖风系统有直接和间接式之分，所谓直接式指的是把燃料燃烧产生的热量在换热器中直接传递给空气，然后用风机将热空气送入车室内；而间接式则是先用燃料燃烧的热量把水加热，再利用水与空气热交换向车室提供暖风。

1. 直接式(空气加热式暖气装置)

组成：由燃烧室、热交换器、供给系统和控制系统四部分组成(如图 3.8 所示)。

优点：取暖快，不受汽车行驶条件的影响。

缺点：加热出来的空气为高温干热状态，舒适性差。

注意：燃烧时温度高，对其安全保护相当重要；燃烧终止或停机时，供油中断，不再燃烧，送风机应继续运行一段时间，直至感测温度计指示内部温度装置正常才停止。

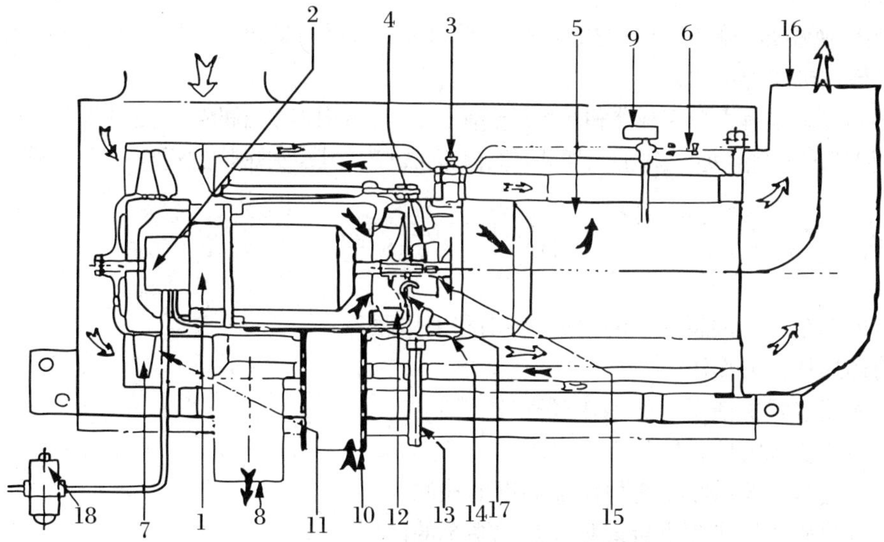

图 3.8　空气加热独立燃烧式暖气装置

1. 电机；　2. 油泵；　3. 点火塞；　4. 甩油碗；　5. 热交换器；　6. 热保险；　7. 大风扇；　8. 排气管；　9. 热控件；　10. 助燃进气管；　11. 进油管；　12. 小风轮；　13. 滴油管；　14. 导风盘；　15. 甩油盖；　16. 热风出口；　17. 油泵出油管；　18. 滤油电磁阀

2. 间接式(热水加热式暖气装置)

间接式独立燃烧系统用水作为载热介质向车室内提供暖风,出风柔和,舒适感好,且采用内循环空气、灰尘少、效果较为理想(如图 3.9 所示)。

优点:不仅可作为车厢取暖用,还可提供预热发动机、润滑油和蓄电池等。间接式与直接式大体相同,也包括四个部分。

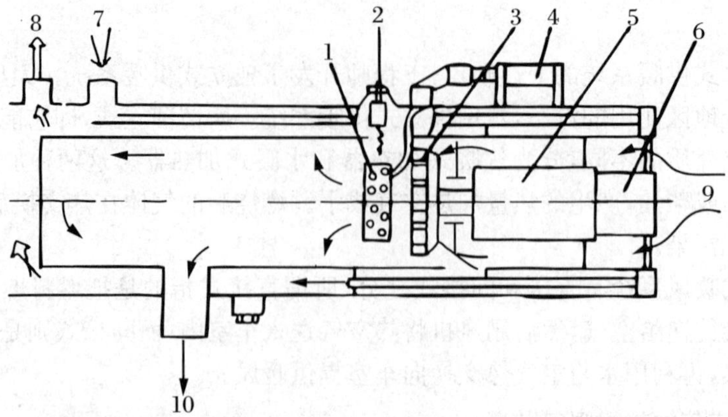

图 3.9　间接独立燃烧式暖气装置

1. 多孔陶瓷蒸发器;　2. 电热塞;　3. 助燃风扇;　4. 油泵;　5. 电动机;
6. 水泵;　7. 进水口;　8. 出水口;　9. 助燃空气;　10. 废气

3. 间接式和直接式独立热源系统的区别

① 燃烧室是由喷油嘴和高压电弧点火器组成。高压电弧点火器具有点火迅速,使用可靠的优点。

② 热交换器的一侧仍为高温的燃烧气体,而另一侧则是水,不再是空气。供水系统是以水泵代替风机作为动力。

③ 控制系统里有水温控制器和水温过热保护器,前者根据水温的高低控制燃油的喷油量,后者则在水温超过预调温度时,将油门切断,停止燃油燃烧。其点火燃烧过程与直接式相仿。

项目练习

1. 简述汽车空调供暖系统的组成、功用和工作原理。
2. 简述加热器的作用。
3. 叙述气暖式供暖系统的工作过程。
4. 叙述燃烧式暖风系统的工作过程。
5. 如何进行汽车供暖系统恒温器温度的检测?
6. 试着分析间接式和直接式独立热源系统的区别。
7. 试着分析汽车空调系统供暖温度不佳的原因有哪些。

技能实训

一辆上海桑塔纳 2000 时代超人轿车,汽车空调系统不能采暖故障实训。

一、训前准备

（一）学生组织

学生按照 5～6 人一组进行分组，每组内按照实训进行分工，主要有测量、工具准备、故障分析推导等工作。

（二）实训场地及工具准备

维修车间一个、捷达轿车或大众系列车型数台、大众专用诊断仪 V. A. G1551 或 V. A. S5051、维修工具及设备。

其他车型可参照本项目的实施过程，按照车型的维修手册和相应的诊断仪器进行诊断维修实训。

二、操作步骤

按照已经分好的小组，让学生制订维修计划，实施维修：资讯→诊断分析→制定检修方案→查阅维修手册进行检修→故障点确认与排除等。

（一）资讯

首先倾听客户对故障的描述后再进行有针对性的询问，确认故障发生时的症状、故障发生的时间、出现在什么工况和环境条件下以及故障发生前后的保养维修情况等。资讯如表 3.1 所示。

表 3.1　维修车辆登记表

<table>
<tr><td rowspan="4">基本信息</td><td>车主</td><td></td><td>电话</td><td></td></tr>
<tr><td>性别</td><td></td><td>检修日期</td><td></td></tr>
<tr><td>车型</td><td></td><td>保养次数</td><td></td></tr>
<tr><td>底盘号</td><td></td><td>行驶里程</td><td></td></tr>
<tr><td rowspan="2">使用状况</td><td>道路</td><td colspan="3"></td></tr>
<tr><td>载荷</td><td colspan="3"></td></tr>
<tr><td>故障日期</td><td colspan="4"></td></tr>
<tr><td colspan="5">用户对故障描述</td></tr>
<tr><td colspan="5"></td></tr>
<tr><td colspan="5">故障现象确认</td></tr>
<tr><td colspan="5"></td></tr>
<tr><td colspan="5">故障原因分析</td></tr>
<tr><td colspan="5"></td></tr>
</table>

(二) 汽车空调系统不能取暖故障分析

虽然引起汽车空调系统不能取暖故障的原因很多,但是从汽车空调供暖系统工作原理分析,引起取暖效果差的原因有以下几个方面:

① 鼓风机风速过小,导致热风吹动的热水汽少;

② 发动机大循环冷却液流过的速度过快,加热器和恒温器不起作用;

③ 水阀控制部分出口小,热水流出少。

(三) 制定检修方案

在制定诊断维修方案时,必须明确汽车空调不能取暖的故障原因,诊断和维修就是要看汽车空调是否具备正常取暖的条件,如果不具备就要通过维修和更换故障元件来满足。按照诊断由简到繁、先电后油、从外到内的一般程序,进行分析。

故障原因分析:

该车拨动鼓风机调速按钮,风速会产生明显的变化,说明电路正常,鼓风机运转正常。打开空调的供暖循环系统,观察水阀在由控制开关控制时的出水量,如果出水量有明显的变化说明水阀良好,出水没有变化说明水阀坏了。最后调节控制部分为制热,将温度调到最高处,看车内温度有没有升高的趋势,如果没有说明加热器和恒温器有故障,如果温度有明显上升的感觉,说明系统正常。

(四) 查阅维修手册进行检修

检修取暖系统中管路(水管)、加热器装置、恒温器装置等,参见前面相应的学习单元。在这里根据上海桑塔纳 2000 时代超人空调系统维修手册学习空调制冷系统检修。

(五) 故障点确认与排除

按照检测维修方案,经过对供暖系统管路(水管)、加热器装置、恒温器装置等部分的检修,最终会排除空调取暖效果差的故障。前面案例:上海桑塔纳 2000 时代超人,空调取暖效果不佳故障,通过从外部气温的变化,判断鼓风机的风速好坏,并检查恒温器或加热器,发现热水流过后无沸腾等变化,更换恒温器或加热器。装后复试车,空调运行良好,取暖效果恢复正常。

按照表 3.2 所示进行故障点确认。

表 3.2 故障点确认

序号	检查项目	正常与否

按照表 3.3 所示进行故障排除。

表 3.3 故障排除

序号	故障部位或零部件	故障原因	修复方法

（六）废料和废品处理

维修中更换的零部件和排出的冷却水，要分门别类的进行处理，避免造成资源浪费和环境污染。

三、学生填写任务工单

任务结束后，填写《任务工单》。

四、实训结果评价

对实训结果进行评价。

项目反馈

将项目评价反馈填入表 3.4。

表 3.4 项目评价反馈表

项目名称							
学生基本信息		姓名		学号		班级	
		组别		时间		成绩	
考核能力	考核项目	评分标准	满分值	学生自评	小组互评	教师评价	平均分小计
专业能力	相关知识	是否正确	35				
	技能实训	是否正确	35				
社会能力	团队合作	是否和谐	5				
	劳动纪律	是否严格遵守	5				
	沟通讨论	是否积极	5				
方法能力	制订计划	是否合理	5				
	学习新技术能力	是否具备	5				
	总结能力	能否正确总结	5				

项目四

汽车空调通风、净化和配气系统检修

项目描述

以一辆 AUDI 100 C4V6 轿车空调系统的气流不能够分配故障作为案例引入，结合对汽车空调通风、净化与配气系统效果的检测。学习汽车通风、净化和配气系统工作原理，并能对检测数据分析和排除一般性故障。学习汽车空调通风、净化和配气系统的组成、工作原理、系统主要部件的识别与拆检，能够正确维修汽车空调通风、净化与配气系统的常见故障。

项目目标

1. 专业能力要求

(1) 根据故障现象，具有利用相关知识进行综合分析的能力；
(2) 能制定故障诊断、排除的工作计划，并具有正确选择检测设备的能力；
(3) 根据技术规范，具有正确进行维修和操作的能力；
(4) 具有使用仪器和工具的能力。

2. 社会能力要求

(1) 具有较强的表达能力和沟通能力；
(2) 具有与客户建立良好、持久关系的能力；
(3) 具有良好的心理素质与克服困难的能力；
(4) 具有团队精神与协作精神。

3. 方法能力要求

(1) 能够使用诊断仪器对汽车空调通风、净化与配气系统效果进行检测；
(2) 能够根据汽车通风、净化和配气系统工作原理和检测数据分析排除一般性故障；
(3) 能够正确维修空调通风、净化与配气系统的故障；
(4) 能修理和更换空调通风、净化与配气系统部件。

4. 重点和难点

(1) 汽车空调通风、净化和配气系统的组成与工作原理；

(2) 汽车空调通风、净化和配气系统系统主要部件的识别与拆装。

故障描述：一辆 AUDI 100 C4V6 轿车，装备 AAH 发动机，空调系统的气流不能够分配。调节风向接键，风向不变化，始终在吹脸的位置。客户经理给维修技术员一份维修业务接待单、维修单，要求你查找出故障原因，对客户做出合理解释，提出维修保养建议，并填写好相关业务清单。

任务一　汽车空调通风系统检修

一、汽车空调通风系统的功用与种类

为了健康和舒适，汽车厢内空气要符合一定的卫生标准，要尽量提高空气中的氧含量和降低 CO_2、灰尘、烟气等有害气体和污染物的浓度，这需要输入一定量的新鲜空气。将新鲜空气送进车内，取代污浊空气的过程，称为通风。

新鲜空气的配送量除了考虑人们因呼吸排出的二氧化碳、蒸发的汗液、吸烟以及从车外进入的灰尘、花粉等污染物，还必须考虑造成车内正压和局部排气量所需风量。新鲜空气进入量必须大于排出和泄漏的空气量，才能保持车内压力略大于车外的压力。保持车内空气正压的目的是防止外面空气不经空调装置直接进入车内，而且能防止热空气泄出以及避免发动机废气通过回风道进入车内，污染空气。因此，对车厢内进行通风换气以及对车内空气进行过滤、净化是十分必要的，汽车通风和空气净化装置也是汽车空调系统的重要组成部分。

在汽车正常行驶情况下，驾驶员的需氧量比静止时多 0.5 倍；在复杂情况下，比静止时需氧量多 3.5 倍；当几种不利的气候因素同时起作用时，需氧量比静止时多 5 倍。现代较好的通风系统能保证车内每分钟换气三次。

根据我国对轿车、客车的空调新鲜空气要求，新鲜空气的换气量按人体卫生标准最低不能少于 $20\ m^3/(h \cdot 人)$，且车内的 CO_2 的体积分数一般应控制在 0.03%以下，风速控制在 0.2 m/s。

汽车空调的通风方式一般有动压通风、强制通风和综合通风三种。

(一) 动压通风

动压通风也称自然通风，它是利用汽车运动时对车身外部所产生的风压为动力，在适当的地方开设逆风口和排风口，以实现车内的通风换气。

车辆行驶时，某些部位产生正压力，另一些部位产生负压力，因此，进气口一般安装于产生正压力的部位，而排气口则安装在产生负压力的部位。进、排风口的位置决定于汽车行驶时车身外表面的风压分布状况和车身结构形式。进风口应设置在正风压区，并且离地面尽可能地高，以免引入汽车行驶时扬起带有尘土的空气。排风口则设置在汽车车厢后部的负压区，并且应尽量加大排气口的有效流通面积，提高排气效果，还必须注意到防尘、噪声以及雨水的侵入。

用普通轿车车身的模型进行风洞试验的表面压力分布图如图 4.1 所示，由图可见，车身外部大多受到负压，只有在车前及前风窗玻璃周围为正压区。动压通风时，车内空气的流动如图 4.2 所示。

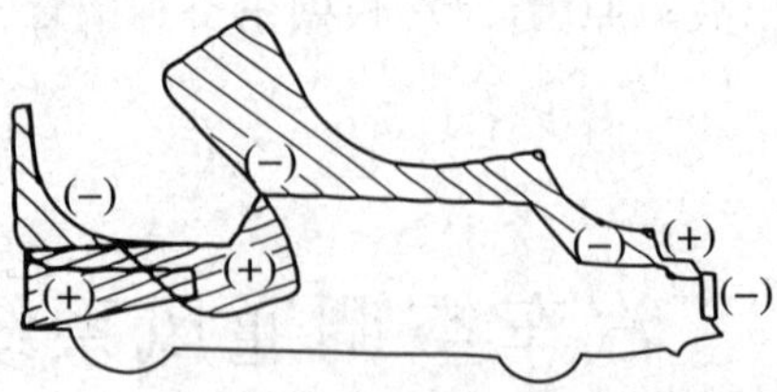

图 4.1　轿车表面压力分布图

因此，轿车的进风口设在车窗的下部正风压区，而且此处都设有进气阀门和内循环空气阀门，用来控制新鲜空气的流量(图 4.2)。一般在空调系统刚起动，而且车内外温差较大时，关闭外循环气道，采用内循环方式工作，这样可以尽快降低车内温度。排风口设置在轿车尾部负压区。轿车、货车的新鲜空气进口都在车头部位，这个位置属于正压区，而且进来的空气比较新鲜。为了避免发动机室对空气的污染，用一条塑料管将室外新风直接引进空调器。

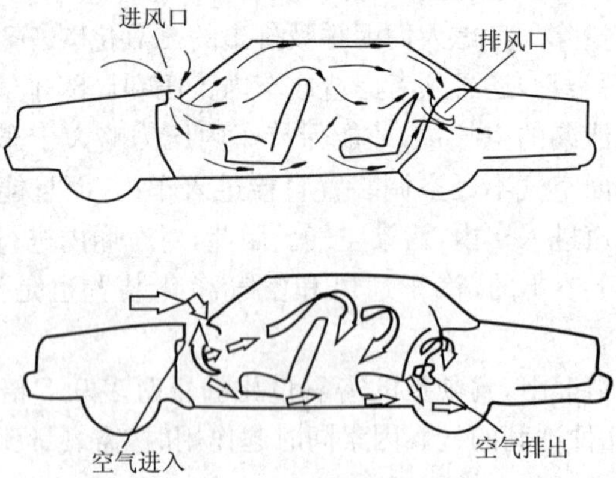

图 4.2　轿车车内空气流动示意图

如图 4.3 所示为客车表面压力分布图。大型客车的进风口布置比较复杂，要根据蒸发器和空调器安装位置来设置。整体式独立空调的进风口都应该避免设在有灰尘的地方，故一般设一条吸气管通到车顶，用强制的动力抽入。如图 4.4 所示，大部分空调客车排风口都设在车前部驾驶室两侧上部。安装在这个位置的好处是：首先，此处是最大负压区，利于引导车内空气排出和流动；其次是空调风在车内流动循环后，最后到此，能量利用充分；空调风吹出后，经车内中间部分、座位底部回流，再沿着前部两侧上升到出风口排出车外，充分利用了气流的能量。少部分大型客车，考虑到温度分布的均匀性，采取强制排气方法。在车侧的

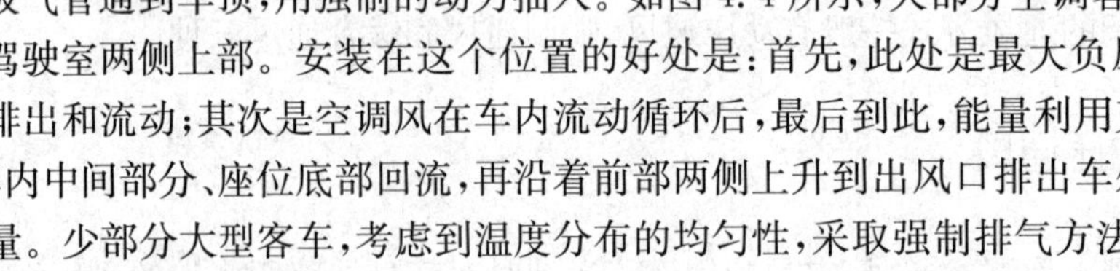

图 4.3　客车表面压力分布图

中间开有排风口,再用管道将其引到一个抽风机,抽出车外。

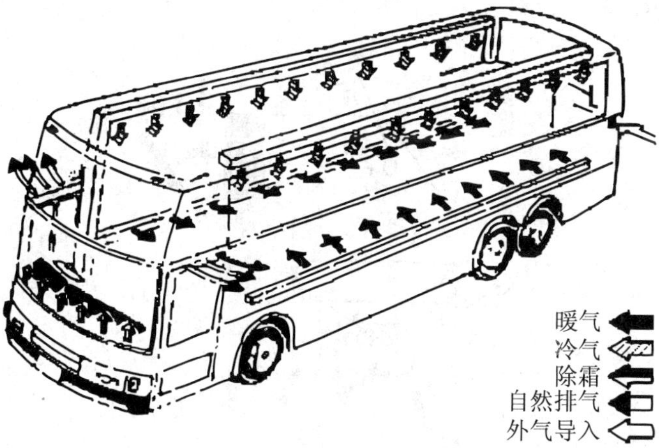

图 4.4 大客车空调风在车内的循环

由于动压通风不消耗动力,且结构简单,通风效果也较好,因此,轿车大多设有动压通风口。动压通风系统是一种可控制系统,通过风门的开度大小可控制车外新风进入量的多少。

(二)强制通风

强制通风装置是利用鼓风机风扇装置强制将车外空气送入车厢内进行通风换气的,这种方式需要能源和通风设备。在冷暖一体化的汽车空调上,强制通风装置一般与汽车供暖系统或制冷装置一起装备和使用,大多采用通风、供暖和制冷的联合装置,此种通风装置常见于高档轿车和豪华旅行车上。进气口和排气口的安装位置与自然通风装置相同。

强制通风系统一般由以下三部分构成:

第一部分为空气进入段,主要由气源门和伺服电机组成,用来控制新鲜空气和车内再循环空气的进入,如图 4.5 所示。

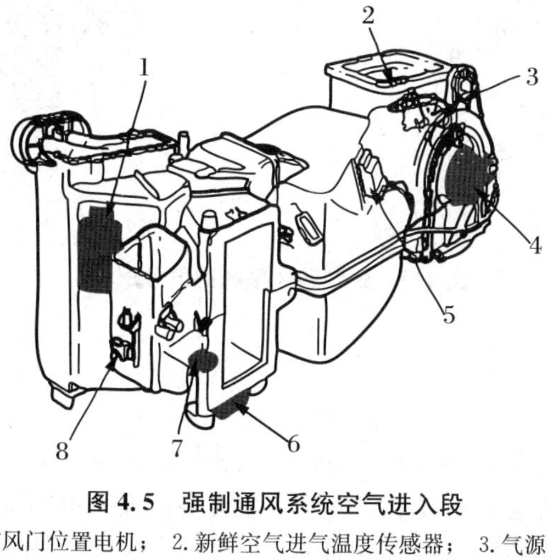

图 4.5 强制通风系统空气进入段

1. 脚部/除霜风门位置电机; 2. 新鲜空气进气温度传感器; 3. 气源门位置电机/再循环空气风门; 4. 新鲜空气风机; 5. 新鲜空气风机控制单元; 6. 中间风门位置电机; 7. 调温门位置电; 8. 脚部通风温度传感器

第二部分为空气混合段，主要由蒸发器、热交换器和调温门组成，用来调节所需温度的空气，如图 4.6 所示。

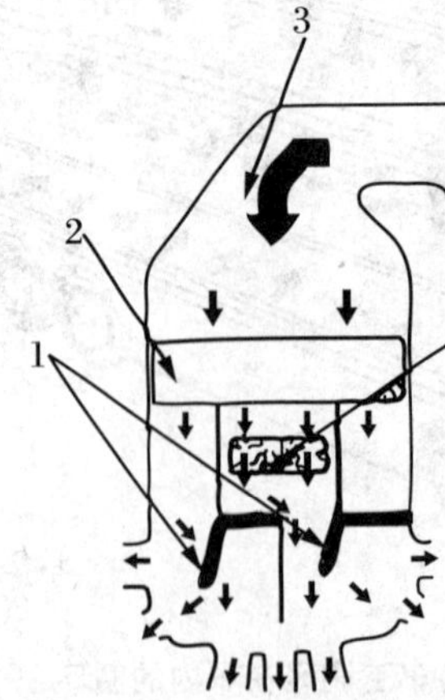

图 4.6　强制通风系统空气混合段

1. 调温门；　2. 蒸发器；　3. 空气混合段；　4. 热交换器

第三部分为空气分配段，主要由各种风门和风道组成，分别使空气吹向面部、脚部和挡风玻璃上，如图 4.7 所示。

风道　　　　出风口

图 4.7　强制通风系统空气分配段

(三) 综合通风

综合通风是指一辆汽车上同时采用动压通风和强制通风。采用综合通风系统的汽车比单独采用强制通风或自然通风的汽车结构要复杂得多。最简单的综合通风系统是在自然通风的车身基础上，安装强制通风扇，根据需要可分别使用和同时使用。这样，基本上能满足各种气候条件的通风换气要求。

综合通风系统虽然结构复杂，但省电、经济性好、运行成本低。特别是在春秋季节的天气，用动压通风导入凉爽的外气取代制冷系统工作，同样可以保证舒适性要求，这种通风方式近年来在汽车上的应用逐渐增多。

二、汽车空调通风系统的原理

空调送风系统的工作过程如下：新鲜空气＋车内循环空气→进入风机→空气进入蒸发器冷却→由风门调节进入加热器的空气→进入各吹风口。

如图 4.8 所示，空气进口段的风门叶片主要控制新鲜空气和室内循环空气的比例，当夏季室外空气气温较高、冬季室外温度较低的情况下，尽量开小风门叶片，以减少冷热气量的损耗。当车内空气品质下降，汽车长时间运行或者室内外温差不大时，这时应定期开大风门。一般汽车空调空气进口段风门叶片的开启比例为 15%～30%。

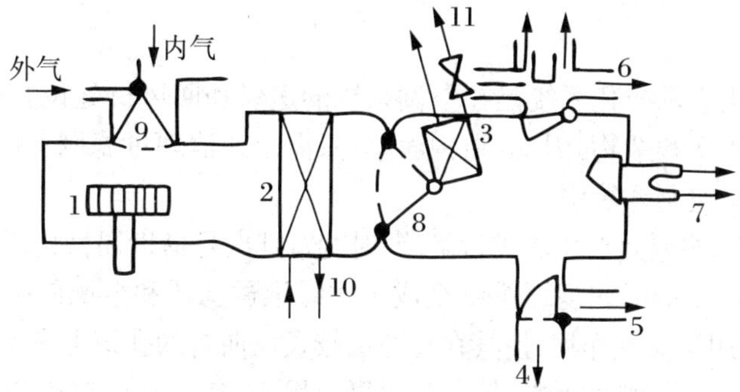

图 4.8　汽车空调送风系统

1. 风机；　2. 蒸发器；　3. 加热器；　4. 脚部吹风口；　5. 面部吹风口；　6. 除霜风口；
7. 侧吹风口；　8. 加热器旁通风门；　9. 空气进口风门叶片；　10. 制冷系统进液出气管；
11. 水阀调节进出水管

加热器旁通风门叶片主要用于调节通过加热器的空气量。顺时针旋转风门叶片，开大旁通风门，通过加热器空气量少，由风口 4、5、7 吹出冷风；反之，逆时针旋转风门叶片，关小旁通风门，这时由风口 4、5、6、7 吹出热风供采暖和玻璃除霜用。

汽车空调系统把冷气系统、暖气系统和动力通风系统组成统一的整体，进行统一的控制，通风只是空调系统功能中的一种。不用空调且车速很高时，拉出手钮，风门打开，车外新风便可进入车内；车速低或停车时，起动风扇电机，便可把车外新风吸入车内，满足乘员需要。使用空调时，起动风机，让车内回风和按需要数量而进入车内的新风混合，经冷（或热）处理后再送入车内，达到空气调节的目的。

任务二　汽车空调净化系统检修

汽车空调的净化系统包括两部分：车室外空气的净化和车内循环空气的净化。车外空气受到环境的污染，例如，粉尘，公路上汽车排出的废气中含有的 CO_2、CO、NO、SO_2、碳氢化合物和烟雾；车内循环空气受人的活动和工作过程的污染，例如，发动机的废气通过车底的裂缝进入车内、人体发出的汗臭、CO_2 等，这些污染对人体健康都会造成不利的影响，使人精神疲倦，容易造成行车事故。这些污染极大地降低了空调的舒适性能。所以，必须对汽车空调的空气进行净化处理。

一、空气净化装置原理

汽车在公路上行驶，粉尘是汽车空调要应对的最大污染物。粉尘包括由固体物质粉碎破坏形成的固体颗粒、因燃烧不完全产生的固体烟尘、因化学产生的升华、蒸馏形成的烟气、雾化的液体粒子、花粉以及细菌等。根据粉尘特性的不同，除尘净化可以采取过滤除尘和静电除尘两种，后一种方法是近几年才开始使用的。汽车空调系统采用的空气净化装置通常有空气过滤除尘式和静电集尘式两种。

（一）过滤除尘

空气过滤除尘式空调净化系统是在空调系统的送风和回风口处设置空气滤清装置。其仅能滤除空气中的灰尘和杂物，因此，结构简单，只需定期清理过滤网上的灰尘和杂物即可，故广泛用于各种汽车空调系统中。

过滤除尘的原理，主要是对尘埃进行筛滤和拦截，其次是借助惯性作用和扩散作用进行过滤。过滤除尘主要用无纺布、过滤纤维纸组成干式纤维过滤器和金属网格浸油过滤器。对于较大粒度的尘埃，利用其惯性作用，使其在过滤层较长而曲折的孔道上来不及随气流转弯而碰撞到孔壁上，在重力作用下跌落下来；扩散是对微小颗粒，使其在围绕交错的纤维表面作布朗运动时，与纤维接触而沉积下来；另外尘埃通过纤维滤网时，在与纤维的摩擦中产生静电作用，会被纤维吸附在其表面，过滤除尘法的优点是简单、价廉，缺点是气流阻力太大。

（二）静电集尘

静电集尘式空调净化系统是在空气进口的过滤器后再设置一套静电集尘装置或单独安装一套用于净化车内空气的静电除尘装置。它除了具有过滤和吸附烟尘等微小颗粒的杂质作用外，还具有除臭、杀菌、产生负氧离子以使车内空气更为新鲜洁净的作用。由于其结构复杂、成本高，所以，只用于高档轿车和大旅行车上。

静电除尘是利用高压电极产生高压电场，对空气进行电离，使尘粒带电，然后在电场作用下产生定向运动，沉降在正负电极板上而实现对空气的过滤除尘。

静电除尘的过滤效率与其电场强度、尘粒大小、气流速度以及集尘段的长度有关。静电除尘法的优点是空气流动阻力小，除尘效率高，能捕集 0.01～100 μm 的尘埃。

空调和通风工程中常用的静电除尘器为二段结构，第一段为电离段，第二段是吸尘段，如图 4.9 所示。

图 4.10 所示为静电集尘式空气净化装置的空气净化过程。静电集尘式空气净化装置工作过程如下：

① 由粗滤器除去空气中较粗的尘粒；

② 由静电集尘器吸附细微尘埃；

③ 通过活性炭滤清器除去烟气和臭气；

④ 由负离子发生器供给负离子；

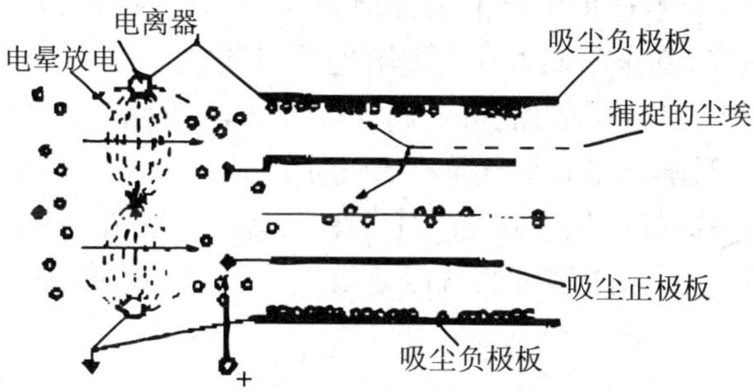

(a) 工作原理

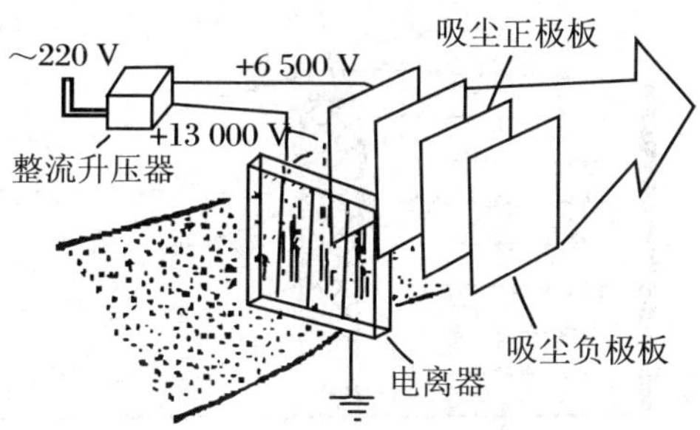

(b) 零件分解

图 4.9　静电除尘器的二段结构

⑤ 由鼓风机将净化的空气送入车内。

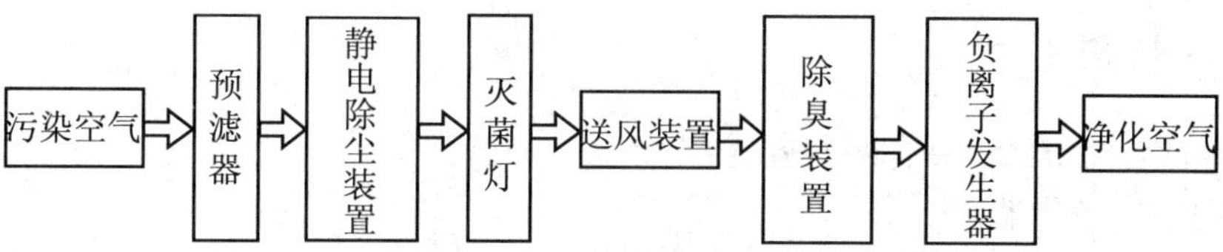

图 4.10　静电集尘式空气净化装置的空气净化过程

① 预滤器用于过滤大颗粒的杂质。

② 静电集尘器则以静电集尘方式把微小的颗粒尘埃、烟灰及汽车排出的气体中含有的微粒吸附在集尘板上。其工作原理是这样的:通过高压放电时产生的加速离子通过热扩散或相互碰撞而使浮游尘埃颗粒带电,然后在高压电场中库仑力的作用下,克服空气的阻力而被吸附在集尘电极板上,如图 4.11 所示为静电集尘原理图,其中图 4.11(a)是放电电极流出的辉光电流使尘埃颗粒带电的状况,图 4.11(b)为带电的尘埃颗粒向集尘电极板运动的状况。

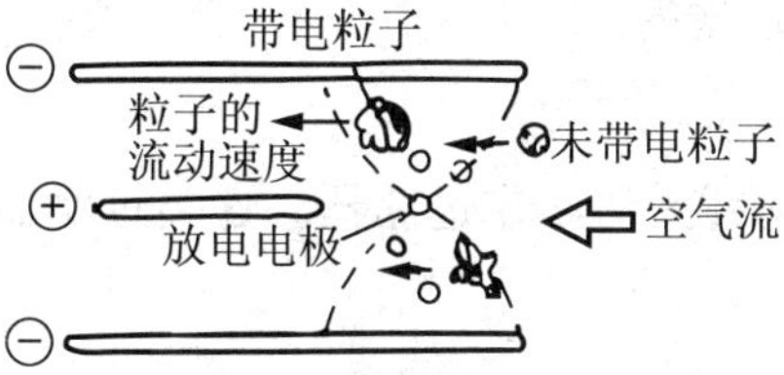

(a) 微粒子带电

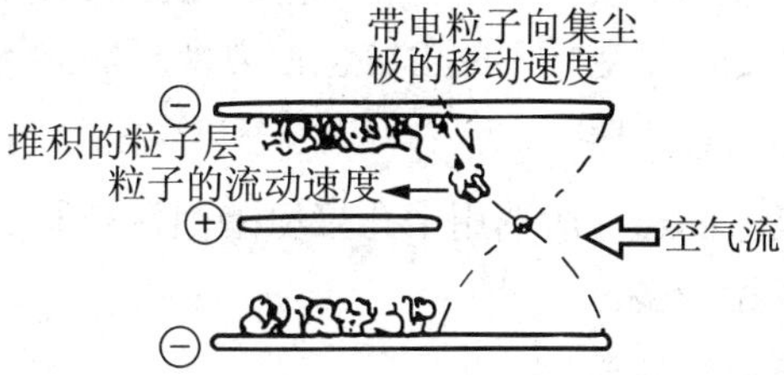

(b) 微粒子集尘

图 4.11　静电集尘原理

③ 灭菌灯用于杀死吸附在集尘板上的细菌，它是一只低压水银放电管，能发射出波长为353.7 nm的紫外线光，其杀菌能力约为太阳光的15倍。

④ 除臭装置用于除去车厢内的油料及烟雾等气味，一般是采用活性炭过滤器、纤维式或滤纸式空气过滤器来吸附烟尘和臭气等有害气体。

图4.12所示为实用的静电集尘式空气净化装置结构示意图，它通常安装在采用内循环方式制冷、采暖的大客车上，采用这种装置净化后的空气清洁度很高，可以充分满足汽车对舒适性的要求。

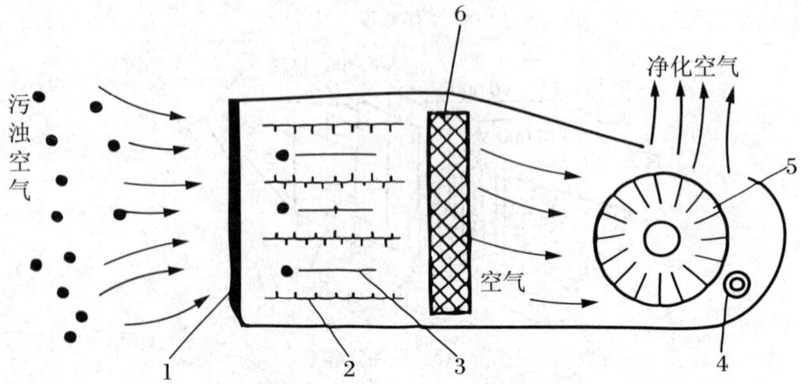

图4.12　静电集尘式空气净化装置结构示意图

1.粗滤器；　2.集尘电极；　3.充电电极；　4.负离子发生器；　5.风机；　6.活性碳过滤器

二、空气净化方式

汽车上的空气净化主要有两种方式：

① 采用空气净化器。

② 利用光电传感器测出空气中的污染程度，通过与设定值的比较，自动控制新风门的开启，让烟气及受污染空气排出车外，达到净化车内空气的目的。用改变空气内外循环的方式实现车内空气净化，是用断绝有过量污染（主要指烟气和粉尘）的空气进入空调车内的方式实现净化车内空气的目的。

三、车空调常用的过滤器

1. 初效过滤器

这类过滤器较多采用金属网丝和粗孔聚氨酯泡沫塑料和各种人造纤维作滤层。初效过滤器主要是利用空气中的尘粒惯性力来实现空气过滤的。

2. 中效过滤器

这类过滤器一般选用中孔聚氨酯泡沫塑料、化纤无纺布作过滤器。这类过滤器在汽车空调中应用最多。

3. 高效过滤器

高效过滤器用于超净要求的高级汽车空调，作为最终过滤之用，其前应设有初级、中级的前缀过滤器。这种过滤器的滤层为超细玻璃棉、纸质过滤。如图4.13所示。

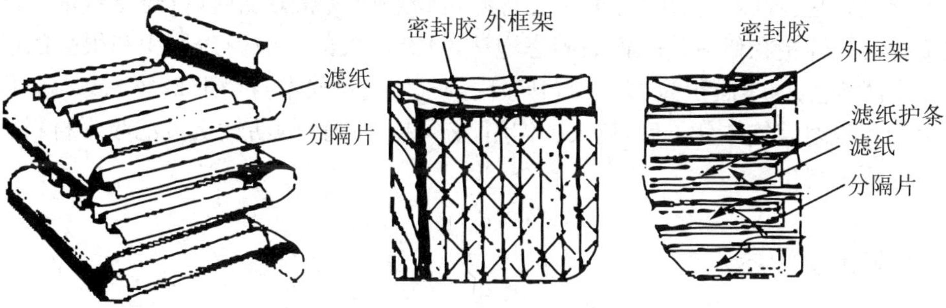

图 4.13　高效过滤器

4. 静电除尘过滤器

可以按除尘要求设计，分别能满足中、高档汽车的除尘要求，而阻力要小得多。

5. 水淋式过滤器

这种过滤器是最近才出现的，特别适于需要加湿的汽车空调。水淋式汽车空气过滤器还能去除空气中硫化物、氮氧化物、氨、氯和汗臭等。如图 4.14 所示，下设一个水槽，内装电动泵向空气过滤器喷雾水分，过滤室内设有玻璃丝(直径为 200 μm)滤层几块。空气由下往上，经过每层滤网时，尘埃和水都会因相遇而胀大，在重力作用下流到槽内，再过滤去除。

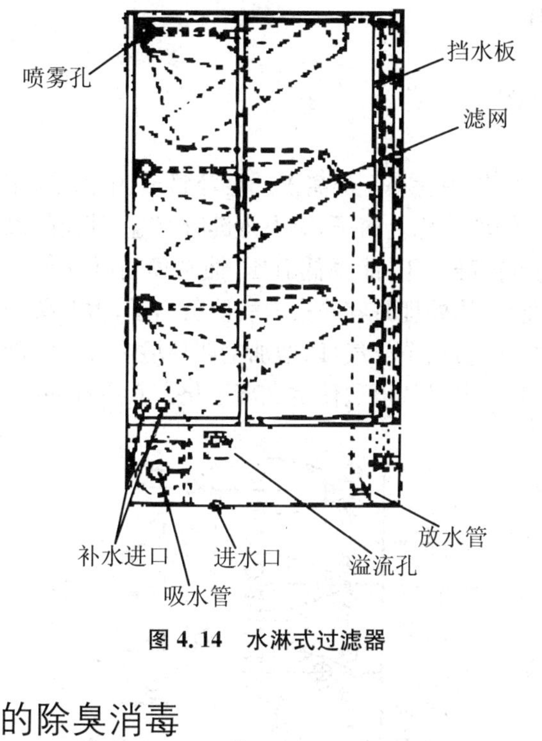

图 4.14　水淋式过滤器

四、汽车空调的除臭消毒

(一) 利用活性炭除臭

利用活性炭来除臭仍然是汽车空调除臭的主要方法，它能吸附空气中有毒有气味的成分，如汗臭、烟臭和人体发出的各种异味，其次还能吸收有害的氯化物和硫化物。

活性炭主要是由硬木材、果核、椰子壳等有机物经过缺氧煅烧后，再经特殊水溶液处理后干燥而得。活性炭状似极其疏松的固态泡沫，具有巨大的内吸附表面积和很强的吸附能力，每1 g活性炭的内表面积为100 m^2，其吸附的气体量可使本身增重20%～30%。但是当活性炭表面积吸附满气体分子后，就失去作用，必须换上新鲜的活性炭过滤吸附材料。一般旧的活性炭不能再生。

（二）催化反应器去毒

活性炭只能吸附有气味的气体，对汽车空调中最多的有毒气体CO、NO、碳氢化合物等几乎不起吸附作用。近年来已经研究出高效去除汽车空调中常有的有毒气体的方法，就是使用催化反应器。当带着有毒的CO、NOx和碳氢化合物的气体通过催化反应器时，在催化剂的作用下，CO、NOx、碳氢化合物在较低的温度下（250～350 ℃）也可以很快发生化学反应，转化为无毒性的CO_2、N_2和H_2O，其化学反应方程式为

$$CO+2NO_x+2HC\xrightarrow[250\sim350\ ℃]{\text{催化剂}}N_2+H_2O+3CO_2$$

以铂、铑、钯等贵金属或它们的氧化物与碱土金属氧化物为催化剂并做成多孔的反应器，同时在外部装有一个加热器。反应开始时，反应器需达到反应温度，一旦反应开始，则反应热可以维持所需的温度。

（三）负离子发生器

现代医学研究发现，空气中含有三类离子，即：轻离子、中离子、重离子，三种离子都是带电离子，其中带负电荷的轻离子称负离子，对人体健康有益，其他的离子对人体有害。

负离子对人的精神有镇静作用，能降低血压，抑制哮喘以及其他良好的生理调节作用。但研究又发现，空气在经冷、热处理时容易失去一些负离子，为此要利用负离子发生器，向空调环境输送含有一定浓度的负离子空气，以增加空调环境空气的清新度。

负离子发生器一般利用电晕放电法使空气离子化。其原理如图4.15所示。

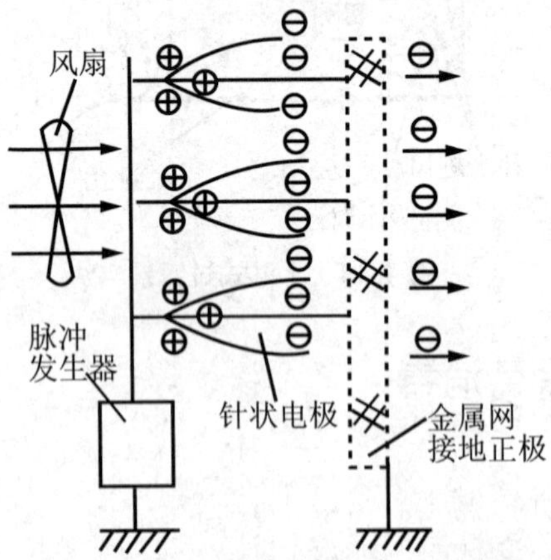

图4.15 空气负离子发生器工作原理

利用针状电极和金属网电极之间的高电压作用产生不均匀的电场，使空气电离。当针

状电极上加上负高压脉冲时，就会将针状电极附近的空气电离化，电离产生的正离子被负电极吸收，而负离子空气通过金属网正极，在风扇作用下，送到空调车内，成为负离子空气。负离子发生器的电压约 50 kV，脉冲频率为 50 Hz，通常采用的风速在 10 m/s 以内。

五、空气净化器

空气净化器是一种将除尘和去毒及除臭功能集于一身的空气清洁器，它由电离部、集尘部、活性炭吸附器三部分组成，如图 4.16 所示。

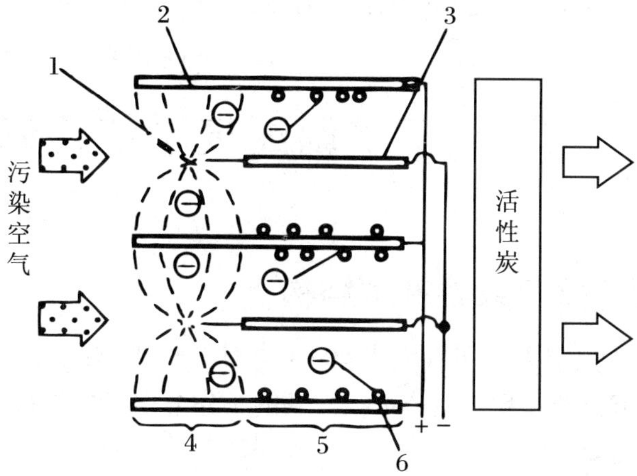

图 4.16　常见静电式空气清洁器动作原理模式图

1. 放电极；　2. 正电极(接地电极)；　3. 负电极；　4. 电离部；　5. 集尘部；　6. 微粉尘

电离部和集尘部可制成一体，也可分开，总称为电过滤器，是静电式空气净化器的主要组成部分。它是用高压静电场的原理来除去空气中所含的“气溶胶”。另有一个高压发生器能产生高压电源供电过滤器用。静电式空气净化器中还设有风机引导车内空气流过净化器。

气溶胶为空气中悬浮着的固体颗粒和液体微滴的统称，如烟、雾、粉尘等。空气中气溶胶在电过滤器中的过滤过程可以划分为三个阶段：悬浮微粒带电→带电微粒在电场力的作用下向电极移动→运动着的带电微粒沉积。

在电离部，将 5 kV 电压加在几十个针形细线(介电纤维材料)和板形电极之间，由于电场的不均匀性，在介电细线附近产生碰撞电离及放电，即电晕放电现象，使通过的微小粉尘带负电。

带电的微小粉尘进入由板状电极构成的集尘部，由于板状电极上加有高压正电，异性相吸的结果，使空气中的粉尘被吸向板状电极，空气得到了净化。净化空气流过活性炭吸附器，把空气中的臭味及有气味的气体吸附除去。电过滤器要定期清洗，去除积累的灰尘。

有些静电式空气消洁器还附加有负离子发生器、催化器。负离子发生器产生负离子，对人具有镇静作用。

日本松下公司有一种自动空气净化装置，由空气污染传感器、允许污染值控制开关、存储器、比较器、电子控制器和净化装置组成。净化装置顺着空气流向依次由除尘器、去臭器、负离子发生器和通风机组成。根据空气污染程度，使空气进入净化装置，经电离和净化后回到车厢内。当空气污染程度超过存储器内所储存的允许值时电子控制元件自动接通净化装置，通风机、高压电源发生器及负离子发生器的信号接通。

空气污染传感器常用光电传感器(光电二极管)，它根据光学性能的变化测定空气污染程度。光电二极管向光探测器发出脉冲光源，其频率和周期由控制电路设定，光流的强弱与空气污染程度成比例。光探测器接收光流，并向转换器发出相应的电信号。当空气中的杂质含量增加时，空气的透光性能减弱，传感器发出的信号电平降低，电平达到临界点时，信号变成指令，接通空气滤清器的电动送风机及用电设备，向车内送入经过过滤净化的空气。为了防止对空气成分的短时间变化作出反应，传感器信号必须经过动作延迟电路。空气污染传感器一般放在车顶下方，用以测定车内的污染程度。

任务三　汽车空调配气系统检修

一、汽车空调的配气系统基本结构

汽车空调已由单一制冷或采暖方式发展到冷暖一体化形式，由季节性空调，发展到全年性空调，真正起到空气调节的作用。系统根据空调的工作要求，可以将冷、热风按照配置送到驾驶室内，满足调节需要。

如图 4.17 所示，是汽车空调配气系统的基本结构，它通常由三部分构成：第一部分为空气进口段，主要由用来控制新鲜空气和室内循环空气的风门叶片和伺服器组成；第二部分为空气混合段，主要由加热器和蒸发器组成，用来提供所需温度的空气；第三部分为空气分配段，使空气吹向面部、脚部和风窗玻璃上。它们是通过手动控制钢索(手动空调)、气动真空装置(半自动动空调)或者电控气动(全自动空调)与仪表板空调控制键连接动作，执行配气工作的。

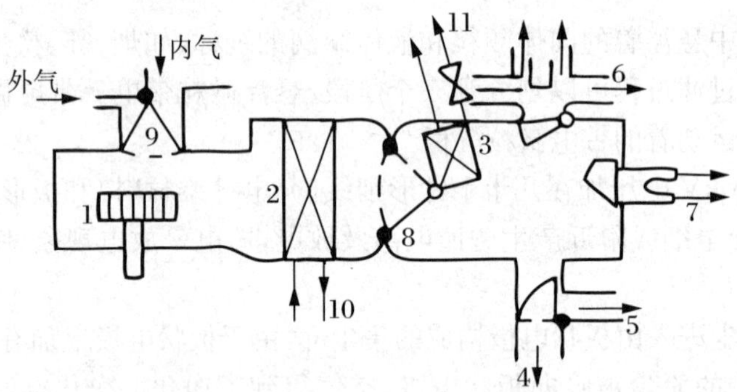

图 4.17　汽车空调送风系统结构

1. 风机；　2. 蒸发器；　3. 加热器；　4. 脚部吹风口；　5. 面部吹风口；　6. 除霜风口；　7. 侧吹风口；　8. 加热器旁通风门；　9. 空气进口风门叶片；　10. 制冷系统进液出气管；　11. 水阀调节进出水管

空调送风系统的工作过程如下：新鲜空气＋车内循环空气→进入风机→空气进入蒸发器冷却→由风门调节进入加热器的空气→进入各吹风口。

空气进口段的风门叶片主要控制新鲜空气和室内循环空气的比例，当夏季室外空气气温较高、冬季室外温度较低的情况下，尽量开小风门叶片，以减少冷热气量的损耗。当车内空气品质下降，汽车长时间运行或者室内外温差不大时，这时应定期开大风门叶片。一般汽车空调空气进口段风门叶片的开启比例为15%～30%。

加热器旁通风门叶片主要用于调节通过加热器的空气量。顺时针旋转风门叶片，开大旁通风门，通过加热器空气量少，由风口4、5、7吹出冷风；反之，逆时针旋转风门叶片，关小旁通风门，这时由风口4、5、6、7吹出热风供采暖和玻璃除霜用。

（一）新鲜风/循环风门

空气进入系统首先通过新鲜风/循环风门，如图4.18所示，汽车空调系统或是利用汽车前进的动量或是借助风扇的力量将外界空气吸入配气系统。在正常工作时，选择新鲜风可向空调蒸发器和加热器芯提供新鲜风。如果操纵人选择的是循环风，则新鲜风门便会关闭，外界空气不能进入，同时来自空调系统的除湿风或暖风会在车内循环。

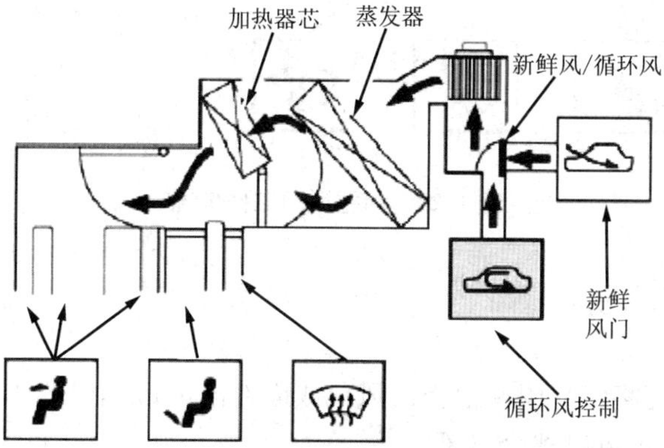

图4.18 新鲜风/循环风门工作情况

（二）温度混合门

温度混合门控制流向蒸发器和加热器芯的气流，如图4.19所示，当空调系统设定为制冷时，温度混合门阻断所有流向加热器芯的气流。当温度混合门部分开启时，进入车厢的空气为热风、非热风和冷风的混合。

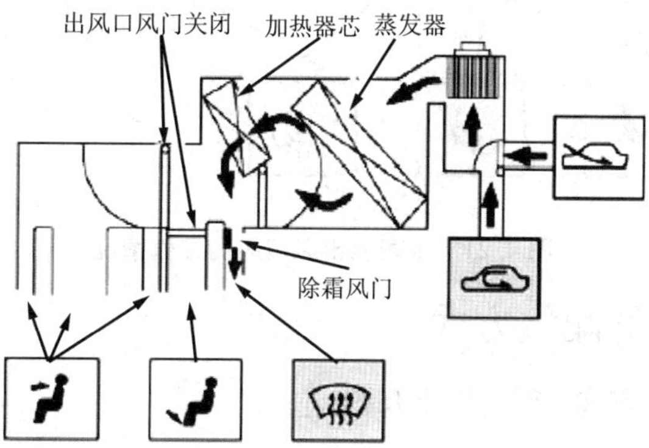

图4.19 温度混合门工作情况

(三) 除霜风门

除霜风门将气流引向风窗。如图 4.20 所示，当驾驶员选择除霜挡位时，除霜风门开启，地板风门与面部风站均关闭，这风窗区域提供最大暖风。

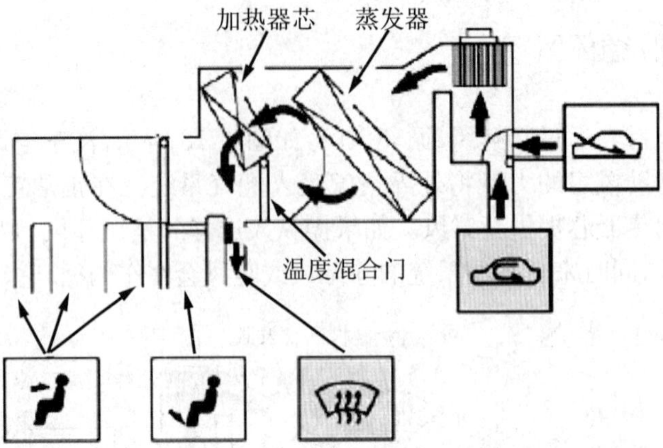

图 4.20　除霜风门工作情况

(四) 仪表板出风口风门

仪表板出风口风门将气流引向地板出风口或面部出风口。如图 4.21 所示，如驾驶员选择的是双位风，则两种出风口都会出风。

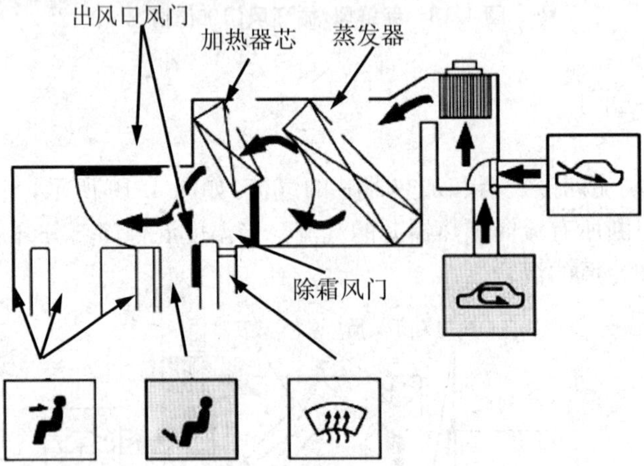

图 4.21　仪表板出风口风门工作情况

二、汽车空调的配气方式

汽车空调系统配气方式一般有以下几种：

(一) 空气混合式配气系统

如图 4.22(a)所示为空气混合式配气流程图。从图中可看出其工作过程为:车外空气+车内空气→进入风机 3→混合空气进入蒸发器 1 冷却→由风门调节进入加热器 2 加热→进入各吹风口 4、5、7。进入蒸发器 1 后再进入加热器 2 的空气量可用风门进行调节。若进入加热器的风量少,也就是冷风量相对较多,这时冷风由冷气吹出口 7 吹出;反之,则吹出的热风较多,热风由除霜吹出口 5 或热风(脚部)吹出口 4 吹出。

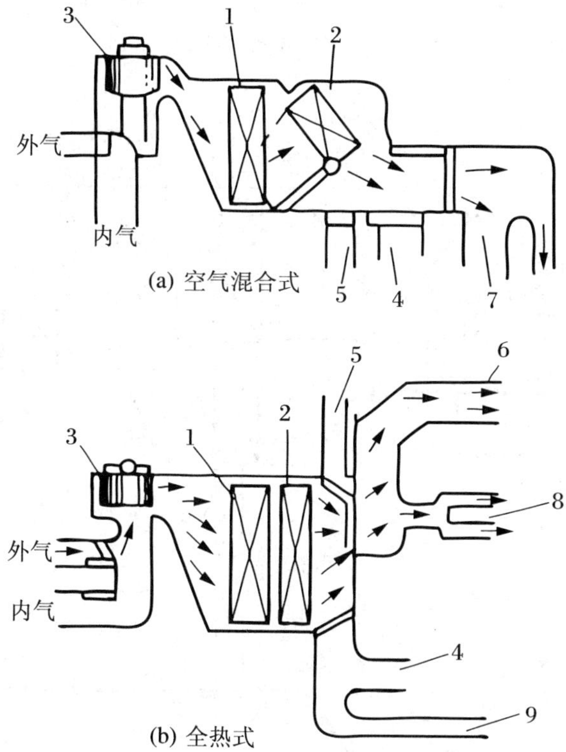

图 4.22 汽车空调送风流程

1. 蒸发器; 2. 加热器; 3. 风机; 4. 热风吹出口; 5. 除霜吹出口;
6. 中心吹出口; 7. 冷气吹出口; 8. 侧吹出口; 9. 尾部吹出口

空气混合式配气系统的优点是能节省部分冷气量,缺点是冷暖风不能均匀混合,空气处理后的参数不能完全满足要求,即被处理的空气参数精度较差一些。

(二) 全热式配气系统

如图 4.22(b)所示为全热式配气流程图。从图中可看出其工作过程为:车外空气+车内空气→进入风机 3→混合空气进入蒸发器 1 冷却→出来后的空气全部进入加热器 2 加热→加热后的空气由各风门调节风量分别进入 4、5、6、8、9 各吹风口。

全热式与空气混合式的区别在于由蒸发器出来的冷空气全部直接进入加热器,两者之间不设风门进行冷热空气的风量调节,而是冷空气全部进入加热器再加热。全热式配气系统的优点是被处理后的空气参数精度较高，缺点是浪费了一部分冷气，即为了达到较高的空气参数精度而不惜浪费少量冷气。这种配气方式只用在一些高档豪华汽车空调上。

当混合风门 6 处在最上方，这时混合风门 6 将通往蒸发器的通道口关闭；或者当混合风门 6 处在最下方，这时混合风门 6 将通往加热器的通道口关闭了，如图 4.22(b)所示。这样在 E 或 H 不用时，单纯暖气或冷气不经混合直接送至各出风口。若两者都不运行，送入车内的便是自然风。

(三) 加热与冷却并进混合式配气系统

如图 4.23 所示为加热与冷却并进式配气工作原理图。

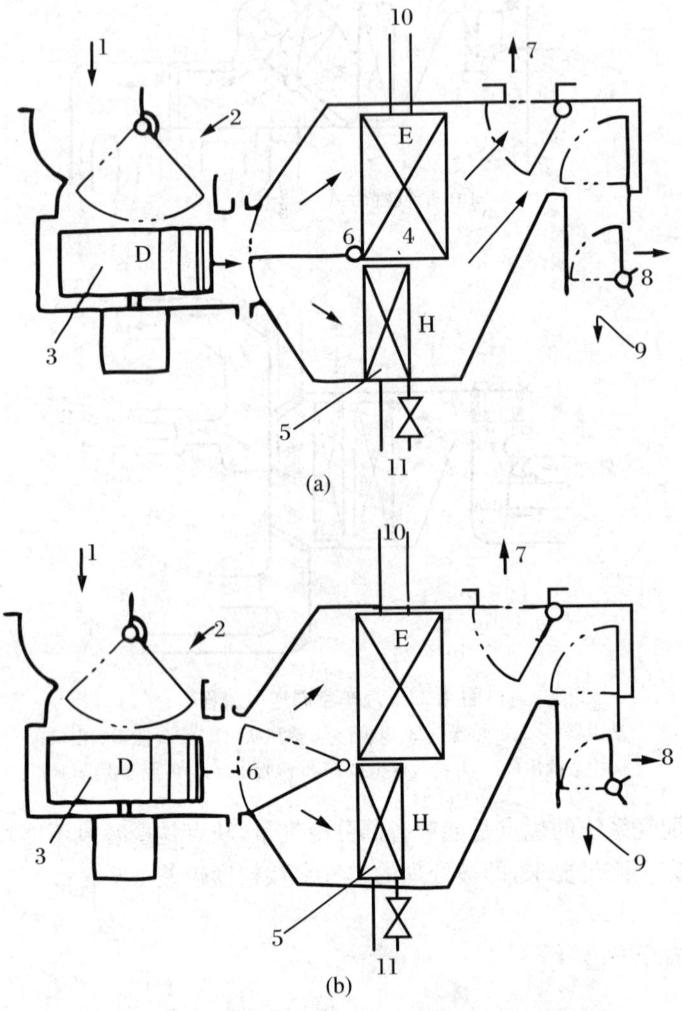

图 4.23　加热与冷却并进式配气工作原理图

1. 新鲜空气；　2. 内循环空气；　3. 风机；　4. 蒸发器；　5. 加热器；　6. 混合风门；　7. 上部通风口；
8. 除霜吹出口；　9. 脚部吹出口；　10. 制冷剂进出管；　11. 热水阀调节进出水管

该配气系统工作时，混合风门 6 可以在最上方与最下方区域之间的任何位置开启或停留，如图 4.23(a)所示。当空气由风机 D 吹出后，将由调风门调节进入并联的蒸发器 E 和加热器 H，蒸发器的冷风从上面吹出，对着人身上部，而热空气对着脚下和除霜处。由于风量和温度多种多样，则由风门调节空气流量的大小分别进入蒸发器和加热器，以满足不同温度、不同风量的要求，其工作模式见如 4.24 所示。

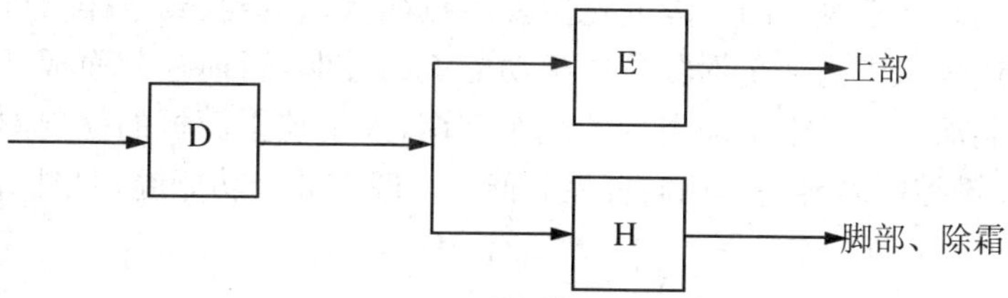

图 4.24　加热与冷却并进混合式工作模式

(四) 半空调配气系统

新鲜空气和车室内循环空气经风门调节后，先经过风机吹进蒸发器进行冷却，然后由混合风门调节，一部分空气进入加热器，冷气出口不再进行调节，其模式如图 4.25 所示。

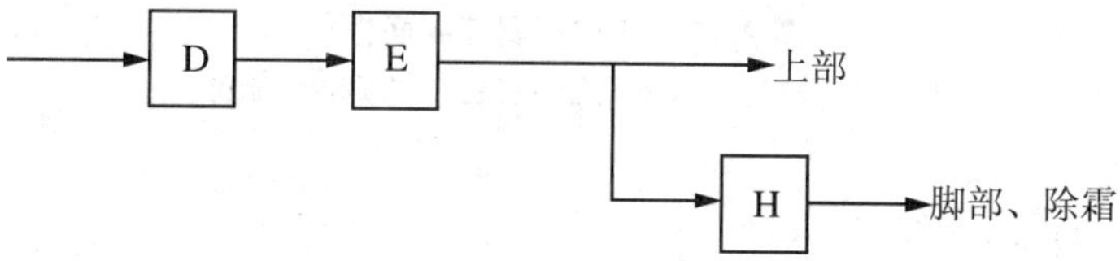

图 4.25　半空调工作模式

同样，由风门来调节其送入车内的空气温度。若蒸发器 E 不工作，将空气全部引到加热器 H，则送出的是暖风；若加热器 H 不工作，则送出来的全部是冷风；若两者都不工作，则送出来的是自然风，其系统结构如图 4.26 所示。

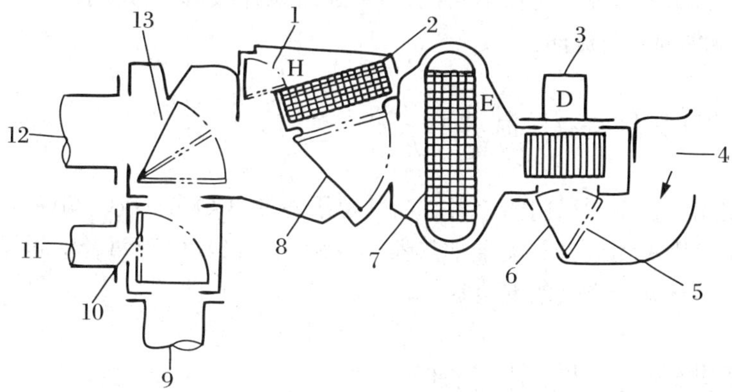

图 4.26　半空调配气系统

1. 限流风门；2. 加热器芯；3. 风机电动机；4. 新鲜空气入口；5. 新鲜/再循环空气风门；6. 再循环空气风口；7. 蒸发器芯；8. 混合风门；9. 至面板风口；10. A/C 除霜风门；11. 至除霜器风口；12. 至底板出口；13. 加热除霜口

从目前汽车空调的配气方式来看，空气混合式使用得最多。它是将空气经过蒸发器进行降温除湿处理后，用调节风门将一部分空气送到加热器加热，出来的热气和冷气再混合，可以调节人们所需要的各种温度的空气，而且除霜的热风可直接从加热器引到除霜风口，直接吹向风窗玻璃。它的最大特点是效率高,节能显著。

三、汽车空调面板控制

汽车空调配气系统各风门的位置变化主要由拉绳操纵机构、真空操纵机构或电机伺服装置控制。而上述操纵机构又受驾驶员面板功能键的控制,目前控制面板又可分为人工控制面板和自动控制面板。对于不同类型的汽车空调,人工控制面板的控制键和形式有所不同,但它们的功能键控制内容基本相同。控制面板一般有 3 个功能键,如图 4.27 所示。

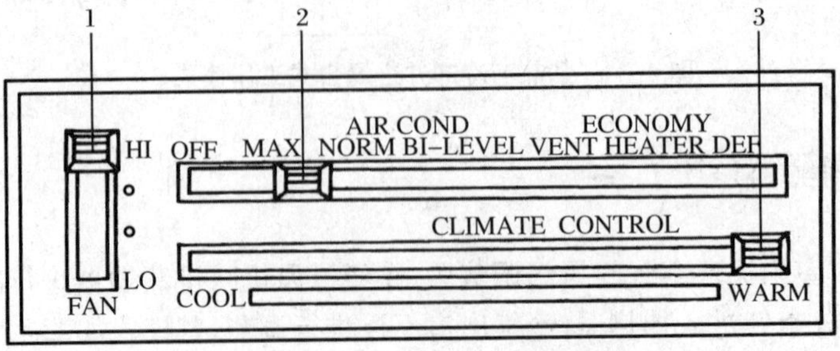

图 4.27　汽车空调控制面板

1. 鼓风机控制键； 2. 功能选择键； 3. 调温控制键

(一) 功能选择键

功能选择键主要用于空调系统取暖、制冷、冷暖风或除霜控制,具体功能选择键的名称和作用为:“OFF”为停止位置、“MAX”为最冷位置、“A/C”(或“NORM”)为空调位置、“VENT”为自然通风位置;“FLOOR”(或“HEATER”)为暖气位置;“MIX”(或“BI-LEVEL”)为取暖化霜位置。功能选择键移动在不同位置,可通过拉绳或真空开关控制各个风门的开关位置,从而调节空气温度与流向。

(二) 温度键(又称调温控制键)

温度键主要用于控制调温门的位置。当其位于冷端(COOL)或暖端(WARM)时,调温门在拉绳作用下分别关闭或打开流经加热器的空调风。当其位于两者中间任意位置时,可得到不同比例的暖气与冷空气的混合空气。

(三) 调风键(又称鼓风机控制键)

调风键主要用于控制空调器内鼓风机的转速,一般有 4 个调速挡,即 Hi(高速)、Lo(低速)、M1(中速 1)、M2(中速 2)和 OFF(断开)。调风键用于控制一个可变电位计,通过改变电机线路电阻值来改变电机的激磁量,达到变速的目的。对于设有 BI—LEVEL(双层出风)位置的汽车空调系统,空气在中间风口和地板风口之间进行分配。在此位置时,有些系统的压缩机不工作。面板功能键在 VENT、FLOOR(或 HEATER)、MIX(或 BI—LEVEL)位置时,不需要压缩机工作,因而,此三个功能键又叫经济功能键。

四、汽车空调手动和半自动真空控制系统

汽车空调配气系统的基本结构有手动、半自动真空控制系统和全自动电控真空控制系统。对于手动、半自动真空控制系统而言，它们的共同特点是对系统的控制都是依靠人工转换空调面板的控制开关进行的，而配气的工作则通过真空执行器来完成。

（一）动拉索式汽车空调的使用与控制

拉线是空气分配风门最基本的控制形式。如图 4.28 所示，这种控制使用一个可绕中心转动的手动操纵杆或旋钮，在操纵杆或旋钮的另一端接有一根拉线。转动操纵杆或旋钮时，拉线便拉动与所控制风门相连的一个摇臂。这种控制形式可用于任何分配风门。如图 4.29 所示为手动调节的空调系统操纵机构分解图。

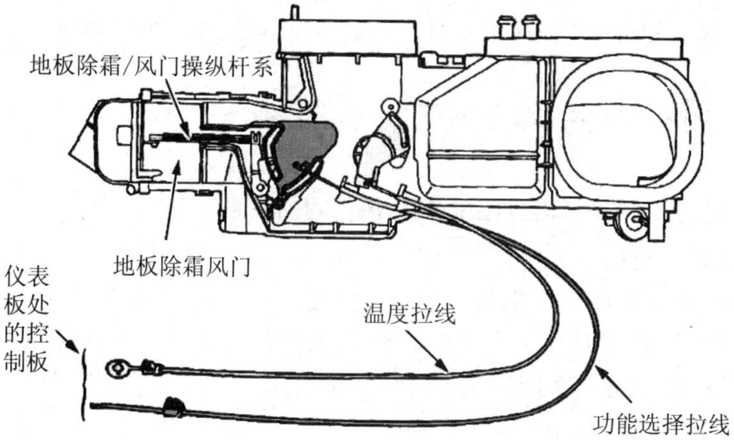

图 4.28　拉线控制

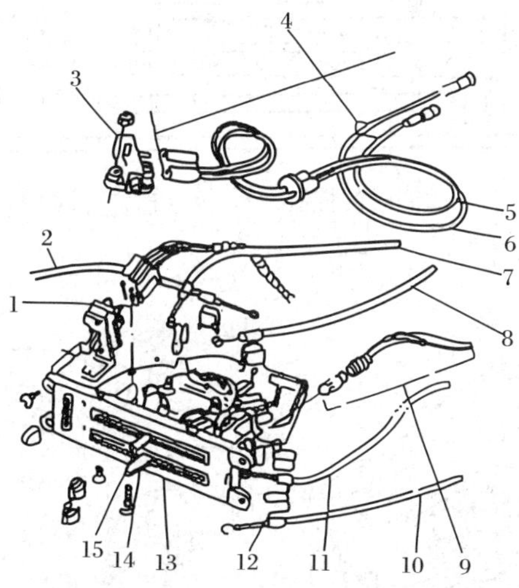

图 4.29　手动调节的空调系统操纵机构分解图

1. 调风键总成；2. 下风门拉绳；3. 真空切断开关；4. 真空软管；5. 真空冷却水控制阀接口；6. 真空罐接口；7. 除霜门拉绳；8. 气源门拉绳；9. 离合器控制电路；10. 温度门拉绳；11. 中风门拉绳；12. 恒温器；13. 控制面板；14. 功能选择键；15. 调温键

1. 调温键的操纵机构

移动调温键带动拉索,可以改变调温门位置,达到控制温度的目的。同时,调温键还控制真空气路开关。当其在 COOL 位置或 WARM 位置时,分别切断或接通真空通路,可使控制加热器冷却液的控制阀切断或导通。另外,在调温键后面装有温度控制器,内有感温包毛细管或热敏电阻,用于控制蒸发器出口温度。

2. 功能选择键的操纵机构

首先,功能选择键控制压缩机离合器的电路开关,在三个经济键位置时,切断压缩机电磁离合器电路,压缩机制冷循环不工作。在 MAX、A/C 键时,接通电磁离合器电路,压缩机制冷循环工作。其次,功能选择键通过拉索控制各风门的开闭。气源门在 MAX 位置时,打开车内空气循环入口,关闭外循环。在其余键位置时,关闭内循环,打开车外进气通道。下风门受 FLOOR 键控制,使热空气吹向脚下;除霜门则受 DEF 键控制,使热空气吹向挡风玻璃;在 MIX 位置时,能同时拉动下风门和除霜门,使暖空气在下风口和除霜口进行分配。调风键通过改变鼓风机的调速电阻来改变鼓风机的转速,得到不同的送风量。

(二) 半自动真空控制汽车空调的使用与控制

1. 半自动真空控制的汽车空调控制键与风门间的关系

(1) OFF(关闭)位置

如图 4.30(a)所示为面板功能键位于 OFF 位置。如图 4.30(b)所示为各风口均无空气流动的状态。如图 4.30(c)所示为配气系统各风门位置:气源门关闭外部新鲜空气入口;调温门关闭加热器入口;化霜门关闭化霜风口;中风门关闭中风口,打开下风口,此时真空系统工作。此时空调压缩机、鼓风机均不工作。

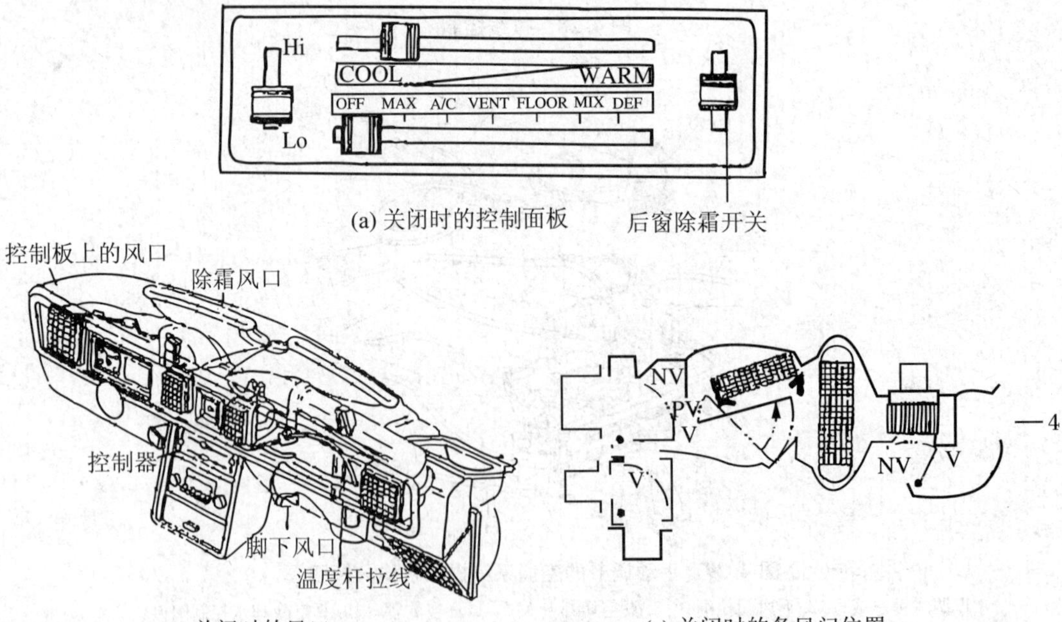

(a) 关闭时的控制面板

(b) 关闭时的风口

(c) 关闭时的各风门位置

图 4.30 OFF 位置

(2)MAX(最冷)位置

如图 4.31(a)所示为面板功能键位于 MAX 位置,调温键位于 COOL 处,调风键在最高速挡。如图 4.31(b)所示为驾驶室上部四个风口排出冷气,车内空气循环。如图 4.31(c)所示为配气系统各风门位置:气源门关闭外部新鲜空气入口;调温门关闭流经加热器的空气入口;中风门打开中风口;化霜门关闭化霜风口。此时压缩机工作,鼓风机高速运转,车内空气循环,快速降温。但压缩机不能长时间工作,否则车内空气不新鲜。通过改变调温键,以改变调温门位置,从而控制车内空气温度。

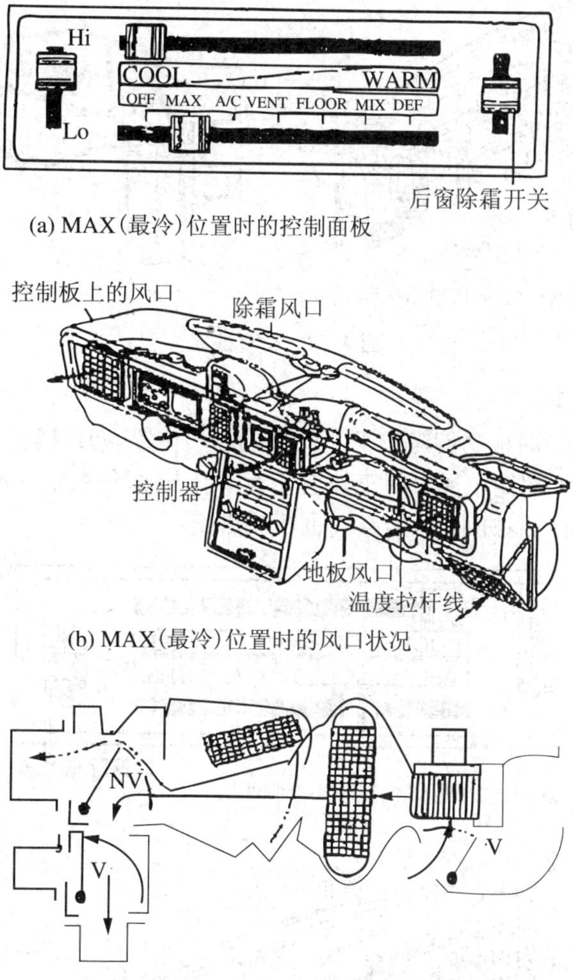

(a) MAX(最冷)位置时的控制面板

(b) MAX(最冷)位置时的风口状况

(c) MAX(最冷)位置时的各风门位置

图 4.31　MAX 位

(3) A/C(正常空调)位置

如图 4.32(a)所示,面板功能键位于 A/C(正常空调)位置。如图 4.32(b)所示,新鲜空气经冷却后由驾驶室上部四个风口排出。如图 4.32(c)所示,配气系统各风门位置与 MAX(最冷)位置的主要区别是气源门打开外部新鲜空气入口,其他相同。此时压缩机工作,经过蒸发器冷却的空气可以经过加热器加热,也可以不经过加热器加热。

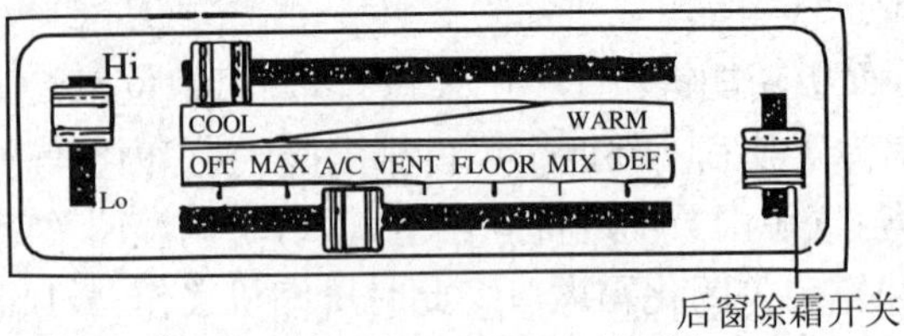

(a) A/C(正常空调)位置时的控制面板

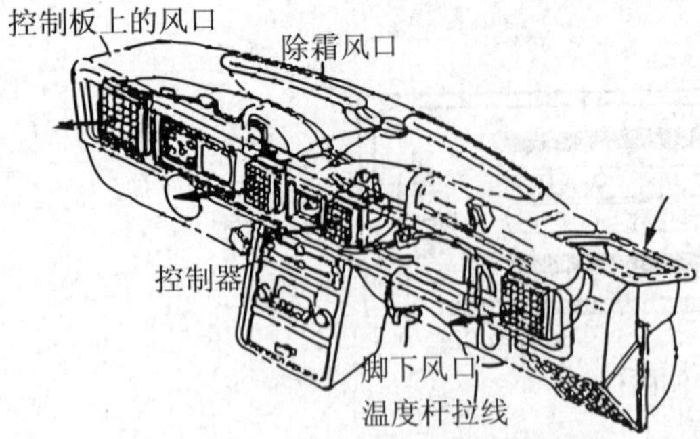

(b) A/C(正常空调)位置时的风口状况

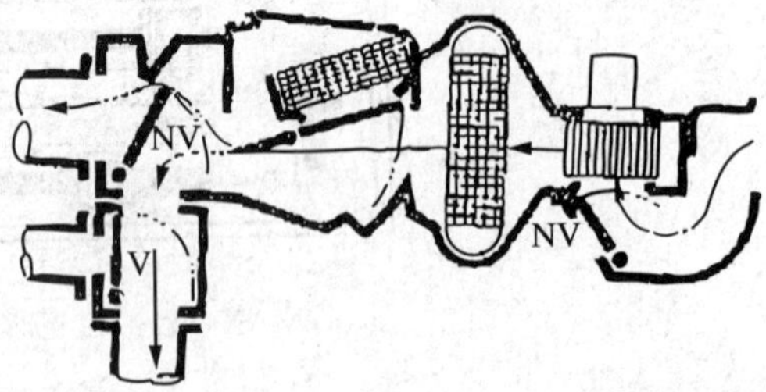

(c) A/C(正常空调)位置时的各风门位置

图 4.32　A/C 位置

(4) VENT(通风)位置

如图 4.33(a)所示,面板功能键位于 VENT(通风)位置,调风键位于 Lo(低)位置。如图 4.33(b)所示,驾驶室上部四个风口将车外空气直接引入,配气系统各风门位置与 A/C(正常空调)位置相同。此时压缩机不工作,空气也不加热。

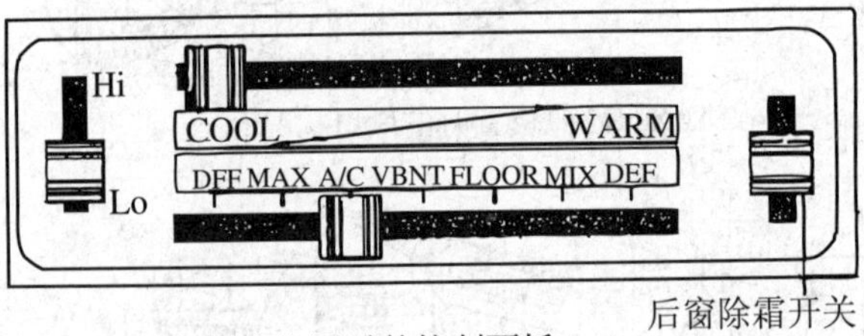

(a) VENT(通风)位置时的控制面板

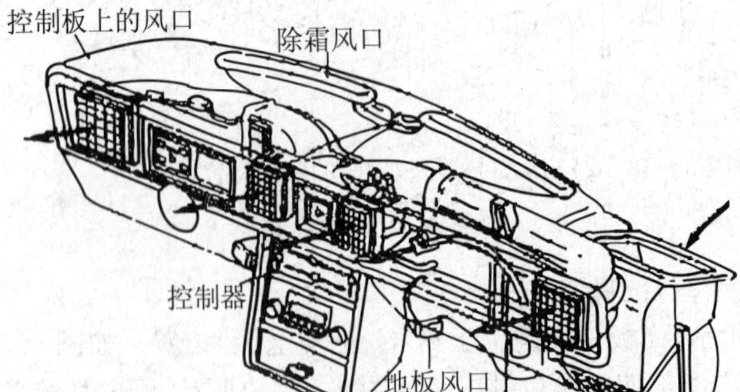

(b) VENT(通风)位置时的风口状况

图 4.33　VENT 位置

(5) FLOOR(暖气)位置

如图 4.34(a)所示,面板功能键位 FLOOR(暖气)位置,调温键位于 WARM 位置,调风键位于 Hi 高速位置。如图 4.34(b)所示,驾驶室地板风口有热空气吹出,并有少量热空气吹向挡风玻璃。如图 4.34(c)所示,配气系统各风门位置为:气源门打开外部新鲜空气入口;中风门打开下风口;化霜门将中风口关闭,打开化霜口。调温门打开流经加热器的空气入口,可以根据实际需要(最暖和、中等暖和、微暖和),将调温门处于上、中、下三种位置,使外部空气与热空气按一定比例混合。此时,压缩机不工作,可以控制鼓风机转速。

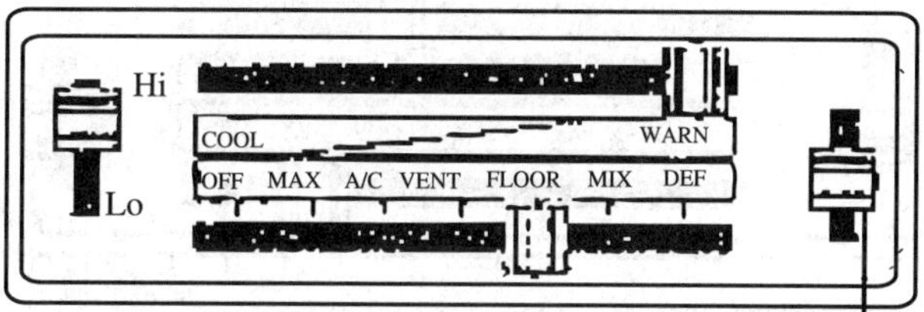

(a) FLOOR(暖气)位置时的控制面板　后窗除霜开关

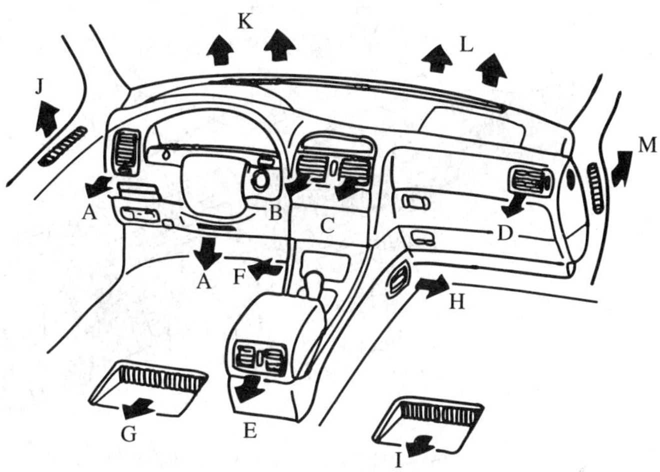

(b) FLOOR(暖气)位置时的风口状况

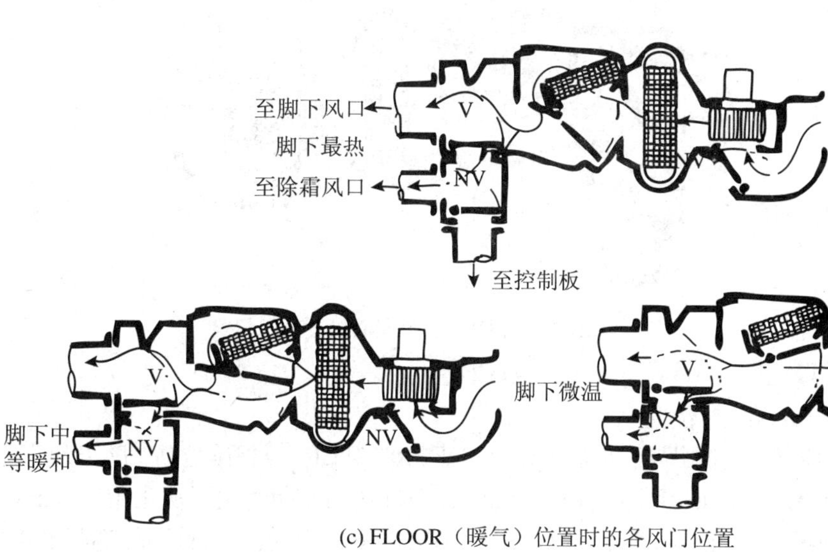

(c) FLOOR(暖气)位置时的各风门位置

图 4.34　FLOOR 位置

(6) MIX(取暖和化霜)位置

如图 4.35(a)所示,控制面板功能键位于 MIX(取暖和化霜)位置,调温键可以根据需要进行调节。如图 4.35(b)所示,空气由车外进入,经过加热的空气分别从除霜风口、地板风口吹出,中风口关闭。如图 4.35(c)所示,各风门位置为:气源门打开外部新鲜空气入口,调温门可根据需要在中间位置调节;中风门位于中间位置,打开部分地板风口;化霜门关闭中风口,打开除霜风口。

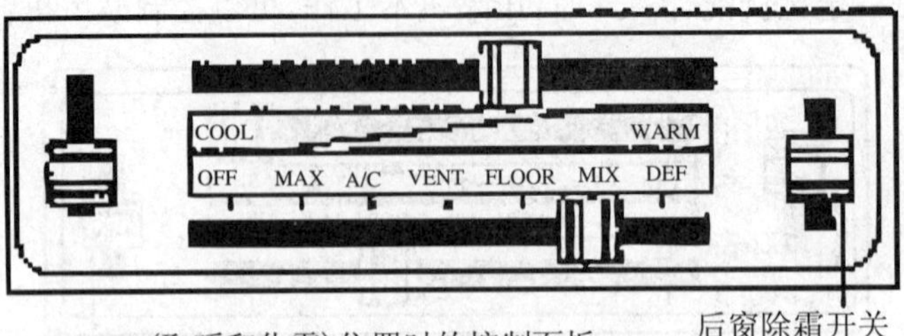

(a) MIX(取暖和化霜)位置时的控制面板

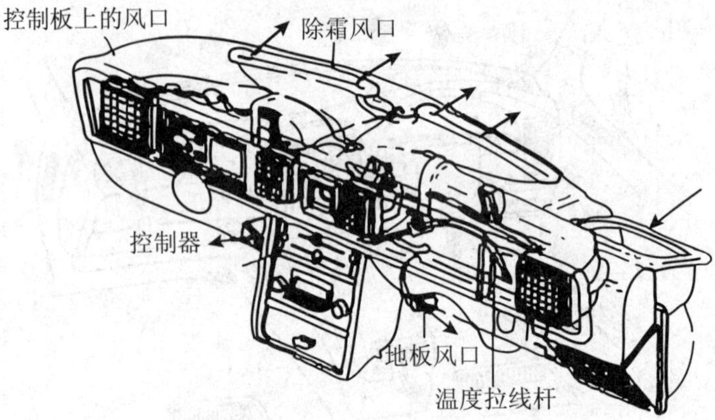

(b) MIX(取暖和化霜)位置时的风口状况

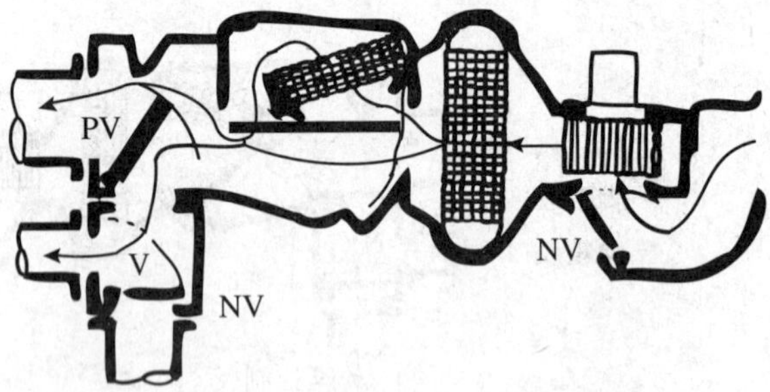

(c) MIX(取暖和化霜)位置时的各风门位置

4.35 MIX 位置

(7) DEFROSTER(化霜)位置

如图 4.36(a)所示,控制面板功能键位于 DEFROSTER(化霜)位置,调温键位于 WARM 位置。如图 4.36(b)所示,空气由车外进入,经过加热的空气主要从化霜口吹出,少量吹向地板风口,中风口关闭。如图 4.36(c)所示,各风门位置为:气源门打开外部新鲜空气入口；调温门可根据需要全开或半开加热器入口；中风门将大部分热空气引入化霜口，少量吹向地板风口；化霜门关闭中风口，打开除霜风口。此时，气温若在 10 ℃以上，压缩机工作，用于除湿。

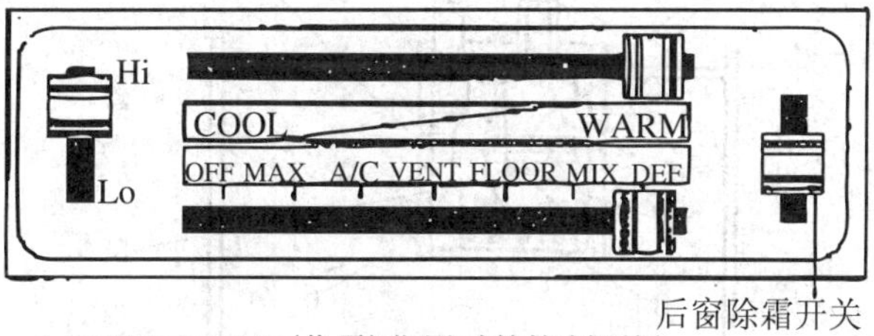

(a) DEFROSTER（化霜）位置时的控制面板

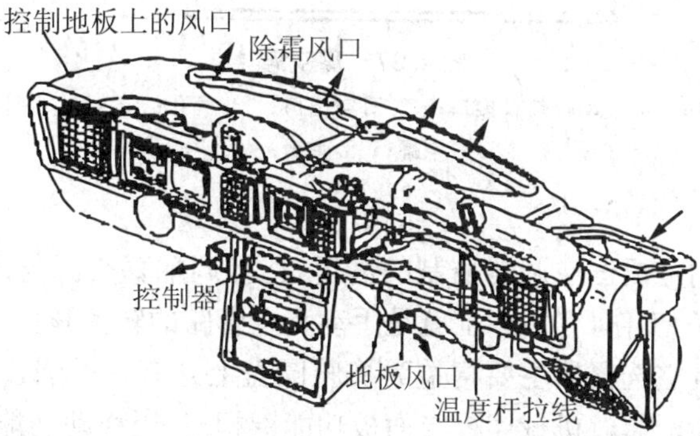

(b) DEFROSTER（化霜）位置时的风口状况

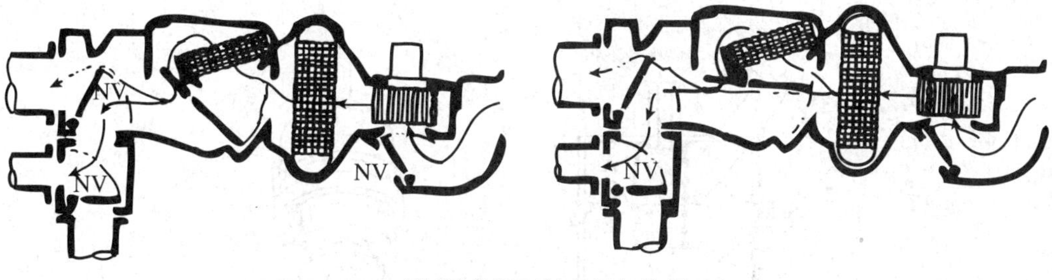

(c) DEFROSTER（化霜）位置时的各风门位置

图 4.36 DEFROSTER 位置

2. 控制与执行元件

真空系统是通过控制真空通断实现执行元件对空调各风门动作的系统。主要由真空罐、真空选择器、真空驱动器和真空管路四部分组成。

(1) 真空罐

真空罐的作用是向系统提供稳定的真空压力和储存真空。真空源一般来自发动机进气歧管，发动机工况变化时，真空度绝对压力会在 101～33.7 kPa 之间变化，会影响真空系统的调控工作，一般要进行调节。

真空罐的结构如图 4.37 所示，由真空室和真空保持器组成。真空室是一个金属罐，内装一个真空保持器。其工作原理为：真空保持器 5 内有一个空心膜阀 9 和膜片 6，将其分成三个腔；中腔与发动机进气管相连；右腔分别与真空室和真空执行系统相连。当发动机真空度大于真空罐时，将空心膜阀膨胀右移，接通真空室，使其真空度提高；同时膜片克服弹力左移，使真空室与真空执行系统的气口打开，形成通路；当发动机真空度小于真空罐时，空心膜阀外面压力将其压扁，关闭与真空室的通路，同时膜片右移，关闭气口，保持罐内真空度。

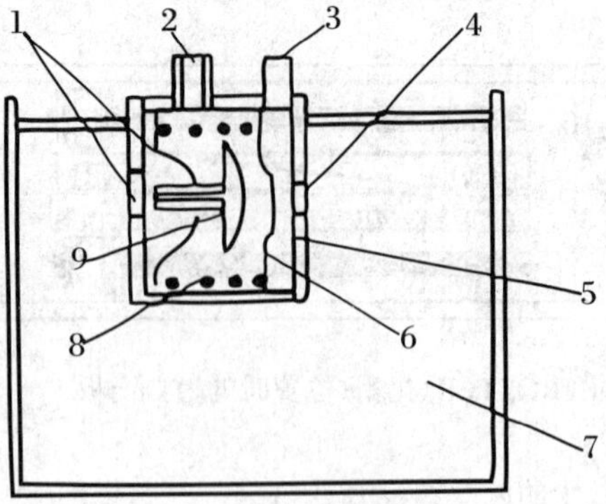

图 4.37　真空罐

1. 气孔；　2. 发动机歧管接口；　3. 真空出口；　4. 气孔；　5. 真空保持器；
6. 膜片；　7. 真空罐；　8. 弹簧；　9. 空心膜阀

(2)真空选择器

真空选择器的作用是根据空调器控制的需要，选择调配真空源与多个真空驱动器的连接，控制整个真空系统的工作，它实际上就是手动真空管路的转换开关。

如图 4.38 所示，真空选择器主要构造为橡胶圆盘上开有若干圆弧槽，分配真空通路和真空驱动器通路的通断。通过机械连杆与面板功能键相连，当移动功能选择键时，带动圆盘转动，关闭或接通相应的真空气路，控制真空执行器动作，实现各风门的开闭。

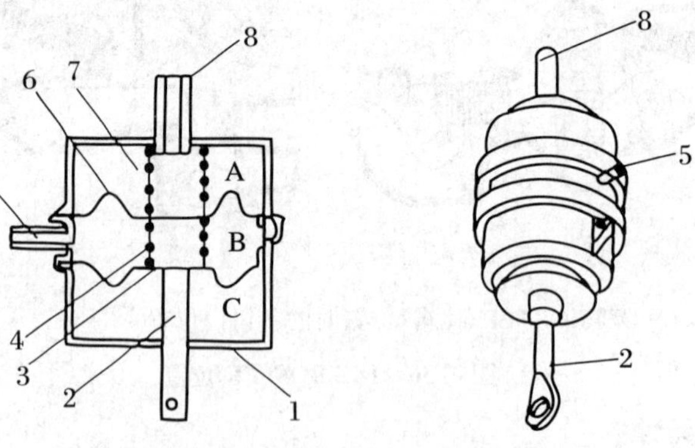

(a) 内部结构　　(b) 外形

图 4.38　双膜片式真空驱动器

1. 气孔；　2. 连杆；　3. B 室膜片；　4. B 室弹簧；　5. 中阀 B 室真空接口；
6. A 室膜片；　7. A 室弹簧；　8. 真空接口

(3)真空驱动器

真空驱动器的功能是将真空信号转变成机械信号，用于启闭风门和阀门，其实质是一个真空膜盒，根据结构，可分为单膜片和双膜片式。

① 单膜片真空驱动器外形与内部结构如图 4.39 所示，主要由弹性膜片、弹簧、与膜片固定的连杆组成。连杆只有两个位置，当膜盒通过胶管接通真空时，膜片克服弹力将连杆上拉；当切断真空源时，弹簧推动膜片使连杆复位。用于控制风门的启闭。

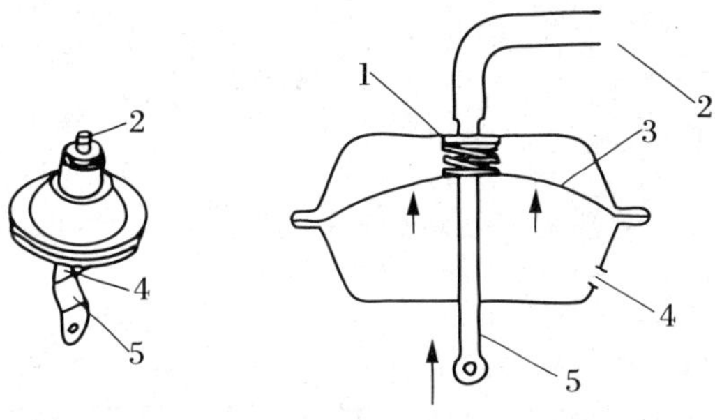

(a) 外形　　(b) 内部结构

图 4.39　单膜片式真空驱动器

1. 复位弹簧； 2. 真空接口； 3. 膜片； 4. 气孔； 5. 连杆

② 双膜片真空驱动器外形与内部结构如图 4.38 所示，它由两个膜片、两组复位弹簧与一个膜片固定的连杆组成，连杆有三个位置。当 A 室有真空时，连杆提升一半；两室（A、B 室）都有真空时，连杆移到最上端；若无真空时，连杆则位于最下端，分别可使风门处于全开、半开或全闭位置。

（4）真空管路

真空管路一般采用不同颜色的真空橡胶管，分接不同的通路。通常白色胶管用于连接外来空气口；蓝色胶管连接进气风门和上风门；红色胶管用在全真空；黄色胶管连接中风门和除霜门。通常真空管路捆在一起作为一个整体，就像一组线束。

（5）真空马达

真空马达也由旋钮或操纵杆的位置控制。如图 4.40 所示，推拉操纵杆或旋钮时，真空便会克服真空马达内部橡皮膜的作用而流动。橡皮膜一侧的真空与对侧的大气压力作用于与膜片相连的一个杆件，使空气分配风门开启或关闭。

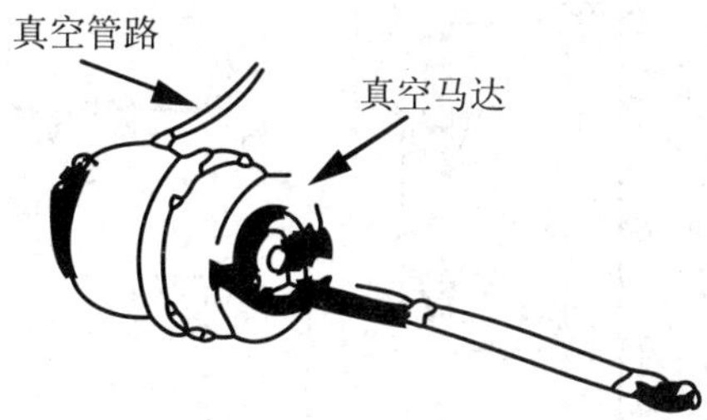

图 4.40　真空马达控制

（6）真空控制原理

以如图 4.41 所示的典型的半自动真空操作配气系统为例，介绍其基本结构与工作原理。

图中真空控制部件包括真空罐、真空选择器、真空执行器和真空管路。其中真空选择器受面板的功能选择键控制，共有 OFF、MAX、NORM、BI-EVEL、VENT、HEATER、DEF（①～⑦）个功能位置，具体如表 4.1 所示。真空执行器包括气源门真空驱动器、热水阀真空驱动器、上风口和中风口真空驱动器、下风口真空驱动器。配气部件包括气源门、蒸发器、加热器、调温门、上下风门。调温键直接控制调温门的位置。

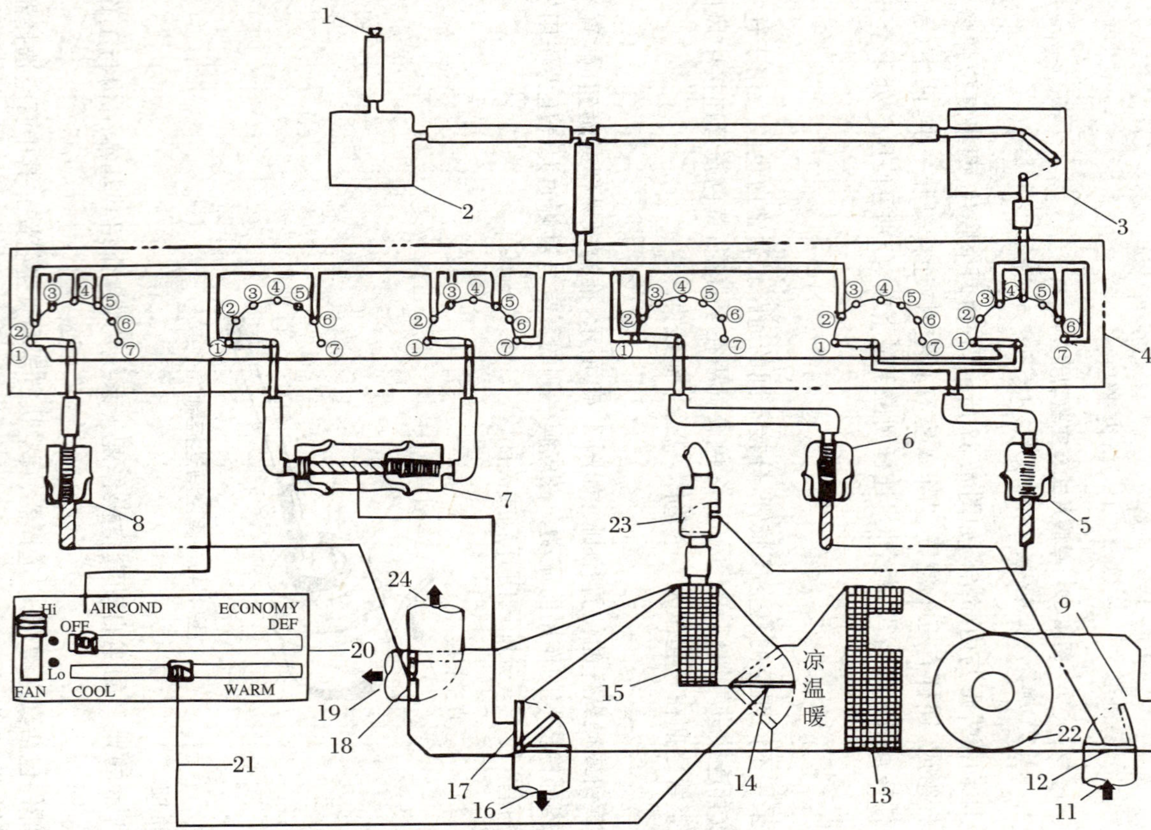

图 4.41　半自动空调系统的真空控制结构图

1. 进气歧管接口；　2. 真空罐；　3. 调温键在 COOL 时,热水阀真空切断；　4. 真空选择器；　5. 热水阀真空驱动器；6. 气源门真空驱动器；　7. 下风口真空驱动器；　8. 上风口和中风口真空驱动器；　9. 在 MAX 功能时设计规定新鲜空气占 20%的外来空气口开启位置；　10. 外来空气口；　11. 车内循环空气风口；　12. 外来空气口阀门；　13. 蒸发器；　14. 调温门；　15. 加热器芯；　16. 下风口；　17. 下风口阀门；　18. 中风口和上风口阀门；　19. 中风口；　20. 空调控制面板；21. 调温门拉索；　22. 空调风机；　23. 热水真空阀；　24. 上风门(除霜门)

表 4.1　空调功能键说明

序　号	功能键位置	功　能
①	OFF	停止
②	MAX	最冷
③	NORM	正常空调
④	BI—LEVEL	双层出风
⑤	VENT	通风
⑥	HEATER	暖气
⑦	DEF	除霜

具体控制原理如下：

a. 当功能键位于 OFF(关闭)位置时，真空选择器位于管接口①，真空驱动器 6 和真空驱动器 7 左侧有真空作用，使气源门关闭车外空气循环通道，同时下风口关闭。其余真空驱动器无真空作用，关闭热水真空阀和中风口，但除霜门打开。

b. 当功能键在 MAX(最冷)位置时，真空选择器处于位置②，真空驱动器 6 有真空作用，气源门在设定位置上，让 80%的车内循环空气和 20%车外空气混合进入空调器；真空驱动器 7 右端有真空作用，下风门关闭，下风口关闭；真空驱动器 8 有真空作用，打开中风口，关闭上风口，冷气直吹人体上部。真空热水阀通断受调温键控制，此时调温键置于 COOL 位置，关闭热水阀。如将调温键移开 COOL 位置，则热水阀工作，让冷却水进入加热器。

c. 当功能键在 NORM(A/C)位置时，真空选择器位于真空切断器③。真空驱动器 6 无真空作用，则气源门关闭车内循环空气，打开车外空气通道。真空驱动器 7 为右侧有真空作用，关闭下风门；真空驱动器 8 为有真空作用，打开中风门，关闭上风门。调温键只要离开 COOL 位置，热水阀驱动器有真空作用，加热器有冷却水循环。由于移动调温键，调温门在拉绳作用下打开通向加热器的冷空气，调温键移动位置越大，空调温度越高。

d. 当功能键位于 BI—LEVEL 位置时，真空选择器在位置④，真空驱动器 6 无真空作用，气源门打开，让车外空气进入，车内循环空气关闭。真空驱动器 7 两端均无真空作用，下风门处于半开状态；真空驱动器 8 有真空作用，关闭上风门，将中风门打开。真空驱动器 5 有真空作用，热水阀打开，加热空气。此时压缩机工作，空调风从中风口和下风口两层吹入车内。

e. 当功能键位于 VENT(通风)时，真空选择器处于位置⑤。真空驱动器 6 无真空作用，气源门让车外空气进入。真空驱动器 5 无真空作用，将热水阀关闭，加热器无冷却水循环。真空驱动器 7 右侧有真空作用，左侧无真空作用，则关闭下风门；真空驱动器 8 有真空作用，则上风门关闭，打开中风门。此时压缩机不工作，外来空气既不被加热，也不被冷却，从中风口直接送入车内。

f. 当功能键位于 HEATER(暖风)位置时，真空选择器位于⑥，真空驱动器 6 无真空作用，气源门关闭车内循环空气口，打开车外空气进入口；真空驱动器 7 左侧有真空作用，右侧无真空作用，下风口打开；真空驱动器 8 无真空作用，中风口关闭，上风口打开；真空驱动器 5 有真空作用，热水阀开启，加热器有冷却水循环。车外空气没有降温，但被加热，从上风口吹向挡风玻璃，从下风口吹向脚部。

g. 当功能键在DEF(除霜)位置时,真空选择器位于⑦,真空驱动器6无真空作用,气源门使外来空气送入,关闭车内空气循环;真空驱动器7的右侧有真空作用,左侧无真空作用,故下风门关闭;真空驱动器8无真空作用,中风门关闭,上风门打开;真空驱动器5有真空作用,热水阀开启,加热器工作。被加热的车外空气吹向挡风玻璃除霜。

h. 当功能键位于BI—LEVEL位置时,真空选择器在位置④,真空驱动器6无真空作用,气源门打开,让车外空气进入,车内循环空气关闭;真空驱动器7两端均无真空作用,下风门处于半开状态;真空驱动器8有真空作用,关闭上风门,将中风门打开。真空驱动器5有真空作用,热水阀打开,加热空气。此时压缩机工作,空调风从中风口和下风口两层吹入车内。

目前国内外大部分中档轿车如:桑塔纳2000、切诺基和部分中、高档轿车如:别克、奥迪等车型均采用上述半自动真空控制的配气系统。

五、全自动电控真空操作系统

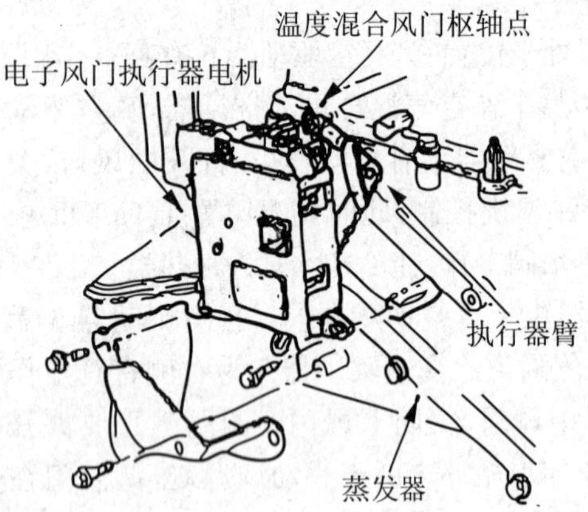

图4.42 电子执行器控制

全自动电控真空操作系统采用微电脑控制空调的工作过程,其配气系统的操作方式和执行器的结构与手动、半自动真空操作系统有较大区别。如图4.42所示为电子执行器控制,电子执行器可以精确控制空气分配风门的开度并向控制电脑提供反馈。按钮、操纵杆或旋钮都可以用来操纵电子风门执行器。

对于手动、半自动真空操作系统而言,虽然从汽车空调整体结构和控制电路上有较大区别,但其配气系统的工作原理和控制过程并无严格区分,所不同的只是手动系统对风门、阀门的控制,部分采用钢索联动结构;半自动真空操作系统则全部采用真空控制结构。它们的共同特点是对系统的操作都是依靠人工转换空调面板的控制开关,而配送气的工作则通过真空执行器来完成。

项目练习

1. 自然通风装置与强制通风装置的作用分别是什么?
2. 配气系统一般由哪几部分构成?其各自的组成及作用分别是什么?
3. 试说明挡风玻璃除霜的原理。
4. 汽车内的空气净化常采用哪些方法?其原理分别是什么?
5. 空气的净化处理包括哪些内容?
6. 简述汽车空调的空气净化方法。

技能实训

一、训前准备

(一) 学生组织

学生按照5～6人一组进行分组，每组内按照实训进行分工，主要有测量、工具准备、故障分析推导等工作。

(二) 实训场地及工具准备

维修车间一个、整车1台、大众专用诊断仪V. A. G1551或V. A. S5051、维修工具及设备。其他车型可参照本项目的实施过程，按照车型的维修手册和相应的诊断仪器进行诊断维修实训。

二、操作步骤

按照已经分好的小组，让学生制订维修计划，实施维修：资讯→诊断分析→制定检修方案→查阅维修手册进行检修→故障点确认与排除等。

(一) 资讯

首先倾听客户对故障的描述再进行有针对性的询问，确认故障发生时的症状、故障发生的时间、出现在什么工况和环境条件下以及故障发生前后的保养维修情况等。资讯如表4.2所示。

表4.2 维修车辆登记表

<table>
<tr><td rowspan="4">基本信息</td><td>车主</td><td></td><td>电话</td><td></td></tr>
<tr><td>性别</td><td></td><td>检修日期</td><td></td></tr>
<tr><td>车型</td><td></td><td>保养次数</td><td></td></tr>
<tr><td>底盘号</td><td></td><td>行驶里程</td><td></td></tr>
<tr><td rowspan="2">使用状况</td><td>道路</td><td colspan="3"></td></tr>
<tr><td>载荷</td><td colspan="3"></td></tr>
<tr><td>故障日期</td><td colspan="4"></td></tr>
<tr><td colspan="5">用户对故障描述</td></tr>
<tr><td colspan="5"></td></tr>
<tr><td colspan="5">故障现象确认</td></tr>
<tr><td colspan="5"></td></tr>
<tr><td colspan="5">故障原因分析</td></tr>
<tr><td colspan="5"></td></tr>
</table>

(二) AUDI 100 汽车空调系统的气流不能够分配故障分析

一辆 AUDI 100 C4V6 轿车,装备 AAH 发动机,空调系统的气流不能够分配。调节风向按键,风向不变化,始终在吹脸的位置。根据故障现象分析,问题的根源是控制气流分配的风板不能调节。

(三) 制定检修方案

在制定诊断维修方案时,必须明确汽车空调故障原因,诊断按照由简到繁、先电后油、从外到内的一般程序进行分析。AUDI 100 C4V6 轿车空调系统的仪表板、脚坑除霜风板分别是由中央阀板驱动电机 V70 和脚坑/除霜阀板驱动电机 V85 来驱动的,因此应重点检查两驱动电机的动作。

(四) 查阅维修手册进行检修

连接 V. A. G1551,无故障码输出。拆下副仪表台,用 V. A. G1551 的 03 功能作执行元件诊断。检测 V70,V70 电机动作,但仔细一看,V70 蓝色杠杆外侧的联动杆断了,原来中央阀板不能调节是由于此联动杆折断不能传递动力造成的。接着检测 V85,V85 电机不动作。按照电路图检查线路无故障,于是更换了一个新的 V85 电机。由于中央阀板驱动电机 V70 的联动杆没有备件,只好用铁丝按照其尺寸做了一个联动杆,完全装复后,试车一切正常,空调系统的气流分配可以任意调节。

(五) 故障点确认与排除

按照表 4.3 所示进行故障点确认。

表 4.3 故障点确认

序号	检查项目	正常与否

按照表 4.4 所示进行故障排除。

表 4.4 故障排除

序号	故障部位或零部件	故障原因	修复方法

(六) 废料和废品处理

针对维修中更换的零部件和废气液体,要分门别类的进行处理,避免造成资源浪费和环境污染。

三、学生填写任务工单

任务结束后，填写《任务工单》。

四、实训结果评价

对实训结果进行评价。

项目反馈

将项目评价反馈填入表 4.5。

表 4.5　项目评价反馈表

项目名称							
学生基本信息		姓名		学号		班级	
		组别		时间		成绩	
考核能力	考核项目	评分标准	满分值	学生自评	小组互评	教师评价	平均分小计
专业能力	相关知识	是否正确	35				
	技能实训	是否正确	35				
社会能力	团队合作	是否和谐	5				
	劳动纪律	是否严格遵守	5				
	沟通讨论	是否积极	5				
方法能力	制订计划	是否合理	5				
	学习新技术能力	是否具备	5				
	总结能力	能否正确总结	5				

项目五

汽车空调控制系统检修

项目描述

一辆2010年产的帕萨特B5 1.8T轿车，行驶里程为8万公里。入夏后空调有时工作正常，偶尔在行驶中出现不制冷并且出热风的故障作为一个具体引入案例，结合汽车空调制冷系统的工作原理，明确汽车空调制冷控制系统的组成和工作过程，应用制冷循环的控制原理，结合日产、桑塔纳2000GSi、帕萨特等车型，判断、分析系统的工作状态。学习汽车空调控制系统主要部件的结构和原理，结合具体车型分析汽车空调控制系统各部件的结构、位置及其相互之间的关系，学会汽车空调控制系统各组成部件的作用、原理、检修，并熟悉操作注意事项。

项目目标

1. 专业能力要求

(1) 根据故障现象，具有利用相关知识进行综合分析的能力；

(2) 具有制定故障诊断、排除的工作计划，并正确选择检测设备的能力；

(3) 根据技术规范，具有正确进行维修和操作的能力；

(4) 具有使用仪器和工具的能力；

(5) 具有车辆全面维护作业的能力；

(6) 具有汽车维修质量竣工检验的能力。

2. 社会能力要求

(1) 具有较强的表达能力和沟通能力；

(2) 具有与客户建立良好、持久关系的能力；

(3) 具有良好的心理素质与克服困难的能力；

(4) 具有团队精神与协作精神。

3. 方法能力要求

(1) 能够根据故障现象查找资料、收集信息、制订诊断维修方案；

(2) 能够使用电脑诊断仪器等对汽车空调系统进行检测；

(3) 能够根据汽车空调控制系统工作原理、分析和排除汽车空调控制系统一般性故障。

4. 重点和难点

(1) 汽车空调自动控制系统的组成与工作原理；

(2) 汽车空调控制系统主要部件的结构及工作原理；

(3) 手动和自动空调系统电路；

(4) 能根据汽车空调电路对汽车空调系统进行故障诊断与维修。

故障描述：一辆 2002 年产的帕萨特 B5 1.8T 轿车，行驶里程为 8 万公里。入夏后空调有时工作正常，偶尔在行驶中出现不制冷并且出热风的现象，无论车主怎么调整空调相关按钮都不起作用，观察空调控制面板上显示“－50～40 ℃”。这种现象不经常出现，出现半小时后又会不治而愈。

任务一　汽车空调自动控制系统

一、汽车空调自动控制系统概述

早在 1964 年美国通用汽车公司就在凯迪拉克豪华轿车上安装了自动控温的汽车空调，随着电子技术的发展和 ECU 控制技术的广泛应用，目前中、高档汽车空调控制系统普遍采用自动空调系统。与手动空调相比自动空调具有如下优点：

① 根据设定使空调系统自动运行，并根据各传感器输入的信号，对送风温度和送风速度及时地进行调整，使车内的空气环境保持最佳状态。

② 当车外温度与设定的车内温度较为接近时，电控单元可以缩短制冷压缩机的工作时间，甚至在不起动压缩机的情况下，就能使车内温度保持设定状态，达到节能目的。

③ 通过安置在汽车仪表盘上的空调显示控制面板，可以随时显示当时的设置温度、车内温度、车外温度、送风速度、回风和送风口状态以及空调系统运行方式等信息，使驾驶员能够及时全面地了解空调系统的工作状态。

④ 电控单元有自诊断系统，可以及早发现故障隐患，当系统中出现故障时，使系统转入相应的故障安全状态，防止故障进一步扩大。

自动空调可以根据已设定的温度，通过传感器感应车内的各点的温度，自动调节从而保持车内温度的恒定，调节能精确到 0.5 ℃左右，如图 5.1 所示为自动空调面板。

图 5.1　汽车空调自动控制面板

二、汽车空调自动控制系统的组成和工作原理

与其他汽车电控系统一样，汽车空调自动控制系统也是由传感器、控制单元(ECU)和执行器等组成。传感器主要包括内部温度传感器、环境温度传感器、阳光辐射传感器、蒸发器温度传感器、冷却液温度传感器、各种压力开关等。控制单元包括空调控制单元和发动机控制单元。执行器包括空气混合伺服电动机、空气进气伺服电动机、气流方式伺服电动机、鼓风机电动机和鼓风机电动机控制器等。

汽车空调自动控制系统的基本工作过程是：传感器(设定参数)→控制器→执行器。其中传感器包括一系列检测车内、车外，导风管空气温度变化和太阳辐射的传感器以及发动机工况的传感器，并将它们变成相应的电量(电阻、电压、电流)，送入控制器。早期的控制器是由电子元件，如分立晶体管、运算放大器组成，现代控制器由单片微处理器或组成系统的车身计算机构成，它根据各传感器所检测的温度参数，发动机运行工况参数和空调系统工况参数，经内部电路分析、比较后，单独或集中对执行器的动作进行控制。这种控制过程，可以计算出设定参数与实际状况的工作差别，精确地控制执行器按照程序完成空调的既定工作。而执行器则采用大量的自动元件，如调速电动机控制的风机、步进电动机控制的风门等，高效、可靠的完成调节空气质量的任务。同时，自动空调还具备完善的自我检测诊断功能，并与汽车其他计算机系统交换数据，协调车辆平稳、安全、舒适的运行。

典型的汽车空调自动控制系统的基本组成和工作原理如图 5.2 所示。

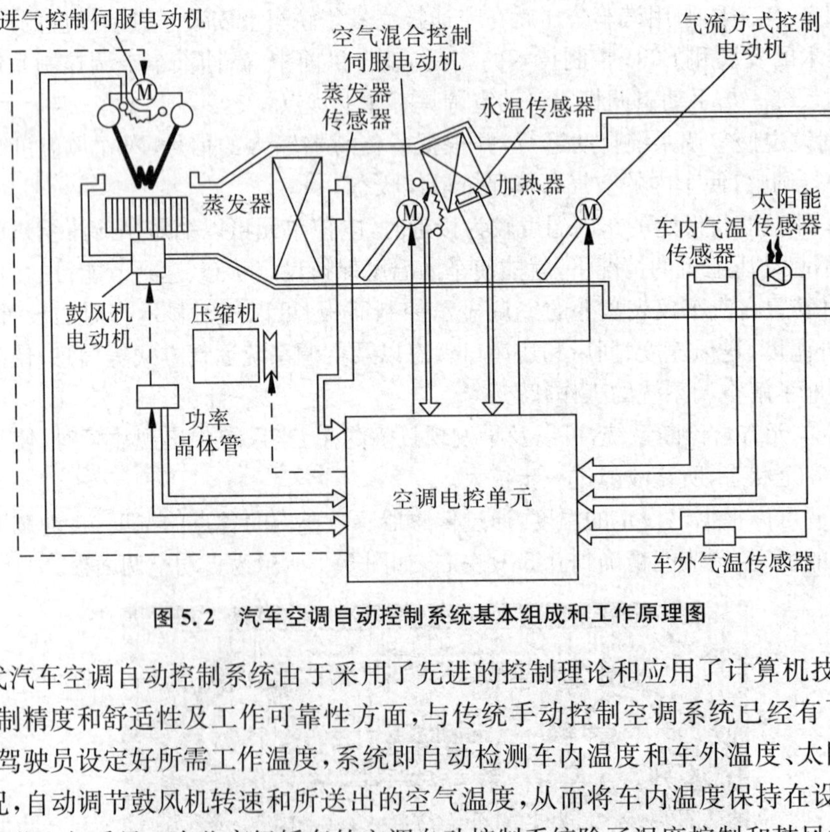

图 5.2　汽车空调自动控制系统基本组成和工作原理图

现代汽车空调自动控制系统由于采用了先进的控制理论和应用了计算机技术，在控制方式、控制精度和舒适性及工作可靠性方面，与传统手动控制空调系统已经有了本质的区别，只要驾驶员设定好所需工作温度，系统即自动检测车内温度和车外温度、太阳辐射和发动机工况，自动调节鼓风机转速和所送出的空气温度，从而将车内温度保持在设定范围内，并适度调节空气质量。有些高级轿车的空调自动控制系统除了温度控制和鼓风机转速控制外，还能进行进气控制、气流方式控制(送风控制)和压缩机控制，并保证系统安全可靠的工

作。当系统出现故障时，还可以自动检测和诊断故障部位，并且以故障代码的方式告知维修技术人员。

汽车空调控制单元对空调系统各部分的控制如图 5.3 所示。

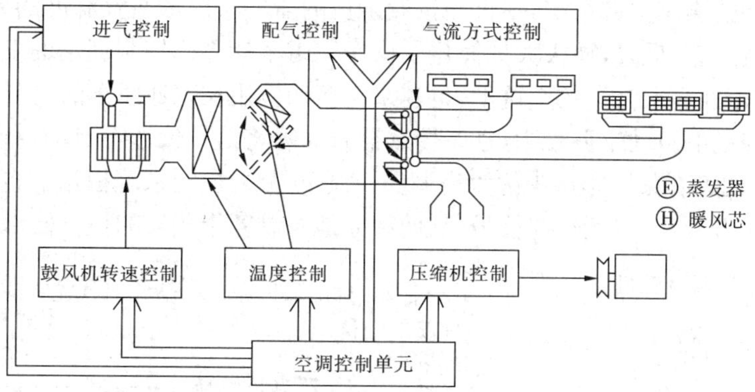

图 5.3　汽车空调自动控制系统基本结构图

三、汽车空调自动控制系统的类型

（一）放大器控制型自动空调系统

如图 5.4 所示为放大器控制型自动空调系统工作原理。该系统用电桥一运算放大器组成的比较器电路构成。电桥由外界环境温度传感器、车内温度传感器、阳光辐射传感器和调温键电阻组成，它和运算比较器 OP_1、OP_2组成一个控制系统。分别控制升温和降温真空电磁阀，将电信号转变成真空信号，调节真空伺服驱动器，带动控制杆对调温门开度、风机转速和热水阀开闭进行综合控制，达到控制温度恒定的目的。

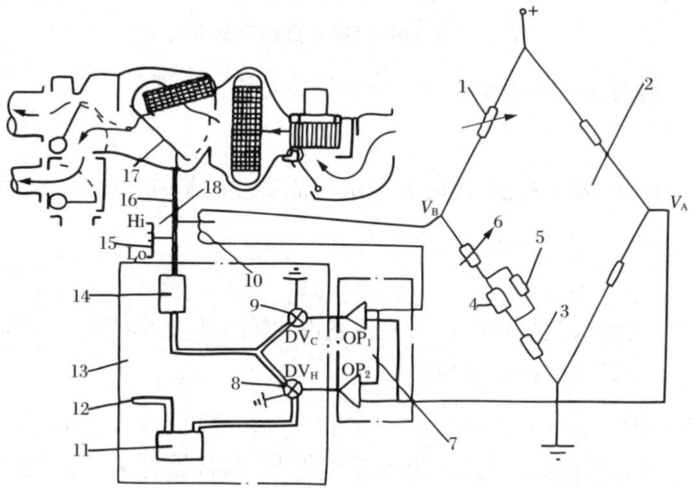

图 5.4　放大器控制型自动空调系统工作原理图

1. 调温电阻；　2. 电桥；　3. 车外温度传感器；　4. 阳光辐射传感器；　5. 风道温度传感器；　6. 车内温度传感器；　7. 比较计算器；　8. 升温真空电磁阀；　9. 降温真空电磁阀；　10. 反馈电位器；11. 真空罐；　12. 接发动机进气歧管；　13. 真空控制器；　14. 真空伺服驱动器；　15. 风扇转速开关；　16. 控制杆；　17. 调温门；　18. 热水阀开关

(二) 微电脑控制型自动空调系统

微电脑控制的汽车空调系统，不仅能按照乘员的需要吹出最适宜温度的风，而且可以根据实际需要调节风速、风量，还极大地简化了操作。由于计算机控制理论的发展和技术的进步，该系统不仅用在高级汽车的空调上，也越来越多的应用在普通轿车的空调系统中。

在微电脑控制的自动空调器中，每个传感器独立地将信号传送至自动空调器放大器(称为空调器 ECU 或者在某些车型中称为空调器控制 ECU)，控制系统根据在自动空调器放大器的微电脑中预置程序，识别这些信号，从而独立地控制各个相应的执行器，如图 5.5 所示。

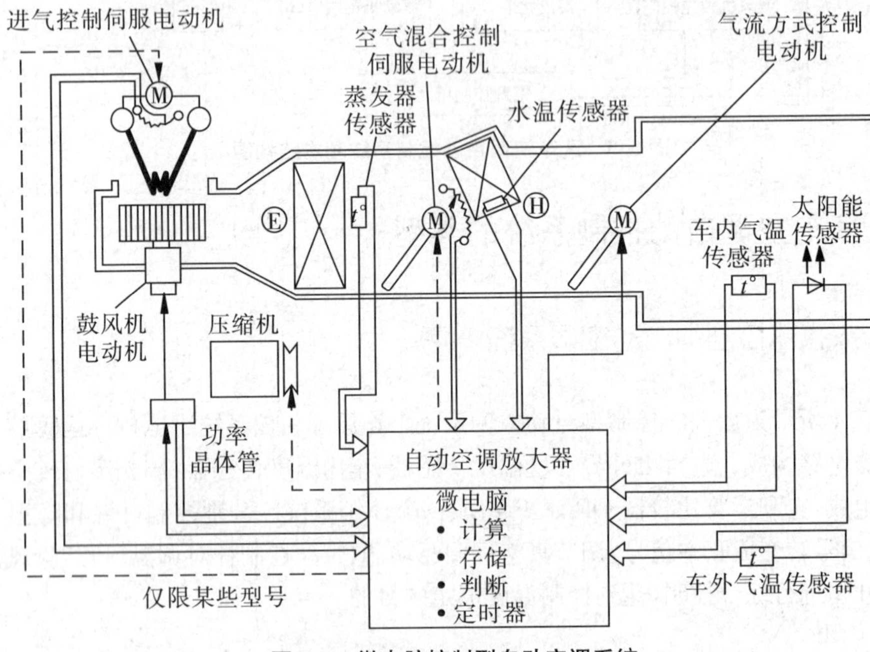

图 5.5 微电脑控制型自动空调系统

微电脑温度控制的汽车空调系统具有以下几种功能：

1. 空调控制

包括温度自动控制、风量控制、运转方式给定的自动控制、换气量控制等，满足车内对空调舒适性的要求。

2. 节能控制

包括压缩机运转控制、换气量的最适量控制以及随温度变化的换气切换、自动转入经济运行、根据车内外温度自动切断压缩机电源等。

3. 故障、安全报警

包括制冷剂不足报警、制冷压力高出或低出报警、离合器打滑报警、各种控制器件的故障判断报警等。

4. 故障诊断存储

汽车空调系统发生故障，微电脑将故障部位用代码的形式存储起来，在需要修理时指示故障的部位。

5. 显示

包括显示给定的温度、控制温度、控制方式、运转方式的状态等。

输入信号有三种：其一，车内温度传感器、车外环境温度传感器、阳光辐射温度传感器等各种传感器传来的信号；其二，驾驶员设定的温度信号、选择功能信号；其三，由电位计检测出的空气混合风门的位置信号。

输出信号也有三种：其一，为驱动各种风门，必须向真空开关阀（VSV）、复式真空阀（DVV）或伺服电动机输送的信号；其二，为了调节风量，必须向风机电动机输送的调节电压信号；其三，向压缩机输送的开停信号。

为了保证车内温度不变，微电脑必须根据传感器感测到的车内温度，不断地调节空调器吹送出的空气温度和送风量。同时由于车内空间狭窄、车窗多、车体受阳光照射的影响较大，因此还必须对车内送风温度进行修正。此外，还有由于冷却液温度变化而进行的对加热量的修正，以及在采用经济运转方式时，由于压缩机停止运转而进行的对蒸发器出口温度上升的修正等。

微电脑的控制是根据温度平衡方程进行的。设输入设定温度的电阻为 R，车室内温度的电阻为 A，车外空气温度的电阻为 B，吹出口温度电阻为 C，阳光照射、环境、节能修正量的温度电阻为 D，则其温度平衡方程为

$$R=A+B+C+D$$

微电脑根据这个方程进行计算、比较、判断后发出各种指令，让执行机构实施动作。

汽车空调送风量是决定车内温度的重要因素之一。微电脑控制系统根据车内温度与给定温度之间的偏差，对送风量进行连续的、无级的调节。夏季，当蒸发器的冷却温度变化时，送风量应随之改变，即送风温度低时，减少送风量，送风温度高时，增加送风量。冬季，水温低不能充分供暖时，若仍然送风会使乘客感到不适，自动控制机构可使送风中断，由预热器加热空气，使空气温度上升，待温度正常后，又开始送风。

车外新鲜空气和车内循环空气的自动切换也是通过微电脑进行控制的。在炎热的夏季，车内温度很高，为迅速降低车内温度，可暂时不使用车外新鲜空气。当空调系统使车内温度下降至一定值后，自动切换机构可进行新鲜、循环空气的风门切换，按一定比例引入新鲜空气。此外，对玻璃窗的除霜，也需要进行新鲜空气和循环空气的自动切换。在冬季或夏季雨天，必须除去玻璃窗上的结霜和凝露，以保证驾驶人员安全操作及乘客视线的清晰。在驾驶人员前方有除霜送风口吹出热风，在仪表板两侧也装有侧面除霜送风口。

根据乘客吹风的要求，吹风口可自动切换，上方和侧面吹出口吹冷风，而下方则吹暖风，满足乘客头凉脚暖的舒适性要求。例如，车内温度给定值为 25 ℃，夏季车外温度为 35 ℃时就送冷风，空气经蒸发器冷却后由冷风口吹出；在春、秋过渡季节，车外温度接近车内给定温度时，则采用经济运转方式，此时压缩机停止运转不制冷。这种换气方式是既经济又节能的。在冬季，当车外温度低于 15 ℃时，空调供暖循环开始工作，加热后的空气由下部暖风口送出。

夏季阳光辐射量的变化是修正项之一。由于汽车玻璃窗面积大，车内热负荷明显增加，车内温度升高，因此通过对阳光辐射量的修正使送风温度降低，同时混合空气调节器也要对车外新风量和车内回风量进行调节，以使车内温度满足要求。

对于使用变容量压缩机的制冷系统，压缩机的节能输出会引起蒸发器温度上升。这时微电脑可自动调节混合风门位置，保持输出空气温度不变，使车内温度恒定。

任务二　汽车空调电气控制系统

为保证汽车空调系统正常工作，维持车内所需要的温度，汽车空调系统需要一整套的环境温度控制、送风量控制、制冷工况的温度控制、压力控制、流量控制和相关的电路。它包括传感器、控制器和执行器等装置。同时，为保证在一些特殊情况下汽车空调系统能正常可靠的工作，系统内还需要设置安全保护装置和电路。

汽车由于安装了空调系统，特别是对于非独立式空调系统，需要消耗发动机的动力和电源，这影响了发动机动力性和经济性，从而会影响了汽车运行的工况。为了保证汽车运行时，空调系统的工作不会严重影响发动机的各种工况，还必须设置汽车工况控制装置和相关电路。

车内温度控制：控制系统控制送风温度、送风量和送风方向，以调节车内温度。

发动机负荷控制：非独立式空调由发动机驱动，空调的运行会影响发动机负荷的变化，进而影响汽车的行驶性能。空调控制系统应协调发动机和空调的运行。

安全保护控制：当空调系统压力过大或温度过高，会造成空调系统的损坏，因此，控制系统应能进行安全保护控制。

一、汽车空调温度控制器

温度控制器又称温控开关，起调节车内温度、防止蒸发器因温度过低而结霜的作用。常用的温度控制器有波纹管式和热敏电阻式两种。

（一）波纹管式温度控制器（又称压力式温度控制器）

波纹管式温度控制器的工作原理在项目二中已有所介绍，它的主要作用是控制蒸发器表面温度不低于 0 ℃，防止结霜影响系统正常工作。

（二）热敏电阻式温度控制器

现代汽车空调制冷系统中，热敏电阻式温度控制器是空调放大器的一个重要部分，作用是设定和精确地控制蒸发器出口的温度，它与其他电路共同控制压缩机电磁离合器电路的接通与切断，保证制冷系统正常工作并按照要求提供冷气。

热敏电阻式温度控制器的感温元件是热敏电阻，它将温度变化转换成电阻值的变化，即转变成电压变化，其电路组成框图如图 5.6 所示。

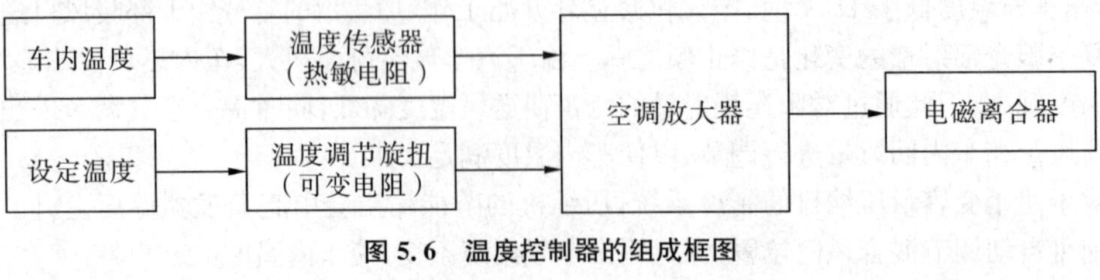

图 5.6　温度控制器的组成框图

典型的由热敏电阻组成的空调温度控制电路如图 5.7 所示，具有负温度系数的热敏电阻安装在蒸发器送风出口，当送风温度升高时，热敏电阻阻值减小；反之，阻值增大。可通过与热敏电阻相串联的温度调整电阻来设置空调系统的送风温度。空调放大器是一只电子电路控制的开关，对温度信号（对应热敏电阻的阻值）进行处理。

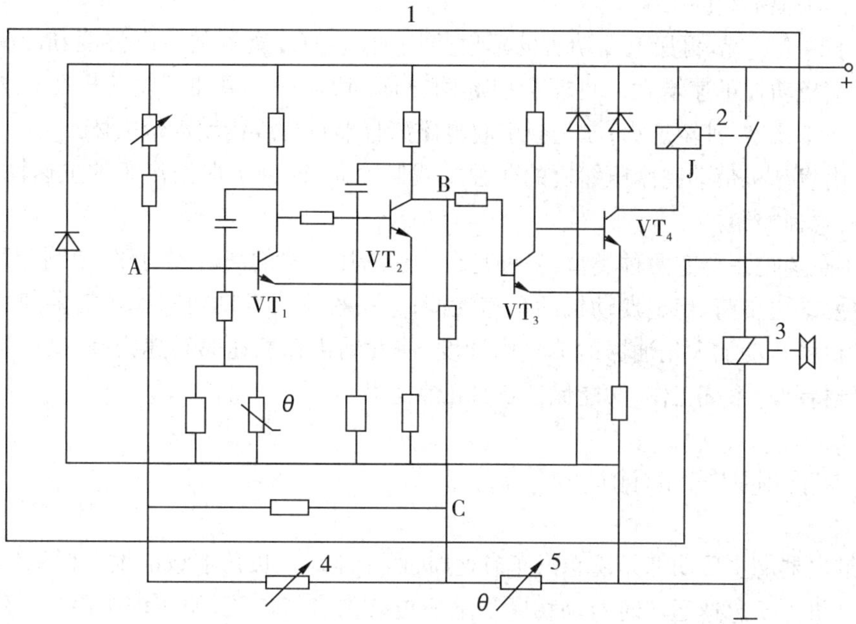

图 5.7　空调放大器电路

1. 空调放大器；　2. 继电器；　3. 电磁离合器；　4. 温度调整电阻；　5. 热敏电阻

如图 5.7 所示电路的工作原理是：当温度调整电阻 4 设定后，放大器中 B 点的电位高低取决于热敏电阻 5 的大小。当车内温度高于设定温度时，热敏电阻阻值减小，B 点电位降低，三极管 VT_3截止，而 VT_4导通，于是继电器 2 线圈通电，其触点闭合，接通压缩机电磁离合器电路，制冷系统工作，从而温度下降。当温度降低后，热敏电阻阻值增大。B 点电位升高，三极管 VT_3导通，而 VT_4截止，继电器线圈断电，触点断开，切断压缩机电磁离合器电路，制冷系统停止工作。由此循环工作，使车内温度保持在设定的范围内。

调节温度调整电阻 4 可改变 A 点电位，当温度调整电阻阻值减小时，A 点电位降低，三极管 VT_1截止，VT_2导通，B 点电位发生相应变化，VT_3截止，VT_4导通，制冷系统工作，设定温度降低；反之温度调整电阻阻值增大时，设定温度升高。

目前电子电路空调放大器的温度控制部分与其他部分一样，都采用了汽车空调放大器专用集成电路模块，其可靠性和电路已经大大简化，安装调试也简便得多，但其基本工作原理是相同的。

二、汽车空调怠速控制装置

在非独立式汽车制冷系统中，制冷压缩机是由发动机带动，当发动机处于怠速状态或汽车低速行驶时，制冷系统容易出现下列不良的情况。

① 发动机在怠速或低速时，冷却系统散热器的散热主要靠风扇冷却，而低速时风压和

风量均不充足，散热效果差，冷却液温度升高。同时，由于非独立式制冷系统的冷凝器通常安装在散热器前面，将进一步影响发动机散热器散热，发动机容易过热，影响发动机正常工作。

② 发动机处于怠速时，发电机发出的电能严重不足，制冷系统还要大量消耗蓄电池的电能，这是一种很不利的工况。

③ 由于以上情况，再加上发动机的辐射热增加，会使冷凝器的冷凝温度和冷凝压力异常升高，压缩机功耗迅速增大。可能会引起两方面问题：一是增加了发动机在怠速时的负荷，导致工作不稳定，甚至熄火；二是会引起电磁离合器打滑或传动皮带损坏。

因此，由发动机带动制冷压缩机的非独立式制冷系统，为了保证汽车的怠速性能，必须增加发动机怠速控制器。

发动机怠速控制器有两种类型：一种是自动切断压缩机的离合器电路，使制冷系统停止工作，减轻发动机负荷，稳定发动机的怠速性能；另一种是当发动机怠速还需要使用制冷系统时，发动机能自动加大化油器的节气门开度，使发动机在怠速时转速提高，既能保证有足够的动力维持制冷系统工作，又能保证自身正常运转。

（一）怠速继电器（怠速切断装置）

怠速继电器的主要功能是防止汽车怠速时，由于压缩机负荷造成的发动机工作不稳定，采用在发动机处于怠速运转时自动切断压缩机电磁离合器电流，使压缩机停止工作的方法来减轻发动机负荷，稳定发动机转速。这种方法是利用点火线圈的脉冲数作为控制信号的。汽车制冷系统的怠速控制信号一般都是取自点火线圈的低压端。怠速继电器的电路原理如图 5.8 所示。

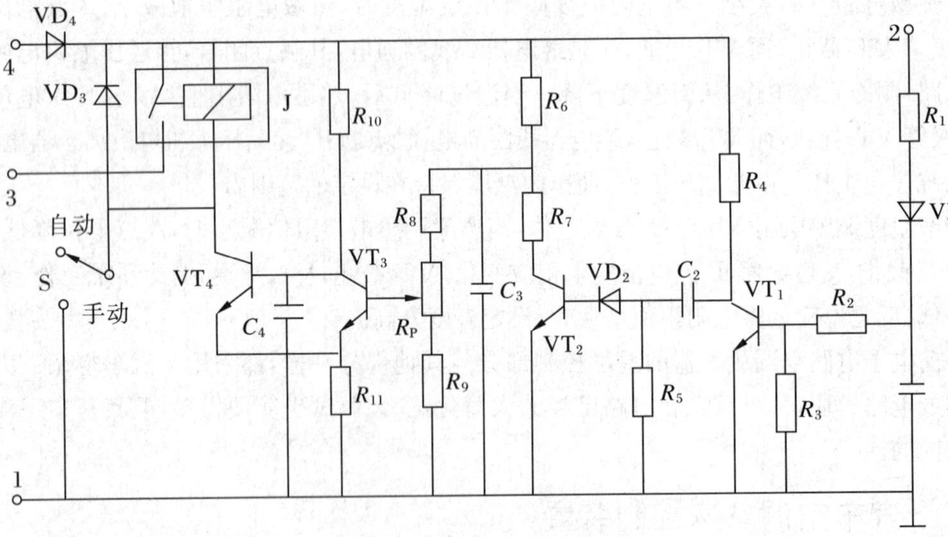

图 5.8　怠速继电器电路原理

1. 接电源负极（搭铁）；　2. 接点火线圈低压端；　3. 接电磁离合器；　4. 接电源正极

发动机转速信号由接线柱 2 送入怠速继电器电路，电路中 VT_1、VT_2 及相应的阻容元件组成频率—电压转换电路，送入的发动机转速信号经电阻 R_1、R_2 衰减，电容 C_1 滤波后由三极管 VT_1 放大，放大后的脉冲电压又被由电容 C_2、电阻 R_5 和二极管 D_2 组成的微分电路微分，使其脉冲宽度为一固定值，再经三极管 VT_2 放大整形，经 R_7、C_3 滤波后便在由 R_8、R_P 和 R_9 组成的分压电路两端得到一电压幅值与输入脉冲的频率成反比的直流电压，该电压经电位器 R_P，分压后送入由 VT_3、VT_4 组成的施密特触发器输入端，用来控制触发器的导通和截止，通过继电器 J 来控制压缩机电磁离合器线圈电路的接通和断开。

当发动机在怠速运转时，点火频率较低，经频率—电压变换电路得到的直流电压较高，施密特触发器的输入电压也较高，则 VT_3 导通，VT_4 截止，使继电器 J 触点断开，切断了电磁离合器线圈电路，压缩机不工作。当发动机转速升高到某一值时，点火信号频率增加，输入到施密特触发器的电压下降，使 VT_4 导通，继电器 J 触点闭合，接通电磁离合器线圈电路，使压缩机工作。

电位器 R_P 可用于调节输入到施密特触发器的输入电压，用来调节电磁离合器开始接通和断开时的发动机转速值，一般接通转速为 900～1 100 r/min，断开转速为 600～700 r/min。

该怠速继电器还具有"手动"和"自动"两个控制挡位，当"自动"控制挡位出现故障时，可将开关 K 拨到"手动"控制挡位以应急使用，此时，继电器线圈的电流经手动开关搭铁而构成回路，压缩机的工作状态将不再受发动机转速的控制。这种控制方式曾使用在低档轿车上，目前汽车空调系统已经较少使用。

（二）怠速提高装置

为了保证在怠速工况下能正常使用空调制冷系统，现代汽车都采用在怠速时加大节气门开度的方法来提高发动机的转速，使发动机在怠速时带动制冷压缩机仍能维持正常运转。

目前电控汽油发动机使用的怠速提高装置有两种不同的结构形式：一种是旁通气道式怠速控制装置；另一种是采用气门直动式怠速控制装置。

1. 旁通气道式怠速控制装置

电控燃油喷射系统怠速控制装置结构如图 5.9 所示，这是目前普遍采用的由步进电机带动的怠速控制结构。由图 5.9 可以看出，电控燃油喷射系统的怠速控制电路中，空调工作信号是发动机 ECU（电子控制单元）的重要传感器信号之一，当空调制冷系统起动，ECU 接收该信号后，驱动由步进电机带动的怠速控制阀门，将旁通气道开度加大，增加怠速时的进气量，使发动机转速增加，制冷压缩机正常工作。这种怠速提高装置可以根据发动机负荷变化的状况，精确地控制发动机根据空调压缩机等其他负载稳定的工作。

2. 气门直动式式怠速控制装置

在中、高档轿车上普遍采用了节气门直动式怠速控制方式，其控制原理是通过发动机 ECU 直接控制节气门开度大小从而实现对发动机怠速的控制，如图 5.10 所示。当使用空调制冷时，空调开关 A/C 信号传给发动机 ECU，ECU 向节气门执行电机供电使节气门开度加大，从而达到提高发动机转速的目的。这种怠速提高装置曾经广泛应用于化油器轿车的空调系统中。

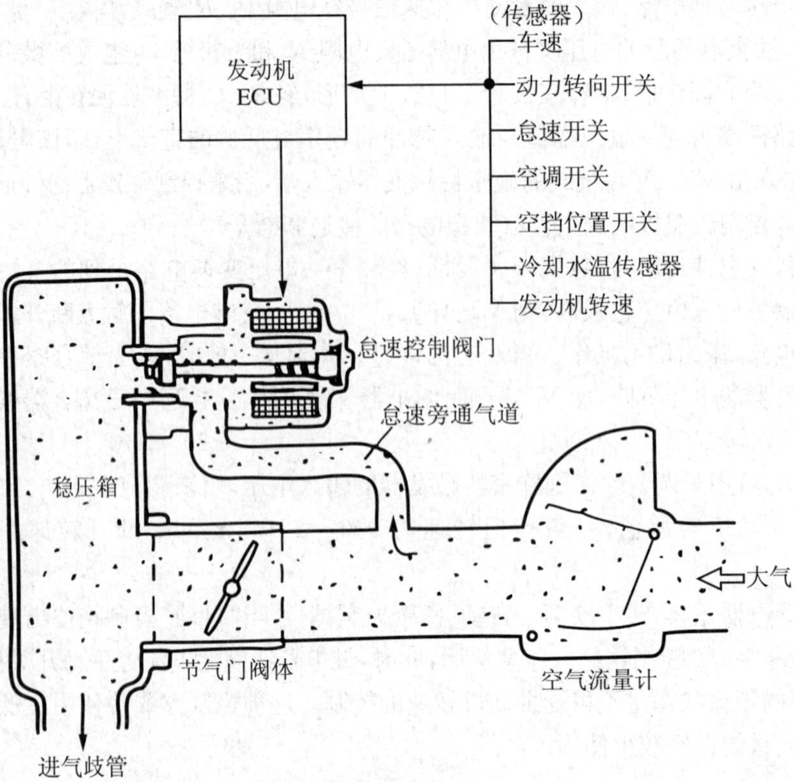

图 5.9　怠速控制系统(步进电机式)

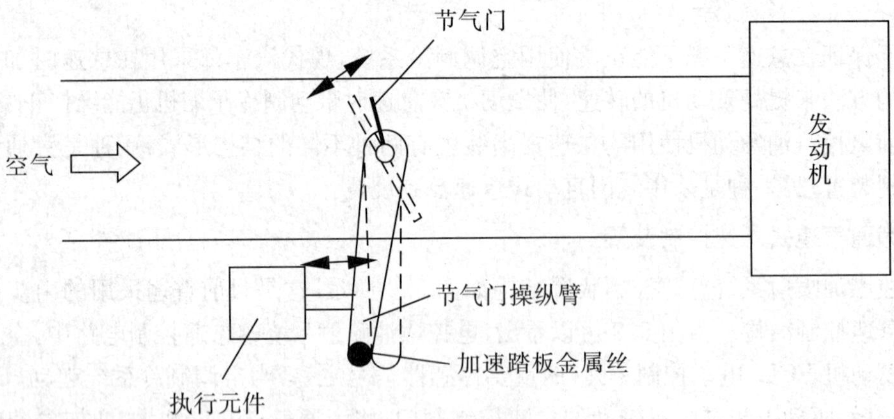

图 5.10　节气门直动式怠速控制机构

三、汽车空调加速控制装置

在现代轿车上,设有加速切断器。设置加速切断器的目的是:在汽车加速或超车时暂时切断压缩机离合器电源,使发动机全部功率用于满足车辆加速需要,同时可防止压缩机超速损坏。要实现加速切断,一是利用和节气门杠杆连接的机械开关;二是利用能感应进气管真空度的真空开关(此类开关和压缩机离合器的电路串联);三是一些电喷车利用节气门位置传感器的信号和曲轴位置传感器信号感知发动机处于加速状态,由发动机电脑完成空调电路切断。

（一）机械式加速切断器

这种机械式断开器的开关是由加速踏板通过连杆或钢索来操纵的，当加速踏板踩到其行程的 90％时，加速踏板碰到切断器的控制簧片，切断器将电磁离合器电源切断，压缩机停止运行，这样便卸除了压缩机的动力负荷，使发动机有足够的动力输出，实现顺利超车；当切断器断开时，压缩机的转速被限制在最高极限转速范围内，从而保护了压缩机零件免受损坏，断开器外形图如图 5.11 所示。

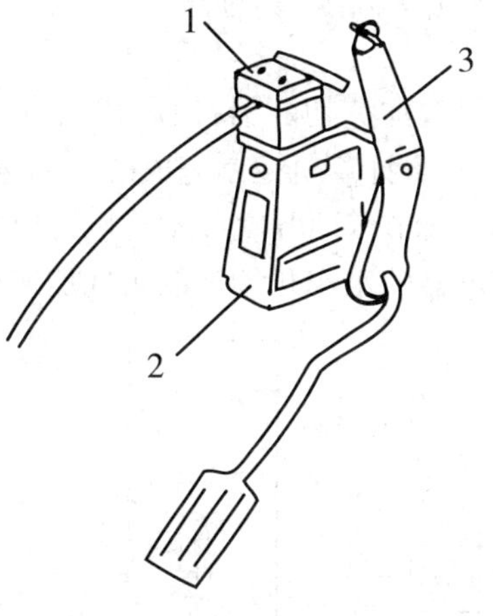

图 5.11　机械式加速切断器

1. 加速切断器；　2. 油门踏板托架；　3. 油门踏板总成

桑塔纳轿车加速控制断开装置由加速开关和延迟继电器组成。加速开关一般装在加速踏板下或装在其他位置通过连杆或钢索来操纵。当加速踏板行程达到最大行程的 90％时，加速开关及延时继电器切断电磁离合器线圈电路，使压缩机停止工作，发动机的全部输出功率用来克服加速时的阻力，提高了车速。当踏板行程小于 90％或加速开关打开后延时十几秒钟则自动接通电磁离合器线圈电路，使压缩机又自动恢复工作，其原理如图 5.12 所示。

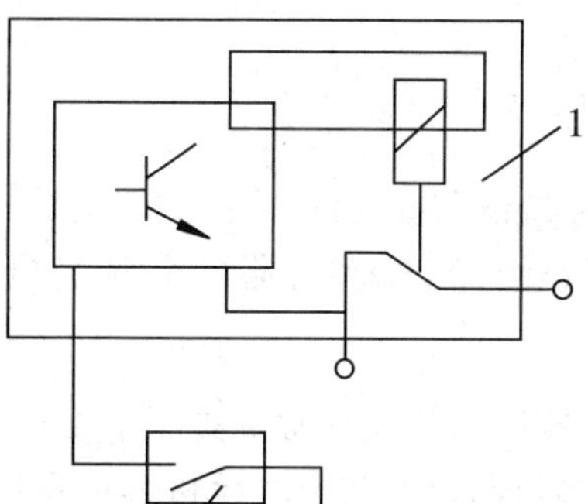

图 5.12　桑塔纳轿车加速控制装置

1. 延迟继电器；　2. 加速开关

(二) 真空式加速切断器

这种加速切断器由发动机进气歧管真空度控制,当进气歧管真空度较低(汽车处于均速或少许加速)时,则开关处于闭合状态,空调正常工作。当进气歧管真空度较大(急加速或怠速)时,真空断开器内膜片断开触点,切断离合器电源,压缩机停止工作。当加速变缓时,真空度下降,弹簧推动膜片将触点闭合,空调系统恢复正常工作。

(三) 车身计算机控制的轿车加速切断控制

有些高级轿车上不设置专门的加速切断器,但同样具有加速切断功能。如日产风度轿车,这种车的空调加速切断是由车身计算机控制完成的。加速时,车身计算机控制由节气门位置传感器和曲轴位置传感器采集节气门开度和发动机转速信号,当感知出急加速状态时,车身计算机控制停止压缩机继电器的工作几秒钟以实现加速切断,其原理如图 5.13 所示。

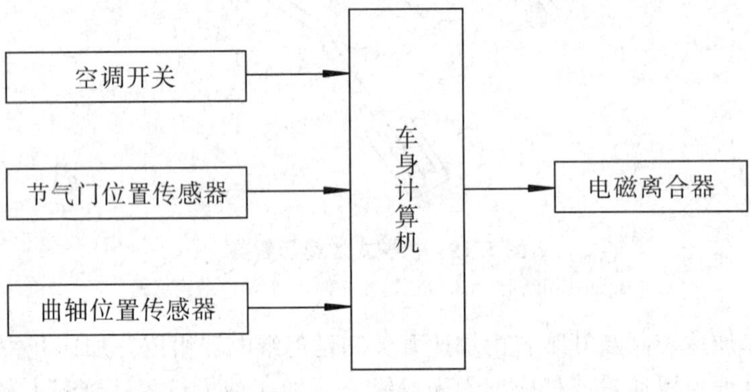

图 5.13　车身计算机控制加速电路原理

四、汽车空调系统保护元件

(一) 高、低压保护开关

高、低压保护开关是空调系统的重要元件,它们的作用是保证系统在压力异常的情况下起动相应的保护电路或者切断压缩机电磁离合器线圈,防止损坏系统部件。

1. 高压保护开关

高压保护开关是用来防止制冷系统在异常的高压下工作,以保护冷凝器和高压管路避免其爆裂、防止压缩机的排气阀折断以及防止压缩机其他零件和离合器损坏。当污垢等杂物阻挡冷凝器冷却风道时,由于制冷剂无法冷却,制冷剂压力便会升高;当制冷系统中制冷剂量过多或者系统管路发生堵塞等其他原因时,压力也会增高。发生这种情况时,高压保护开关通常有两种保护方式:一是会自动将冷凝器风扇高速挡电路接通,提高风扇转速,以便较快地降低冷凝器的温度和压力;二是切断压缩机电磁离合器电路,使压缩机停止运行。

高压保护开关的结构如图 5.14 所示。它通常安装在储液干燥器上,使高压制冷剂蒸气直接作用在膜片上。对于图 5.14(a)所示结构,高压开关是常开形式,正常情况下,触点断开,冷凝器风扇停止工作。当制冷系统压力异常,升高至工作压力上限时,制冷剂蒸气压力大于弹簧压力,触点接通,冷凝器风扇高速运转强制冷却。而对于图 5.14(b)所示结构,高压开关是常闭形式,压缩机电磁离合器电路接通,制冷系统正常工作。当系统压力高于正常值时,制冷剂压力大于弹簧压力,触点将离合器电路断开,压缩机停止运行,从而保护了压缩机。当制冷剂压力下降到正常值时,触点重新闭合,电路接通,压缩机即可恢复运行。

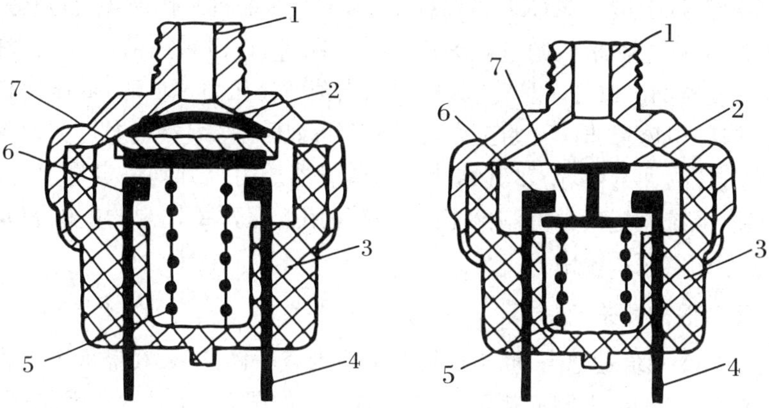

(a) 常开型高压开关　　(b) 常闭型高压开关

图 5.14　高压保护开关结构

1. 管路接头；　2. 膜片；　3. 外壳；　4. 接线柱；　5. 弹簧；　6. 固定触点；　7. 活动触点

2. 低压保护开关

当制冷系统的制冷剂不足或泄漏时,冷冻润滑油也有可能随之泄漏,系统的润滑便会不足,压缩机继续运行,将导致严重损坏。低压保护开关的功能就是感测制冷系统高压侧的制冷剂压力是否正常。低压保护开关的结构如图 5.15 所示。它通常用螺纹接头直接安装在系统管路高压侧。当制冷剂压力正常时,动触点接通压缩机电磁离合器电路;当压缩机排出的制冷剂压力过低时,低压保护开关会自动切断电磁离合器电路,压缩机停止运行,以保护压缩机避免其损坏。

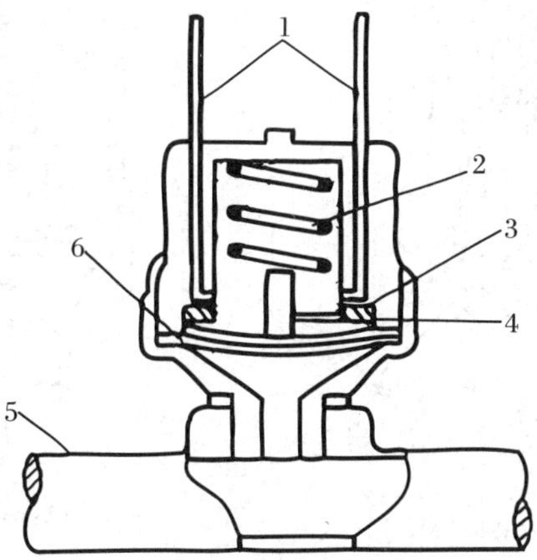

图 5.15　低压保护开关

1. 导线；　2. 弹簧；　3. 动触点；　4. 支座；　5. 压力导入管；　6. 膜片

低压保护开关还有一个功能，是在环境温度较低时，会自动切断离合器电路，使压缩机在低温下自动停止运行，这样可减少动力消耗，达到节能的目的。其作用的原理如下：当外面环境温度过低时，冷凝温度亦低，相应的压缩机排出的制冷剂的温度和压力也低。例如，使用 R12 的系统，当环境温度<10 ℃时，其压力正好是 0.423 MPa，此压力亦是低压开关切断电磁离合器的阈值。所以温度（环境）低于 10 ℃时，低压保护开关会使制冷系统自动停止工作。

还有一种低压保护开关安装在制冷系统的低压端，是用来控制蒸发器的压力不致过低而结冰，保证制冷系统工作。在 CCOT 系统中，为控制压缩机工作循环，在热旁通阀系统中，除了用恒温开关、热敏电阻来控制电磁旁通阀的通路外，还可采用低压开关来控制。这时，低压开关装在蒸发器的出口处，以感测其压力。当蒸发器压力过低时，低压保护开关将电磁旁通阀的电路接通，电磁旁通阀开始工作，让一部分高压制冷剂蒸气通过旁通阀流到压缩机吸气口，使蒸发器压力回升，以防止其结冰。当蒸发器压力上升到一定量值时，低压保护开关又切断其电路，系统恢复正常的制冷工作。这种用低压开关控制的电磁旁通阀系统一般用在大、中型客车的空调系统中。

3. 高低压组合保护开关

新型的空调制冷系统是把高、低压保护开关组合成一体，安装在储液器上面的。这样既可减少重量和接口，又可减少制冷剂泄漏的可能性。如图 5.16 所示的就是高、低压组合保护开关的结构图，其工作原理如下：

当高压制冷剂的压力正常时，压力应在 0.423～2.75 MPa 之间，金属膜片和弹簧力处在平衡位置，高压触头 14、15 和低压触头 1、2、6、7 都闭合，电流从 6、7 触头到高压触头 14、15 后再到 1、2 触头出来。当制冷压力下降到 0.423 MPa 时，弹簧压力将大于制冷剂压力，推动低压触头 1、2 和 6、7 脱开，电流随即中断，压缩机停止运行，如图 5.16(a)所示。反之当压力大于 2.75 MPa 时，蒸气压力将整个装置往上推到上止点。蒸气继续压迫金属膜片上移，并推动顶销将高压动触头 14 与高压静触头 15 分开，将离合器电路断开，压缩机停止运行，如图 5.16(b)所示。当高压端的压力小于 2.17 MPa 时，金属膜片恢复正常位置，压缩机又开始运行。

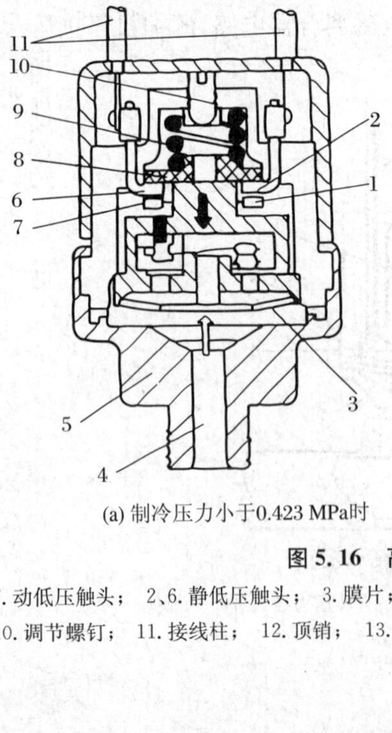

(a) 制冷压力小于0.423 MPa时

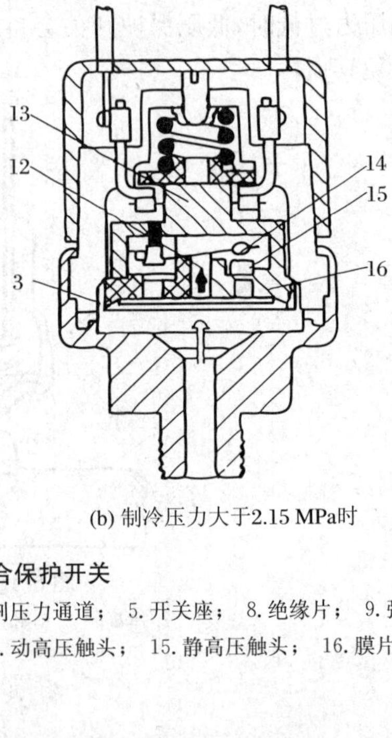

(b) 制冷压力大于2.15 MPa时

图 5.16　高低压组合保护开关

1、7. 动低压触头；　2、6. 静低压触头；　3. 膜片；　4. 制冷剂压力通道；　5. 开关座；　8. 绝缘片；　9. 弹簧；　10. 调节螺钉；　11. 接线柱；　12. 顶销；　13. 钢座；　14. 动高压触头；　15. 静高压触头；　16. 膜片座

(二) 过热限制器

过热限制器主要用于控制压缩机温度过高时，切断电磁离合器的电路，使压缩机停止运行，防止压缩机受到损坏。它包括过热开关和熔断器两部分。

过热开关是一种温度传感开关，装在压缩机后盖紧靠吸气腔的位置，其构造如图 5.17 所示。它的工作原理是：当制冷系统的制冷剂泄漏量较多时，压力会下降，若这时压缩机继续工作，它就会产生过热现象。此时制冷剂的温度上升，但压力不增加，润滑油会变质，进而损坏压缩机。这时，过热开关的传感器内的制冷剂蒸气将感受到入口的温度升高而使开关内部压力升高，推动膜片将导电触点 7 与端子 1 接通。导电触点 7 通常直接与外壳连通，即过热开关的端子 1 平时是断开的，压缩机温度过热，才会闭合搭铁。

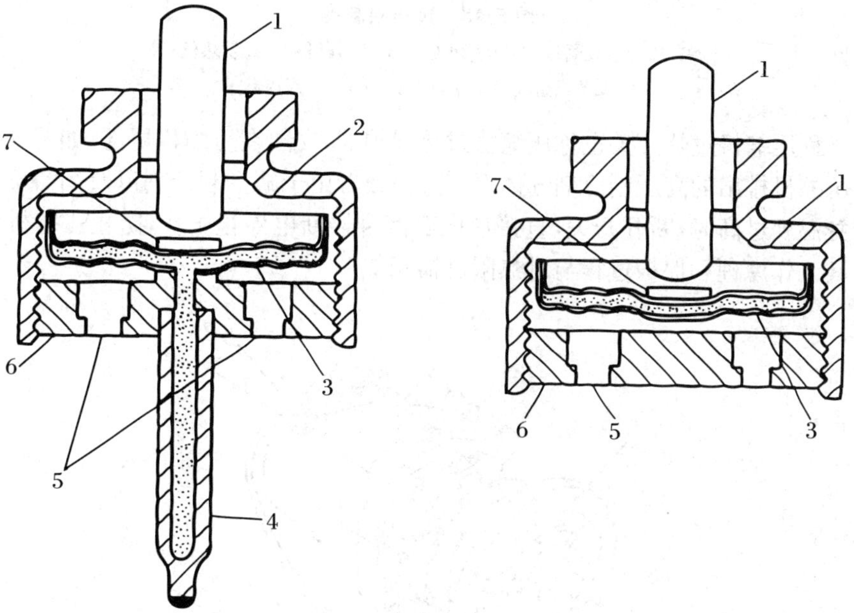

(a) 早期模式　　(b) 新模式

图 5.17　过热开关结构

1. 端子；　2. 外罩；　3. 膜片；　4. 热敏管；　5. 基座开口；　6. 膜片安装基座；　7. 导电触点

过热限制器的电路原理示意图如图 5.18 所示。熔断器有三个接头，S 接过热开关，B 接外电源，C 接离合器。熔断器内部 B 和 C 之间接一个低熔点金属丝，S 和 C 接电热丝。正常情况下，电流通过空调开关，经过熔断器低熔点金属丝到压缩机离合器的电磁线圈。当发生过热时，过热开关 2 闭合，它使流经过热限制器的电热丝 4 接地。电热丝发热后熔化低熔点金属丝 5，切断压缩机离合器电路和过热保护开关的电路，压缩机停止运行，起到过热保护的作用。

熔断器断路后，不会自行恢复，一定要仔细检查制冷系统是否因泄漏而缺少制冷剂。否则，接好易熔丝后，很快又烧断。另外，如果仔细检查制冷系统后，确认不缺少制冷剂，那么就可能是过热开关损坏，此时需要更换新的过热开关。

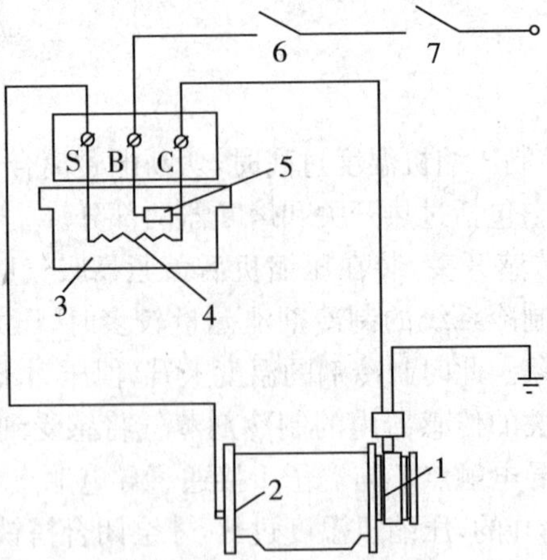

图 5.18　过热限制器

1. 离合器线圈；　2. 过热开关；　3. 热熔断器；　4. 发热丝；
5. 低熔点金属丝；　6. 空调开关；　7. 点火开关

还有一种压缩机过热开关也称压缩机过热保护器，安装在压缩机尾部，如图 5.19 所示。作用是当压缩机排出的高压制冷剂气体温度过高或者由于缺少制冷剂以及润滑不良而造成压缩机本身温度过高时，断开开关，直接使电磁离合器断电停止工作，防止压缩机因为过热而损坏。其工作原理和保护过程与过热限制器相似。

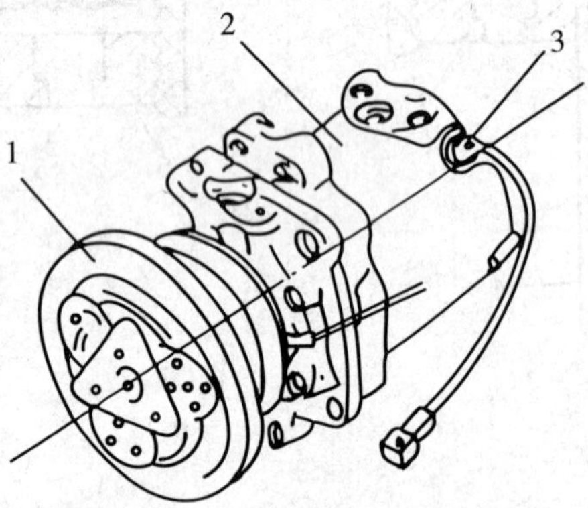

图 5.19　压缩机过热开关的安装位置

1. 电磁离合器；　2. 压缩机；　3. 过热开关

（三）高压卸压阀

如果制冷剂的压力升得太高，它将会损坏压缩机。因此，在典型的空调系统中，有一个装在压缩机或高压管路上由弹簧控制的卸压阀，其结构如图 5.20 所示。按系统和厂家不同，此阀的压力调整值有所不同，一般在 2.413～2.792 MPa 范围内变化。当压力超出调整值时，卸压阀将开始使制冷剂放空溢出，直到压力降低到调定值为止，此时在弹簧作用下，阀又自动关闭，以保证制冷系统正常工作。

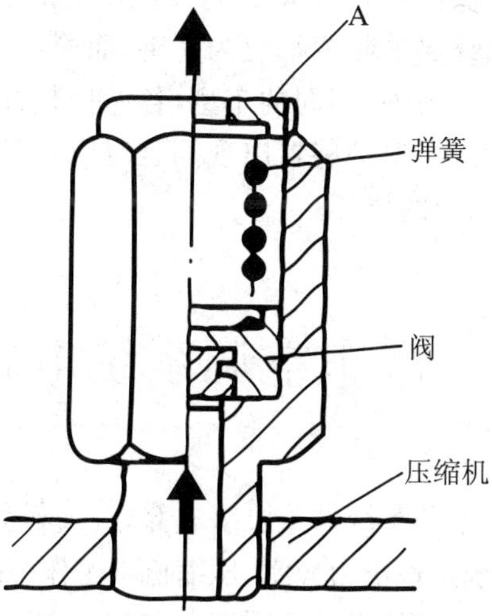

图 5.20　高压卸压阀结构

(四) 冷却液过热开关和冷凝器过热开关

冷却液过热开关也称水温开关,其作用是防止在发动机过热的情况下使用空调。水温开关一般使用双金属片结构,安装在发动机散热器或者冷却液管路上,感知发动机冷却液温度,当发动机冷却液温度超过某一规定值(如奥迪 100 为 120 ℃)时,触点断开,直接切断(或者触点闭合通过空调放大器切断)电磁离合器电路使压缩机停止工作;而当发动机冷却液下降至某一规定值(如奥迪 100 为 106 ℃)时,触点动作,自动恢复压缩机的正常工作。

冷凝器过热开关安装在冷凝器上,感受其过热度,当其温度过高时,接通冷凝器风扇电机,强迫冷却过热的制冷剂,使系统能正常工作。桑塔纳轿车的冷凝器过热开关有两个,当冷凝器温度为 95 ℃时,起动风扇低速运转;当温度为 105 ℃时,风扇高速运转,以增强冷却效果。

(五) 环境温度开关

环境温度开关也是串联在压缩机电磁离合器电路中的一只保护开关,或者直接串联在空调放大器电路中。通常当环境温度高于 4 ℃时,其触点闭合;而当环境温度低于 4 ℃时,其触点将断开而切断电磁离合器的电路或者空调放大器电源。也就是说,当环境温度低于 4 ℃时是不宜开动空调制冷系统的,其原因是当环境温度低于 4 ℃时,由于温度较低,压缩机内冷冻油黏度较大,流动性很差,如这时起动压缩机,润滑油来不及循环流动并起润滑作用,压缩机会因润滑不良而磨损加剧甚至损坏。汽车空调使用手册规定,在冬季不用制冷时,也要定期开动空调制冷系统以使制冷剂能带动润滑油进行短时间的循环,以保证压缩机以及管路连接部位和阀类零件的密封元件不因缺油而干裂损坏,造成制冷剂泄漏和膨胀阀、电磁旁通阀等卡死失灵。由此可见,这项保养工作应在环境温度高于 4 ℃时进行,冬季低于 4 ℃时最好不要起动压缩机。环境温度开关是为此而设置的,国产上海桑塔纳轿车的空调系统便装有这种保护开关。

上述介绍的汽车空调系统保护装置，并非在每种汽车上都全部采用，而是根据情况部分采用。一般来说原装车空调系统保护装置都较为完善，而简易空调或加装的空调系统保护装置较少甚至不采用保护装置。另外，不同的车型，各保护装置的工作参数也是不同的，在检测、维修、更换时应予以注意。在保护装置出现问题时应及时更换新件，不得将其摘除或长期短接使用，以免造成空调系统的损坏。

任务三　汽车空调系统电路分析

汽车空调电路系统是汽车空调系统的重要组成部分，汽车空调电路系统中的熔丝、继电器等出现故障，常常会导致系统出现压力异常、压缩机不工作等故障。

汽车空调系统由于各制造厂家的设计不同而存在差异，因此其电路也不尽相同，但其基本原理是相同的。下面分别介绍三个典型的电路：手动空调电路、自动空调电路及采用LAN局域网技术的空调电路，并对电路进行分析，为今后对空调系统的故障诊断做准备。

一、桑塔纳(SANTANA)轿车空调电路

如图5.21所示为上海桑塔纳轿车空调电路，它由电源电路、电磁离合器控制电路、鼓风机控制电路和冷凝器风扇电机控制电路组成，是一种典型的机械手动控制的空调系统电路。

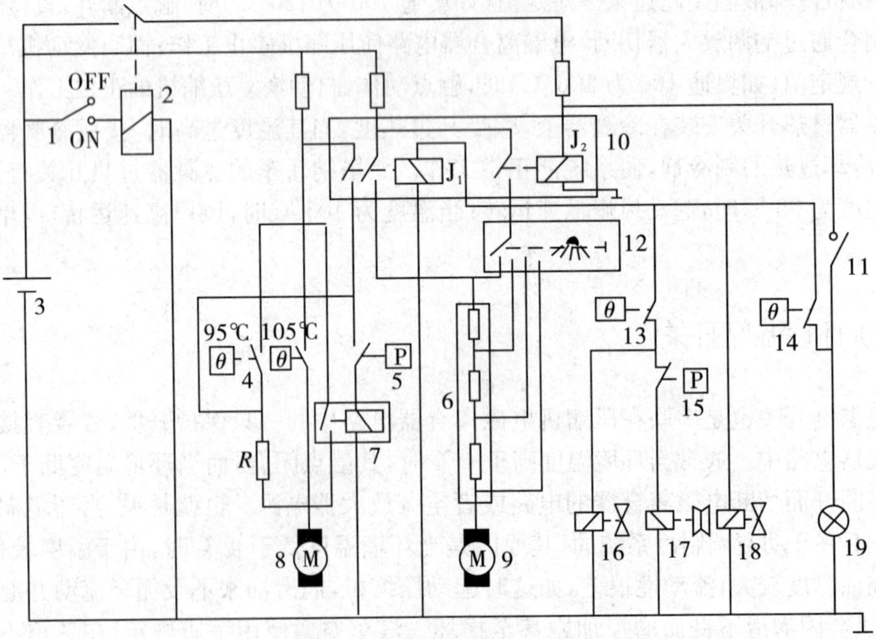

图5.21　上海桑塔纳轿车空调电路

1. 点火开关；2. 空调主继电器；3. 蓄电池；4. 冷凝器温控开关；5. 高压保护开关；6. 调速电阻；7. 冷凝器风扇继电器；8. 冷凝器风扇电机；9. 蒸发器风扇电机；10. 空调继电器组；11. 空调开关；12. 风机开关；13. 蒸发器温控开关；14. 环境温度并关；15. 低压保护开关；16. 怠速提升真空转换阀；17. 电磁离合器；18. 新鲜/循环空气电磁阀；19. 空调指示灯

电路工作原理如下：

① 点火开关 1 处于断开(OFF)位置时，空调主继电器 2 的线圈电路切断，触点断开，空调系统不工作。

② 点火开关处于接通(ON)位置时，空调主继电器 2 的线圈电路接通，触点闭合，空调继电器组 10 中的线圈 J_2 通电，接通鼓风机电路，此时可由鼓风机开关 12 进行调速，使鼓风机按要求的转速运转，进行强制通风、换气或送出暖风。

③ 当外界气温高于 10 ℃时，允许使用空调制冷系统。当需要其工作时，按下空调开关 11，空调指示灯亮，表示空调系统电路已经接通。此时电源经空调开关 11、环境温度开关 14 可接通下列电路：

a. 新鲜/循环空气电磁阀接通，该阀起真空驱动器作用，使新鲜空气进口关闭，制冷系统进入空气内循环工况。

b. 经蒸发器温控开关、低压保护开关对压缩机电磁离合器线圈供电，常闭型低压保护开关串联在蒸发器温控开关和电磁离合器之间，当缺少制冷剂使制冷系统压力过低时，开关断开，压缩机停止工作。同时电源还经蒸发器温控开关接通化油器的怠速提升真空转换阀，提高发动机的转速，保证发动机稳定工作，满足空调动力源的需要。

c. 对空调继电器组 10 中的线圈 J_1 供电，使两对触点同时闭合，其中一对触点接通蒸发器风机电路，它保证只要空调制冷开关一旦按下，无论风机开关在什么位置，蒸发器风扇电机都至少运行在低速工况，以防止蒸发器表面结冰，影响系统的正常工作。

另一对触点接通冷凝器冷却风扇控制电路，它与高压保护开关、冷凝器温度开关共同组成系统温度一压力保护电路，其工作过程是：高压保护开关串联在冷凝器风扇继电器和空调继电器 J_1 的一对触点之间，当制冷系统高压值正常时，触点断开，将电阻 R 串接入冷凝器风扇电机电路中，使风扇电机低速运转。当制冷系统高压超过规定值时，高压保护开关触点闭合，接通冷却风扇继电器线圈电路，冷却风扇继电器的触点闭合，将电阻 R 短路，使风扇电机高速运转，以增强冷凝器的冷却能力。同时，冷却风扇电机还直接受发动机冷却液温控开关的控制，当不开空调开关 11，若发动机冷却液温度低于 95 ℃，风扇电机不转动，高于 95 ℃，冷却风扇电机低速转动。当冷却液温度达到 105 ℃时，则风扇电机将高速转动。

这类机械一电气控制的空调系统电路虽然没有电子温度控制器，但因其结构简单，电路器件可靠，所以仍然得到了广泛的应用。

二、凌志 LS400 空调电路

凌志 LS400 型的空调装备，是一款较优秀的智能化轿车全自动空调控制系统。它的控制功能完备，性能优良，操作使用方便，空气调节效果好。整个系统自成体系，并且具有自诊断功能，其电路原理如图 5.22 所示。

该电路由传感器、控制器(ECU)和执行器组成，系统结构与工作原理如下：

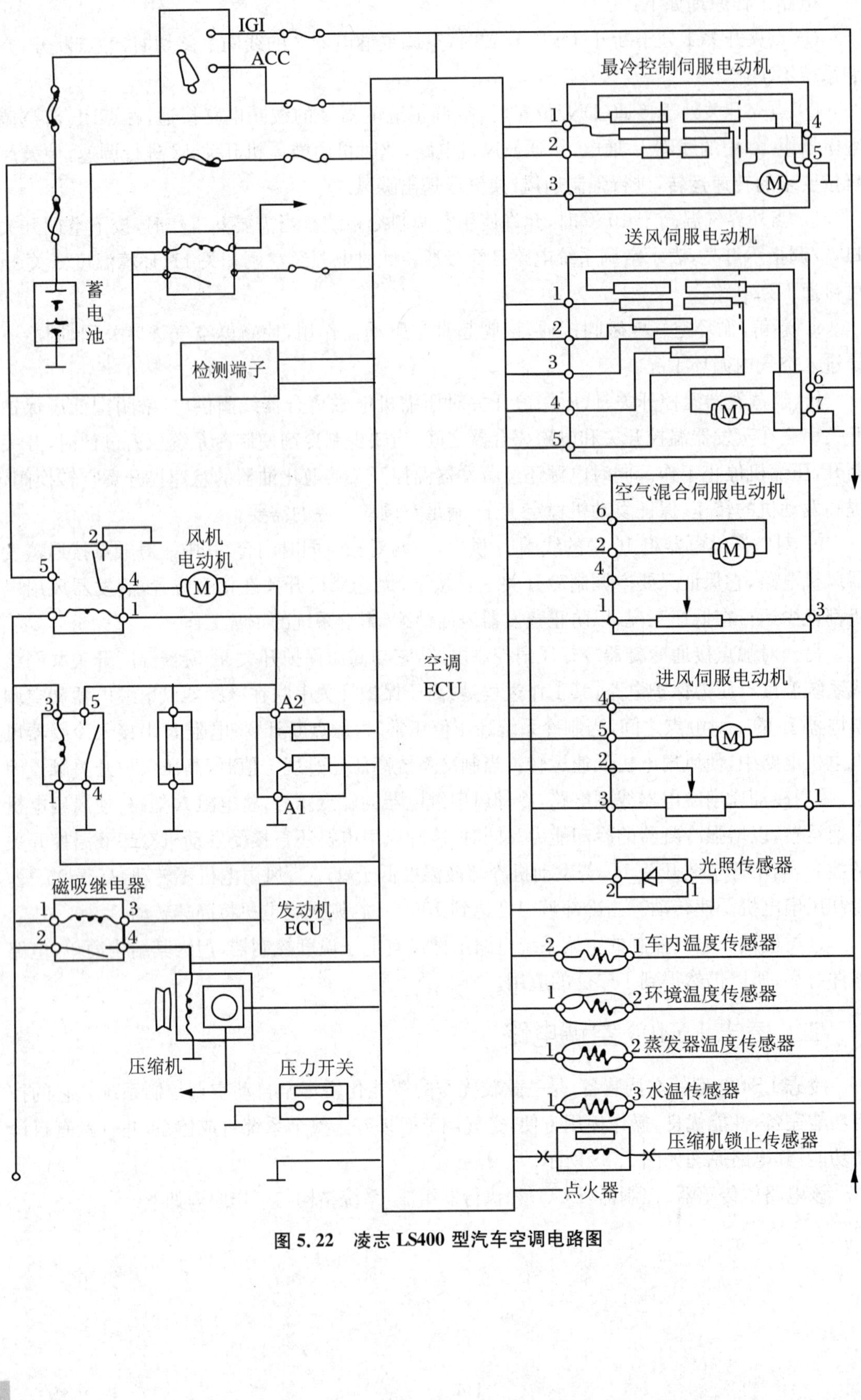

图 5.22　凌志 LS400 型汽车空调电路图

(一) 传感器

1. 车内温度传感器

车内温度传感器安装在仪表板的下端,是一个具有负温度系数的热敏电阻,其阻值随着温度的上升而下降。当车内温度发生变化时,热敏电阻的阻值改变,从而向空调 ECU 输送车内温度信号。

2. 车外环境温度传感器

车外环境温度传感器安装在前保险杠右下端,它也是一个热敏电阻,向空调 ECU 输送车外温度信号。

3. 蒸发器温度传感器

该传感器安装在蒸发器壳体上,用以检测制冷装置内部的温度变化。当蒸发器周围温度发生变化时,传感器电阻的阻值也随之改变,并向空调 ECU 输出电信号。

4. 光照传感器

它是一个光敏二极管,安装在汽车前挡风玻璃下面。利用光电效应,该传感器将阳光辐射程度转变成电信号,并输送给空调 ECU。

5. 水温传感器

它直接安装在暖气芯底部的水道上,检测冷却液温度。产生的水温信号输送给空调 ECU,用于低温时的风机转速控制。

6. 压缩机锁止传感器

这是一种磁电式传感器,安装在空调装置的压缩机内,检测压缩机转速。压缩机每转一圈,该传感器线圈产生 4 个脉冲信号输送给空调 ECU。

(二) 空调控制器(ECU)

空调 ECU 与操纵面板制成一体,它对输入的各种信号进行计算、分析、比较后,发出指令,接通所需的电路并指令伺服电动机转动,按照功能选择键的输入指令,打开所需的出风口风门、调节出风温度;按照输入的预设温度,控制温度风门的位置;按照输入气源门的空气来源,指令气源门电动伺服电动机工作等。

1. 计算所需送风温度

空调 ECU 根据驾驶员设定温度及各传感器输送的数据,按下面公式计算所需的送风温度 T_0:

$$T_0=aT_S+bT_R+cT_A+dT_B+e$$

式中,T_S为驾驶员设定的温度(℃);T_R为车内温度(℃);T_A为车外环境温度(℃);T_B为光照传感器输送数据;a,b,c,d,e 是系数。

空调 ECU 根据 T_0值,向伺服电动机等执行元件发出控制信号,实现各种控制功能。但是当驾驶员将温度设置在最冷或最热时,空调 ECU 将用设定值取代上述计算值进行控制,以加快响应速度。

2. 车内温度控制

空调 ECU 根据下列公式计算出空气混合挡风板开度值：

$$S=\frac{T_0+f-(T_E+g)}{h-(T_E+g)}\times 100\%$$

式中，T_E为蒸发器温度（℃）；f,g,h 是系数。

当 S 值近似为零时，表示 T_0与 T_E接近，空调 ECU 即截止输入空气混合伺服电动机的控制电流，空气混合挡风板处在原位置。若 S 值小于零，表示 T_0小于 T_E，空调 ECU 控制空气混合挡板向冷的方向转动，降低出风温度。与此同时，电动机内的电位计将挡风板的转动位置信号反馈给 ECU，当温度降低使 S 值近似为零时，ECU 切断电流，伺服电动机停止转动。若 S 值大于零，表示 T_0大于 T_E，于是空调 ECU 控制空气混合挡风板向热的方向转动，提高出风温度，直至 S 值重新接近于零。

3. 风机转速控制

如图 5.23 所示为风机转速控制电路。当按下"低速"键时，空调 ECU 的 1 端与 2 端导通，1 号继电器吸合，电流流经电动机及一个电阻器后接地，风机电动机以低速旋转。当按下"中速"键时，空调 ECU 的 1 端与 2 端导通，1 号继电器吸合，同时 ECU 端子 4 间歇性地向功率管端子 6（基极）输入控制电流，使它间歇性导通，这样，风机控制电流流经电动机后，可以间歇性地经功率管端子 7 和端子 9 接地。风机转速取决于功率管的导通时间。当按下"高速"键时，空调 ECU 的 5 端与 2 端导通，2 号继电器吸合，风机控制电流经电动机和 2 号继电器触点后接地，电动机以高速旋转。它属于减负荷控制方式。

当按下"自动控制"键时，空调 ECU 根据 T_0值自动调整风机转速。若水温传感器检测到水温低于 40 ℃时，ECU 控制风机停止。

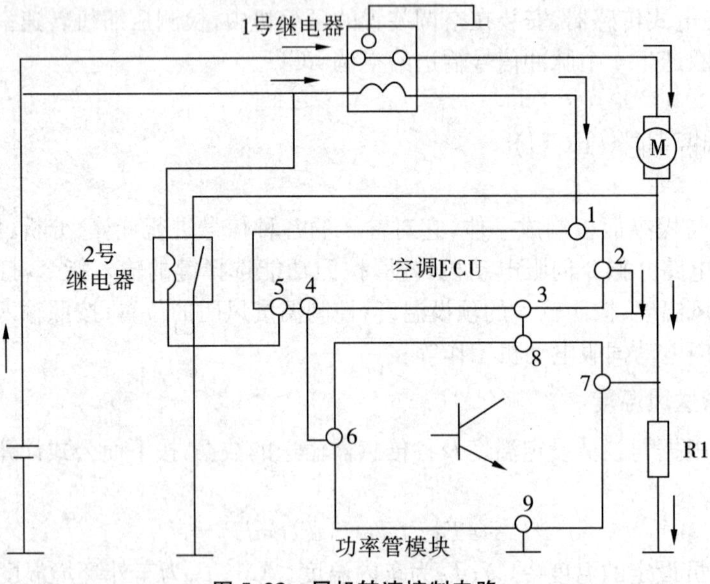

图 5.23　风机转速控制电路

4. 进风方式控制

当按下某个逆风方式键时，空调 ECU 控制逆风伺服电动机转动，将进风挡风板固定在"车外新鲜空气导入"或"车内空气循环"位置上。当按下"自动控制"键时，空调 ECU 根据

T_0值，在上述两种方式之间交替自动改变送风方式。

5. 送风方式控制

当按下某个送风方式控制键时，空调 ECU 控制送风方式伺服电动机动作，将送风方式固定在相应状态上。当进行自动控制时，空调 ECU 根据求得的 T_0值，按图 5.24 所示的关系曲线，自动调节送风方式。当 T_0值非常小时，最冷控制挡风板完全开启，增加送风风力。

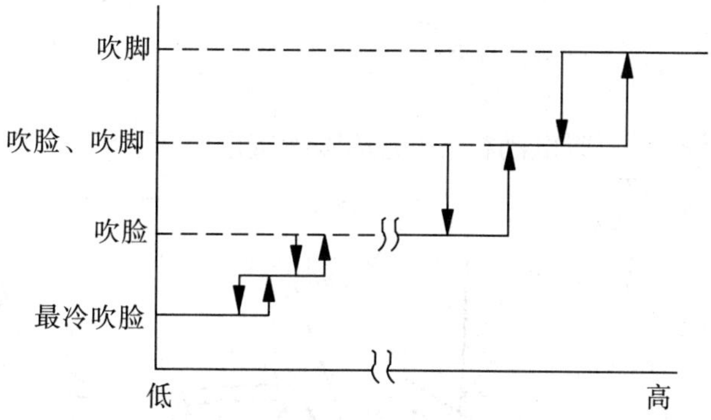

图 5.24　送风方式与送风温度关系曲线

6. 压缩机工作控制

同时按下“空调(A/C)”键和“风机”键，或按下“自动控制”键时，空调 ECU 使电磁离合器吸合，压缩机开始工作。压缩机控制电路如图 5.25 所示。工作过程为：空调 ECU 的 MGC 端首先向发动机 ECU 发出压缩机工作信号，发动机 ECU 的 A/C MG 端随即通过内部晶体管接地，使继电器吸合，电流流入压缩机电磁离合器，压缩机运转。与此同时，电流也加到空调 ECU 的 A/C 1 端，向空调 ECU 反馈压缩机工作信号。

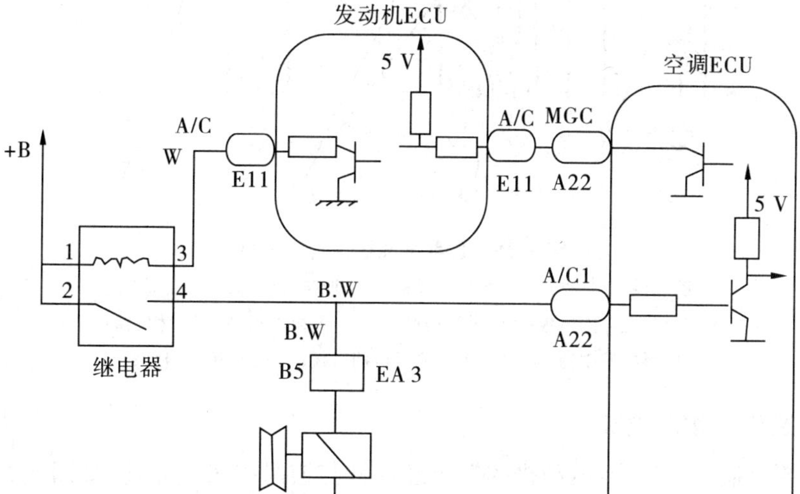

图 5.25　压缩机控制电路

进行自动控制时，若环境温度或蒸发温度降至一定值以下，空调 ECU 将控制压缩机间歇工作,即电磁离合器交替导通与断开,以节省能源。

空调装置工作时,空调 ECU 同时从发动机点火器及压缩机锁止传感器采集发动机与压缩机转速信号,并进行比较。若两种转速信号的偏差率连续 3S 超过 80%,ECU 则判定压缩机锁死,同时与电磁离合器脱开,防止空调装置进一步损坏;并使操纵面板上的 A/C 指示灯闪烁,以提示驾驶员。

(三) 执行器

执行器主要包括控制伺服电动机、风机及压缩机磁吸等,各种挡风板的位置如图 5.26 所示。

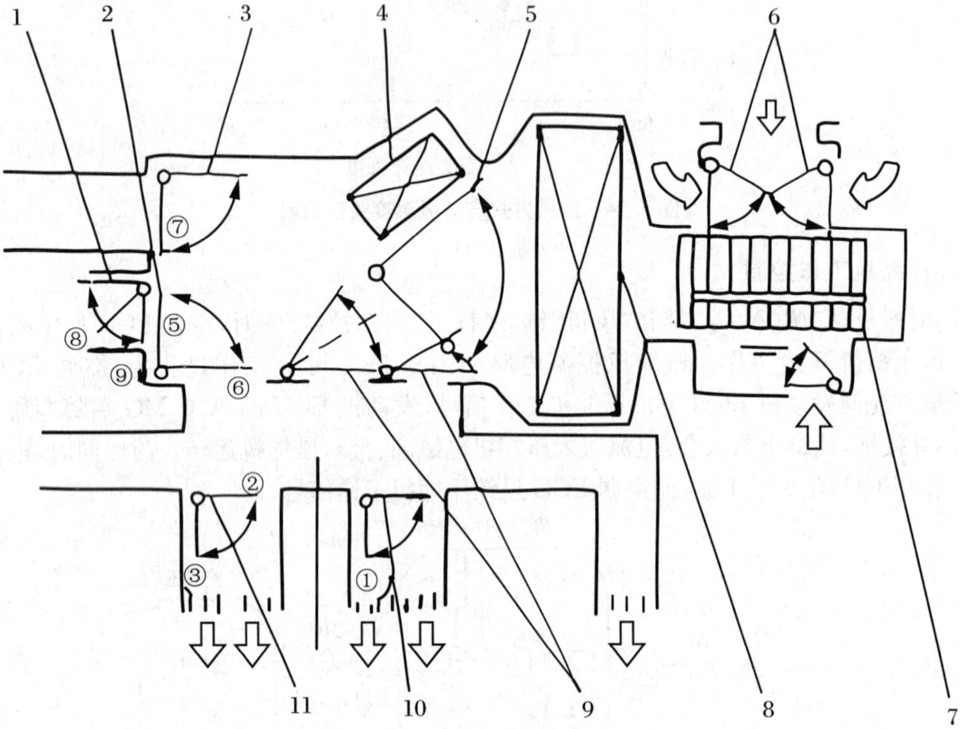

图 5.26　各种挡风板(风门)位置

1. 除霜风口挡风板； 2. 风口挡风板； 3. 取暖挡风板； 4. 取暖器芯；
5. 空气混合挡风板； 6. 进风挡风板； 7. 风机电动机； 8. 蒸发器；
9. 最冷控制挡风板； 10. 中央风口挡风板； 11. 后风口挡风板

1. 进风控制伺服电动机

该电动机控制送风方式,电动机的转子经连杆与逆风挡风板相连,如图 5.27 所示。当驾驶员使用送风方式控制键选择"车外新鲜空气导入"或"车内空气循环"模式时,空调 ECU 即控制进风伺服电动机带动连杆顺时针或逆时针旋转,从而带动逆风挡风板闭合或开启,达到改变送风方式的目的。该伺服电动机内装有一个电位计,随电动机转动,并向空调 ECU 反馈电动机活动触点的位置情况。

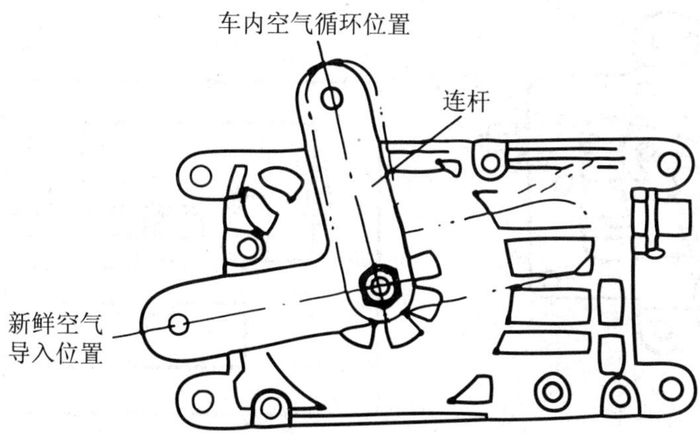

图 5.27　进风控制伺服电动机

进风控制伺服电动机与空调 ECU 的连接电路如图 5.28 所示。

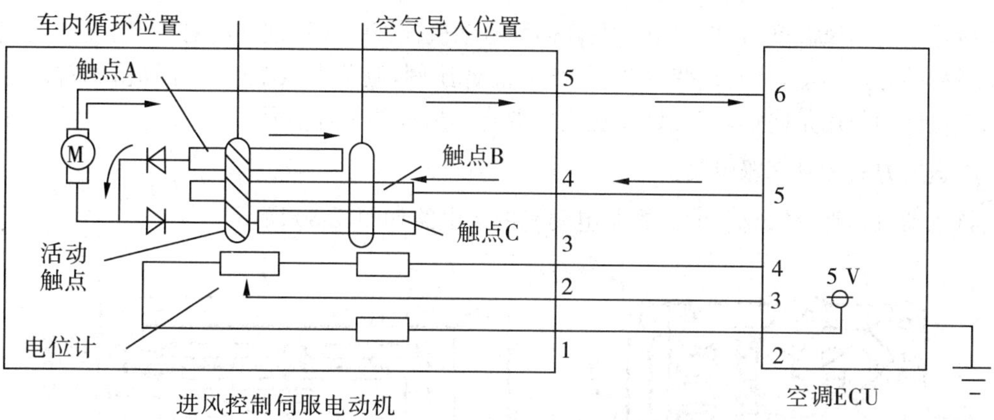

图 5.28　进风控制伺服电动机与 ECU 的连接

当按下“车外新鲜空气导入”键时，电流路径为：经空调 ECU 端子 5→伺服电动机端子 4→触点 B→活动触点→触点 A→电动机→伺服电动机端子 5→空调 ECU 端子 6→ECU 端子 9 搭铁。此时伺服电动机转动，带动活动触点、电位计触点及进风挡风板移动或旋转，新鲜空气通道开启。当活动触点与触点 A 脱开时，电动机停止转动，送风方式被设定在“车外新鲜空气导入”状态，车外空气被吸入车内。

当按下“车内空气循环”键时，电流路径为：经空调 ECU 端子 6→伺服电动机端子 5→电动机→触点 C→活动触点→触点 B→伺服电动机端子 4→ECU 端子 5→ECU 端子 9 搭铁。于是电动机带动活动触点、电位计触点及逆风挡风板向反方向移动或旋转，关闭新鲜空气入口，同时打开车内空气循环通道，使车内空气循环流动。

当按下“自动控制”键时，空调 ECU 首先计算出所需要的出风温度，并根据计算结果自动改变进风控制伺服电动机的转动方向，从而实现逆风方式的自动调节。

2. 空气混合伺服电动机

空气混合伺服电动机连杆转动位置及电动机内部电路如图 5.29 所示。

当进行温度控制时，空调 ECU 首先根据驾驶员设置的温度及各传感器输送的信号，计

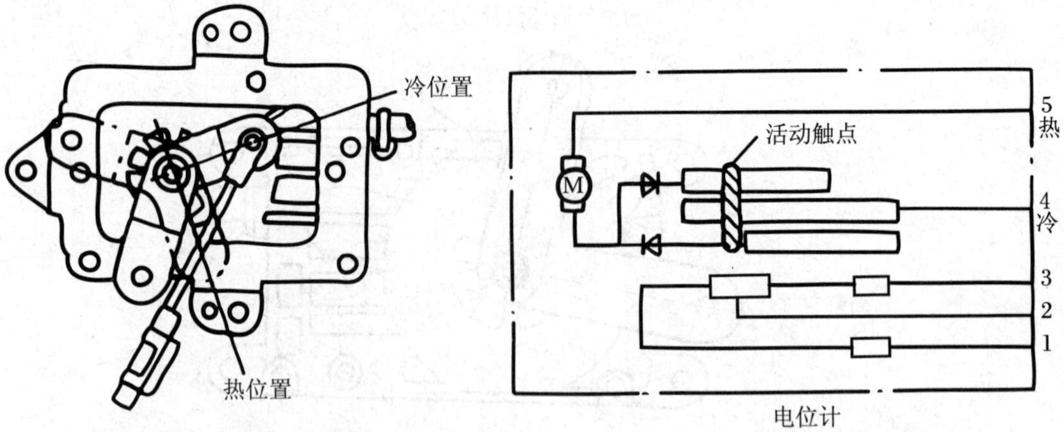

(a) 连杆转动位置　　(b) 电动机内部电路

图 5.29　空气混合伺服电动机连杆转动位置及电动机内部电路

算出所需要的出风温度，并控制空气混合伺服电动机连杆顺时针或逆时针转动，改变空气混合挡风板的开启角度，从而改变冷、暖空气的混合比例，调节出风温度与计算值相符。电动机内电位计的作用是向空调 ECU 输送空气混合挡风板的位置信号。

3. 送风方式控制伺服电动机

该电动机连杆(挡风板)的位置及电动机内部电路如图 5.30 所示。

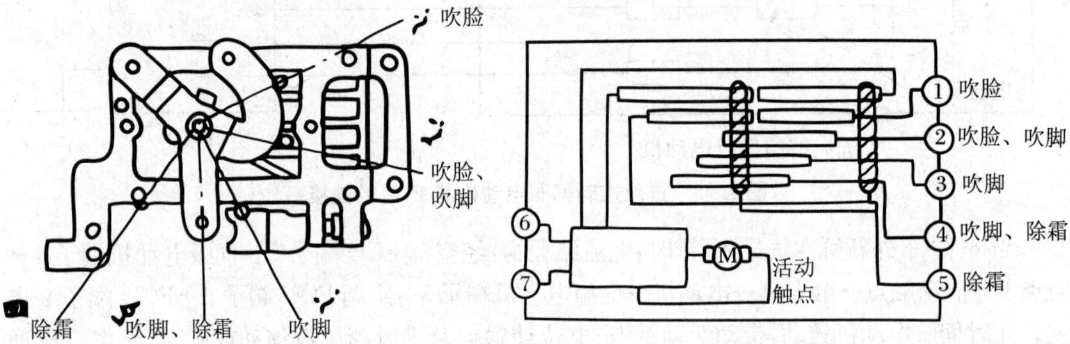

(a) 连杆位置　　(b) 电动机内部电路

图 5.30　送风方式伺服电动机连杆位置及电动机内部电路

当按下操纵面板上某个送风方式键时，空调 ECU 即使电动机上的相应端子接地，而电动机内的驱动电路据此使电动机连杆转动，将送风控制挡风板转到相应的位置上，打开某个送风通道。

当按下“自动控制”键时，空调 ECU 根据计算结果(送风温度)，在吹脸、吹脸脚和吹脚三者之间自动改变送风方式。

4. 最冷控制伺服电动机

最冷控制伺服电动机的挡风板位置及内部电路如图 5.31 所示。由图 5.31(a)可见，该电动机的挡风板具有全开、半开和全闭三个位置。当空调 ECU 使某个位置的端子接地时，电动机驱动电路使电动机旋转，带动最冷控制挡风板位于相应位置上。

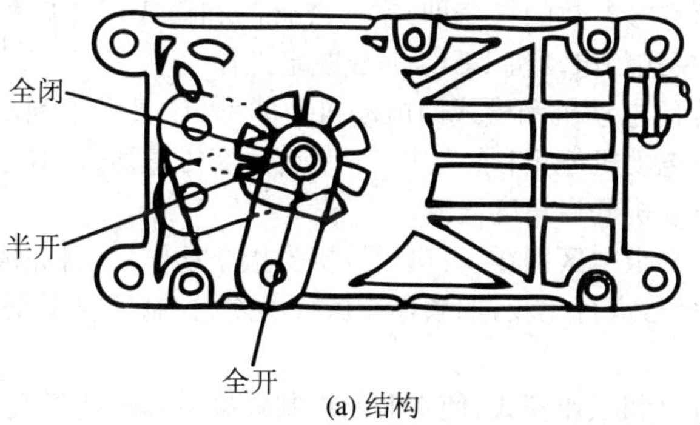

(a) 结构

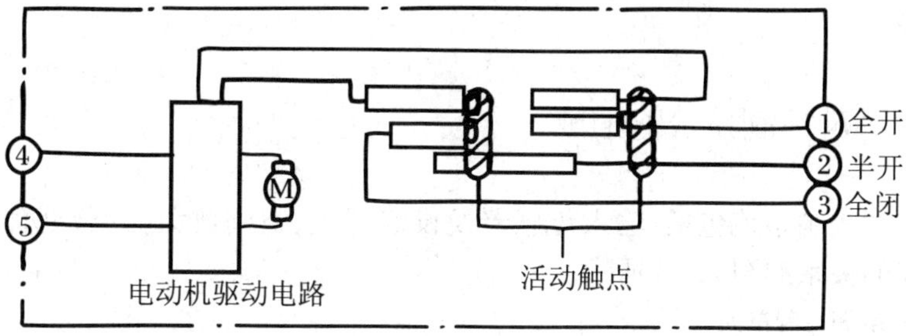

(b) 原理

图 5.31　最冷控制伺服电动机的挡风板位置及内部电路

三、日产风度 A32 空调电路

(一) 空调系统控制原理

日产风度 A32 车系所配置的空调系统全面采用 LAN 控制技术。

LAN 的英文全称是 Local Area Network,其字面含义为局域网络,在汽车空调系统中,指该空调系统采用汽车局部网络通信技术传递数据信号,再由各个局部控制单元(LCU)接收指令、识别指令和发出反馈信号来完成整个系统的工作。它的成功应用标志着又一次的汽车新技术革命。

日产风度 A32 LAN 空调控制系统工作原理可由图 5.32 说明。

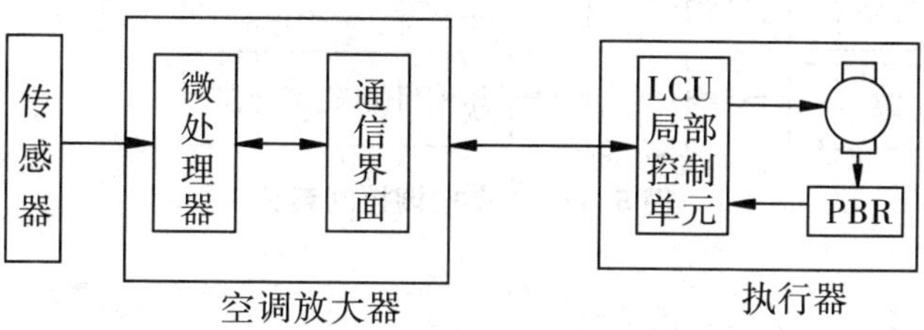

图 5.32　LAN 系统工作原理

在 LAN 系统中,空调放大器与空气混合门电动机、模式门电动机之间建有一个小型的网络,它们之间通过数据传输线路和电动机供电线路连接在一起。工作过程是:空调放大器接收来自各个传感器的信号和工作指令,并利用 LAN 网络安装在执行器中的 PBR(位置传感器)反馈信号,将调节空气参数的指令即:空气混合门和模式门开启角度数据发送到空气混合门电动机 LCU 和模式门电动机 LCU,完成既定工作。

其中置于空气混合门电动机和模式门电动机中的 LCU 具有下列功能:地址;电动机开启角度信号;数据传输;电动机停止和转动指令;开启角度传感器(PBR 功能);比较;指令(自动放大器的指令值与电动机开启角度比较)。

它与普通控制系统的根本区别在于:执行器接受指令动作后,将完成指令的工况反馈到系统控制器中,与发送信号进行比较,如果存在执行误差,控制器将根据 PBR 的参数及时修正,直至完成设定值。

这种全新的控制理念和工作模式,使空调的控制效果更具现代意义,也是汽车控制系统更新的趋势。

(二) LAN 控制系统的组成

A32 空调控制系统包括:输入传感器及设定开关、空调放大器(微处理器)、执行器。这些部件之间的关系如图 5.33 所示。

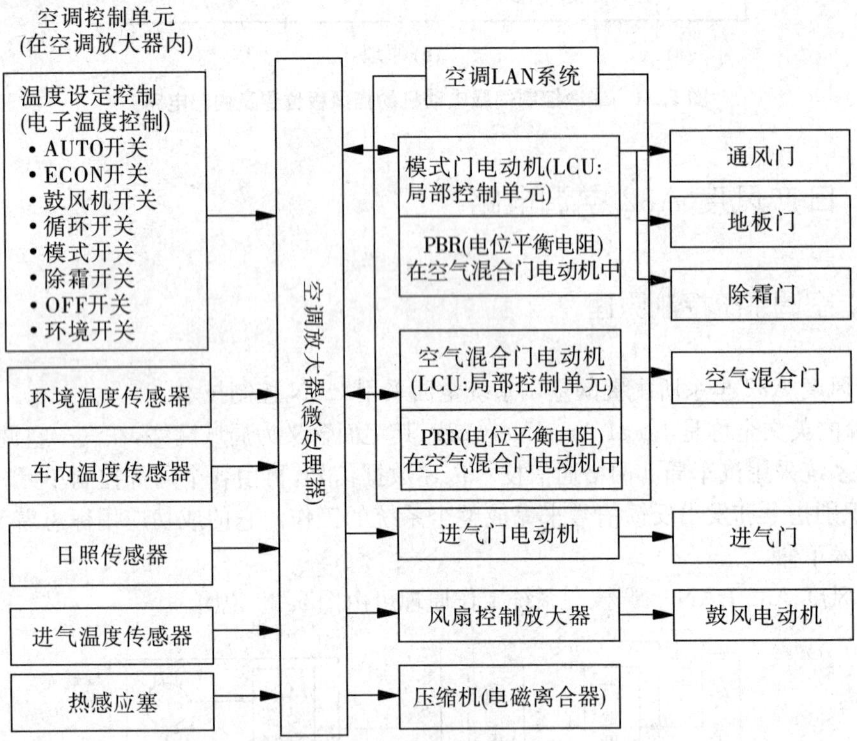

图 5.33 A32 空调控制系统

(三) 空调系统的执行器工作原理分析

1. 空气混合门、模式门控制(自动温度控制)器

(1) 组成零件

空气混合门、模式门控制器包括空调放大器、空气混合门电动机、模式门(LCU:局部控

制单元)、车内温度传感器、环境温度传感器、阳光传感器、进气温度传感器,如图 5.34 所示。

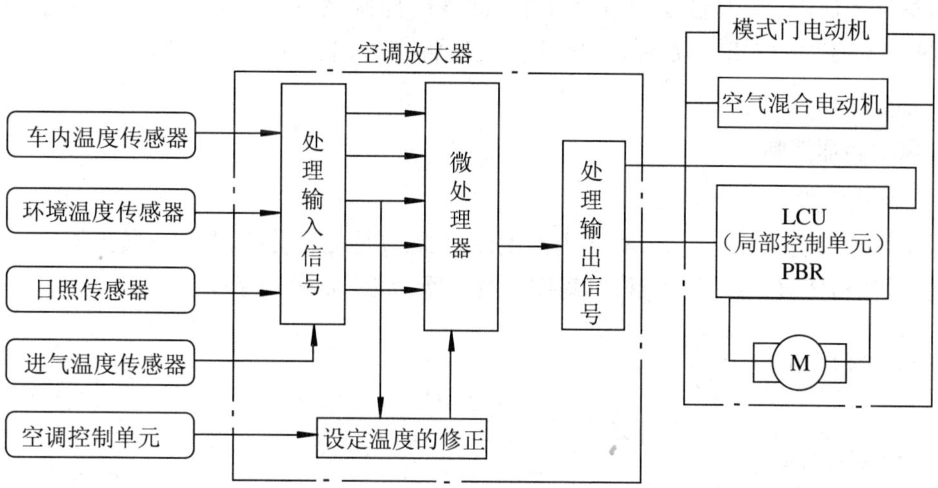

图 5.34 空气混合门、模式门控制

(2) 工作过程

自动放大器接收来自各个传感器的数据。放大器把空气混合门和模式门开启角度数据发送到空气混合门和模式门电动机 LCU。空气混合门和模式门电动机根据地址分别接收各自的信号。来自空调放大器及各电动机位置传感器的开启角度指令信号,与当前的指令和开启角度在 LCU 中进行比较,然后选择热风/冷风或除霜/通风动作。新选择的数据返回到自动放大器内。

2. 进气门控制

(1) 组成零件

进气门控制系统包括空调放大器、进气门电动机、PBR、车内温度传感器、环境温度传感器、阳光传感器、进气温度传感器,如图 5.35 所示。

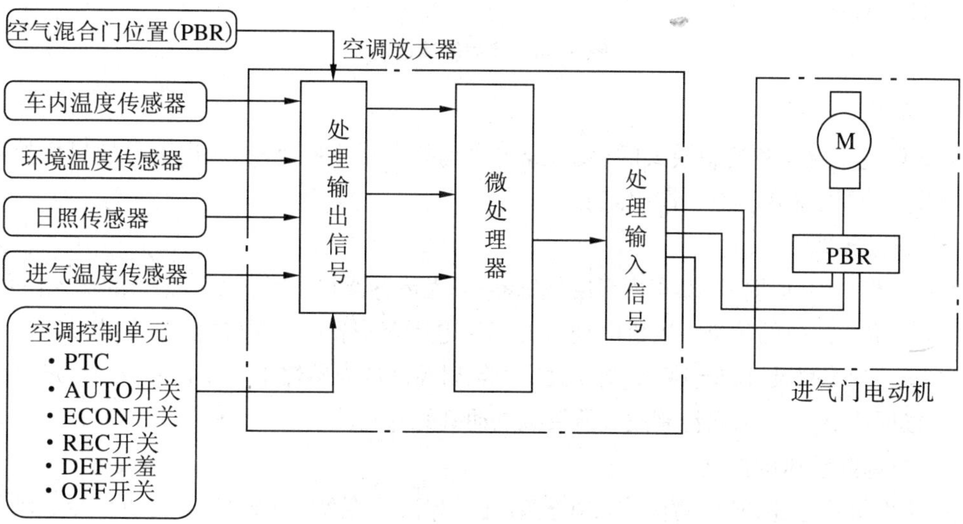

图 5.35 进气门控制

(2) 系统工作过程

根据环境温度、车内温度和进气温度，进气门控制系统决定进气门的位置。当按下“ECON”、“DEF”或“OFF”按钮时，自动放大器将进气门设定在“FRESH”(新鲜空气)的位置。

3. 风扇转速控制

(1) 组成零件

风扇转速控制系统包括 PBR、车内温度传感器、环境温度传感器、阳光传感器、进气温度传感器、水温传感器、自动放大器、风扇控制放大器，如图 5.36 所示。

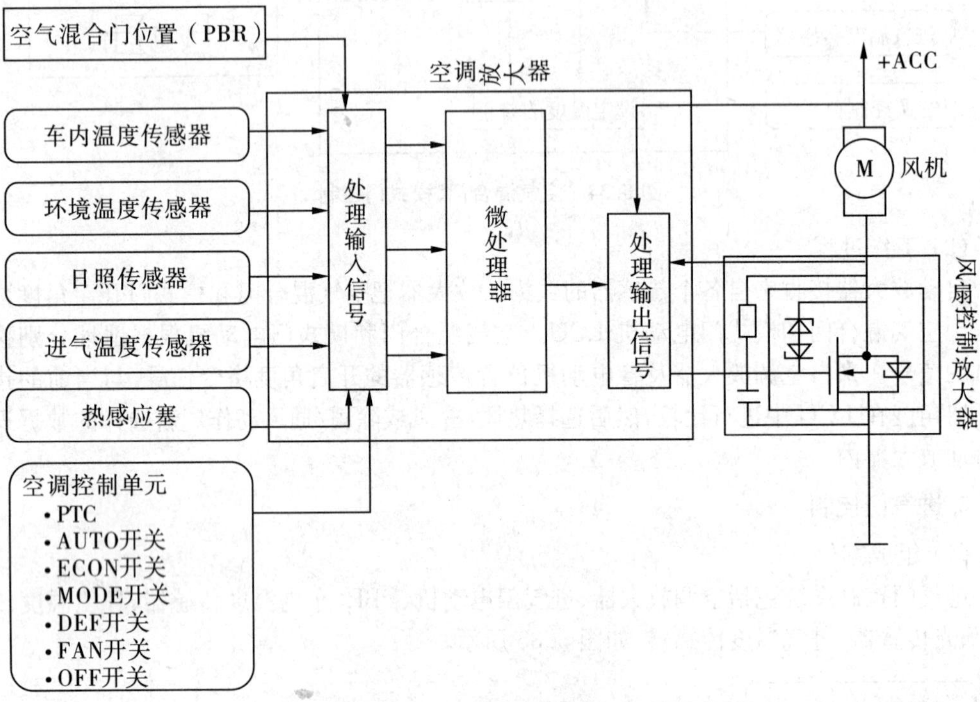

图 5.36 风扇转速控制

(2) 系统工作过程

根据环境传感器和控制模式的要求，经过自动放大器分析比较，输出信号使风扇控制放大器调节转速，以适应系统工作的需要。

(3) 自动模式

在自动模式中，根据 PBR、车内温度传感器、阳光传感器和环境温度传感器的输入信号，空调放大器计算出风机的转速。风机电动机的工作电压范围在 4.5 V(最低转速)与 12 V(最高转速)之间。为控制风机的转速，空调放大器向风扇控制放大器输出一个信号(在 2.5～9 V 范围内)。根据这个信号，风扇控制放大器风机电动机的电流。

(4) 风扇起动速度控制

① 从冷机状态起动(自动模式)：在发动机冷却液温度低于 50 ℃(122 °F)，冷起动发动机时，风机将在短时间(最长 150 s)内不工作。具体的起动延迟时间根据环境和发动机冷却液温度确定。在极端情况下(环境温度极低)，风机延迟起动 150 s。延迟结束后，风机低速

运转直到发动机冷却后液温度升至 50 ℃(122 °F)以上,然后,风机转速逐渐升高到目标转速。

② 从正常状态或暖机状态起动(自动模式):按下 AUTO 按钮,风机即开始工作。风机转速逐渐升高,5 s 或更少时间后(具体时间取决于风机的目标转速),达到目标转速。

(5) 风机转速补偿

当车内温度和设定温度很接近时,风机低速运转,转速随阳光照射的强弱而变化。阳光很强时,鼓风机以"一般"的低速运转(大约 5.5 V)。阳光弱时,风机转速降到"更低"的低速(大约 4.5 V)。

(6) 风扇控制放大器

风扇控制放大器位于冷气单元内,风扇控制放大器接收空调放大器输出的门电压,并在 5～12 V 范围内无级调节鼓风机电动机电压。

4. 电磁离合器控制

根据节气门位置传感器和自动放大器的输入信号,ECU 控制压缩机的动作。工作过程如图 5.37 所示。

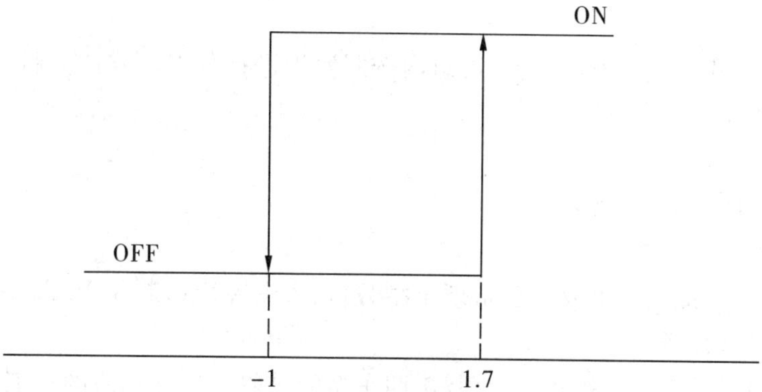

图 5.37　电磁离合器控制工作过程

(1) 低温保护控制

根据环境温度传感器的信号,自动放大器决定压缩机的接合或断开,当环境温度低于－1 ℃(30 °F)时,压缩机关闭。

(2) 加速切断控制

根据节气门位置传感器的信号,ECU 决定压缩机的接合或断开。

项目练习

1. 与手动空调相比自动恒温空调的优点有哪些?
2. 简述自动空调的组成和工作原理。
3. 微机控制的空调系统的功能有哪些?

4. 微机控制的空调系统的输入输出信号有哪些？

5. 空调电气控制系统的控制内容有哪些？各起什么作用？

6. 汽车空调温度控制器有几种类型？各起什么作用？

7. 简述发动机怠速控制的作用和类型。

8. 简述汽车空调加速控制装置的类型和意义。

9. 试分析汽车空调压力保护开关的类型及作用。

10. 分析桑塔纳轿车空调电路组成及工作过程。

技能实训

一辆2010年帕萨特轿车，空调忽冷忽热故障实训。

一、训前准备

（一）学生组织

学生按照5～6人一组进行分组，每组内按照实训进行分工，主要有测量、工具准备、故障分析推导等工作。

（二）实训场地及工具准备

维修车间一个、捷达轿车或大众系列车型数台、大众专用诊断仪V. A. G1551或V. A. S5051、维修工具及设备。

其他车型可参照本项目的实施过程，按照车型的维修手册和相应的诊断仪器进行诊断维修实训。

二、操作步骤

按照已经分好的小组，让学生制订维修计划，实施维修：资讯→诊断分析→制定检修方案→查阅维修手册进行检修→故障点确认与排除等。

（一）资讯

首先倾听客户对故障的描述后再进行有针对性的询问，确认故障发生时的症状、故障发生的时间、出现在什么工况和环境条件下以及故障发生前后的保养维修情况等。资讯如表5.1所示。

表 5.1 维修车辆登记表

基本信息	车主		电话	
	性别		检修日期	
	车型		保养次数	
	底盘号		行驶里程	
使用状况	道路			
	载荷			
故障日期				
用户对故障描述				
故障现象确认				
故障原因分析				

（二）汽车空调系统忽冷忽热故障分析

会引起汽车空调忽冷忽热的原因有以下几个方面：

① 压缩机故障。

② 管路系统有冰堵或堵塞。

③ 压缩机皮带打滑或者过松。

④ 控制系统有故障。

⑤ 线路接线松动或不牢固。

⑥ 空调 ECU 故障。

（三）制定检修方案

在制定诊断维修方案时，必须明确汽车空调制冷忽冷忽热的故障原因，空调能够制冷说明管路内冷媒是足够的甚至可能过多，后来不再制冷说明系统真的是出现问题或者进行了保护，因此，要对系统提取故障码及系统压力检测，排查各传感器及执行器，最后考虑空调电脑问题。按照诊断由简到繁、先电后油、从外到内的一般程序，进行分析。

故障原因分析：

先用 V. A. G1552 进入 08 空调系统，用功能键 02 读取故障码，结果显示“00779”，即外部温度传感器 G17（位置在前保险杠下风口，冷凝器前）有故障。根据这一线索，结合电路图，检查了外部温度传感器 G17，其插头连接良好。用万用表测量其电阻是 395 Ω，经与维修手册对照，在正常范围内。又检查了散热风扇及冷却液等相关因素，均未发现异常。考虑到该车空调故障现象的偶发性，怀疑外部温度传感器的热敏元件在高温或其他特殊状态下性能不稳定，决定更换外部温度传感器 G17。经用功能键 05 消码后，多次试车未发现故障重现，于是交车。谁知过了一星期，老毛病又出现了。

此车进维修站后，再用V.A.G1552查询，故障码和上次一样为“00779”。这就奇怪了，明明检测仪说明了故障点，相关部位又没有异常，为何不能排除故障呢？又检查了空调及相关系统。总不会是空调控制单元有问题吧？决定换了试试。换新件后，用V.A.G1552编码，进入08空调系统，用功能键07编码，输入05000。而后设定，用功能键04输入063。待这些工作完成后，起动车辆试验，空调工作良好，为了验证是否是故障所在，向客户说明检修情况后让其在使用中观察空调运行情况。又过了一个多星期，故障再次出现了，这说明故障点仍没找到。

当此车又来时，再一次用V.A.G1552做了检测，故障码一点也没变。真让人摸不着头脑，查资料、翻手册也找不着头绪，后来想到每次出现故障时空调控制面板上都出现“－50～40℃”，这个数字前面应该是车外温度显示，后面是车内设定温度显示。当出现零下摄氏度时，空调当然不会进行制冷工作。而感知这一温度的除外界温度传感器之外，还有室内温度传感器，很有可能是这个传感器出现了问题。

(四) 查阅维修手册进行检修

检修制冷系统管路、各控制装置、皮带松紧等，参见前面相应的学习单元。在这里按照帕萨特轿车空调系统维修手册学习空调制冷控制系统检修。

(五) 故障点确认与排除

在对照维修手册检查传感器的过程中，发现新鲜空气进气温度传感器G89控制外界的温度，当它失灵时由外部温度传感器G17替代。此时豁然开朗，空调故障很可能是G89引起的。新鲜空气吸气道温度传感器G89在右前座椅杂物箱后，靠近蒸发器后边的进风口。换一个新的传感器之后，反复试车，故障现象再也没出现，至此故障彻底排除。

为何故障诊断仪不能准确找到故障点呢？实际上，G89、G17这2个传感器都是感知外界温度的，以G89为主。当G89失灵时，G17作为替代传感器参与工作。由于笔者检测过程中使用的并非原厂故障诊断仪，因此，在检测时仅发现外部温度传感器G17故障码，而把主要的故障原因隐藏了。以此为例，希望同学们遇到问题时多思多想，引以为戒，检测仪器只是指引我们思考和排除问题的一个工具，不要完全相信检测仪器，尤其使用非原厂诊断设备更应谨慎。

按照表5.2所示步骤进行故障点确认。

表5.2 故障点确认

序号	检查项目	正常与否

按照表5.3所示步骤进行故障排除。

表 5.3　故障排除

序号	故障部位或零部件	故障原因	修复方法

(六) 废料和废品处理

针对维修中更换的零部件和废气液体，要分门别类的进行处理，避免造成资源浪费和环境污染。

三、学生填写任务工单

任务结束后，填写《任务工单》。

四、实训结果评价

对实训结果进行评价。

项目反馈

将项目评价反馈填入表 5.4。

表 5.4　项目评价反馈表

项目名称							
学生基本信息		姓名		学号		班级	
		组别		时间		成绩	
考核能力	考核项目	评分标准	满分值	学生自评	小组互评	教师评价	平均分小计
专业能力	相关知识	是否正确	35				
	技能实训	是否正确	35				
社会能力	团队合作	是否和谐	5				
	劳动纪律	是否严格遵守	5				
	沟通讨论	是否积极	5				
方法能力	制订计划	是否合理	5				
	学习新技术能力	是否具备	5				
	总结能力	能否正确总结	5				

项目六

汽车空调系统的维护与检修

项目描述

一辆大众轿车在维修站进行空调维护作业时,发现空调不制冷,需诊断维修。要求结合汽车空调系统的使用和维护的操作技能,学习汽车空调的正确使用与维护,汽车空调常用检修作业工具及仪器设备的使用与注意事项相关知识,熟练掌握汽车空调常用工具设备的操作方法,并会对制冷系统进行检漏、抽真空和制冷剂与冷冻机油的充注。学习汽车空调系统性能测试和维修作业的操作流程和原理,掌握汽车空调维护作业的操作技能和汽车空调日常维护检查的项目和方法,并能对空调制冷性能进行测试,判断制冷系统是否工作正常、制冷剂量是否合适。

项目目标

1. 专业能力要求

(1) 掌握汽车空调的正确使用与维护的能力;

(2) 学会使用汽车空调维护作业中常用工具设备;

(3) 熟练掌握汽车空调维护作业的操作技能;

(4) 根据故障现象,具有利用相关知识进行综合分析的能力;

(5) 能够制定故障诊断、排除的工作计划,并具有正确选择检测设备的能力;

(6) 根据技术规范,具有正确进行维修和操作的能力。

2. 社会能力要求

(1) 具有较强的表达能力和沟通能力;

(2) 具有与客户建立良好、持久关系的能力;

(3) 具有良好的心理素质与克服困难的能力;

(4) 具有团队精神与协作精神。

3. 方法能力要求

(1) 根据故障现象能够查找资料、收集信息、制订诊断维修方案;

(2) 使用工具仪器设备能够对汽车空调系统进行维护作业;

(3) 根据汽车空调系统维护作业中的问题分析能够排除空调系统一般性故障。

4. 重点和难点

(1) 汽车空调系统维护作业常用工具设备的使用;

(2) 汽车空调系统压力的检测和制冷系统的检漏;

(3) 汽车空调制冷系统制冷剂的加注、排空及抽真空;

(4) 汽车空调系统维护的操作技能。

任务一 汽车空调系统的使用与维护

汽车空调系统使用一段时间以后,运动件由于摩擦会产生磨损;制冷剂、润滑油等工作介质可能会变质、失效或漏失;零部件表面会积聚污垢;金属零件会疲劳、变形、破损、腐蚀;紧固件会松动;橡胶及塑料等非金属件会老化或损坏等。这些现象会导致制冷系统的技术状况变坏,控制电路也会出现故障,严重时甚至会使系统失去工作能力。为此,正确使用空调系统,对空调系统适时进行维护,及时进行故障诊断并排除,做好空调各部分的定期检验和维修,可以维持空调系统良好的工作性能,延长其使用寿命,降低运行成本。

一、汽车空调系统的正确使用

(一) 非独立空调的正确使用

轿车以及中小型旅行车空调基本上是非独立式的空调,其操纵使用比较方便,但如果使用不当,会对空调性能及寿命、发动机的工作稳定性及功耗、乘员的舒适性有很大的影响,因此,驾驶员在使用空调时,应注意如下几点:

① 启动发动机时,空调开关应处在关闭位置。发动机熄火后,应关闭空调,以免耗尽蓄电池的电能,造成再次启动困难。在夜间行驶时,由于整车耗电量较大,不应长时间使用空调以免引起蓄电池亏电。

② 夏天停车时,应尽量避免阳光直晒,以免加重空调器的负担;如果在阳光下长时间停车,在开空调之前,应先打开门窗和风机,把车内的热气赶出。开空调后,车厢门窗应关闭,以降低热负荷。

③ 使用空调时,应注意当温度调节推杆处于最大冷却位置时,应尽量使用鼓风机的高速挡,切勿功能键选在制冷量最大位置而调风挡最小,如果这样,冷气排不出去,将导致蒸发器因过冷而结冰,严重时会使压缩机发生“液击”现象。

④ 在空调系统运行时，若听到空调装置（如压缩机、风机等）有异常响声或发生其他异常情况，应立即关闭空调，并及时查明原因并排除故障。

⑤ 若汽车空调系统无超速自动停转装置，在爬长坡或超车时应暂时断开压缩机的运行（即关闭 A/C 开关），以免发动机动力不足或因发动机超负荷运行而过热导致水箱开锅。

⑥ 汽车停驶时不要长时间使用空调制冷装置，防止耗尽蓄电池的电能和废气被吸入车内，造成再次启动发动机时产生困难和乘员中毒，避免因冷凝器和发动机散热不良而影响空调的性能和发动机的寿命。

⑦ 当制冷量突然减少时，应断开空调开关 A/C，检查排除空调系统故障后才能继续使用。

⑧ 有些汽车空调空气入口的控制有新鲜（FRESH）和封闭循环（RECIRC）两个控制位置。若汽车在尘土飞扬的道路上行驶，应将空气入口控制在封闭循环位置，以防车外灰尘进入。

⑨ 冬季不使用空调时，也应定期开启压缩机（每两周一次，每次 10 min 左右）以避免压缩机轴封处因油干而泄露，转轴因油干而咬死。如果气温过低，空调系统中温控保护会起作用而使压缩机不能启动，此时可将保护开关短接或用一根导线直接给离合器通电，使压缩机工作，待保养性运行结束后，再将电路恢复原样。

⑩ 空调运行过程中，若发现控制面板上报警指示灯亮或有报警信号、异常响动或发现其他异常情况，应立即关闭空调系统并及时请专业人员检修。

（二）独立空调的正确使用

对于使用独立式空调（指有专用辅助发动机带动压缩机的空调装置）的汽车，使用时与非独立空调大体相同，但由于辅助发动机有时有单独的油箱，因而还需经常注意空调油箱的储油情况，并要检查辅助发动机的水温、油压等情况。因这类空调装置要控制辅助发动机的起动和运行，起动方法比非独立式空调复杂，所以要严格按使用说明书的规定起动和运行空调。

为延长辅助发动机的寿命，尽量做到低速起动，低速关机。有可能时，加设卸载起动装置的同时，应保证发动机吸气的清洁度。

二、汽车空调系统的维护

所谓汽车空调的维护，就是通过对汽车空调系统的定期检查和调整，以维持其良好的技术状况和工作可靠性。为了确保汽车空调能良好运行，除了在使用过程中要进行正确的操作外，平时也要做好空调系统的日常维护和定期维护，能及时发现故障先兆，采取措施消除隐患。

（一）汽车空调系统的检查

1. 直观检查

如图 6.1 所示进行直观检查。

① 检查空调出风口的出风量，如果出风量不足，检查进风滤清器，如有杂物清除之。

② 听压缩机附近是否有非正常的响声，如果有，检查压缩机的安装情况。

③ 检查冷凝器散热片上是否有污物覆盖，如果有将污物清除之。

④ 检查制冷循环系统的各连接处是否有油渍，如果有油渍，说明该处有泄漏，应紧固该连接处或更换该处的零件。

⑤ 将鼓风机开至低、中、高挡，听鼓风机处是否有杂音，检查鼓风机是否运转正常，如果有杂音或运转不正常，应更换鼓风机（鼓风机进入异物或安装有问题也会引起杂音或运转不正常，所以在更换之前要仔细检查）。

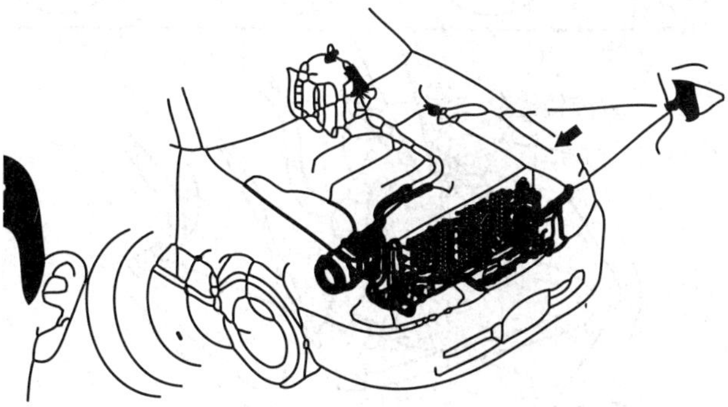

图 6.1　汽车空调系统直观检查

2. 制冷剂数量的检查

检查制冷剂的存量有两种方法：一种是通过系统中安装的视液镜检查，另一种是通过检测系统进行压力检查。

（1）通过视液镜检查制冷剂的存量

检查条件：发动机转速为 1 500 r/min；鼓风机速度控制开关处于“高”位；空调开关“开”；温度选择器为“最凉”；完全打开所有车门（图 6.2）。

检查制冷剂的存量（图 6.3）：

正常：几乎没有气泡，这说明制冷剂量正常。

不足：有连续的气泡，这说明制冷剂量不足。

空或过量：看不到气泡，这说明制冷剂储藏罐是空的或制冷剂过量。

（2）通过系统压力检查制冷剂的数量

连接歧管压力表：将歧管压力表的高低压开关全部关闭（图 6.4）；把加注软管的一端和歧管气压计相连，另一端和车辆侧的维修阀门相连（图 6.5）；蓝色软管→低压侧、红色软管→高压侧。

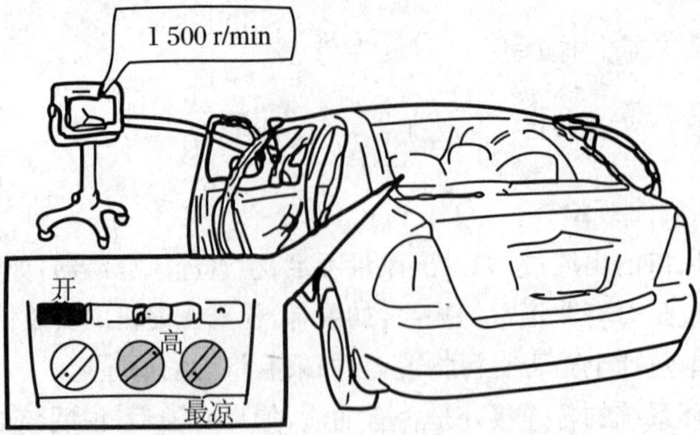

图 6.2 视液镜检查制冷剂的条件

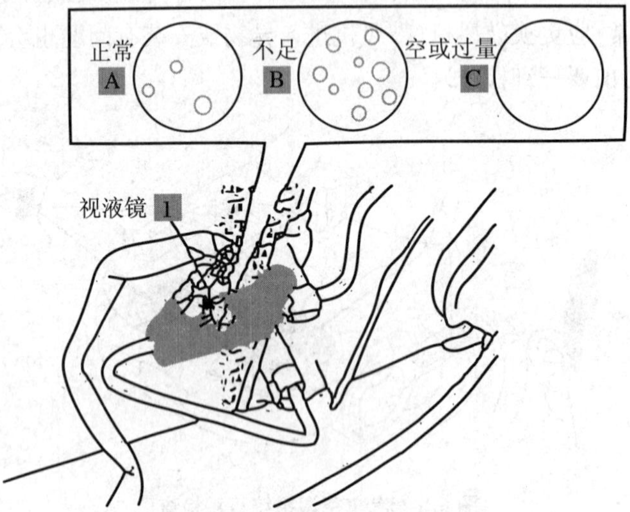

图 6.3 视液镜检查制冷剂的数量

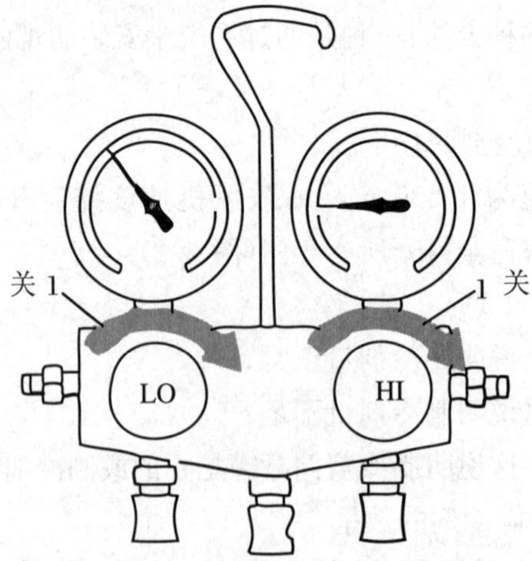

图 6.4 关闭歧管压力表的高低压开关

注意：连接时，用手而不要用任何工具紧固加注软管；如果加注软管的连接密封件损坏，更换；由于低压侧和高压侧的连接尺寸不同，连接软管时不要装反；软管和车侧的维修阀门连接时，把快速接头接到维修阀门上并滑动，直到听到“咔嗒”声；和多功能表连接时，不要弄弯管道。

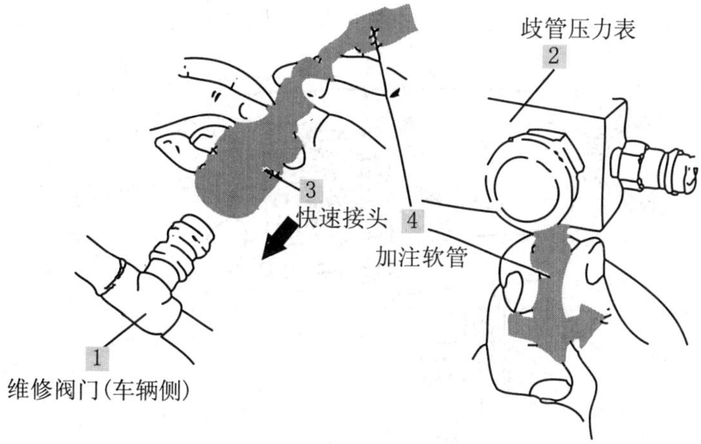

图 6.5　连接歧管压力表

检查制冷系统的压力：发动发动机，在空调运行时检查歧管气压计所显示的压力读数(图6.6)。低压侧：0.15～0.25 MPa (1.5～2.5 kgf/cm^2)；高压侧：1.37～1.57 MPa (14～16 kgf/cm^2)。

提示：多功能表所示的压力随外部空气温度而有轻微的变化。

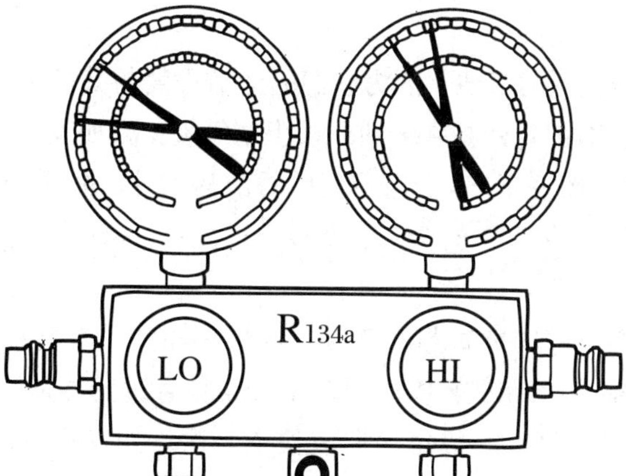

图 6.6　制冷系统的正常压力

3. 制冷剂的泄漏检查

用检漏计检测主要的可能泄漏部位。

4. 空调制冷功能的检查

空调制冷功能的检查车型不同，检查的方法也有所差异，下面以丰田车为例介绍检查的方法(不同车型的检查方法，可参照该种车型的修理手册)。

① 将车放在荫凉处。

② 预热发动机到正常温度，将车门全开，气流选择为面部出风，进风选择为内循环，鼓风机速度选择最大，温度选择最冷，在发动机转速为 1 500 r/min 的情况下开启 A/C 开关，5～6 min 后测试进风口的湿度和温度及出风口的温度(图 6.7)。

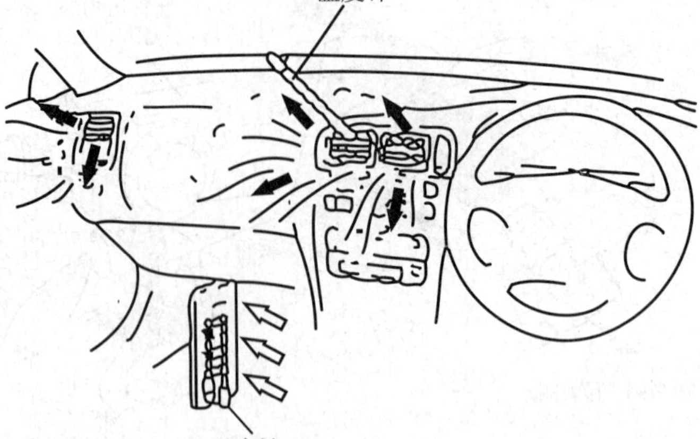

图 6.7　测量进风口的温度和湿度及出风口的温度

③ 用进风口处的干、湿温度结合手册图表查出相对湿度，再算出进风口和出风口的温度差，并查阅手册是否在可接受的范围内，如果在其范围内，则说明制冷性能良好。

(二) 汽车空调系统的日常维护

① 保持冷凝器和蒸发器的清洁。因为它们的清洁程度与其换热能力有很大关系，所以应经常检查表面有无污物、散热片是否弯曲或被阻塞等现象。如发现表面脏污，应及时用压缩空气吹净或用压力清水清洗干净，以保持良好的散热条件。防止因散热不良而造成冷凝压力和温度过高、制冷能力下降。在清洗冷凝器的过程中，应注意不要碰倒散热片，更不能损伤制冷管道。

② 保持送风通道空气进口过滤器的清洁。送入车厢内的空气都要经过空气进口过滤器的过滤，如果滤网堵塞会使风量减少。因此，应经常检查过滤器是否被灰尘杂物所堵塞并进行清洁，以保证进风量充足。一般每星期应检查一次。如发现堵塞，可打开蒸发器检查门，卸下滤网。然后用压缩空气或带有中性洗涤剂的温水洗净。也可将滤网浸在水中，用毛刷刷净污物。

③ 经常检查制冷剂是否充足。可低速运转空调，从观察窗上察看是否有气泡出现。如出现气泡说明制冷剂不足，应及时进行检查修理或补充。

④ 应定期检查制冷压缩机驱动皮带的使用情况和松紧程度。皮带过紧会增加磨损，导致轴承损坏。过松则易使转速降低，造成制冷不足，甚至发出异常声响。如皮带过紧或过松应及时调整，如发现皮带裂口或损坏应用汽车空调专用皮带进行更换。另外，新装冷气皮带在使用 36～48 h 后会有所伸长，应重新张紧。

⑤ 在春秋或冬季不使用空调的季节里，应每半个月启动空调压缩机一次，每次 5～

10 min。这样制冷剂在循环中可把冷冻油带至系统内的各个部分，从而可防止系统管路中各密封胶圈、压缩机轴封等因缺油干燥而引起密封不良和制冷剂泄漏，并使压缩机、膨胀阀以及系统内各活动部件的动作，防止结胶黏滞或生锈。还要注意的是在进行这项维护时，应在环境温度高于 4 ℃时进行，否则，环境温度过低会使冷冻油因黏度过大而流动性变差，以致压缩机启动后不能立即将油带到需要润滑的部位而造成压缩机磨损加剧甚至损坏。

⑥ 经常检查制冷系统各管路接头和连接部位、螺栓、螺钉是否有松动现象，是否有与周围机件相磨碰的现象，传动机构的工作是否正常，胶管是否老化，在进出叶子板孔处的隔震胶垫是否脱落或损坏。

⑦ 由于有些辅助发动机有单独供油系统，所以还需经常注意空调油箱的储油情况，并要检查辅助发动机的水温、水位、油压等情况，及时补充其到规定的位置。

⑧ 检查电路连接导线，插头是否有损坏和松动现象。

⑨ 经常注意空调在运行中有无不正常的噪声、异响、振动和异常气味，如有应立即停止使用并送专业修理部门及时检查和修理。

（三）汽车空调系统的定期维护

空调系统作为汽车上很重要的一个系统，除了前述的一些日常维护和检查工作外，在使用过程中，还应由汽车空调专业维修人员对空调系统各总成和部件做一些必要的定期维护和调整检查工作。这样不但可以保证空调的性能稳定和发挥空调的最佳效果，而且可以更好地保证汽车空调的使用寿命和工作可靠性，减少维修工作量。汽车空调的定期维护方法一般有两种：一种是与汽车的维护同步进行，如表 6.1 所示；另一种是按其规定的维护周期独立进行，如表 6.2 所示。维护项目主要有以下几项：

1. 压缩机的检查和维护

一般是每两年检修一次，主要检查进、排气压力是否符合要求，各紧固件是否有松动，有否漏气现象。拆开后主要检查进、排气阀片是否有破损和变形现象，如有应修整或更换进、排气阀总成。压缩机复装时必须更换各密封圈和轴封，否则会造成压缩机密封处泄漏。目前，我国轿车空调压缩机主要依靠进口，压缩机配件尤其是相配套的压缩机修理包（内装某种压缩机的易损件，如密封件、轴封等）奇缺，因此，国内各厂家基本上没有条件对压缩机进行定期维护，一般都是当压缩机出现故障时更换整个压缩机总成。

2. 冷凝器及其冷却风扇的检查和维护

一般每年进行一次，维护内容主要是彻底清扫或清洗冷凝器表面的杂质、灰尘，用扁嘴钳扶正和修复冷凝器的散热片，仔细检查冷凝器表面是否有异常情况，并用检漏仪检查制冷剂是否有泄漏。如发现防锈涂料脱落，应重新涂刷，以防止生锈穿孔而泄漏。检查冷凝器冷却风扇是否运转正常，检查风扇电机的电刷是否磨损过量。

3. 蒸发器的检查和维护

一般应每年用检漏仪进行一次检漏作业，每两到三年应打开蒸发箱盖，对蒸发器内部进行清扫，清除送风通道内的杂物（可用压缩空气来吹）。

4. 电磁离合器的检查和维护

每一到两年应检修一次，重点检查其动作是否正常，是否有打滑现象，接合面、离合器轴承是否严重磨损。同时，还必须用厚薄规检查电磁离合器间隙是否符合要求。

5. 储液干燥器的更换

轿车空调在正常使用情况下，一般每三年左右更换储液干燥器，如因使用不当使系统进水应及时更换。另外，如系统管路被打开，一般也应更换储液干燥器。

6. 膨胀阀的维护

一般每一到两年检查一次其动作是否正常，开度大小是否合适，进口滤网是否被堵塞，如不正常应更换或作适当调整。

7. 制冷系统管路的维护

(1) 管接头

每年检查一次，并用检漏仪检查其密封情况。

(2) 配管

检查其是否与其他部件相碰，软管是否有老化、裂纹现象，一般每三到五年应更换软管。

8. 驱动机构的检查和维护

(1) V 形带

每使用 100 h 检查一次张紧度和磨损情况。

(2) 张紧轮及轴承

每年检查一次，并加注润滑油。使用三年左右应更换新品。

9. 冷冻油的更换

一般每两年左右检查或更换，对于管路有较大泄漏时，应及时检查或补充冷冻油。

10. 安全装置的检查与更换

高压开关、低压开关、水温开关等是关系到空调系统是否能安全、可靠地工作的安全装置，一般应每年检查一次，每五年更换一次。

11. 怠速提升装置

怠速提升装置应每年检查和调整一次。

12. 其他注意事项

① 装配螺栓、螺母等紧固件应每三个月紧固一次。

② 防震隔振橡胶应每年检查其是否老化、变形，如有应及时更换。

③ 管道保温材料应每年检查一次是否老化失效。

④ 制冷状况的检查应每两年进行一次，一般进、出风口温度差应在 7～10 ℃。

上述定期检查和维护周期，应根据空调运行的具体情况和相应车辆的维护手册进行，不可生搬硬套。例如，对于空调使用十分频繁的南方地区，可适当缩短维护周期；而对于北方地区，每年空调运行时间相对较短，因此，可适当延长维护周期。

表 6.1 汽车空调与车辆同步维护

类别	序号	作业项目	技术要求
制冷循环系统	1	检查高、低压管路	① 固定管路螺栓不松动;② 软管表面无起泡、老化或破损现象;③ 硬管焊接处无裂缝、渗漏现象;④ 管路无摩擦现象
	2	检查膨胀阀	① 无堵塞现象;② 感温包工作正常;③ 能根据温度自动调节制冷剂供给量
	3	检查储液干燥器	① 正常工作时表面应无露珠或挂霜现象;② 在每年 4～5 月份更换一次干燥剂(可拆式)或总成(不可拆式)
	4	检查、清洁冷凝器与蒸发器,拧紧各固定螺栓	① 冷凝器与蒸发器无渗漏;② 散热片无折弯、无尘土杂物堵塞现象;③ 各螺栓紧固牢靠
	5	检查制冷剂	① 观察视窗应无气泡流动现象;② 制冷装置进气口的温度为 30～35 ℃;③ 发动机转速为 2 000 r/min,送风机以最高速运转,制冷选用最强挡的条件时,系统的工作压力应为:低压侧 0.147～0.2 MPa,高压侧 1.4～1.5 MPa
压缩机	1	在每年 4～5 月份更换一次压缩机冷冻机油,并清洁或更换配件过滤网	① 压缩机冷冻机油液面高度应达到视液镜规定标准;② 滤油网应清洁,无杂物堵塞或破损现象;③ 磁铁完好有磁性
	2	检查压缩机的进、排气阀	进、排气阀开闭灵活,工作正常
	3	检查压缩机的轴封	轴封处无泄漏现象
电气系统	1	检查各风机	① 各风机工作正常无异响;② 风机叶片无破损;③ 各螺栓紧固牢靠;④ 叶片与冷凝器与蒸发器散热片无干扰现象
	2	检查水温开关	水温开关在 100 ℃±2 ℃时,应能自动接通报警电路
电气系统	3	检查高、低压力开关	① 高压开关在>2.2 MPa 时,应能自动接通报警电路及切断电磁线圈的电流,使压缩机停止工作;② 高压开关在<2 MPa 时,应能自动复位;③ 低压开关在<0.2 MPa 时,应能自动接通报警电路及切断电磁线圈的电流,使压缩机停止工作;④ 低压开关在>0.2MPa 时,应能自动复位
	4	检查除霜温控器、车内温控器	① 除霜温控器应在 2 ℃左右时,能自动接通旁通电磁阀;② 除霜温控器应在 7 ℃时,能自动断开旁通电磁阀;③ 车内温控器在 5～30 ℃的控制范围内作用良好
	5	检查电磁离合器	① 电磁离合器工作良好,无打滑现象;② 离合器轴承无偏摆拖滞现象

表 6.2　汽车空调独立维护项目

别类	维护项目	维护内容	维护间隔					
			每天	每周	每隔一季		每隔两季季末	每隔三季季末
					季初	季末		
压缩机拆卸检查	曲轴及轴承	磨损应在规定范围内	●				⊙	○
	连杆及其轴承	磨损应在规定范围内					⊙	○
	活塞组	磨损应在规定范围内					⊙	○
	阀门						⊙	○
	润滑油泵	磨损应在规定范围内					⊙	○
	轴封	用测漏仪检查其泄漏量					⊙	○
	润滑油	更换及清洗滤网				⊙	○	
制冷循环系统	管道各接头	有无松动情况，用检漏仪检漏				●		
	制冷剂注入量	必要时加以清洗						
	冷凝器	检查是否有尘埃和夹杂物，必要时加以清洗		●				
	蒸发器	更换干燥剂或储液干燥器总成			●			
	储液干燥器	更换干燥剂或储液干燥器总成						●
	膨胀阀	检查动作是否正常及滤清器是否堵塞					⊙	○
	冷却液温度报警灯	超温时是否能亮		●				
	高压报警灯	超压时是否能亮		●				
	压力开关	检查动作是否正常			●			
电气系统	冷却液温度开关	检查动作是否正常			●			
	车内温度控制器	在温度控制范围内作用是否良好			●			
	热敏电阻开关	检查动作是否正常			●			
	送风机	检查其工作是否可靠			●			
	电磁离合器	检查是否具有规定的性能			●			
	电磁阀	检查动作是否正常					●	
其他	紧固件	检查有无裂纹和松动		⊙		○		
	V形带	检查张进力和磨损程度		●				
	V形带张紧轮	检查能否圆滑旋转			●			
	空气滤清器	检查有无堵塞		●				

注：表中○为轿车，⊙为货车，●为所有车型。

(四) 汽车空调系统维护注意事项

空调系统在维护过程应注意下列事项。

1. 处理制冷剂时应注意的安全问题

① 不要在密闭的空间或靠近明火处处理制冷剂。

② 必须戴防护眼镜。

③ 应避免液体的制冷剂进入眼睛或溅到皮肤上。

④ 不要将制冷剂的罐底对着人以防伤人,有些制冷剂罐底有紧急放气装置。

⑤ 不要将制冷剂罐直接放在温度高于 40 ℃的热水中。

⑥ 如果液体制冷剂进入眼睛或碰到皮肤,不要揉,要立即用大量的冷水冲洗,并及时到医院找医生进行专业处理,不要试图自己进行处理。

2. 在更换零件或管路时要注意的问题

① 用制冷剂回收装置回收制冷剂以便再次使用。

② 要在未连接的管路或零件处插上塞子,以免潮气、灰尘进入系统。

③ 对于新的冷凝器、储液干燥器等零件不要拔了塞子放置。

④ 在拔出新压缩机塞子之前要从排放阀放出氮气,否则在拔塞子时,压缩机油将随氮气一起喷出。

⑤ 不要用火焰加热的方式进行弯管和管路拉伸。

3. 在拧紧连接零件时应注意的问题

① 滴几滴压缩机油到 O 形密封圈上可使紧固更容易和防止漏气。

② 使用两个开口扳手紧固螺母,防止管路扭曲。

③ 按规定的力矩拧紧螺母或螺栓。

4. 处理装有制冷剂的容器时应注意的问题

① 不要加热制冷剂容器。

② 容器要保持在 40 ℃以下。

③ 当用温水加热制冷剂容器时,不允许将容器顶部的阀门浸入水中,防止水渗入制冷管路。

④ 空的一次性制冷剂容器禁止再次使用。

5. 在空调制冷系统开启补充制冷剂时应注意的问题

① 制冷剂不足,有可能引起压缩机润滑不足,造成压缩机损坏,应注意避免这种情况发生。

② 空调系统在运转时,如果开启高压阀将引起制冷剂倒流入制冷剂容器,使制冷剂容器破裂,因此只允许开启低压阀。

③ 如果将制冷剂容器倒置,制冷剂将以液态形式进入空调管路,造成压缩机液击,损坏压缩机,所以制冷剂必须以气态充入。

④ 制冷剂不要充入过量,否则将导致制冷不良、发动机经济性变差、发动机过热等故障。

任务二　汽车空调常用检修工具及设备

汽车空调系统的维修与检测，不但需要有经过培训学习的专业人员，还需配备专用工具和专用设备，才能保证维修质量，提高效率。下面详细介绍汽车空调常用检修工具及设备。

一、通用工具及常用设备

在保养、维护、维修与检测过程中进行基本操作时所需的工具一般包括：各类扳手（活动扳手、呆扳手、内六角扳手和套筒扳手等）、各种旋具（一字起子、十字起子）、各种锉刀（圆锉和方锉等）、钢锯、各种钳子（电工钳、尖嘴钳和封口钳等）、榔头（木制、铁制）、起拔器、凿子以及尖冲等通用工具和万用表、电烙铁、喷灯、焊割设备、手电钻等常用设备，如图 6.8 所示。

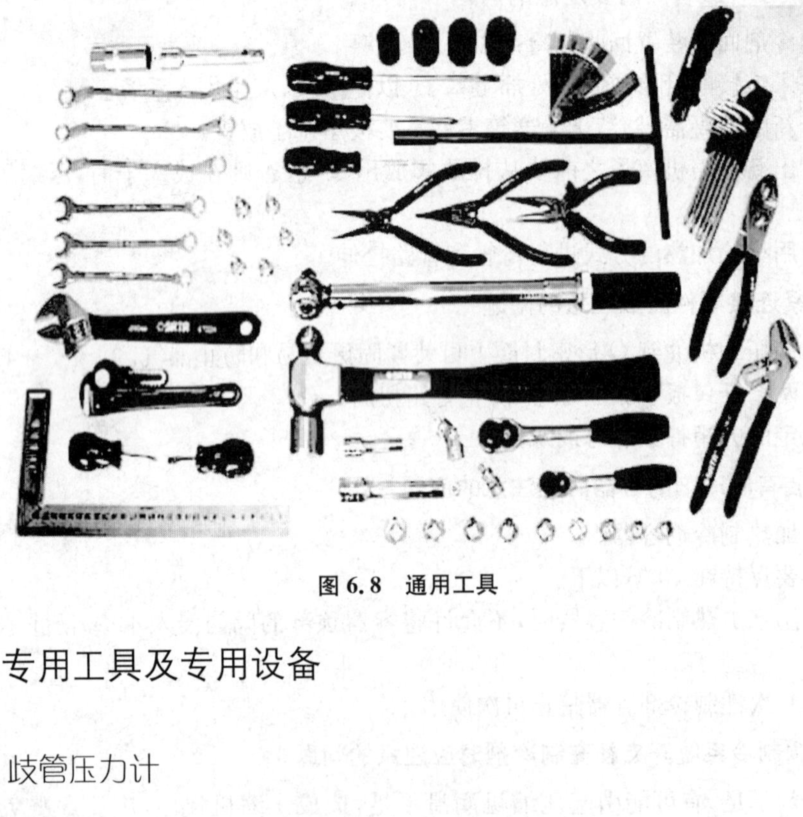

图 6.8　通用工具

二、专用工具及专用设备

（一）歧管压力计

歧管压力计也称压力表组，是维修汽车空调制冷系统必不可少的重要工具，它与制冷系统相接可进行抽真空、加注制冷剂等操作，主要用于检查和诊断制冷系统的工作状态和故障情况。

歧管压力计由高压表和低压表两个压力表组成，其上有三个接头分别与三根橡胶软管相接，分别完成制冷系统抽真空、加注制冷剂等操作。高压表用于检测制冷系统高压侧的压力，低压表用于检测低压侧的压力。低压表既可用来显示压力，也可用来显示真空度，真空度读数范围为 0～0.10 kPa，压力刻度从 0 开始，量程不少于 0.42 MPa；高压表测量的压力范围从 0 开始，量程不得小于 2.110 MPa。

如图 6.9 所示的歧管压力计由高压表、低压表、手动高压阀、手动低压阀、阀体以及三个软管接头等组成。

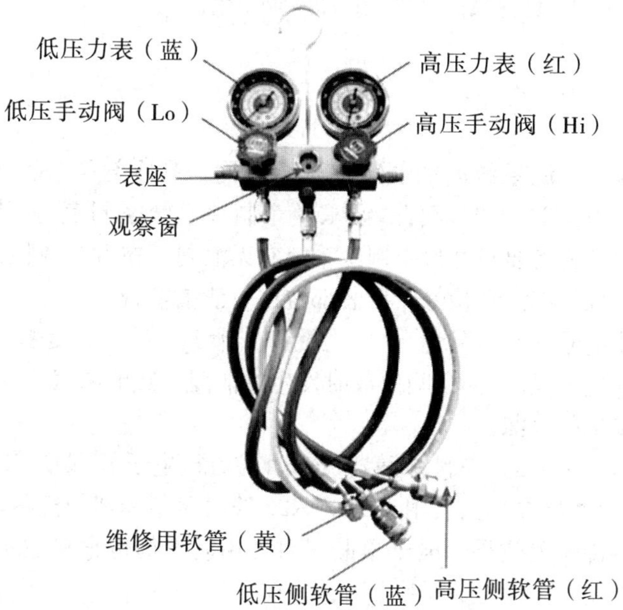

图 6.9　歧管压力计结构

工作时高、低压接头分别通过软管与压缩机高、低压阀相接，中间接头与真空泵或制冷剂钢瓶相接。其具体操作步骤如下(图 6.10)：

① 当手动低压阀开启、手动高压阀关闭时，低压管路与中间管路、低压表相通，这时可进行低压侧加注制冷剂或排放制冷剂，并同时检测高、低压侧的压力。

② 当手动低压阀关闭、手动高压阀开启时，高压管路与中间管路、高压表相通，这时可从高压侧加注制冷剂，并同时检测高、低压侧的压力。

③ 当手动高、低压阀均关闭时，可检测高、低压侧的压力。

④ 当手动高、低压阀都开启时，可进行加注制冷剂、抽真空，并进行高、低压侧压力的检测。

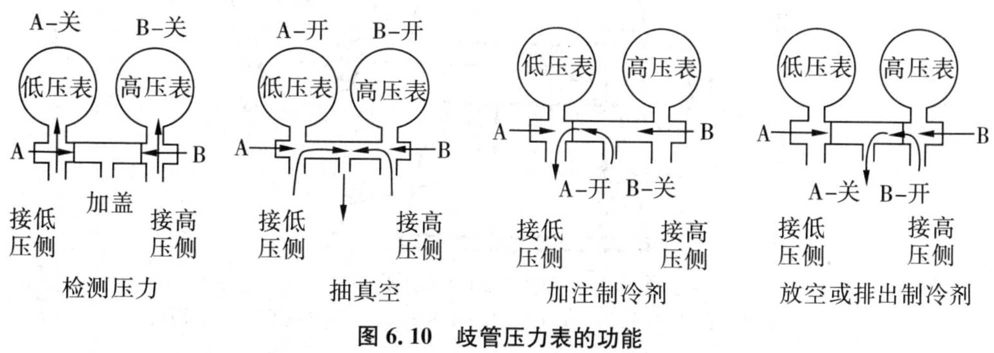

图 6.10　歧管压力表的功能

使用时应注意如下事项：

① 压力表软管与接头连接时只能用手拧紧，不准用工具拧紧。

② 不用时,软管要与接头连起来防止灰尘、水或杂物进入管内。

③ 使用时要把管内的空气排空。

④ 该表是一种精密仪表,应当细心维护,保持仪表及软管接头的清洁。

⑤ 对于使用不同制冷剂的系统,歧管压力计应专用。

(二) 检漏设备

检漏设备用于检查空调系统内的制冷剂是否泄漏。制冷剂是一种十分容易蒸发的物质,在常态下,其沸点为－29.8 ℃,因此,要求整个制冷系统密封良好,否则制冷剂就会泄漏,影响制冷效率。所以,需要经常检查制冷系统有无泄漏。在拆装或检修汽车空调制冷系统管道、更换零部件之后,都需在检修及拆装部位进行泄漏检查。

汽车空调系统泄漏通常有两种情况:冷泄漏和热泄漏。冷泄漏是指系统并非处在其运行的温度和压力下发生的泄漏,如夜间停放时发生的泄漏。热泄漏发生在高压部分,如汽车空调系统在运行中发生的泄漏。

检漏设备包括卤素检漏器、染料检漏器、荧光检漏仪、电子检漏仪、氦质谱检漏仪、超声波检漏仪等。其中,卤素检漏灯只能用于 R12、R22 等卤素制冷剂的检漏,对 R134a、R123 等不含氯离子的新型制冷剂无效果。电子检漏仪对常用制冷剂也存在适用性的问题,使用时要注意。

1. 电子检漏仪

如图 6.11 所示为电子检漏仪工作原理,它由一对电极组成,阳极由白金做成,白金被加热器 1 加热,并带正电,在它附近放一阴极 4,使它带负电。若放在空气中,就会有阳离子射到阴极并产生电流。如果有制冷剂气体流过,回路中的电流就明显增大,根据此信号即可检测出制冷系统的泄漏情况。

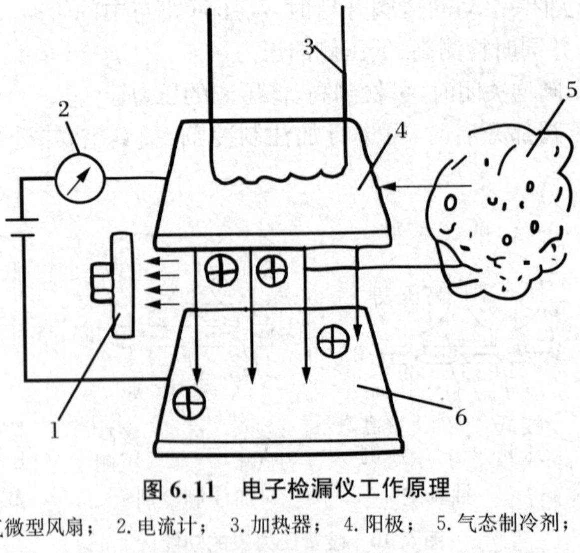

图 6.11　电子检漏仪工作原理

1. 吸气微型风扇；2. 电流计；3. 加热器；4. 阳极；5. 气态制冷剂；6. 阴极

如图 6.12 所示为电子检漏仪外形及结构,在圆筒状白金阳极设有加热器,可加热到 800 ℃左右。在阳极外侧装有阴极,在阳极和阴极之间加有 12 V 直流电压。为使气体在电极间流动,设有吸气孔和小风扇。当含有卤素的阳离子出现时,就会产生几个微安的电流,由直流放大器放大，使电流计指针摆动或使音频振荡器发出不同的声响，以示系统制冷剂泄漏程度的大小。

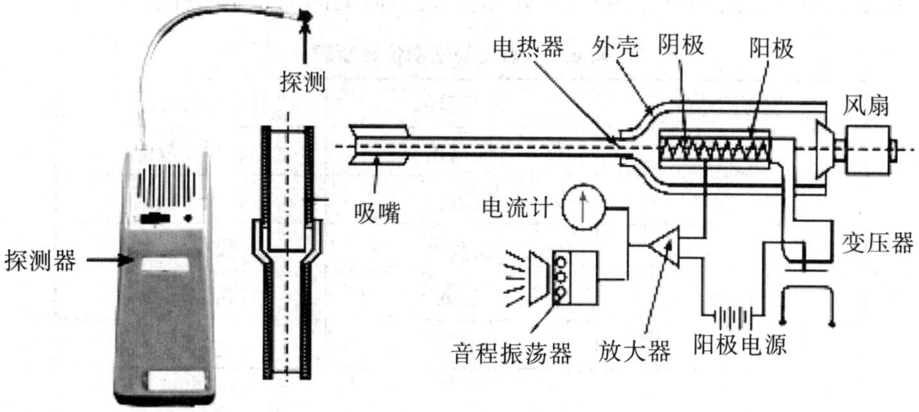

图 6.12　电子检漏仪

2. 卤素检漏灯

卤素检漏灯是一种丙烷(或酒精)气喷灯，利用制冷剂气体进入喷灯的吸入管内会使喷灯的火焰颜色改变这一特性来判断系统的泄漏部位和泄漏程度，其结构如图 6.13 所示，其判断如表 6.3 所示。当喷灯的吸入管从系统泄漏处吸入制冷剂时，火焰颜色会发生变化。泄漏量少时，火焰呈浅绿色；泄漏较多时，火焰呈浅蓝色；泄漏很多时，火焰呈紫色。

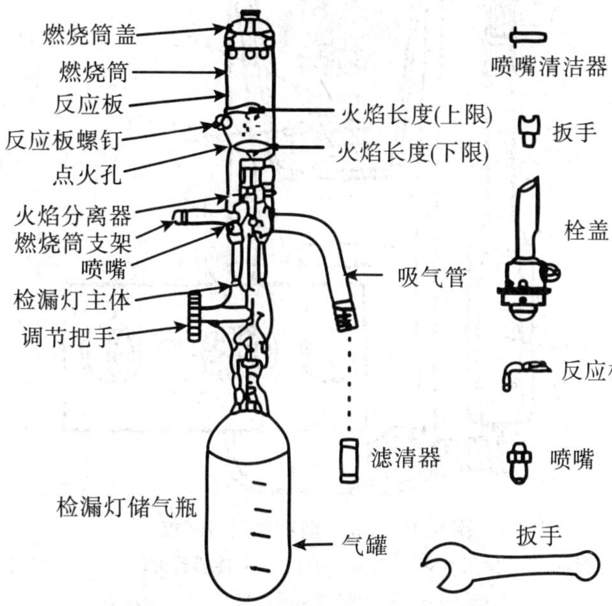

图 6.13　使用液化丁烷的卤素检漏灯

卤素检漏灯的使用方法：

① 向检漏本体和检漏灯上加液态丙烷或无水酒精。

② 将点燃的火柴插入检漏灯点火孔内，再按逆时针方向慢慢旋转调节把手，让丙烷气体溢出，遇火就能点燃。

③ 将燃烧的火焰调节到尽量小,火焰越小,对制冷剂泄漏反应越灵敏。

④ 把吸入管末端靠近各个有可能泄漏的部位。

⑤ 细心观察火焰的颜色。判断出制冷剂系统泄漏的部位和泄漏程度。

表 6.3　卤化物检漏仪诊断表

燃烧工质	火焰颜色	故障诊断
酒精	浅绿色	有少量泄漏
	浅蓝色	有大量泄漏
丙烷	浅蓝色	有较少量泄漏
	蓝色	有较多量泄漏
	紫色	有大量泄漏

3. 5650 型自动检漏仪

这里介绍的 5650 型制冷剂自动检漏仪是新一代的电子检漏仪,它不仅可以检测目前用得较广泛的 R12 的泄露,而且还可以检测环保制冷剂 R134a 的泄漏。

如图 6.14 所示的是该仪器的外观图,从图中可看出:左边是仪器的探测部分,右边是仪器的主体部分,两者之间用螺旋线 6(内有几条通电导线)连通。

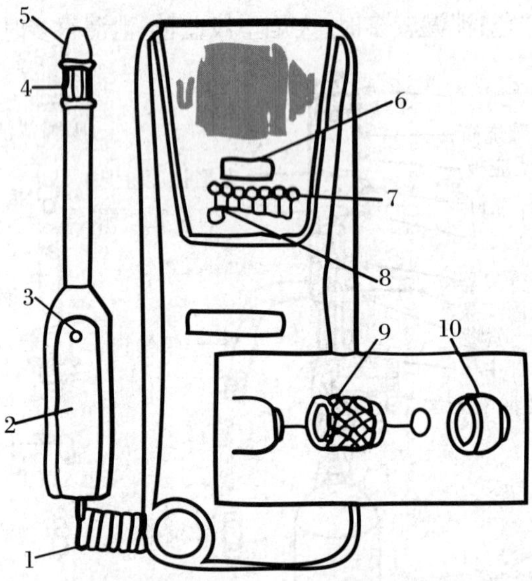

图 6.14　5650 型制冷剂检漏仪

1. 螺旋线；　2. 探测手柄；　3. 复位键；　4、9. 传感器头；　5、10. 保护套；
6. 选择开关；　7. 泄漏强度显示灯；8. 电源显示灯

(1) 探测部分

它主要由保护套 5、传感器头 4、复位键 3、探测手柄 2 等组成。传感器头内装有加热白金阳极及阴极,探测手柄 2 内装有高效率吸气扇。

(2) 仪器主体部分

它的面板置有选择开关 6、泄漏强度显示灯 7、电源显示灯 8 等。

(3) 检漏仪的特点

① 功能完善:通过转换开关可以检测 CFC(R12、R11 等);HCFC(R22 等);HFC(R134a)等。

② 能自动标定:当仪器置于已被制冷剂污染的空气中使用时,开关接通后,蜂鸣器便会报警,这时按下复位键,仪器便以当时空气中制冷剂的浓度标定为基准进行检测。此时只有当空气中制冷剂的浓度高于标定的浓度时,仪器才能显示数值。

(三) 真空泵

在安装、检修或更换空调制冷系统的零部件后,会有一定量的空气进入制冷系统,空气中含有一定量的水蒸气,这会使制冷系统的膨胀阀冰堵、冷凝压力升高、系统零部件发生腐蚀。因此,对制冷系统安装或检修之后,在加入制冷剂之前,必须对制冷系统进行抽真空,否则将影响制冷系统工作。而抽真空是否彻底,将直接影响系统运行的效果。

真空泵用于制冷系统抽真空,排除系统内的空气和水分。抽真空并不能直接将水抽出系统,而是制造了真空降低了水的沸点,让水在较低温度下沸腾,以蒸汽的形式从系统中排出。如图 6.15 所示为叶片式真空泵结构,它由转子 2、定子 5、叶片 4 及排气阀 1 等零件组成。工作时在离心力和弹簧 3 的弹力作用下,叶片紧贴在定子 5 的缸壁上,并将其分隔成吸气腔和压缩缸。转子旋转时进气腔容积逐渐扩大,腔内压力下降,从而吸入气体;压缩腔容积逐渐缩小,压力升高,从而把容器内的气体从排气阀 1 排到大气中去。这样不断循环,便可把容器内的空气抽出,达到抽真空的目的。这种真空泵的排气速度为 50~300 L/min,真空度在 0.13 Pa 左右。

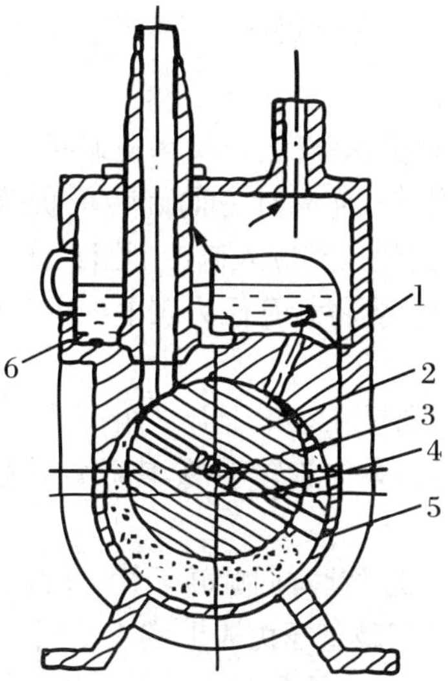

图 6.15 叶片真空泵结构

1. 排气阀; 2. 转子; 3. 弹簧; 4. 叶片; 5. 定子; 6. 润滑油

(四) 制冷剂注入阀

为便于维修汽车空调和随车携带,制冷剂生产企业制造了一种小罐制冷剂(一般为 400 g

左右)，但要将它注入汽车空调制冷系统需要有注入阀才能配套开罐。

当向制冷系统灌注制冷剂时，可将注入阀装在制冷剂罐上，旋动制冷剂注入阀手柄，阀针刺穿制冷剂罐，即可充注制冷剂。如图6.16所示为制冷剂注入阀，制冷剂罐4内装有制冷剂，接头2用软管与歧管压力计的中间接头相连。

图6.16　制冷剂注入阀结构

1.制冷剂注入阀手柄；　2.注入阀接头；　3.板状螺母；　4.制冷剂罐；　5.阀针

制冷剂注入阀的使用方法如下：

① 按逆时针方向旋转注入阀手柄，直至针阀完全缩回。

② 将注入阀装到小型制冷罐上，逆时针方向旋转板状螺母(圆板)直到最高位置，然后将制冷剂注入阀顺时针拧动，直到注入阀嵌入制冷剂密封塞。

③ 将板状螺母顺时针旋到底，再将歧管压力表上的中间软管固定在注入阀接头上。

④ 用手充分拧紧板状螺母。

⑤ 顺时针方向旋转手柄，使阀针在小罐上开一个小孔。

⑥ 若要加制冷剂，就沿逆时针方向旋转手柄，使阀针抬起，同时打开歧管压力表的对应手动阀。

⑦ 若要停止加制冷剂，就沿顺时针方向旋转手柄，使阀针下落到刚开的小孔里，使小孔封闭，起密封制冷剂作用，同时关闭歧管压力表上的手动阀。

特别注意：使用制冷注入阀时，必须要接紧制冷注入阀与制冷罐，以防在使用过程中制冷剂喷出伤人。

(五) 检修阀

检修阀是一个三通阀，利用它可以进行汽车空调系统抽真空、检测系统压力以及加注制冷剂等操作，其结构如图6.17所示，阀上有四个通道接口，通道4接压力表、通道5接旁路电磁阀、通道 6 接制冷系统管道、通道 7 接压缩机。

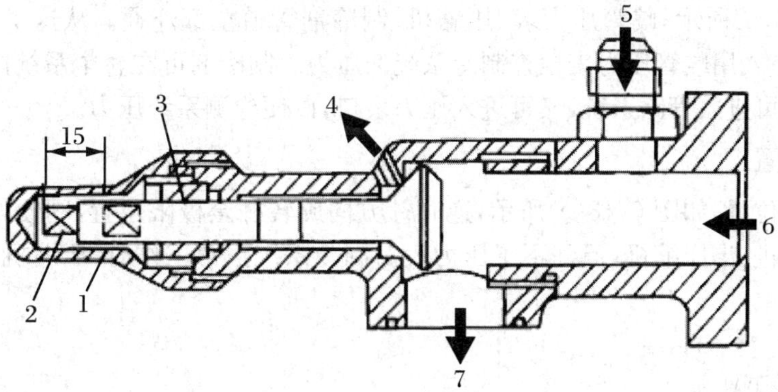

图 6.17　检修阀结构

1. 阀帽；　2. 阀杆；　3. 阀杆行程；　4. 压力表接头；　5. 旁路电磁阀接口；
6. 制冷系统管道接口；　7. 压缩机接口

无论高、低压检修阀均有三个位置，即后座、中座和前座，如图 6.18 所示为检修阀的工作位置，其阀杆可利用棘轮扳手转动，使该阀处于下列三种位置中的任何一种位置。

1. 前座位置

如图 6.18(a)所示，顺时针方向转动阀杆至阀的极限位置，阀便处于前座位置，此时系统内制冷剂不能流到压缩机，阀处于关闭位置。而压缩机与系统其他部分隔绝，若松开检修阀的固定螺钉，可以更换压缩机，或将压缩机拆下来修理，不必打开整个制冷系统。从压缩机上卸下检修阀时要小心，因为压缩机内还残存有制冷剂，因此，拆卸检修阀时速度要慢，并遵守有关操作规程。检修结束后，应恢复到后座位置，否则压缩机将封闭工作而且损坏。

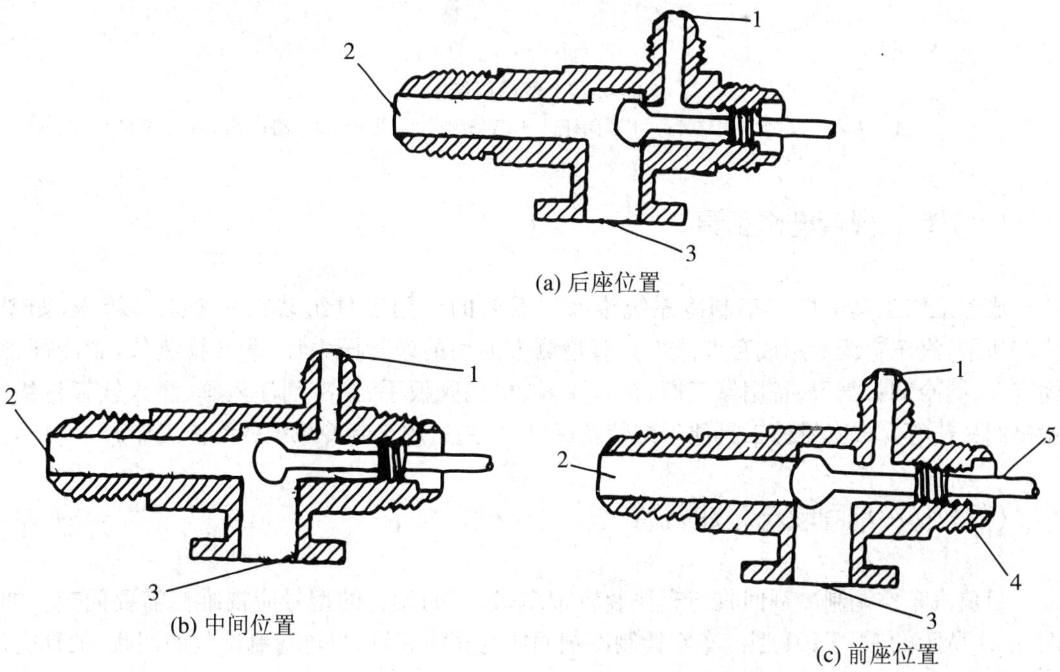

图 6.18　检修阀工作位置

2. 中间位置

如图 6. 18(b)所示,歧管压力表、压缩机、制冷剂管道全部连通。从这个位置可以加注制冷剂、抽真空或用歧管压力表检查制冷系统的压力。制冷剂可在整个系统内流通,压缩机内的制冷剂既可进入管路系统,又可进入压力表口,以便检测系统压力。

3. 后座位置

又叫正常位置,如图 6. 18(c)所示,逆时针方向旋转杆至极限位置,阀便处于后座位置,此时制冷剂可进、出压缩机,但到不了压力表。制冷系统正常工作时,压缩机上的两个检修阀处于此位置。

(六) 气门阀

气门阀一般用于非独立驱动的汽车空调制冷系统维修(如轿车空调等)。在轿车空调制冷系统中,为了简化制冷系统结构,压缩机上不设检修阀而用维修接口来代替,每个维修接口上都装有气门阀。气门阀结构如图 6. 19 所示,轿车空调压缩机吸、排气管接头都采用这种气门阀,它和轮胎的气门芯相似,只有开和关两个位置。使用时只要把检测用软管接头拧在工作阀口上,阀芯就被压开,制冷剂就进入检测用软管;卸下检测用软管时,则自动关闭系统接口。

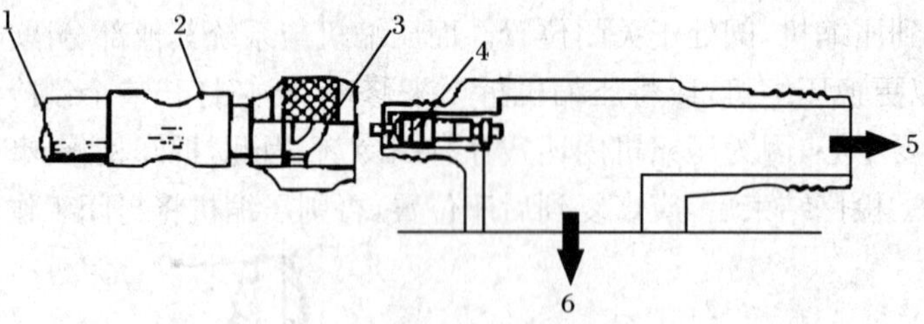

图 6. 19　气门阀结构

1. 通往压力表; 2. 检测用软管; 3. 顶阀杆; 4. 气门阀; 5. 通往制冷管路; 6. 通往压缩机

(七) 专用成套维修工具

成套维修工具是把汽车制冷系统维修时需要的专用工具组装在一个工具箱内,如图 6. 20所示,汽车空调专用成套维修工具有检测方面用的歧管压力计、漏气检测仪,制冷剂管固定架、制冷剂管割刀、备用储气瓶、扩口工具、检测阀扳手、制冷剂注入阀、注入软管衬垫、检修阀衬垫等。成套维修工具便于携带及保管,特别适用于制冷系统的维修工作。

(八) 制冷剂回收与充注装置

目前汽车空调制冷剂回收与充注装置很多,选择的设备的型号应视维修需要而定。如图 6. 21 所示的 MRF101 型汽车空调制冷剂回收与充注装置,可进行制冷剂的回收、抽真空、检漏及加注冷冻机油和制冷剂等作业。

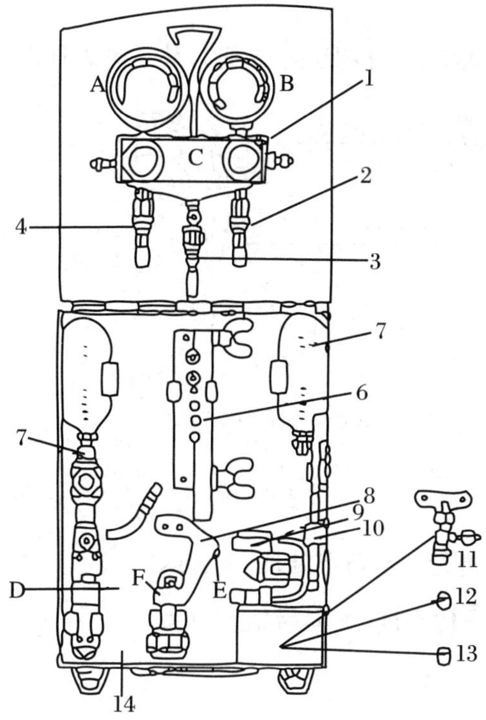

图 6.20　汽车空调专用成套维修工具

1. 歧管压力计；2. 红色注入软管；3. 绿色注入软管；4. 蓝色注入软管；5. 漏气检测仪；6. 备用储瓶；7. 制冷剂管固定架；8. 制冷剂管割刀；9. 扩口工具；10. 检修阀扳手；11. 制冷剂罐注入阀；12. 注入软管；13. 检修阀衬垫；14. 工具箱；A. 低压表；B. 高压表；C. 压力表座；D. 反应板；E. 绞刀；F. 刀片

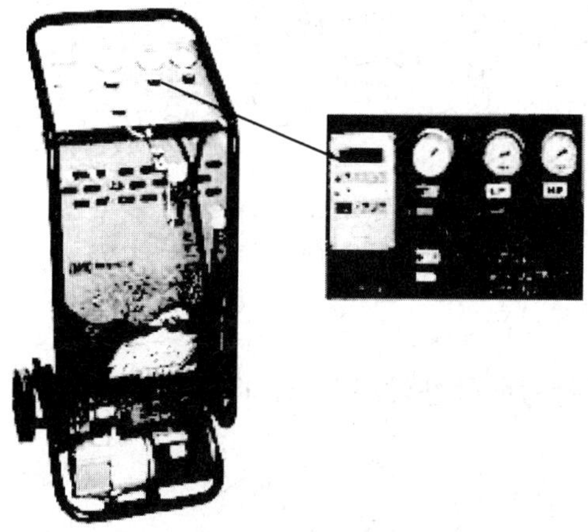

图 6.21　汽车空调制冷剂回收与充注装置

(九) 其他维修工具

除上述工具和设备外，还需要各种扳手、割管器、弯管器、胀管器等。

1. 割管器

割管器用来切割制冷系统的连接管(铜、铝管),其结构如图 6.22 所示。

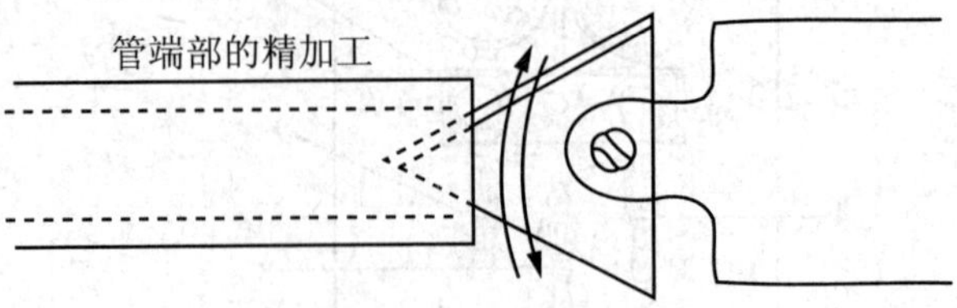

图 6.22　割管器

2. 管端加工刀具

管端加工刀具用来除去管口毛刺,其结构如图 6.23 所示。

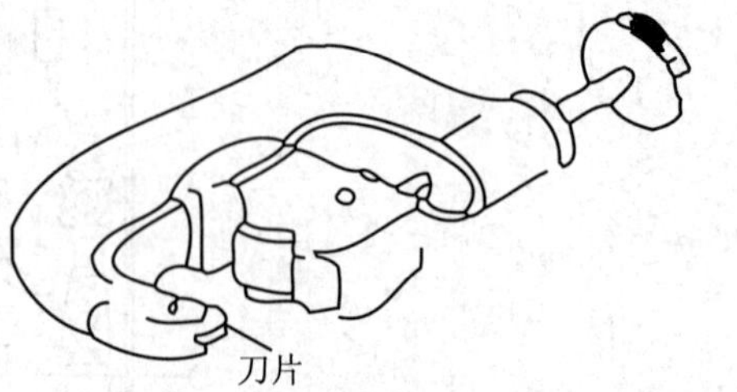

图 6.23　管端加工刀具

3. 胀管器

胀管器用来对管端口进行喇叭口形处理(铜管退火处理,其管端部应露出$\frac{1}{3}$的高度,夹紧后用扩口头胀管端),其结构如图 6.24 所示。

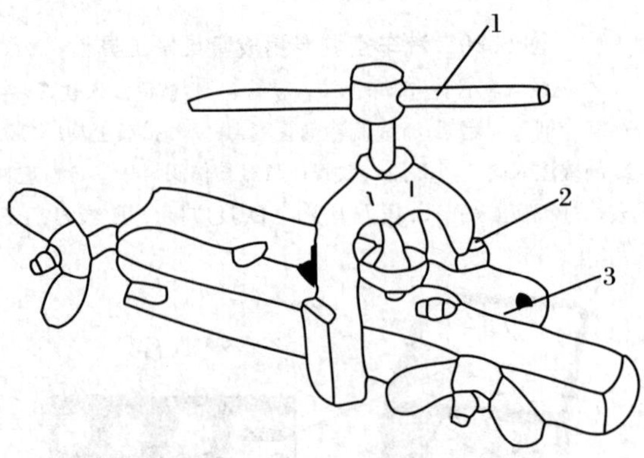

图 6.24　胀管器

1. 螺旋杆;　2. 扩口工具;　3. 固管架

4. 弯管器

弯管器用来对管子进行弯曲处理(注意弯曲半径应大于管径的 5 倍),其结构如图 6.25 所示。

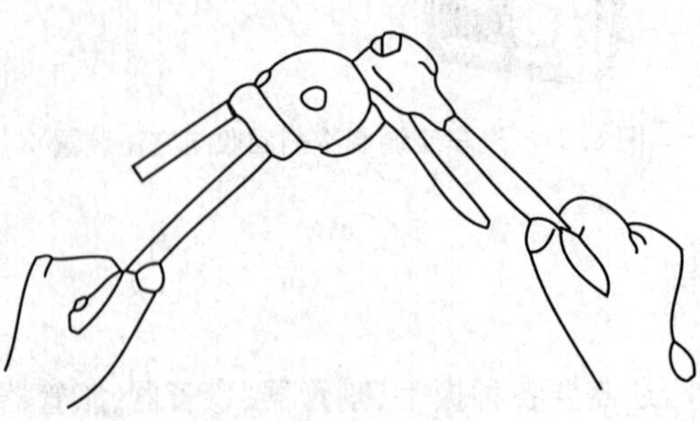

图 6.25　弯管器

任务三　汽车空调系统性能测试

汽车空调是汽车的一个职能部门，它离不开汽车而单独运行，又对整车的动力性、加速性和冷却性及噪声等有影响，因此，评价汽车空调系统性能不能离开实车进行单独评价，而应该是整性能试验的一个组成部分。

整车空调性能检测是指空调装置安装在汽车上或汽车空调经过检修后(即出厂前的测试和检修后的测试)，测定车厢内的降温、采暖、保温性能，测定车内气流分布，了解空调机组的运行情况以及空调机组对汽车性能的影响。

一、汽车空调系统性能测试的方法

汽车空调制冷的性能测试方法主要有压力测定法、温度测定法、曲线比较法和道路实验法等。

(一) 汽车空调系统出厂前的压力测试(压力测定法)

汽车空调简单性能测试的方法是用表阀测量其高、低压力值和用温度计测量空调器吹出的空气温度。

① 将表阀和空调制冷系统压缩机吸、排气维修阀连接。连接时，先关闭高、低压手动阀，并连接好后，将胶管内的空气赶跑，否则管内空气会跑到制冷系统内。

② 起动发动机，使压缩机的转速保持在 2 000 r/min；置空调控制板上的功能选择键在"MAX"(或 A/C)位置，温度键于"COOL"位置，风扇键于"Hi"位置，并打开车窗门。用大风扇对准冷凝器吹风。

③ 将一根玻璃温度计或电子温度计放进中风门空调出风口，而将干湿温度计放在车内空气循环进气口处，湿温度计的球部要覆盖蘸饱水的棉花。

④ 空调系统至少要正常工作 15 min 后，才能进行测试工作并记录数据。

空调的正常值要达到如下的要求：

(1) 对 CCOT 系统，如图 6.26 所示。

环境温度：21～32 ℃。

高压表值：1.01～1.55 MPa(150～220 ibf/in^2)。

空调冷风温度：1～10 ℃。

低压表值：压缩机开动后，低压表压力开始下降，降到约 0.118 MPa 时(17 ibf/in^2)，恒温器切断离合器电路，压缩机停止工作。这时，低压表压力又上升 0.207～0.217 MPa(30～31 ibf/in^2)，恒温开关接通离合器电路，压缩机又开始工作，低压表压力又下降，周而复始循环。

(2) 其他循环离合器制冷系统，如图 6.27 所示。

环境温度和高压表值与 CCOT 系统相同。

空调冷风温度：1～10 ℃。

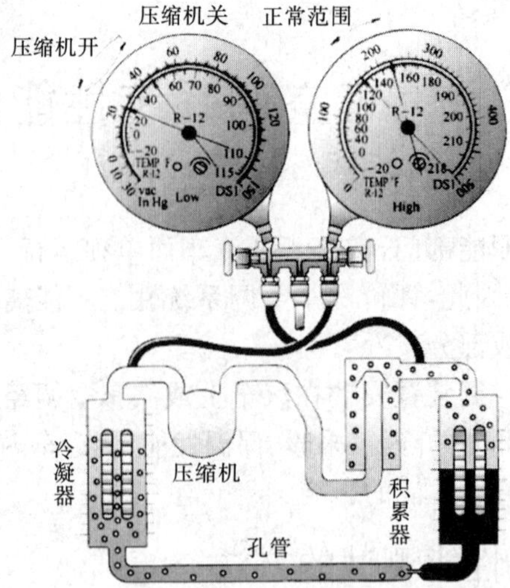

图 6.26　CCOT 系统高、低压力测试

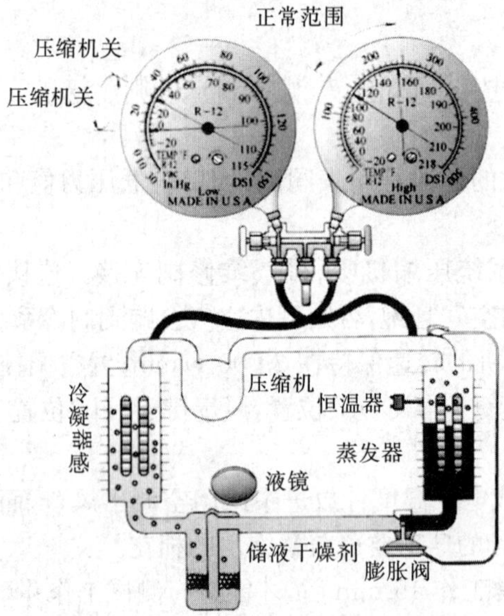

图 6.27　检查空调系统高、低压力值

低压表值：压缩机运行时，低压表值开始下降，在 0.103 MPa(15 ibf/in²)时，压缩机停止工作。随后，低压表指针开始回升，回升到 0.207～0.217 MPa(30～31 ibf/in²)时，压缩机又开始工作，低压表值又开始下降，周而复始循环。

(二) 汽车空调系统检修后的压力测试

根据高、低压侧压力是否正常，来判断空调制冷性能是否达到要求。如达到要求则可进行相应测定。

1. 压力测定法

汽车空调系统检修后的压力测定步骤如下：

(1) 安装歧管压力计

① 关闭高压手动阀(Hi)和低压手动阀(Lo)。

② 将高压注入软管连接在压缩机的高压侧。

③ 将低压注入软管连接在压缩机的低压侧。

(2) 开动发动机和空调系统

① 使发动机的转速维持在 2 000 r/min,起动压缩机。

② 将风机开关置于最高转速;打开空调开关;温度控制置于最冷挡位;送风控制置于通风处。

③ 将所有的车窗和车门打开,汽车应停于不直接照射阳光的阴凉处。

(3) 安放温度计

① 将温度计放置在冷气出口。

② 将温度计和湿度计放置在制冷装置的进气口附近。

(4) 待空调系统稳定工作后进行如下测量

① 测定系统内高、低压力:在环境温度为 30~35 ℃的条件下,检查高压表的读数是否为 1.373~1.668 MPa,低压表的读数是否为 147~192 kPa。环境温度改变,压力值也相应改变。环境温度每降低 3 ℃,则其高压表读数相应降低 68~78 kPa(注意:不同的制冷系统数值应该以维修手册规范为准)。

② 检查进气口处温度计的读数是否为 25~35 ℃。

在上述条件下,使空调系统运转,直到歧管压力高、低压表和温度计指示值稳定下来为止。

测定空调系统的性能:

① 测量蒸发器进口处的空气相对湿度。

② 测量制冷装置冷气出口处的温度和进气口处的温度。这两处的温差值,即为所求的进气口与出气口的冷气温差。

2. 温度测定法

制冷剂在系统内循环过程中,其状态、压力、温度都不断地交替变化着,即气态与液态、高压与低压、高温与低温等交替变化,所以通过管道及部件的外表温度可判定系统的运行情况和部件性能好坏。

从压缩机出口至冷凝器、储液干燥器、膨胀阀这段可视为高温、高压区,它们的压力和温度基本都一样,温度均在 50~70 ℃之间;从膨胀阀至蒸发器、压缩机入口这段可视为低压、低温区,温度在 0~5 ℃之间。

3. 曲线比较法

把同时得到的空气相对湿度及进气口与出气口的冷气温差在如图 6.28 所示的汽车空调标准性能曲线上求出评定值。如果这两个值坐标的交叉点在标准性能曲线中两条直线包围的范围之内,则表示该系统制冷性能适中而良好,检修质量合格。

例如,进出口之间的温度差为 17 ℃,而相对湿度为 60%。从图 6.28 中可查出其交叉点在两条线之间,这就说明制冷性能适中而良好。

4. 道路实验法

对于汽车空调制冷性能的检验,也可以在道路上行驶时进行测定,以判断系统制冷性能

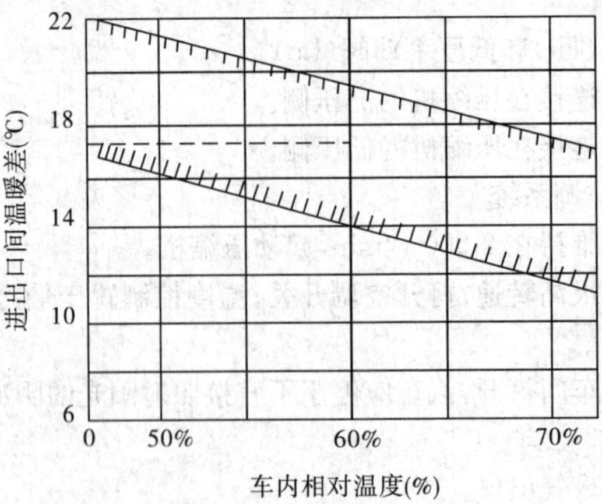

图 6.28　汽车空调标准性能曲线

是否达到要求。

试验选用的道路应是平坦、硬实的公路，路面纵坡不大于 1%，长度不小于 40 km；外界气温为 35 ℃，轿车在试验道路上，全开空调分别以 20 km/h、40 km/h、60 km/h 的速度行驶，测量每种车速条件下行驶 10 min、30 min 时的车内温度情况，并与标准值进行比较，来判断空调制冷性能是否达到要求。车内降温标准值如表 6.4 所示。

表 6.4　道路试验车室内降温标准值

车速(km/h)	10 min 时车室内温度(℃)	30 min 时车室内温度(℃)
20	<30	<27
40	<29	<26
60	<28	<25

二、汽车空调系统道路试验的类型

2000 年 11 月 16 日我国发布了 11 项汽车空调标准，分别对汽车空调冷气性能、暖风性能、隔热通风性能以及风窗玻璃除雾、除霜性能的试验方法和评价要求作了规定。按试验目的不同，可将上述试验概括为以下六类：汽车空调系统舒适性道路试验；汽车空调系统可靠性道路试验；空调系统对整车动力性能影响的道路试验；空调系统对整车燃油经济性影响的道路试验；空调系统对发动机冷却系影响的道路试验；空调系统对车内噪音影响的道路试验。

由于试验目的不同，各个试验所要求的工况条件也不相同，包括路面状况、环境气象条件、车辆运行状态等，但必须保证所使用的车辆各项技术指标符合该车型设计的技术要求，车辆载荷、乘客人数、使用油料、轮胎压力等与整车设计要求一致。

(一) 汽车空调系统舒适性道路试验

汽车空调系统的舒适性是汽车品质的一个重要标志，也是人们评价空调系统的水平和档次的一项主要指标，所以，舒适性成为整车道路试验的重点课题之一。在做舒适性试验时，对气候条件要求很高，这种条件靠自然气候很难保证，只能是选择近似的气候条件，如在晴天少云、阳光直射、风速较小时进行。

（二）汽车空调系统可靠性道路试验

汽车空调系统的可靠性是其正常使用的先决条件，该项试验的目的在于获得振动和加速度两项指标对空调系统的影响，以及空调系统对整车的影响。汽车在不平坦的道路上行驶时，振动冲击对空调系统的影响与空调系统本身的结构、汽车上的固定方式、路面条件及车速等有关。

（三）汽车空调系统对整车动力性能影响的道路试验

汽车空调系统对整车动力性能影响的道路试验，主要通过使用和不使用空调系统的对比，分析空调系统对整车动力性能的影响。试验过程中要保证空调系统在最大风量下正常工作。该项试验主要考核空调系统的运行对最大车速和加速性的影响。

（四）汽车空调系统对整车燃油经济性影响的道路试验

汽车空调系统对整车燃油经济性影响的道路试验，这种影响主要表现在发动机油耗量的增加。作为使用与不使用空调的对比试验，一般只做公路油耗试验和等速油耗试验两项即可。

（五）汽车空调系统对发动机冷却系影响的道路试验

汽车空调系统对发动机冷却系影响的道路试验，一般选择爬长坡或加挂拖车的方法进行。使用汽车空调装置必将增加发动机的负荷，直接地影响发动机的冷却水进出口温度。进行该项试验时空调系统全开，车辆选用较高挡位连续爬坡，考查空调运行对发动机冷却水出水温度升高的影响程度。

（六）汽车空调系统对车室内噪音影响的道路试验

该项试验测取使用和不使用空调时车内噪音声压级，以考核空调运行对车内噪音的影响程度。

三、汽车空调系统道路试验方法

（一）制冷系统性能试验

制冷系统性能试验的目的，是检查和测定空调制冷系统在炎热气候条件下使用时的车厢内部降温保温性能、安全环保条件和舒适程度以及非独立式制冷系统各装置在特殊使用工况下的运行性能对客车基本性能的影响。

1. 试验条件

试验时，车厢内的乘员数不得少于额定乘员数的80%，而且不得装载相等质量的物体代替。试验车辆应在晴天少云、有日光直射、太阳辐射强度不低于 4.6 J/(cm^2 • min)，气温不低于 35 ℃，气压在 95～102 kPa 之间，风速不大于 5 m/s 的气候条件下，在长度不少于 50 km，路面纵坡不大于 3 %而且平坦、干燥、硬实、树荫少的公路上行驶。

2. 试验仪器设备

采用的试验仪表有综合气象仪、太阳辐射仪、多点温度计、压力表、风速风向仪、干湿球温度计、声级计、发动机转速表、坡度仪、微风测速仪、检漏仪、秒表、粉尘采样仪、CO 分析仪和 CO_2 分析仪等。

3. 试验方法

(1) 测量出风口的温度、风速和风量

应关闭客车所有门窗，制冷装置开至最高挡(对于非独立式制冷装置，客车发动机需控制在额定转速下)，所有冷风出风口置于最大出风位置，开机 10 min 后，在 2 min 内测出并记录各出风口中心点风的冷风温度和风速，由此即可得出各出风口的最大温度差和风速差，也可根据各出风口的平均风速和出风口的截面积与数量，求出制冷装置的最大送风量。测量与计算数据记录在有关表中。

(2) 测量停车噪声

应选择宽敞、空旷的场地，在测点中心 25 m 半径范围内，不得有较大的反射物且场地的本底噪声不得大于 60 dB(A)。用声级计(置于“A”计机网络，“快”挡)测量时，关闭所有门窗，制冷装置和通风换气装置都开最高挡，非独立式制冷装置的压缩机转速稳定在 2 000 r/min。车内除驾驶员和测试人员外，不得有其他人。在车外，测点为距压缩机组中心点 5 m，距地面高度 1 m 处，与机组间除本车车身外应无其他遮挡物。该测点重复测量两次，记录每次测量结果及其平均值。在车内，测点分别在压缩机中心位置的地板上方 1.2 m 处，车顶回风口中心位置的地板上方 1.2 m 处和通风换气装置中心位置的地板上方 1.2 m 处三点，各测点重复测量两次，记录每次测量结果及各测点的平均值。当单独测量通风换气装置的噪声时，应将制冷系统关闭，并且让所有通风换气装置开最高挡，然后重复两次分别测出各通风换气装置的噪声。记录每次测量结果。

(3) 制冷系统降温与保温能力试验

在试验之前，应在车厢内布置好测温点，测温点有四种类型：① A 类测温点，为各出风口的中心点；② B 类测温点，为回风口测温点，在回风口平面下 200 mm 的中心线前后等距两点，若回风口位于车厢地板上，则取回风口中性平面内前后(或左右)等距两点；③ C 类测温点，为座椅处测温点，上部测点设在垂直方向距坐垫表面上方 635 mm，水平方向距靠背 250 mm 处，下部测点设在座椅前沿距地板 50 mm 高度处，两种测点均设于单人至三人座椅纵向中心点，而多人座椅则均布两点(图 6.29)；④ D 类测温点，为温差测温点，是汽车纵向中心垂直平面内的前后轴中心点，与轴间中心点距地板 400 mm、1 000 mm、1 600 mm 高处的九点(图 6.30)。

与此同时，用综合气象仪及太阳辐射仪，测量记录试验前后的大气温度、湿度、气压、风向、风速和太阳辐射强度；取算术平均值作为外界环境平均气候参数。将客车停放在阴凉处，门窗全开，人员下车，使车内外气温平衡。

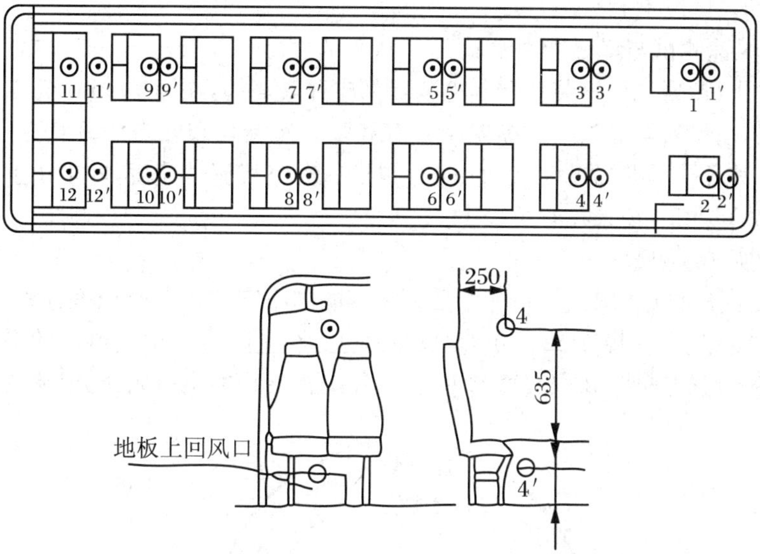

图 6.29　车内座椅处测点分布

注：⊙为座椅处测温点

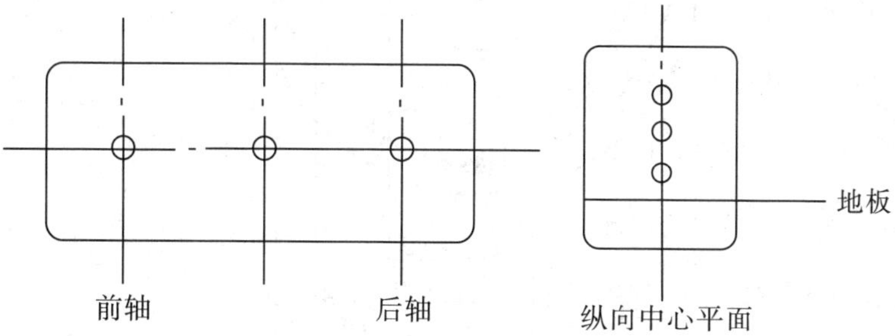

图 6.30　车内温差测温点分布

做降温能力试验时，额定乘员的座位应坐满，立即起步，当车速稳定在 20 km/h 时，关闭门窗，制冷装置全开，开始记录第一次有关回风口、座椅上下部和车厢纵向中心平面内各测点的温度，并按下秒表计时。前 10 min 每隔 2 min 记录一次，第 10 min 至第 30 min 每隔 5 min记录一次。非独立式制冷装置还需加测发动机出水口温度。完成后，将客车掉头，按上述方法重做一次回程试验。最后，按上述方法做稳定车速分别为 40 km/h、60 km/h 时的降温能力试验。

做保温能力试验是在做稳定车速为 40 km/h 的降温能力试验时，自第 30 min 时关闭制冷装置，每隔 2 min 测量记录有关回风口、座椅上下部和车厢纵向中心平面内各测点的温度，直到第 40 min 为止。对于高档空调客车需测至第 45 min。然后，将客车掉头，按上述方法重做一次回程试验。

（4）车内相对湿度测定

测点是在蒸发器吸入口（回风口）布置干湿球温度计，在蒸发器排气口布置干球温度计，使冷气直接接触温度计的感温部，其测定与降温能力试验同时进行。测量时间、次数也与降温能力试验相同。计算去、回程所测排气口与吸气口的干湿球温度差，并利用湿空气线图求出吸入口的相对湿度，从而求出同一时刻车内的相对湿度平均值。将有关数据记录下来。

(5) 车内风速测试与降温能力试验

两者同时进行，通风换气装置和制冷装置都应开最高挡，在第 10 min 至第 12 min 之间，用微风测速仪，在单人至三人座椅纵向中心点和多人座椅均布两点的垂直方向距坐垫表面上方 635 mm、水平方向距靠背 250 mm 处，测量一次空气流动速度，并求出上、下部平均风速和最大风速的差值。记录在有关表中。

(6) 通风换气量测量

应把测点布置在换气扇出风口三个面积相等的同心圆环各自面积等分线与相互垂直的两条直径线的交点上，总共有 12 个测点(图 6.31)。在紧贴换气扇出风口的平面上，用微风测速仪测出各测点的风速，并取其算术平均值，作为换气扇的出口风速，记录在有关表中。

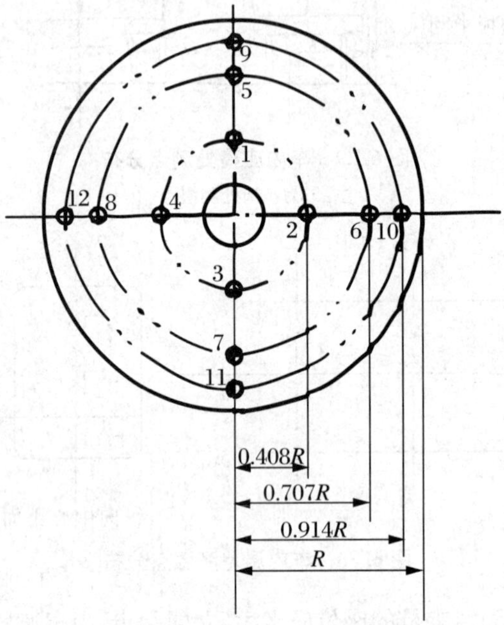

图 6.31　通风换气量的测点布置

(7) 车内行驶噪声测量

应选择在平直、干燥并有足够长度的硬路面上行驶。测试时，关闭客车所有门窗，车内除驾驶员和测试人员外，不得有其他人员，车内的本底噪声不得大于 70 dB(A)，车速应稳定在(50±2)km/h。当制冷装置和通风换气装置开最高挡时，用声级计的“慢”挡、“A”、“C”计权网络，在客车纵向对称中心平面内的距地板 1.2 m 高处的前、后、中三点，分别测两次，取其算术平均值，记录在表中。然后关闭制冷装置和通风换气装置，用同样的测试方法分别测两次，取其算术平均值，记录在表中。

(8) 车内空气洁净度的测量

包括粉尘测量和 CO 与 CO_2 的测量。粉尘测量时，关闭客车所有门窗，制冷装置和通风换气装置全开，车速稳定在(50±2)km/h，行驶 1 h 后起动测试仪器，包括流量为 50 L/min 的抽气机，阻流率不低于 90%，直径为 40mm，在干燥器内放置不少于 24 h 的滤膜及感量为 0.1 mg 的分析天平。在客车纵向中心线中点、距地板 1.2 m 处，采样 1 h 时间，往返各测一次，取算术平均值，按下式计算粉尘浓度，并将数据记录在表中，计算公式为

$$C=\frac{m-m_0}{q_v\tau}\times10^3$$

式中,C 为粉尘浓度,单位为 mg/m^3;m 为采样后的滤膜质量,单位为 mg;m_0 为采样前的滤膜质量,单位为 mg;q_v 为进入滤膜的含尘空气流量,单位为 L/min;τ 为采样时间,单位为 min。

测量 CO 与 CO_2 时,先将仪器预热 30 min,做好调零及标定工作。然后关闭客车所有门窗,制冷装置和通风换气装置全开,乘员人数不得少于额定人数的 80%,车速稳定在(50±2) km/h,行驶 1 h 后起动测试仪器,CO 分析仪分辨率要使被测气体测量值位于全量程 50%~90%之间,CO_2 分析仪标定气体浓度在仪器量程的 60%~80%之间,流量仪器控制流量为 0.5 L/min。在客车纵向中心平面内的前后轴线距地板高度 1.2 m 处开始测量,往返各测量一次,并按下式计算车内 CO 或 CO_2 的浓度,将数据记录在有关表中。

$$C=\gamma n$$

式中,C 为 CO 或 CO_2 的浓度,单位为 mg/m^3;γ 为 CO 或 CO_2 的浓度换算成标准状态时的换算系数;n 为仪器指示的格数。

(二) 供暖系统性能试验

供暖系统性能试验的目的是检查和测定空调客车在严寒条件下使用时,供暖系统的供暖能力、安全环保条件和乘员的舒适程度以及供暖系统连续运行的稳定性。

1. 试验条件

试验应于晴天或阴天、环境温度−15~−10 ℃,风速不大于 5 m/s 的气候条件下,在平坦、硬实、无积雪、车流少的公路上进行,车内乘员应不得少于额定乘员数的 80%,且不能以装载相同质量的物体取代。

2. 试验方法

(1) 测量各出风口的温度和风速、风量

应关闭客车所有门窗,暖风装置开最高挡(对于余热式暖风装置,应控制发动机在额定转速下),开机 10 min 后,在 2 min 内,用微风速仪、干湿球温度计和多点温度计,分别测出并记录各出风口中心点的温度和风速。由此可得出各出风口的最大温度差和风速差,并求出暖风装置的最大送风量(利用供暖热风进行除霜的客车,测量时应关闭除霜装置)。

(2) 测量供暖系统和通风换气装置的工作噪声

应让客车停驶,关闭所有门窗,车内除驾驶员和测试人员外,不得有其他人员。暖风装置和通风换气装置开最高挡,余热式供暖系统发动机转速稳定在额定范围内。本底噪声不得大于 60 dB(A)。供暖系统的工作噪声测点设置,与制冷系统性能试验的车内行驶噪声的测点相同。通风换气装置工作噪声的测点,设于装置中心距地板上方 1.2 m 处,数量与通风换气装置的数量相同。各测点重复测量两次,每次测量结果和各测点的平均值记录在有关表中。测通风换气装置噪声时,暖风装置停止工作,所有通风换气装置开最高挡,分别测出各通风换气装置的噪声。

(3) 供暖能力和保温能力试验

在试验之前,须预先布置好测温点。测温点有四种类型:① A 类测温点,为暖风出风口表面中心点;② B 类测温点,为回风口表面中心点(若回风口为多面体时,选最大回风面中心点)；③ C 类测温点，为座椅上部测点(座椅坐垫表面上方 635 mm 与水平方向距靠背 250 mm 的交点处，单人座椅和双人座椅设在座椅中部一点，多人座椅均布于座椅中两点)、座椅下部测点(座椅前沿距地板 50 mm 高处，单人座椅设在座椅前端靠近走道一侧，双人座椅和多人座椅则上下部测点对应)，各测点在车内的分布如图 6.34 所示；④ D 类测温点，为客车纵向中心垂直平面内的前后轴中心点与轴间中心点距地板 400 mm、1 000 mm、1 600 mm 高处的九点。

所有测点应避开暖风出口。另外，还须用综合气象仪，测量记录试验前后的大气温度、湿度、气压和风向、风速，取算术平均值作为外界环境平均气候参数。与此同时，打开客车所有门窗，人员全部下车，使车内外温度平衡，暖风装置预热 10 min，发动机温度保持在正常范围。

供暖能力试验时，按额定座位坐满乘员，记录各测温点的初始温度，然后关闭客车门窗，起动暖风装置，将暖风调节到最大效果位置(除霜装置正常工作)，汽车起步，开始计时试验，并用直接挡(无直接挡时用速比接近 1 的挡位)以(50±2)km/h 的速度稳定行驶。试验开始后，每隔 5 min 测量、记录一次 B、C、D 类测点的温度，试验总时间为 40 min。

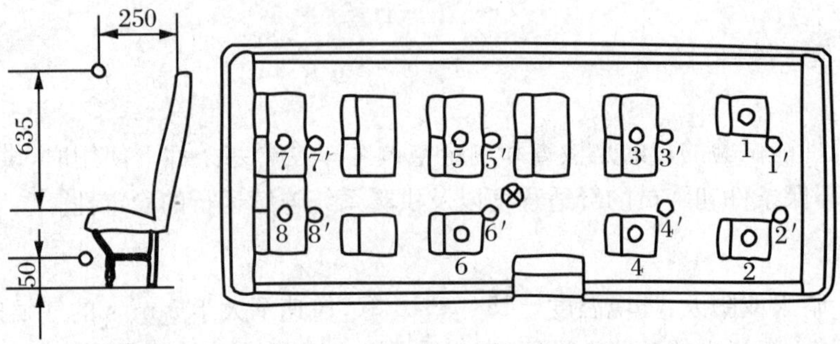

图 6.32　供暖、保温试验车内座椅处的测点分布

保暖能力试验是在做供暖能力试验进行到第 40 min，关闭暖风装置后紧接着进行的，每 2 min 测量记录一次 B、C、D 类测点的温度，直至第 50 min。对于高档空调客车，则须测量至第 55 min。客车掉头做供暖能力的回程试验时，也须再做一次保温能力的回程试验。测试结果记录在有关表中。

(4) 做车内相对湿度、风速、通风换气和空气洁净度测量等试验

试验方法与前述有关试验相同。

(5) 怠速和连续运行稳定性试验

对于余热式暖风装置，还需做怠速稳定性试验、连续运行稳定性试验等附加试验。做怠速稳定性试验时，停车，发动机怠速运转，暖风装置和暖风换气装置开最高挡，每 10 min 测量一次发动机出水口温度，并观察暖风装置工作情况。连续运转 1 h 结束，将数据记录在有关表中。做连续运行稳定性试验时，在规定的道路上，乘员人数不得少于额定乘员数的 80%，暖风、除霜装置开最高挡，客车以正常车速连续行驶 4 h，每隔 30 min 测量一次发动机出水口温度和 C、D 类测点的温度，同时观察暖风装置工作情况。将数据记录在有关表中。

(三) 除霜系统性能试验

除霜系统试验的目的是检查和测定空调客车在严寒条件下使用时，前挡风玻璃除霜装置的技术性能。

1. 试验条件

除霜系统性能试验应在无日光照射、气温为－15～－10 ℃、风速不大于 5 m/s 的气候条件下进行。试验车辆应处于良好的技术状态，其除霜装置应调整到最大工作状态，利用供暖热风除霜的暖风装置应工作正常。试验道路应是平坦、硬实、无积雪、车流少的公路。

2. 试验仪器

试验仪器包括测量范围为－50～50 ℃、最小刻度为 0.5 ℃的多点温度计、可暂停式秒表、综合气象仪、风速仪、发动机转速表、照相机、描绘除霜图形的特种笔，还需要造霜用的喷枪，其喷嘴直径为 1.7 mm，工作压力为(350±20) kPa，液流量为 395 mL/min，距喷嘴 200 mm处形成的喷射锥直径为(300±50) mm。

3. 试验方法

试验前后分别用综合气象仪测试大气温度、湿度、气压、风速和风向，取算术平均值作为外界环境平均气候参数，并将数据记录在表中。试验前，打开客车所有门窗，使车内外温度平衡，还需用含甲醇的酒精或其他类似去污剂，清除前挡风玻璃内外表面上的油污，待干后用清洗剂进一步擦拭，最后再用干棉布擦净。

试验时，在规定的环境温度下，关闭所有门窗，用喷枪以(350±20) kPa 的工作压力，使前挡风玻璃整个外表面生成 0.44 g/cm^2 的均匀冰霜层。喷射时，喷嘴距玻璃表面 200～250 mm。然后开动除霜装置，当前挡风玻璃上的冰霜融化至最低能见度时，客车开始行驶，随着除霜面积的增大，逐步提高行驶速度。行驶过程中，每隔 5 min 在前挡风玻璃内表面描绘一次除霜面积踪迹图或拍摄照片，记录驾驶区上、中、下部温度及驾驶员对视野的反应。与此同时，测量各除霜喷口的风速。试验进行 40 min 或除霜面积达到稳定状态时，即可结束试验。

将试验数据记录在试验数据记录表中，并将描绘的各次除霜面积描绘在方格纸上，计算其在前挡风玻璃除霜性能要求面积中所占的百分比。

利用发动机余热进行除霜的客车，除上述测试数据外，还应测试发动机进、出口水的温度，绘制发动机冷却液温度变化曲线等。

任务四　汽车空调系统维修操作技能

当汽车空调制冷系统各部件安装完毕后，或当有故障的制冷系统维修完毕之后，应对制冷系统进行泄漏检查，排除系统内的空气和水汽，充注制冷剂和冷冻润滑油。在制冷系统工作过程中，应能正确储存制冷剂或从制冷系统中排出制冷剂。这些都是汽车空调维修的基本操作技能。

一、汽车空调维修操作注意事项

(一) 作业环境

检修空调时注意清洁和防潮，一定要防止污物、灰尘和水分进入系统，应做好机组周围和接头附近清洁工作，避免在雨天进行维修作业。

（二）制冷剂的使用

保存和搬运制冷剂钢瓶时，应按其要求存放，严禁直接加热制冷剂钢瓶或将制冷剂钢瓶放在 40 ℃以上的热水中。加注制冷剂时应戴护目镜，以免冻伤眼睛。

发动机运转时，切不可打开歧管压力计上的手动高压阀，否则会使制冷剂倒流入制冷剂罐内引起爆炸事故。在发动机运转过程中从低压侧加注气态制冷剂时，切不可倒放制冷剂钢瓶，以防压缩机“冲缸”。

（三）制冷系统管道操作

拆卸下管道时，应立即将管道或接头封住，以免潮气和灰尘进入。弯管时应事先退火且弯曲半径尽可能大；切管时应保持管口平整、光洁，并清除管内积屑；清洗管道时应使用三氯乙烯液体并充分加以干燥；连接管道时应在接头处滴几滴润滑油；拧紧或拧松管道接头，应使用两把扳手。

汽车空调制冷管道连接一定要牢固可靠，使其具有良好的密封性能，但又不能拧紧过度而损伤螺纹，因此，应根据不同的材质、不同的管径按照拧紧力矩的要求操作。

二、汽车空调维修操作技能

（一）汽车空调制冷系统检漏

汽车空调系统工作条件比较恶劣，极易造成部件、管道损坏和接头松动，使制冷剂发生泄漏，其泄漏的常发部位如表 6.5 所示。

表 6.5　汽车空调制冷系统常发生泄漏的部位

部　件	泄漏常发部位	部　件	泄漏常发部位
冷凝器	① 冷凝器进管和出管连接处；② 冷凝器盘管	制冷剂管道	① 高、低压软管；② 高、低压软管各接头处
蒸发器	① 蒸发器进气管和出口管连接处；② 蒸发器盘管；③ 膨胀阀	压缩机	① 压缩机油封；② 压缩机吸排气阀处；③ 前后盖密封处；④ 与制冷剂管道接头处
储液干燥瓶	① 易熔塞；② 管道接头喇叭口处		

汽车空调制冷系统常用的几种检漏方法如下：

1. 检查油迹

如果制冷剂泄漏，就会带出一些冷冻油，所以系统中的油迹一般都是泄漏的迹象。

2. 肥皂水检漏

肥皂水检漏是一种简便有效的方法：若零件、管路表面有油迹，要事先擦净，然后把肥皂液涂在受检处，若检查接头处，要整圈均匀涂上。仔细全面地观察，若有气泡或鼓泡，则可判为有泄漏。在制冷系统低压侧检漏，必须关机；在高压侧检漏，可关机，也可不关机检查。关键是肥皂水的浓度要掌握好，太稀、太浓都不行。这种方法比较经济、实用，适用于暴露在外表，人眼能看得到的部位及周围有制冷剂气体的场合。但精度较差，不适用于检查微漏和压缩机、蒸发器、冷凝器等不便于涂抹肥皂液和不便观察的部位。

3. 着色法检漏

① 用棉球蘸制冷剂专用着色剂检测，这种着色剂一遇到制冷剂，就会变成红色。据此可以判定泄漏点。

② 目前有些制冷剂溶有着色剂，使用这类制冷剂时，系统一旦有泄漏，便在泄漏点显示鲜艳的颜色，据此可以方便的发现泄露部位。

4. 使用电子检测仪检漏

使用电子检漏设备时，应该注意以下几点：

① 将检漏仪电源接上，一般需要预热 10 min 左右。

② 大部分电子检漏仪有校核挡，在使用前应该确认校核正确，并使指示灯和警铃工作正常。

③ 将仪器调到所要求的灵敏度范围。

④ 检测时，将探头对被检测部位的全方位逐次检测，防止漏检。

⑤ 一旦查出泄漏部位，探头应立即离开，以免缩短仪器寿命。

5. 压力检漏

加压试漏时，首先应正确连接歧管压力计，如图 6.33 所示。高压软管接在排气管道上（高压侧），低压软管接在吸气管道上（低压侧）。将软管连接在压缩机的高、低压检修阀上，打开高、低压检修阀，向系统中充入干燥氮气，其压力一般应为 1.5 MPa 左右。当系统达到规定压力后，用检漏设备进行检漏，泄漏大的地方有微小声音，检漏必须仔细，并反复检查 3～5 次，发现渗漏处应作出记号并及时加以修复，然后再去检测其他接头处，直至渗漏彻底排除。修漏完毕后，应试漏，让系统保压 24～48 h，若压力不降低，则检漏合格，倘若压力有显著降低，必须重新进行检漏，直到找出泄漏处并加以消除为止。

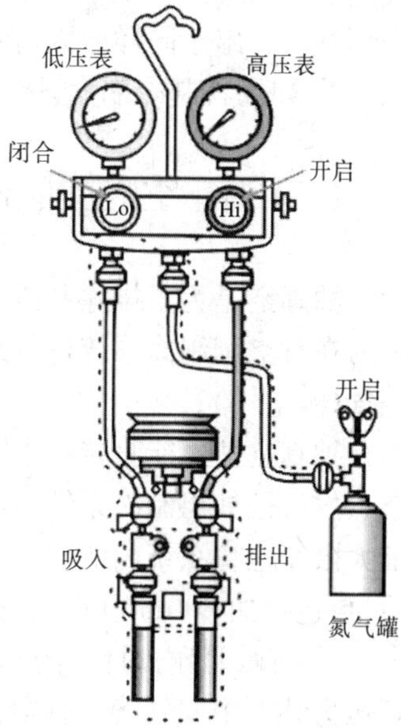

图 6.33　压力检漏系统连接方式

6. 真空检漏

应用真空泵进行，真空度应达到 0.1 MPa，保持 24 h 内真空度没有明显变化即可。抽真空的目的有三个：一是抽出系统中残留的氮气；二是检查系统有无渗漏；三是使系统干燥。只有在系统抽真空后才能加注制冷剂。

7. 充氟检漏

充氟检漏在上述两步压力检漏后即可进行，即向系统充入制冷剂，并在其压力达到 0.1～0.2 MPa时，用电子检漏仪进行检漏，其具体操作方法如下：

① 抽真空后同时关闭手动高、低压阀。

② 将歧管压力计上的中间软管从真空泵接头上旋下，换接上制冷剂钢瓶接头。

③ 旋松歧管压力计上的中间软管接头，并稍微开启制冷剂钢瓶阀，让制冷剂将中间软管内空气排出，一般开启 2～3 s 即可。

④ 打开手动高、低压阀和制冷剂钢瓶阀，让少量制冷剂进入制冷系统，直到压力表指示到 0.1 MPa 时，关闭手动高、低压阀和制冷剂钢瓶阀，并保持数小时。

⑤ 若系统压力无变化，则说明系统无泄漏；若系统压力下降，则说明系统存在泄漏，应立即用检漏仪找出泄漏部位并加以修复。

8. 检漏工作注意事项

① 必须检查每一个接头的整个圆周。

② 探头要靠近被检查点，离检测点约 3 mm。

③ 探头移动的速度要慢，不能高于 3 cm/s。

④ 因为制冷剂比空气重，所以要从部件（总成）顶部开始检漏，然后沿着部件或管路的底部移动。出于同样原因，在下部测出的泄漏，泄漏点不一定在下部。

⑤ 如发现制冷剂大量渗漏，应进行通风处理，防止引起窒息事故。

（二）汽车空调制冷系统的抽真空

抽真空是为了排除制冷系统内的空气和水分，它是空调维修中一项极为重要的工序。因为在对空调制冷系统进行维修或更换元件时，空气会进入系统，且空气中含有一定量的水蒸气（湿空气）。

抽真空并不能直接把水分抽出制冷系统，而是制造了真空后降低了水的沸点，水成为气态蒸发后被抽出制冷系统。因此，系统抽真空时，时间越长，系统内残余的水分就越少。为最大限度地将系统内的空气及湿气抽出，必要时应采用重复抽真空法，即第一次抽真空完毕后，再连续抽 30 min 以上。如图 6.34 所示为抽真空管路连接方法，具体操作过程如下：

① 将歧管压力计上的两根高、低压力软管分别与压缩机上的高、低压阀接口相连；将歧管压力计上中间软管与真空泵相连。

② 打开歧管压力计上的手动高、低压阀，启动真空泵，并注意两个压力表，将系统压力抽真空至 96.60～99.99 kPa。

③ 关闭歧管压力计上的手动高、低压阀，观察压力表指示压力是否回升。若回升，则表示系统泄漏，此时应进行检漏和修补。若压力表指针保持不动，则打开手动高、低压阀，启动真空泵继续抽真空 15～30 min，使其真空压力表指针稳定。

④ 关闭歧管压力计上的手动高、低压阀。

⑤ 关闭真空泵。先关闭手动高、低压阀，然后关闭真空泵，目的是防止空气进入制冷系统。

（三）汽车空调系统制冷剂的充注

当制冷系统抽真空达到要求，且经检漏确定制冷系统不存在泄漏后，即可向制冷系统充注制冷剂。充注前，先确定注入制冷剂的数量，充注量过多或过少，都会影响空调制冷效果。维修手册或压缩机的铭牌上一般都标有所用的制冷剂的种类及其充注量。

充注制冷剂的方法有两种：一种是从压缩机排气阀（高压阀）的旁通孔（多用通道）充注，称为高压端充注。充入的是制冷剂液体，其特点是安全、快速，适用于制冷系统的第一次充

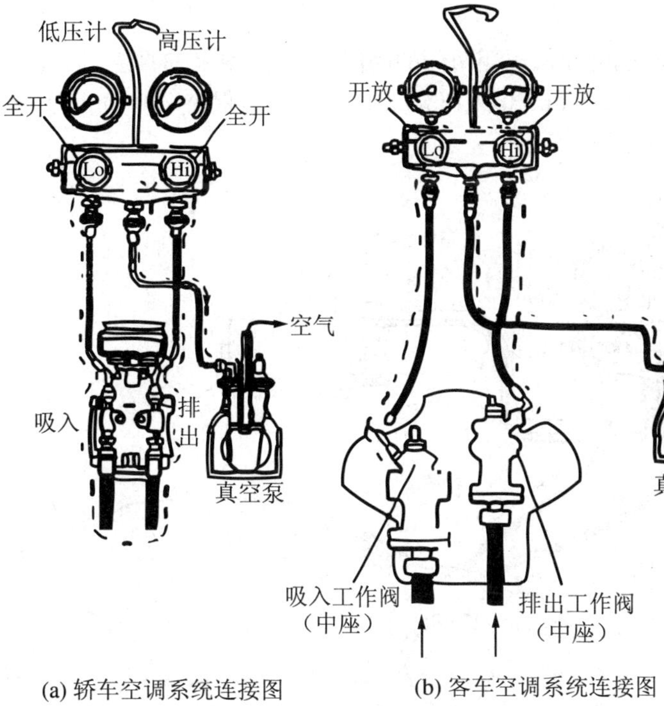

图 6.34　汽车空调制冷系统抽真空

注。即经检漏、抽真空后的系统充注，但用该方法时必须注意，充注时不可开启压缩机（发动机停转），且制冷剂罐要求倒立。另一种是从压缩机吸气阀（低压阀）的旁通孔（多用通道）充注，称为低压端充注。充入的是制冷剂气体，其特点是充注速度慢，可用于补充系统制冷剂。下面介绍加注制冷剂的步骤。

1. 连接压力表和真空泵

按前述安装歧管压力表，将绿色软管的一端接压力表的中部，另一端接真空泵，如图 6.35 所示。

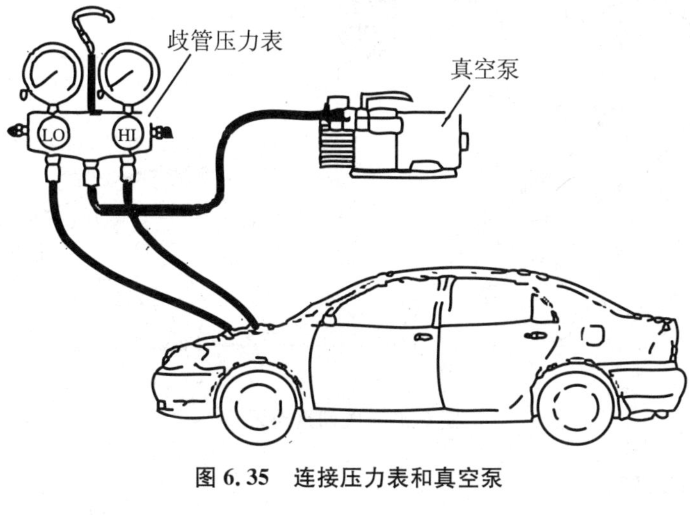

图 6.35　连接压力表和真空泵

2. 抽真空

打开歧管气压表高压侧和低压侧两侧的阀门，开启真空泵抽真空，抽真空至歧管气压表低压侧显示为 750 mmHg(1 mmHg=133.32 Pa)或更高，保持 750 mmHg 或更高的压力抽真空 10 min，如图 6.36 所示。

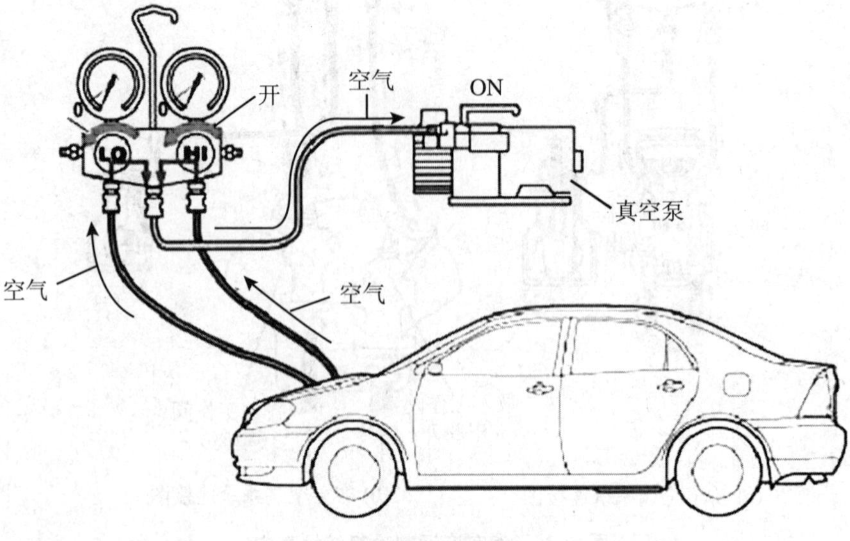

图 6.36　抽真空

3. 关闭真空泵

关闭歧管气压表高压侧和低压侧两侧的阀门，关停真空泵(图 6.37)(注意：如果关停真空泵时两侧的阀门——高压侧和低压侧——都开着，则空气会进入空调系统)。

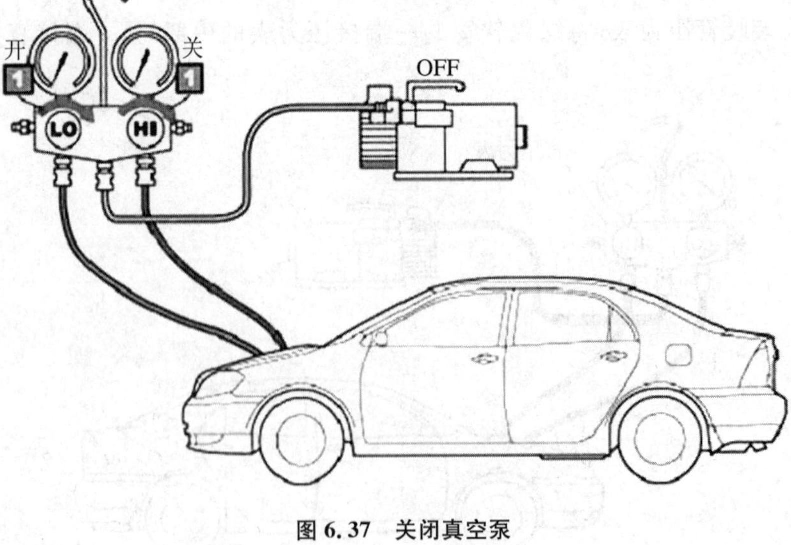

图 6.37　关闭真空泵

4. 检查系统密封性

真空泵停止后，高压侧和低压侧两侧的阀门关闭 5 min，歧管气压表的读数应保持不变

(图 6.38)(提示:如果显示压力增加,则有空气进入空调系统,检查 O 形圈和空调系统的连接状况)。

注意:如果抽真空不足,空调管道内的水分会冻结,这将阻碍制冷剂的流动并导致空调系统内表面生锈。

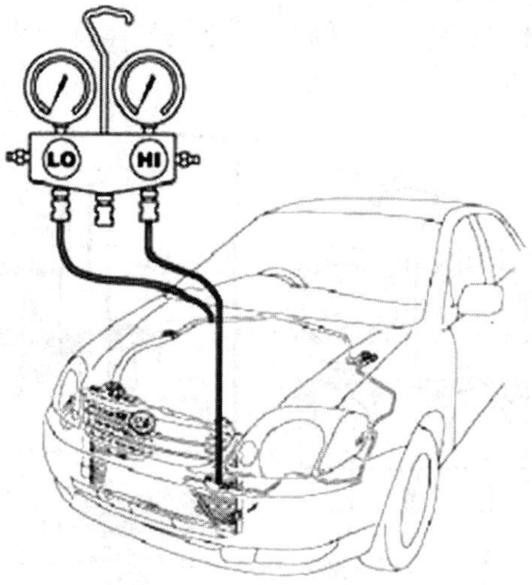

图 6.38 检查系统密封性

5. 安装制冷剂罐

(1) 连接阀门和制冷剂罐

检查加注罐连接部件的盘根,逆时针转动手柄升起针阀,逆时针转动阀盘升起阀盘(图 6.39)。

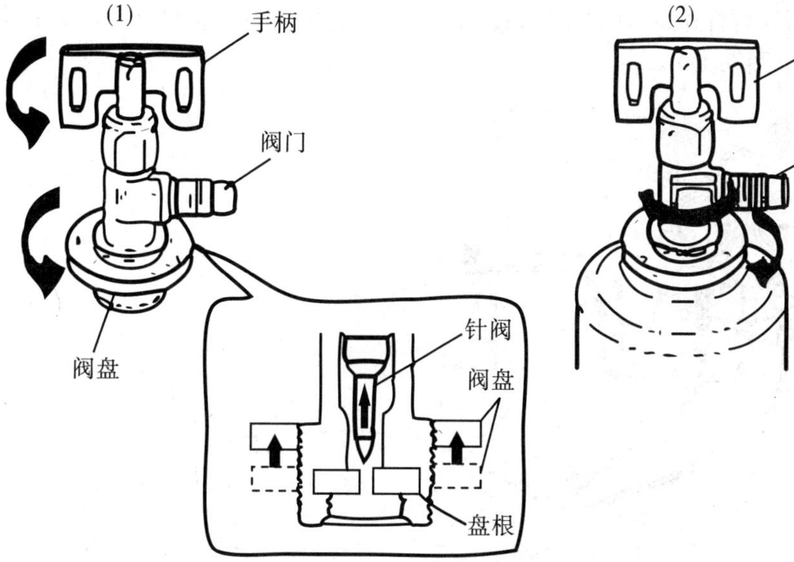

图 6.39 连接阀门和制冷剂罐

注意:要在针阀升起前安装加注罐,否则针阀会插进加注罐从而导致制冷剂泄漏,把阀门旋进加注罐直到和盘根紧密接触,然后紧固阀盘以卡住阀门。

注意：不要顺时针转动手柄，否则针将插进加注罐，从而导致制冷剂泄漏。

(2) 把加注罐安装到歧管气压表上

完全关闭歧管气压计低压侧和高压侧的阀门；把制冷剂罐安装到歧管气压计中间的绿色加注软管上；顺时针转动手柄直到针阀在制冷剂罐上钻个孔；逆时针转动手柄退出针阀；按下歧管气压计的空气驱除阀放出空气直到制冷剂从阀门释出(图 6.40)。

注意：如果用手按下气体驱除阀，则释放出的空调气体就会沾到手上等处，会使手冻伤，因此，要用螺丝刀等按住阀门。

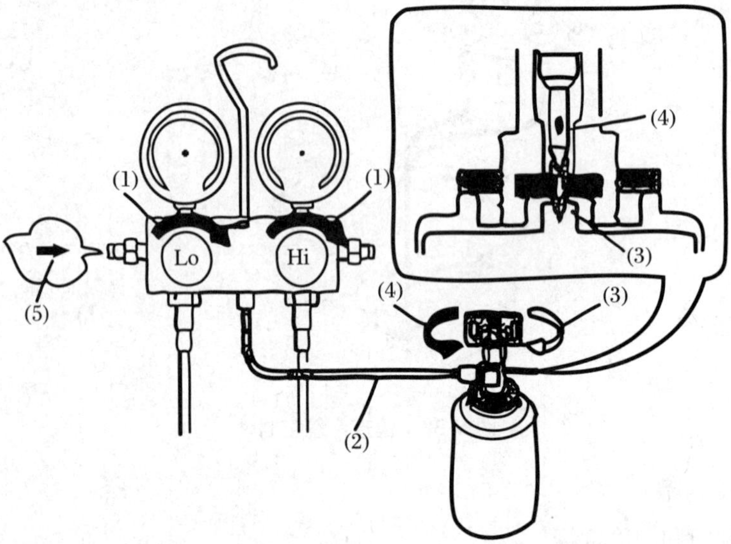

图 6.40　把加注罐安装到歧管气压表上

6. 从高压侧加注制冷剂

发动机不工作时，打开高压侧阀门加入制冷剂直到低压表指示大约 0.98 MPa(1 kg/cm^2)，加注后，关闭阀门(图 6.41)。

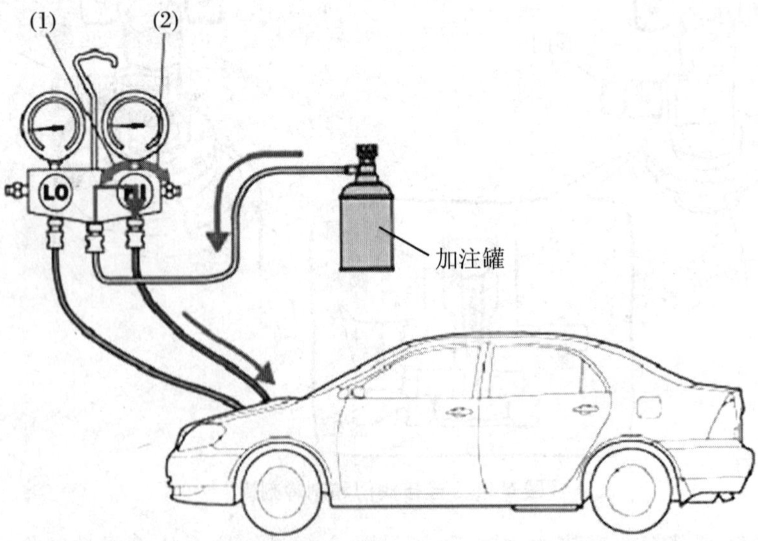

图 6.41　从高压侧加注制冷剂

注意：一定不要让压缩机工作。空调压缩机运行时，不从低压侧加注将导致空调压缩机缺油拉伤；也不要打开低压侧阀门，制冷剂在空调压缩机内通常为气体状态，如果从高压侧加注而低压侧阀门开着，则液态制冷剂进入低压侧，若空调压缩机此时开始工作就会因液击而损坏。

7. 检查漏气

用电子检漏计按图示的部位检测系统漏气的情况(图 6.42)。

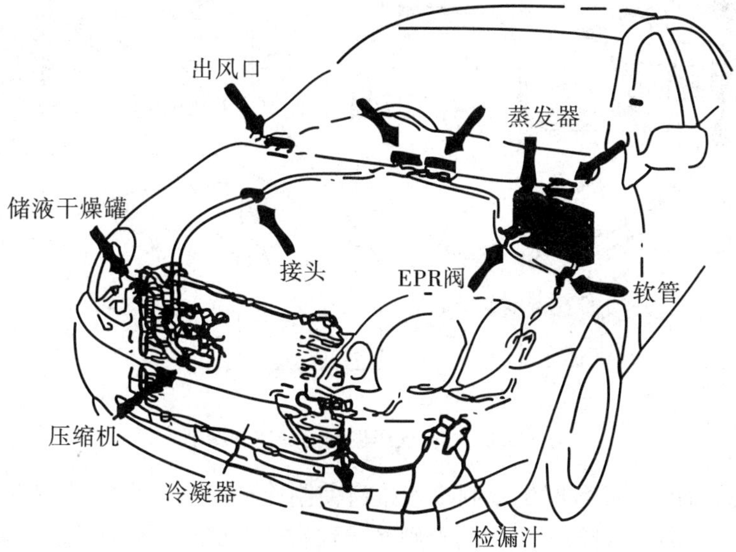

图 6.42　从高压侧加注制冷剂

8. 从低压侧加注制冷剂

关闭高压侧阀门后，起动发动机并运行空调(图 6.43)，打开歧管压力计，加入规定量的制冷剂(图 6.44)。

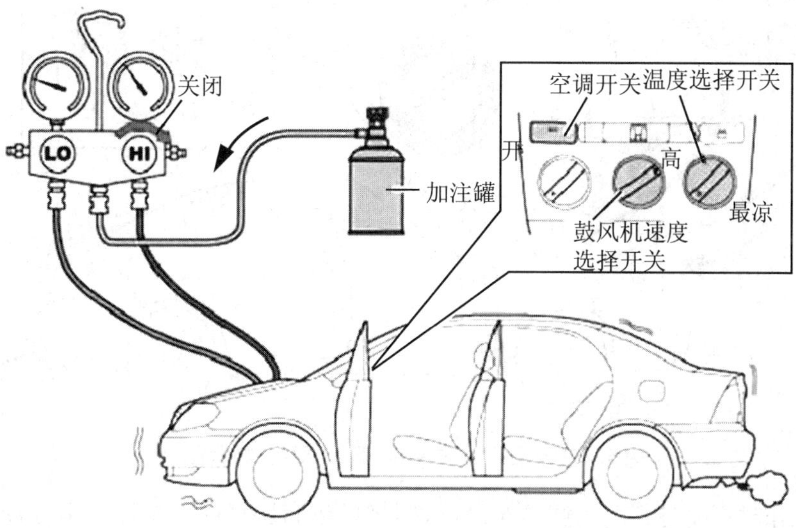

图 6.43　关闭高压侧阀门起动发动机

加注条件:发动机转速为 1 500 r/min;鼓风机速度控制开关处于“高”位;A/C 开关“开”;温度选择器为“最凉”;完全打开所有车门。

提示:加注量随车型不同而不同,应参照相关的说明书。

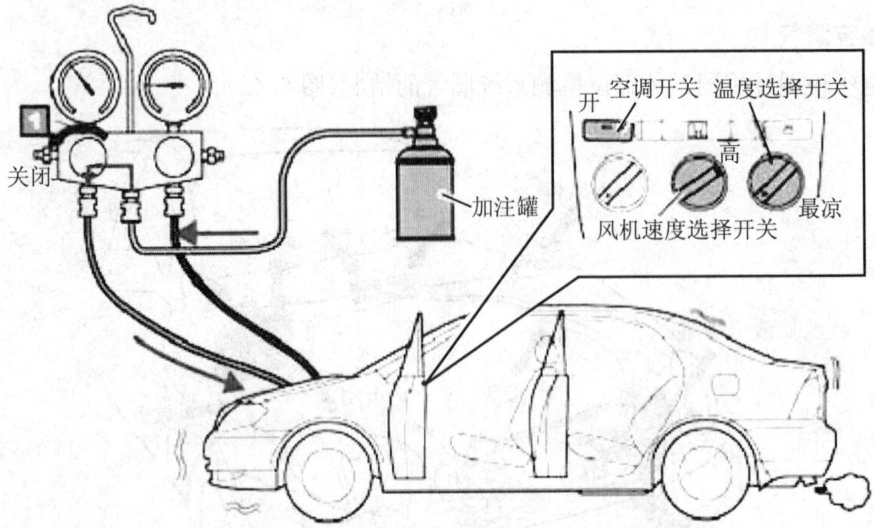

图 6.44　打开低压侧阀门加注制冷剂

注意:低压侧加注制冷剂时倒置制冷剂罐将使制冷剂以液态进入压缩机。压缩液体会损坏压缩机(图 6.45)。不要加注过量,否则将导致制冷不足;更换加注罐时,关闭高、低压两侧的阀门;更换后,打开驱气阀从中部的软管(绿色)和歧管压力表中放出空气。

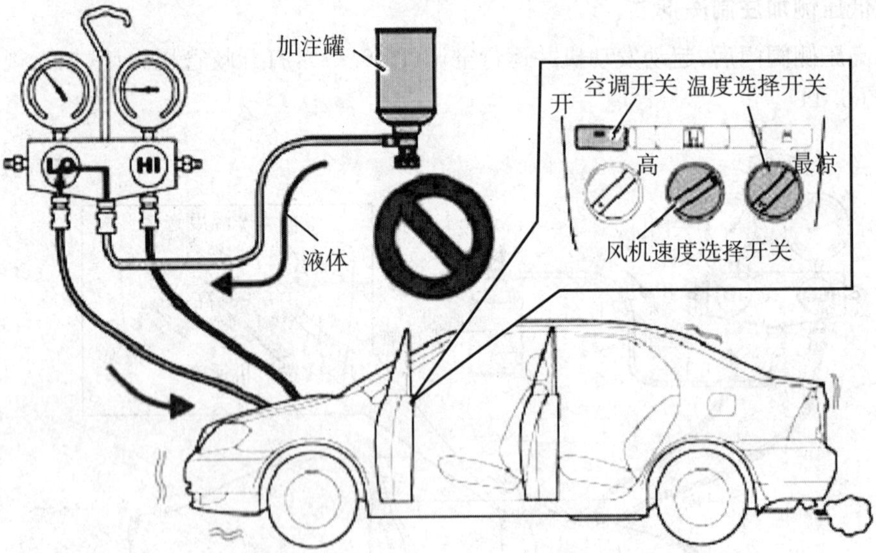

图 6.45　低压侧加注制冷剂时不要将罐倒置

发动机工作时不要打开高压侧的阀门,否则将导致高压气回流至加注罐,造成破裂(图 6.46)。

根据歧管压力表的压力显示检查制冷剂的加注量(图 6.47):在制冷剂加注量达到规定

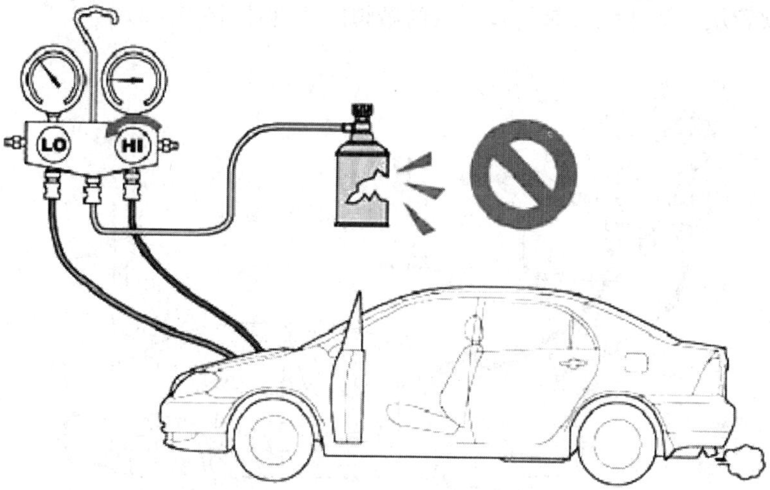

图 6.46　低压侧加注制冷剂时不要打开高压侧阀门

量时，歧管压力表的压力也应达到规定值，其规定的压力如下：

低压侧：0.15～0.25 MPa (1.5～2.5 kgf/cm²)；高压侧：1.37～1.57 MPa(14～16 kgf/cm²)。

提示：歧管气压计所示压力会随外部空气温度不同而有轻微的变化。

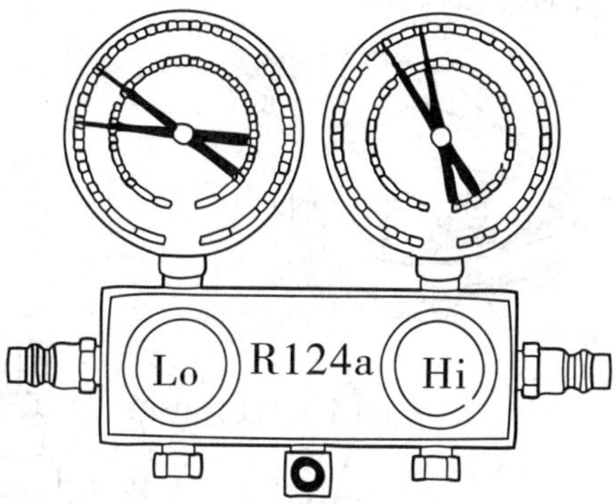

图 6.47　制冷剂加满时的规定压力

制冷剂加注量符合要求后，关闭低压侧阀门并关闭发动机(图 6.48)。

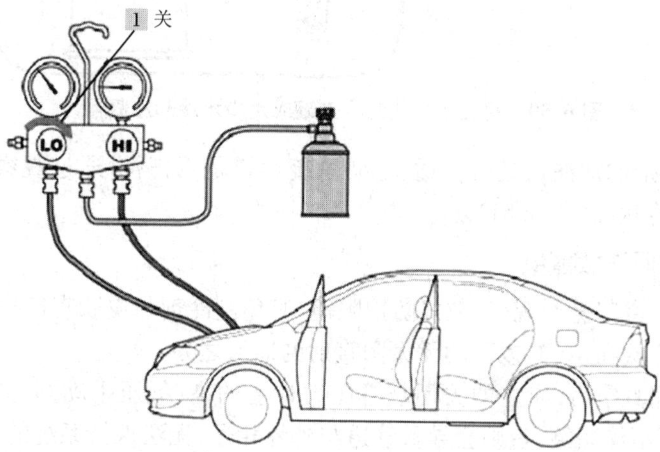

图 6.48　关闭低压侧阀门并关闭发动机

把加注软管从车辆侧维修阀门和制冷剂罐阀门上拆掉(图 6.48)。

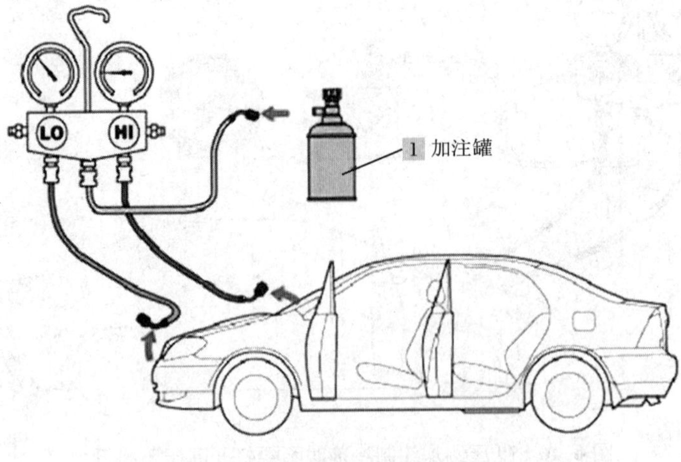

图 6.49　拆卸歧管压力表和制冷剂罐

提示:歧管气压计所示压力随外部空气温度不同而有轻微的变化;外部温度高时,加注制冷剂困难,可用空气或冷水降低冷凝器的温度(图 6.50);外部温度低时,可用温水(40 ℃以下)加热制冷剂罐,这样可使加注比较容易(图 6.50)。

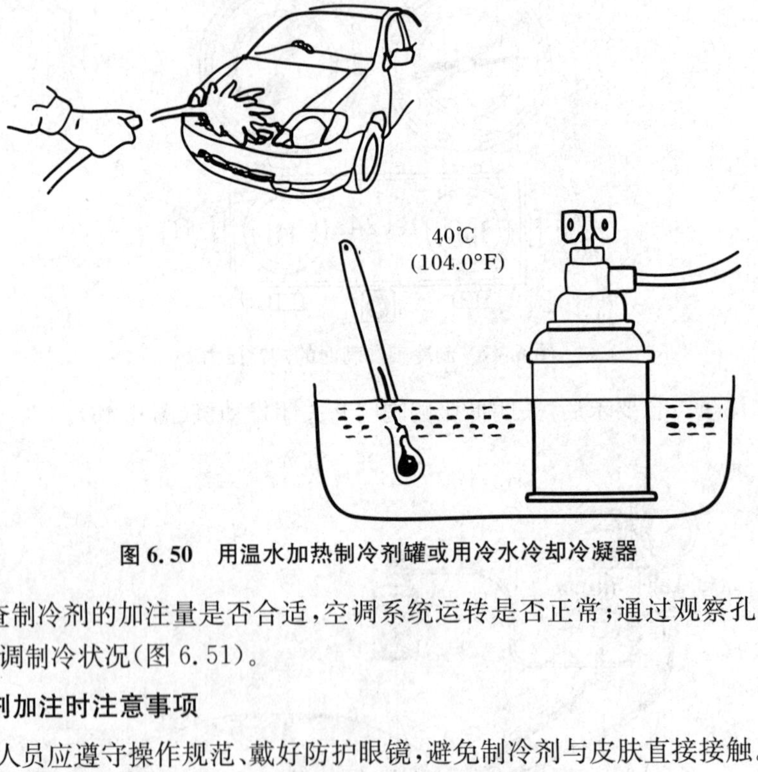

图 6.50　用温水加热制冷剂罐或用冷水冷却冷凝器

最后检查制冷剂的加注量是否合适,空调系统运转是否正常;通过观察孔检查加注量;检查漏气;空调制冷状况(图 6.51)。

9. 制冷剂加注时注意事项

① 充注人员应遵守操作规范、戴好防护眼镜,避免制冷剂与皮肤直接接触。

② 制冷剂罐应放在 40 ℃以下的无太阳直射的通风之处。

③ 在系统抽完真空后,应立即关闭歧管压力计上的高、低压手动阀,然后再关闭真空。两者关闭顺序千万不能颠倒,否则会导致管道与外界相通,无法保持系统的真空状态。

④ 注入制冷剂后,应及时检查制冷剂注入量。如注入量适当,制冷剂在流动中仅有极

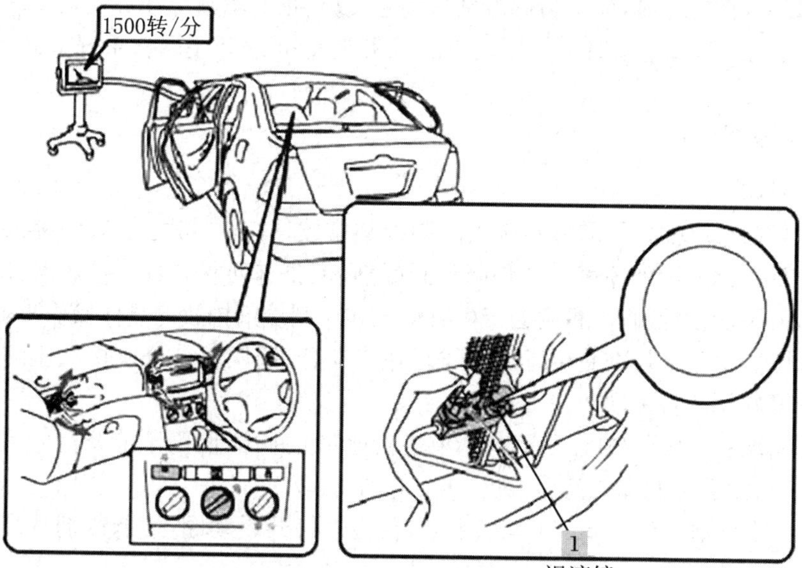

图 6.51　检查制冷剂量和空调系统是否正常

少量的气泡，当发动机转速提高到 1 500 r/min 时气泡应完全消失，且制冷剂呈透明状；如果注入过量则制冷剂流动中完全看不到气泡；而注入量不足时，制冷剂在流动中会出现明显的气泡。

(四) 汽车空调制冷系统制冷剂的补充与排放

1. 制冷剂的补充

如果汽车空调系统的制冷剂不足并非由于管道暴露于空气之中或因大量泄漏而导致水分和空气进入空调系统，而是经过一段时间运行后，由于汽车振动等原因，使汽车空调系统的某些部位的接头松动导致的制冷剂泄漏、制冷效果变差。经过查漏、排漏后，不必排空旧的制冷剂并抽真空后再注入制冷剂，而是可以从低压侧向系统补充缺少的制冷剂，具体步骤如下：

① 开动汽车空调，使其运转几分钟。

② 从视液玻璃窗口处检查制冷剂的流动情况。若气泡连续出现，则表明系统内缺少制冷剂。若气泡间断出现，需要再运转一会，观察气泡是否消失，若仍然有气泡，就表明系统缺少制冷剂。

③ 将歧管压力计、制冷剂罐和系统连接起来。

④ 打开制冷剂罐上的阀，拧松歧管压力计上的中间软管接头，使制冷剂放出几秒钟，然后拧紧接头，以排出中间软管内的空气，防止其进入制冷系统。

⑤ 关闭手动高压阀，将制冷剂钢瓶直立，起动发动机，并稳定在快怠速位置上（六缸发动机为 1 600 r/min，八缸发动机为 1 300 r/min），打开空调，风速为高挡（这时应打开汽车门窗）。让排气压力保持在 1.55～1.68 MPa，如果排气压力不够高，可挡住送至冷凝器的通风，使其压力升高。

⑥ 打开手动低压阀，让气态制冷剂从低压侧进入空调系统（注意吸入制冷剂压力不得

超过 0.35 MPa)，在补注时，应保持制冷剂罐竖立，以防止液态制冷剂进入系统，造成事故。

⑦ 待制冷剂达到规定量时关闭手动低压阀和制冷剂罐开关。从系统上卸下歧管压力计和制冷剂罐。

⑧ 停止发动机运行。

2. 制冷剂排放

若由于修理或其他原因，需将系统内的制冷剂排放掉，其排放方法有两种：一是将制冷剂排放到大气中，此法污染环境。二是回收制冷剂，但要有回收装置。排放时，周围环境一定要通风良好，不能接近明火，否则会产生有毒气体。制冷剂排放的具体操作步骤如下：

① 关闭歧管压力计上的手动高、低压阀，并将其高、低压软管分别接在压缩机高、低压检修阀上，中间软管的自由端放在工作擦布上。

② 慢慢打开手动高压阀，让制冷剂从中间软管向上排出，阀门不能开得太大，否则压缩机内的冷冻润滑油会随制冷剂流出。

③ 当压力表读数降到 0.35 MPa 以下后，再慢慢打开手动阀，使制冷剂从高、低压两侧同时排出。

④ 观察压力表读数，随着压力下降，逐渐开大手动高、低压阀，直至高、低压表的读数指示为零。

(五) 冷冻润滑油的加注

汽车空调制冷系统大修后，压缩机的冷冻润滑油要按照规范加注，平时也要定期检查。发现减少必须及时补充。

1. 检查压缩机冷冻润滑油油量的两种方法

(1) 观察油尺

如图 6.52 所示，卸下加油塞 1，通过加油塞孔察并旋转离合器前板，把油尺用棉纱擦干净，然后插到压缩机内，直到油尺端部碰到压缩机内壳体为止，取出油尺，观察油尺浸入深度。当加油合适时，压缩机内油面应在前 4～6 格之间，若少则加入，若多则放出，然后拧紧加油孔塞。

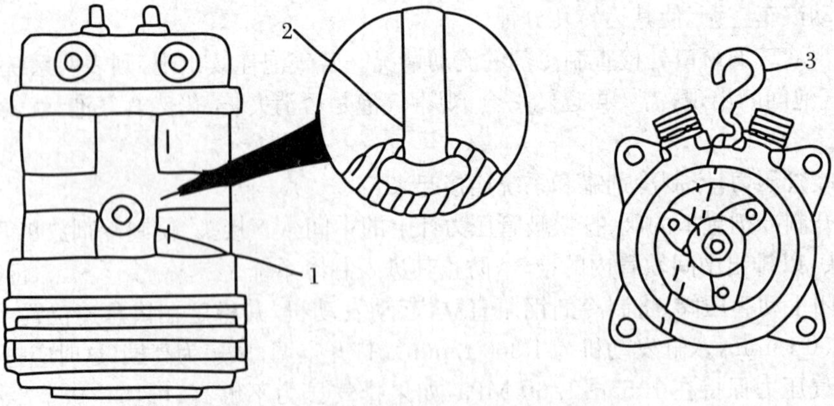

图 6.52 空调压缩机冷冻润滑油油量的检查

1. 加油塞； 2. 加油孔； 3. 油尺

(2) 观察视镜

通过压缩机上安装的视镜玻璃，可观察冷冻润滑油油量，如果压缩机冷冻润滑油油面达到观察高度的80%位置，一般认为是合适的，如果油面在这个界限以下，则应该添加；如果油面在这个界限以上，则应该放出多余的冷冻润滑油。

2. 冷冻润滑油的加注

补充冷冻润滑油的方法有以下两种：

(1) 直接加入法

将冷冻润滑油按标准称量好，直接加入压缩机内，这种方法只在系统大修后采用。

(2) 利用抽真空加注冷冻润滑油

其具体操作方法如下：

① 按抽真空的方法先对制冷系统抽真空。

② 选用一个有刻度的量筒，装上比要补充的冷冻润滑油略多的冷冻润滑油。

③ 将连接在压缩机上的低压软管从歧管压力计上拧下来，并将其插入盛有冷冻润滑油的量筒内，如图6.53所示。

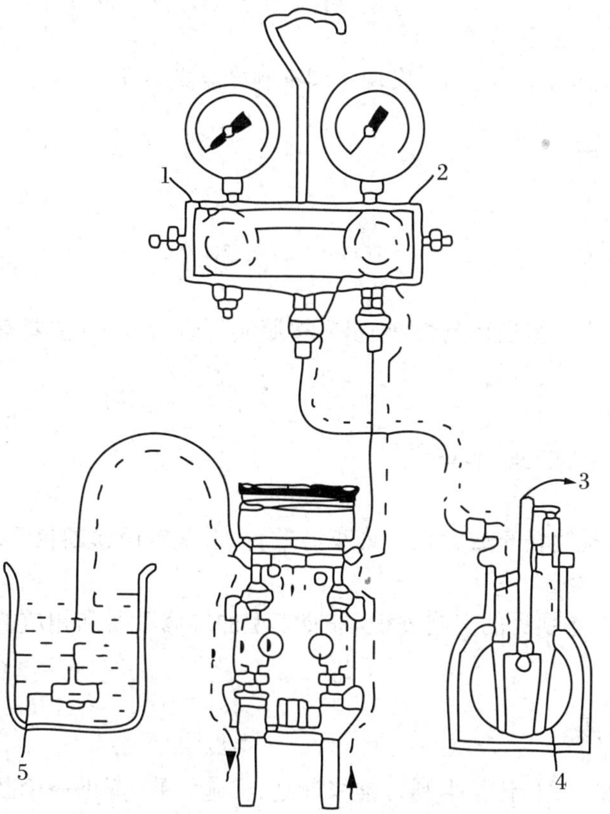

图6.53 抽真空加注冷冻润滑油

1. 手动低压阀； 2. 手动高压阀； 3. 排出空气； 4. 真空泵； 5. 冷冻润滑油

④ 起动真空泵，打开歧管压力计上的手动高压阀，补充的润滑油就从压缩机的低压侧进入压缩机中。当冷冻润滑油量达到规定量时，停止真空泵的抽吸，并关闭手动高压阀。

⑤ 按抽真空法加注冷冻润滑油后，再对制冷系统抽真空，加注制冷剂。

项目练习

1. 如何正确使用汽车空调？汽车空调例行检查的主要内容有哪些？
2. 简述电子检漏仪的工作原理及使用方法。
3. 汽车空调常用的检漏方法有哪些？各有何特点？
4. 为什么要抽真空？如何抽真空？
5. 汽车空调系统加注制冷剂方法有哪些？试述从高压、低压加注制冷剂的操作步骤。
6. 加注制冷剂时要注意什么？
7. 汽车空调的维护作业主要包括哪些项目？
8. 汽车空调维护与保养常用的工具设备有哪些？
9. 歧管压力表在汽车空调维修中起到的作用有哪些？如何使用？
10. 怎样排放汽车空调系统中残余的制冷剂？

技能实训

一辆大众轿车空调维护作业后，发现空调不制冷故障实训。

一、训前准备

（一）学生组织

学生按照5～6人一组进行分组，每组内按照实训进行分工，主要有测量、工具准备、故障分析推导等工作。

（二）实训场地及工具准备

维修车间一个、捷达轿车或大众系列车型数台、大众专用诊断仪 V. A. G1551 或 V. A. S5051、维修工具及设备。

其他车型可参照本项目的实施过程，按照车型的维修手册和相应的诊断仪器进行诊断维修实训。

二、操作步骤

按照已经分好的小组，让学生制订维修计划，实施维修：资讯→诊断分析→制定检修方案→查阅维修手册进行检修→故障点确认与排除等。

（一）资讯

首先倾听客户对故障的描述后再进行有针对性的询问，确认故障发生时的症状、故障发生的时间、出现在什么工况和环境条件下以及故障发生前后的保养维修情况等。资讯如表6.6

所示。

表 6.6 维修车辆登记表

基本信息	车主		电话	
	性别		检修日期	
	车型		保养次数	
	底盘号		行驶里程	
使用状况	道路			
	载荷			
故障日期				
用户对故障描述				
故障现象确认				
故障原因分析				

(二) 汽车空调系统不制冷故障分析

引起汽车空调系统不制冷故障的原因很多,在前述章节已有分析,主要有车厢的密封性能或隔热性能变差、蒸发器的空气量减少、冷凝器效果差、制冷剂充入量太多、膨胀阀开启过大、压缩机效率降低、制冷系统中制冷剂不足、系统内有空气、脏堵、制冷系统间断制冷、膨胀阀"冰堵"等,这里不再赘述。

(三) 制定检修方案

在制定诊断维修方案时,必须先确定汽车空调制冷效果不佳的故障原因,诊断和维修就是要看汽车空调是否具备正常制冷的条件,如果不具备就要通过维修和更换故障元件来满足。按照诊断由简到繁、先电后油、从外到内的一般程序,进行分析。

故障原因分析:

据介绍,该车冷凝器、膨胀阀、高低压复合管、干燥器已全部换成新的,已经充、放制冷剂好几次,先前制冷效果不太好,后来干脆不制冷,并且压缩机断续停机。

首先对起动发动机进行检查,但不到 5 min 压缩机就自动停机。根据以往的经验,压缩机断续停机一般有以下几种原因:制冷剂过量、压缩机电磁离合器的电源继电器故障、冷却系统故障、散热风扇故障、热敏电阻失效等。

通过检查,发现压缩机附近的低压(回气)管温度偏低(结露),压缩机壳体温度也偏低,这是制冷剂过量的征兆。用压力表检测,果然是压力过高,达到 0.2 MPa(当时的气温为 25 ℃),放掉多余的制冷剂后,压缩机就正常运转了。

再开机 10 min,测试空调出风口温度为 15 ℃,制冷效果不理想。再检查压力,低压 0.12 MPa,高压约 1.4 MPa,与正常的压力差别不大。经检查,压缩机温度高,高压(排气)管温度也很高，低压回气管温度接近正常；检查膨胀阀无堵塞现象，鼓风机风道外进风口关闭，内通风道畅通无堵塞，蒸发器无污垢和积灰，冷凝器冷却效果良好(虽热但不灼手，也是正常的)。

那么是不是压缩机因老旧而功率下降呢？不是。根据实践，压缩机工作异常和功率下降，其征兆是所谓“高压不高，低压不低”。但此车高低压比值大体正常。

再检查干燥器，没有堵塞，表面既不“挂霜”也不“结露”。

那究竟是什么原因导致制冷效果差呢？最大的可能是系统内有空气或水分。若有空气，那么高压升高快，而且随着发动机运转时间延长，升高会愈来愈明显。我们用向冷凝器泼凉水的方法，排除了这一猜测(如果有空气的话，压力不会很快降下来)。看来系统内很可能含有水分。因为以往遇到过有些氟利昂厂家生产的氟利昂质量不好，纯度不够，内含水分。经分检，认为水的含量不是太多，系统堵塞不明显(如含量多，就会堵塞膨胀阀而不制冷了)。现在只有怀疑干燥器了，可是干燥器为刚刚换上的新配件，按理不应该有问题。经检查干燥器的高压进液管与高压出液管的温度略有差别(如不仔细反复比较，很难鉴别出来)，说明干燥器有轻微堵塞。

放掉制冷剂(注意：稍许打开低压阀，慢慢排放，以免带走冷冻润滑油)，更换干燥器；抽真空(半个小时以上)；加注制冷剂，起动发动机；打开空调开关试运转。空调开机 5 min，系统运转正常，制冷效果良好，蒸发器出风口温度 3～4 ℃。

检修小结：这是一辆行驶 3 万公里的车，维护作业前空调器工作很好。维护作业中拆检冷凝器时摔坏了，其他部件均完好。换了新冷凝器，加了新的制冷剂为何不制冷呢？其根本原因是加注的制冷剂中含水，致使干燥器吸水饱和。据介绍：第一次加注制冷剂后，膨胀阀“结露”，放掉制冷剂，换了膨胀阀；第二次加注制冷剂后干燥器“结露”，又换了干燥器；第三次加注制冷剂后高低压复合器“结霜”，再换复合管。这些做法都是因为误判为堵塞。如果开始判断有水分，放掉原有的劣质制冷剂，换掉干燥器，重新加注高质量的制冷剂，就不会继续换掉其他完好的部件而造成浪费。

(四) 查阅维修手册进行检修

充注、排空制冷剂，抽真空等维护作业操作技能，参见前面相应的学习单元。在这里按照捷达轿车空调系统维修手册学习空调维护作业检修。

(五) 故障点确认与排除

按照检测维修方案，经过对空调系统抽真空，充注、排空制冷剂等操作和更换相关器件，最终会排除空调不制冷的故障。

按照表 6.7 进行故障点确认。

表 6.7　故障点确认

序号	检查项目	正常与否

按照表 6.8 进行故障排除。

表 6.8　故障排除

序号	故障部位或零部件	故障原因	修复方法

(六) 废料和废品处理

对维修中更换的零部件和废气液体,要分门别类进行处理,避免造成资源浪费和环境污染。

三、填写任务工单

任务结束后,学生填写《任务工单》。

四、实训结果评价

对实训结果进行评价。

项目反馈

将项目评价反馈填入表 6.9。

表 6.9　项目评价反馈表

项目名称							
学生基本信息		姓名		学号		班级	
		组别		时间		成绩	
考核能力	考核项目	评分标准	满分值	学生自评	小组互评	教师评价	平均分小计
专业能力	相关知识	是否正确	35				
	技能实训	是否正确	35				
社会能力	团队合作	是否和谐	5				
	劳动纪律	是否严格遵守	5				
	沟通讨论	是否积极	5				
方法能力	制订计划	是否合理	5				
	学习新技术能力	是否具备	5				
	总结能力	能否正确总结	5				

项目七

汽车空调系统故障诊断与检修

项目描述

一辆上海帕萨特 B5 GSi 型轿车，行驶里程 1.7 万公里，用户反映空调不凉，且随着鼓风机风速的提升，出风口的温度也会有所升高，到汽车维修站诊断维修。本项目以此为例，结合汽车空调系统故障诊断的方法和流程，学习空调系统不制冷、制冷不足、异响等常见故障诊断的思路和诊断方法，对汽车空调系统典型故障案例的诊断进行学习和分析，具备汽车空调系统常见故障诊断的能力和对汽车空调系统故障诊断过程的优化和控制能力。

项目目标

1. 专业能力要求

(1) 根据故障现象，具备利用相关知识进行综合分析的能力；

(2) 能制定故障诊断、排除的工作计划，并具有正确选择检测设备的能力；

(3) 根据技术规范，具备正确进行维修和操作的能力；

(4) 能够掌握汽车空调常见故障的排除思路和方法；

(5) 能够掌握汽车空调系统故障排除方法；

(6) 能够掌握汽车空调系统不制冷、制冷不足、异响等故障诊断的方法。

2. 社会能力要求

(1) 具备团队协作意识和强烈的工作责任心；

(2) 具备发现问题并能积极处理的能力；

(3) 具备足够的环境保护意识、强烈的职业道德和法律意识。

3. 方法能力要求

(1) 具备与人良好沟通的能力；

(2) 能主动独立的学习，具备一定的创造、创新能力；

(3) 具备汽车空调系统故障诊断过程的优化和控制能力；

(4) 具备汽车空调系统常见故障诊断的能力。

4. 重点和难点

(1) 汽车空调系统不制冷故障诊断;

(2) 汽车空调系统制冷不足故障诊断;

(3) 汽车空调系统异响故障诊断;

(4) 汽车空调系统故障诊断的方法和思路。

任务一　汽车空调系统故障诊断程序和排除方法

一、汽车空调系统故障诊断的方法

(一) 汽车空调常见故障的诊断方法

汽车空调的常见故障一般分为:电气故障、功能部件的机械故障、制冷剂和冷冻润滑油引起的故障三方面。然而汽车空调系统产品规格型号纷杂,因此,没有标准的诊断方法,只能有一些共性的常识。通常通过看(察看系统各部件的表面)、听(听机器运转的声音)、摸(用手触摸设备各部位的温度)、测(利用压力表、温度计、万用表、检测仪检测有关参数)来进行汽车空调故障诊断。先从容易检查的部位着手,逐步向难于检查的地方进行,即先靠听、看和摸进行检查,然后再使用检测设备进行检查。同时还应仔细向驾驶员询问故障情况,判断是操作不当,还是设备本身造成的故障。按上述四个方面进行综合分析,找出故障部位,查出故障原因,然后进行维修。

1. 看

用眼睛认真来观察整个空调系统。首先,应该观察空调系统整体状况:控制线路的连接状态,各部件的紧固程度,相关的电源保险和继电器有无损坏,以确定系统的基本工作完好性能。然后,察看储液干燥器视液镜中制冷剂工作时的流动状况,如图 7.1 所示。

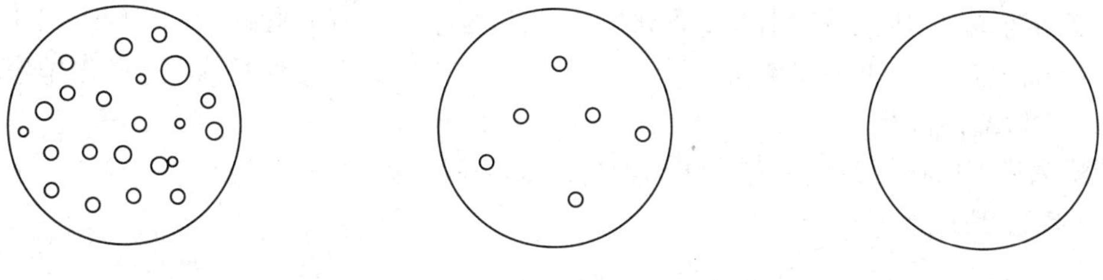

(a)　(b)　(c)

图 7.1　视液镜中制冷剂的流动状态

若流动的制冷剂中央有大量气泡,如图 7.1(a)所示,则说明系统内制冷剂不足,应补充至适量。如图 7.1(b)所示则表示制冷剂不足,高压侧较热而低压侧较凉,高、低压侧压力均偏低,从视液镜中可观察到每隔 1～2 s 就会有气泡出现。如图 7.1(c)所示表示两种情况下都会出现的视液透明镜面。其一是制冷剂适量,高压侧热,低压侧凉,且高、低压力均正常,镜面中几乎透明，但发动机转速提高或降低时，可能会出现气泡；其二是制冷剂过量，此时高压侧过热，高低压力均过高在视液镜中看不到气泡，此时应缓慢放出部分制冷剂。

若流动的制冷剂呈雾状，且水分指示器呈淡红色，则说明制冷剂中含水量偏高，应按照规范排除。其次，察看系统中各部件与管路连接是否可靠密封，是否有微量的泄漏。最后，察看冷凝器是否被杂物封住，散热翅片是否倾倒变形，若有此现象将影响流过冷凝器的冷却空气流量，导致冷凝器冷凝效果变差，使流经膨胀阀的制冷剂温度偏高，从而影响系统的制冷效果。这时应将冷凝器清扫干净，将变形的散热翅片修正。

2. 听

用耳朵仔细聆听空调系统运转中的声响。首先，听压缩机电磁离合器有无通电时的吸合声音，以判断电气控制系统是否正常工作。空调制冷系统压缩机运行噪声较大，则多为电磁离合器通电后所产生的电磁力不足或离合器片磨损引起其间隙过大，造成离合器打滑而发出尖啸声。这时应更换离合器线圈或调整其垫片，减小离合器间隙，防止打滑，以消除噪声。如果是压缩机内部发出的噪声，则说明其有严重故障，需要解体检修或者更换。送风系统的工作噪声，多是风机工作阻力大或者内部电动机故障所致，可以对其总成解体检修调整。

3. 摸

在通常情况下，检查制冷系统可用手慢慢触摸各部件及连接管路的表面。触摸高压回路（压缩机出口→冷凝器→储液干燥器→膨胀阀进口），应呈较热状态，若在某一部位特别热或者进出口之间有明显温差，则说明此处有堵塞。触摸低压回路（膨胀阀出口→蒸发器→压缩机进口）应较冷。若压缩机高、低压侧无明显温差，则说明存在泄露或者制冷剂不足。

4. 测

通过看、听、摸这些过程，只能发现表面现象，要作最后的结论，必须借助于相关仪器、仪表来进行测试，在掌握第一手资料的基础上，对各种现象做认真分析，找出故障所在，予以排除。

（1）用压力表检查

这是判断空调制冷系统工况的最准确方法：将歧管压力计的高、低压表分别接在压缩机的排气、吸气口的维修阀上，在环境温度为30～35 ℃、发动机转速为2 000 r/min时检查。将风机风速调至高挡，温度调至最冷挡，其正常状况是：高压端压力应为1.421～l.470 MPa，低压端压力应为0.147～0.196 MPa，若不在此范围，则说明系统有故障，可按照检修程序予以排除。

（2）用检漏仪检漏

用检漏仪可以检查系统中各管路和接头处是否有泄漏，并予以修复。

（3）用万用表检查

用万用表可以检查出空调系统控制电路中各传感器、控制器、执行器的故障，判断出零部件和电路的基本状态。当采用逻辑检修流程图时，可以把较为复杂的电路和器件故障迅速排除。

（4）用温度计检查

用温度计可以判断出蒸发器、冷凝器、储液干燥器的故障。正常工作时，蒸发器表面温度在不结霜的前提下越低越好（一般为4 ℃左右）；冷凝器入口管温度为70～90 ℃，出口管温度为50～65 ℃；储液干燥器温度应为50 ℃左右。

（二）自动空调故障诊断的特点和基本方法

自动空调系统电器线路较传统车型复杂了许多，给检修和维护带来了一定的困难。但它具有自我诊断和失效保护功能，工作时 ECU 不断监测系统工作情况有无潜在的故障，并把系统状况与程序参量相比较，如果某状况超出了这些极限，ECU 就探测到一项故障，于是就设置一故障码指出系统的故障部位。所以在维修自动空调系统时，先用自我诊断功能来获取汽车空调系统故障的第一手资料，如读取故障码、做元器件动作测试等，根据获取的信息进行检查和维修。只要我们能够对上述工作原理有详细的了解，按照正确的方法和程序进行检修，是可以起到事半功倍的效果的。其检修的基本方法如下：

1. 就车提取故障码

大多数自动空调系统都能把存储器中的故障码在电子仪表板上显示出来。不同的车型，提取故障码所用的方法不尽相同，维修时必须参阅维修手册。根据系统设计，一般计算机可以把代码存储很长一段时间，但当点火开关关闭时，会丢失一些故障码。对于点火开关关闭时不能保持故障码的系统，则需要驾驶汽车让其故障重现。一旦计算机探测到故障，必须在再次关闭点火开关之前提取故障码。

需要注意的是，故障码未必指明故障部件，它只指出系统不正常的电路。例如，显示出的代码表示空调系统制冷剂高压侧温度传感器有问题，但并不意味着该传感器已经损坏了，可能是与其相关的导线、连接点、传感器有问题，查找故障时一定要以维修手册的诊断操作规程为准。

2. 使用故障诊断仪

现代轿车都应用了许多计算机模块，它们通过一个多路系统 C2D 与 ECU 共享信息，使用故障诊断仪，将其连接到诊断接口，就可以读出大部分故障码，按照检修程序手册，便能迅速地找到故障点。例如，通用的 OBD Ⅱ诊断系统，它们都配备了较丰富的车型适配器与程序存储卡，以 OBD Ⅱ为例，进入 ECU 诊断程序的步骤如下：

① 利用部件结构图找出诊断插接器。

② 将正确的程序存储卡插入 OBD Ⅱ诊断仪。

③ 点火开关转到 RUN 挡。当完成发动程序后，显示屏将出现一个多层选择菜单。

④ 下拉菜单进入 ECU 诊断程序，读出故障代码。

⑤ 按照检修程序手册，查找故障部位并排除。

3. 使用普通仪表检修

由于 ECU 系统软件是预先写入且固化好的，很少会出现问题，所以，故障出现概率大的是传感器信号输入和输出控制部分，在缺少专业检测设备或无法读出故障码时，只要掌握了 ECU 工作原理和检修规律，使用普通仪表（如万用表），也可以排除故障，其基本方法如下：

① 首先要判断 ECU 系统主模块的工况，一般情况下，状态指示灯能正常点亮，系统控制部件有一部分能工作，计算机就不会有大的故障存在。此时检查熔断器和相应的接线端子有无磨损、短路、断路。

② 检查对执行器的控制情况（如对风机电动机、压缩机电磁离合器的控制），这个信号通常是开关数字信号，当指令不同时，输入到执行器的电压决定了输出的工作状态，这个数

值可以用万用表测量。这是与普通轿车控制信号明显的不同之处。

③ 当输入正常时，可进一步测量继电器、电动机的状态，判断其好坏，进行检修与更换。如果输入正常而没有输出，则很可能是ECU输出单元损坏。应急处理方法是临时接入机械开关手动控制。

4. 自动空调系统检修注意事项

由于自动空调系统实际上是一个计算机控制的电子电路，所以不能按照传统方法检修，以免造成人为故障或器件的损坏，应遵守下列注意事项。

① 禁止采用“试火”的方法让任何被控制电路搭铁或对其施加电压，且切勿使用试灯。

② 只能用高阻抗的万用表（如数字万用表）检测电路，特别是对各种传感器的检测应尤为小心。

③ 更改接线、分开任何到传感器或执行器件的电气连接之前，应首先关掉点火开关。

④ 接触ECU芯片时，应将手指摸在良好的搭铁处；更换元件时，应戴好防静电金属护腕，防止静电损坏电路元件。

⑤ 拆下蓄电池时，应该遵守维修手册的程序，防止停电时间过长，ECU内部数据丢失。

（三）SSCC故障诊断法

SSCC是“故障现象—系统—部件—原因”的英文缩写。按此法进行诊断可以找到出故障的部件和造成该故障的根本原因。

1. 故障现象验证

顾客把车送修是因为碰到了异常现象，诊断的第一步一定要对顾客所述的现象或问题进行验证。

2. 系统识别

系统排除：故障现象验证后，下一步是确定哪些系统可能造成顾客的问题。首先排除那些不可能的系统。

3. 部件识别

测试部件：导致故障的系统确认后，即需确定出故障的部件。对怀疑的系统进行必要的测试，找出有问题的电路或部件。

4. 确定原因

确定和修理造成问题的根源：此时故障现象已经验证，也确定了系统和出故障的部件/电路。现在需要确定问题的根源在哪里，并要加以处理，保证今后不再重新出现此类故障。

二、汽车空调系统故障诊断流程

SSCC故障诊断法包括：验证故障现象、确认重现故障现象所需的条件、确定相关故障现象、确定系统、进行所有为查出故障所需的诊断测试、解释测试结果、查找故障根源、进行适当的修理、验证修理效果等具体诊断工作。

（一）验证故障现象

第一步总是验证问题是否真的存在。验证故障现象（顾客反映的问题）可以很简单，只需进行直观检查证实确有故障；也可能比较麻烦，比如碰到间歇性故障时，甚至可能无法验证故障现象。

（二）确认故障条件

修理任务单是你收到的第一份信息。此时，顾客的问题还只是接车员对从顾客那里收集来的情况的一种转述。要重现问题，可能还需要将车置于特定的情况之下，比如满载行驶、转急弯或制动等。如果修理任务单没有明确说明这些具体情况或者无法重现问题，可以向接车员或顾客进一步了解情况。

（三）确定相关故障现象

确定相关故障现象/系统。如工单中列出多个故障现象，找出其间的联系有助于你确定出故障的系统。故障现象一经验证，就可根据你的经验做一个分析。首先判断可能造成该故障现象的系统。

（四）确定系统

故障现象（顾客反映的问题）确定后，即需确定造成该问题的系统。要使用一切可以利用的工具和资源来完成这一步骤。可参照维修手册的故障现象表检测，查阅与该现象有关的技术通报、服务信息或公开召回，可按其中的指示做进一步的诊断。还要查看维修历史记录，维修记录中所记载的以前的修理情况有可能与手头的故障现象有关联。

（五）查出故障

如果需要进行定点测试，一定要阅读有关信息和定点测试开始处的示意图。如没有要求，不要擅自进行定点测试。

（六）解释测试结果

对于一项具体的测试，一定要理解为什么要做，如果汽车没有通过这项测试，也不至于搞不清其中的原因。

（七）查找根本原因

现在需要确定问题的根源在哪里，保证今后故障不会再现。根本原因可能很简单，也可能很复杂。不管哪种情况，都要对发生故障的环境条件进行彻底考察。

(八) 进行修理

确定了故障根源后，必须进行修理。有关修理程序可参照相应的维修资料。

(九) 验证修理效果

任何诊断程序的最后一个步骤都是验证修理。解决问题的同时不会造成新的问题。需要清除全部故障码，在当初验证故障现象的同样条件下对汽车重新进行测试。

任务二　汽车空调系统常见故障分析与排除

一、汽车空调系统故障

汽车空调系统常见的故障有四大类：噪音、制冷不足、出风方向不对和电器异味等。

(一) 噪音

泛指一些空调使用时，机件相对运动而产生的异音。

1. 压缩机噪音

当使用冷气时，正常情况下压缩机只有在其电磁离合器接合或分离的瞬间产生“咔”的一声，在运转期间应极安静。如果运转时有“隆”“隆”的声响，则代表压缩机可能因管路中缺乏冷冻油而在磨耗了。

处理办法：一般只能重换新压缩机了。

2. 皮带噪音

通常是带动压缩机的皮带紧度不足，在压缩机接合负荷之后打滑产生尖锐的嘶叫声。

处理办法：可通过上紧或更换新的传动皮带来改善。

3. 风扇噪音

这里所指的风扇有两处：一指水箱后方协助冷媒冷却的辅助风扇（小风扇）；二指输送冷气的鼓风机。若它们的马达轴承磨损，在转动中会随转速升高而加大噪音。

处理办法：更换风扇或润滑鼓风机轴承。

4. 风向及热水阀门

当操作面板键调整温度时，控制引擎冷却水流入热交换器的热水阀门会动作；当您调整出风角度位置时，控制风向的翻板阀门会动作。这些元件在动作时可能会有些声音。如果空调系统属于电子恒温控制型，那么这类噪音也可能发生在引擎未发动时，即常见的中控台内异响。

处理办法：若不严重，可不去管它；否则，可去4S店要求连接电脑用5051或5052软件重新初始化并设置相关电机的电压值。

（二）制冷不足

1. 冷媒不够

冷媒是吸收热量的媒介，如果因久未充填、管路渗漏、混入空气等等造成系统中冷媒量不够，就会出现制冷不足的现象。可在使用冷气时从储液罐上的透明窗口检查管路内的冷媒量，假如在窗口看到很多气泡，就表示冷媒量不够。此外，冷媒若过度充填也会导致制冷不足的毛病，而且还会增加管路泄漏的可能。

处理办法：补充或抽真空测漏，并在修复后重新加注标准压力的制冷液及压缩机油。

2. 压缩机不运转

冷媒在管路中的工作循环必需依赖压缩机的输送，假如压缩机因冷媒压力异常、线路故障、温度传感器损坏或压缩机电磁离合器烧毁而不能接合运转，那么制冷就会不足。

处理办法：更换温度传感器或电磁离合器。

3. 冷凝器散热不佳

冷媒经压缩机压缩后为高温、高压气体，需依赖冷凝器的冷却和膨胀阀的降压方能成为低压、低温的液态冷媒，最后到达蒸发器吸收车厢热量而蒸发。倘若冷凝器（位于水箱前方）散热效果不好，比如，辅助风扇不运转、冷凝器散热片尘垢阻塞等，便会使冷媒液化不良，降低制冷能力。

避免方法：每次洗车时，用高压水从车正前方对准前进风格栅将散热器冲洗一番。若风扇不转了则更换小风扇，必要时进行专业清洁冷凝器。

4. 冷媒管路阻塞

这种情形最常发生在储液罐或膨胀阀上。

处理方式：清洗管路并重抽真空灌冷媒和更换新品。

5. 出风量太小

很多制冷不足的问题是由于空气滤网堵住而导致出风口吹出的风量太小才让驾驶者感到制冷不够的。现在越来越多的高级进口车装置活性炭微滤网，它的确能阻绝车外的尘埃和臭味，但这种配备在高污染地区很快就会被堵住了。此外，有很多驾驶者使用冷气总是喜欢把冷度调至最冷，风速转至最大，等到太冷或风声太吵就把风量转小，而很少再将冷度调温的，如此便仅以风量来控制温度。这会造成出口极冷而车厢不冷的情形，且易导致放出风口吹出霜雾出现蒸发器结冰的现象。

处理办法：更换空调花粉滤芯。一般将温度设置在21 ℃即可，使用AUTO模式运行。

6. 混入暖气

由于现代汽车的空调系统均结合了冷气与暖气，假如在需要冷气的情况下又因冷暖调和板故障而混入过多的暖气时就会造成制冷不足。这种情形可从两个现象判断得知：一是在冷车时的冷气较热车时为冷；二是引擎室内的冷媒低压管（通常管径较粗且覆有隔热材料）极冷，但冷气却不冷。

处理办法:检查更换暖风配送风道翻版电机;检查排除电脑控制故障。

(三) 制冷系统不制冷,无冷气

1. 压缩机传动带松动打滑或断裂

此种情况,应检查传动带松紧程度是否适宜,表面是否接好。传动带松紧度基准为:用拇指压在传动带中点,以其松紧度在10~15 mm为宜。

2. 压缩机不能运行

主要问题原因有:电器及压缩机问题。

(1) 电器问题

主要是电器器件接触不全、导线断裂、熔断丝熔断、继电器线圈脱焊、调温器电气触头及温度感应器件失灵等。

(2) 压缩机损坏,内部有泄漏

表现为低压侧压力过高,而高压侧压力过低,同时压缩机运转时有不正常敲击声。如果压缩机高、低压侧压差不大,可能是压缩机阀片破碎或轴承与密封垫损坏。

3. 制冷剂管路及系统是否泄漏

首先检查管路有无破裂,若有破裂应进行修理或更换。然后检查管路接头喇叭口及压紧螺母是否损坏,若有损坏应予更换。再检查胶管与硬管夹箍是否松动,若有松动,应拧紧。

(四) 制冷排放不够

导致制冷排放不够的原因主要有:制冷剂不够、制冷剂过多、冷凝器问题、系统中有空气。

1. 制冷剂不够

表现为高、低两侧压力表压力均低,在窥视镜中能够看到气泡,虽然能排放冷气,但明显不够,说明系统制冷剂不够或管路有泄漏,应找出泄漏处进行修理或更换损坏零件,拧紧松动管接头,增补制冷剂。

必须注意的是,检查运用R134a制冷剂的制冷系统泄漏,必须运用R134a专用检漏仪,因R12气体及R134a气体分子结合与物理学性能都不同,普通检漏仪检查不出R134a泄漏情况。

2. 制冷剂过多

表现为高、低两侧压力表压力均过高,窥视镜中看不到泡沫,仅仅从低压侧放掉多余制冷剂,问题就能排除。

3. 冷凝器问题

表现为高、低两侧压力表压力均过高。清洁冷凝器,检查是否堵塞,并调整风扇带轮张紧程度。

4. 系统中有空气

表现为高、低两侧压力表压力均过高,窥视镜中能看到气泡。问题处理方法是:更换干燥剂、检查泄漏、排放制冷剂、抽成真空后重新充灌。

5. 蒸发器鼓风机不转或转速不足

表现为蒸发器大量结霜，出风量不够，应检查鼓风机开关、电阻器或更换鼓风机。

6. 蒸发器堵塞或散热器变形

清除散热片上污垢后对散热片形状进行校正。

7. 膨胀阀张开度过大

表现为高、低两侧压力表压力均高，低压侧管路结霜或大量结霜。说明膨胀阀张开度调节失灵。应调整膨胀阀张开度，并检查感温器件，若失灵则应重换。

（五）出风方向不对

最常见的情形就是单边出风、爬坡时不出风、除雾不良等。通常是风向阀门卡住或真空储存器（用以存放引擎真空以驱动风向阀门）管路泄漏所导致。这类问题检修所费材料不多但颇耗时间。

（六）压缩机不能正常自动停转

空调开机后，压缩机一直不停运转的主要原因有：低压（或低温）保护开关损坏；高压压力开关损坏；温控器失灵；电线短路。

检查与排除：遇到这种现象首先要检查压缩机进气口的吸气压力和排气压力，如果吸气压力低于起跳值就说明低压开关损坏；如果排气压力高于起跳值就说明高压开关损坏，发现损坏可以直接更换压力继电器。接着检查温控器，切断温控器电源，看温控器能否正常起跳，不能就要进行更换。最后检查电路是否短路，线路有无破损现象。

（七）异味

经常在下雨时或一段时间未使用后出现，表现为汽车室内出现霉变和异味。

二、汽车空调系统常见故障诊断与检修

汽车空调系统常见的故障有不制冷故障、制冷不足故障、间歇性制冷故障和异响故障等。其主要表现为制冷系统、电气系统和机械元件出现异常，只有及时诊断和排除这些故障，才能保证或维持系统的正常运行。

（一）汽车空调系统不制冷故障诊断与检修

1. 汽车空调系统不制冷的诊断方法

汽车空调不制冷是空调器的常见故障，其基本的检修方法维修工一般都能掌握，即从容易部位入手，通过眼观耳听找到原因或部位，我们称之为感官检查法；而另一种检测方法——仪表检测法——容易被大家忽视，该方法往往能帮助我们准确快捷地查找故障原因。

(1) 感官检查法

① 检查压缩机运转状态：

a. 传动皮带是否断裂或松弛，若传动皮带太松就会打滑，加速磨损而不能传递动力。

b. 压缩机内部是否有噪声。

c. 压缩机离合器是否打滑。

② 检查冷凝器及风扇状态：

a. 冷凝器散热片是否被尘土覆盖。

b. 冷凝器风扇是否运转良好。

③ 检查鼓风机风扇运转状态：使用机在低、中、高三挡速度下运转，若有异响或电动机运转不良，则应进行维修或更换，否则送风气流不足。

④ 检查制冷剂液量：

通过观察窗如看到大量的气泡，说明制冷剂不足。向冷凝器泼水使其冷却，在观察窗口若仍见不到泡沫，说明制冷剂过量。检查各装置过接处和接缝是否有油污，若有则表明该处有制冷剂泄露，应重新紧固或更换零件(可用检漏仪)。

⑤ 检查暖通阀和热控风挡是否关闭，其他风挡调节是否正常(注：若压缩机离合器不能吸合、鼓风机风扇不能运转、冷凝器风扇不能动转等等，应先进入电气系统检查，如继电器、传感器、电路断路和短路、控制单元等)。

(2) 仪表检查法

这种方法利用成套各种压力表查找故障位置。首先关紧压力表的高压端和低压端开关，在停机状态下，将制冷剂加注软管连接在压缩机相应的维修阀上，并利用制冷剂装置中的制冷剂压力，排出软管中的空气。此时，高、低压端读数应处于平衡状态(约 6 kPa/cm^2)，起动发动机，维持 1 500 r/min，鼓风机转速设在最高挡，冷气设在最大位置，处于“再循环”状态。正常读数为：

R134a 低压：1.5～2.5 kgf/cm^2，高压：14～16 kgf/cm^2。

R12 低压：1.5～2.0 kgf/cm^2，高压：13～15 kgf/cm^2。

① 高压侧与低压侧压力表指示值低，通过观察孔可见气泡。

原因：制冷循环漏气，制冷剂没有定期补充。

处理：用测漏仪测漏，并进行修理，补充制冷剂。

② 低压侧压力表指示负压，高压侧指示比正常值低，储液瓶前后管路有温差，严重时，储液瓶管路前后有霜。

原因：膨胀阀或低压管阻塞，储液瓶或高压管路阻塞；膨胀阀压力，针阀完全关闭。

处理：清除或更换相关部件和储液瓶，若压力泡漏气，更换膨胀阀。

③ 高、低压两侧，压力表均指示比标准高，冷凝器械排出侧不热。

原因：制冷剂填充过量。

处理：排出多余制冷剂，使压力达标。

④ 在高、低压两侧，压力表均指示比正常值高，但停机后，高压侧压力急骤降至约2 kgf/cm^2。

原因：制冷循环中混入空气(抽空不够或填充时有空气进入)。

处理：重新抽空加注、如仍有上述症状，更换储液瓶及压缩机油。

⑤ 高、低压侧压力表均指示比正常值高，低压侧管路形成霜冻或深度冷凝。

原因:膨胀阀失效(针阀开启过宽);膨胀阀压力泡与蒸发器连接断开。

处理:检查和重新接好压力泡和更换膨胀阀。

⑥ 低压侧压力高,高压侧压力低,停机后,两侧压力立即趋于平衡。

原因:压缩机阀、活塞环损坏,不能有效压缩。

处理:更换压缩机。

⑦ 在低压与高压两侧,压力表指示值波动。

原因:由于干燥器超饱和,不能去除制冷剂中的潮气,使膨胀阀中的针阀不能冻结,引起冰堵,当制冷剂不在循环时,冰被周转热量解冻冻结成冰,这一过程反复循环。

处理:更换储液瓶及压缩机油,重新抽真空加注。

2. 汽车空调系统不制冷的故障原因及排除

空调制冷系统不制冷的现象是空调系统运行,但没有冷气产生,出风口无冷风。产生该现象的原因、故障诊断及排除方法如表 7.1 所示。

表 7.1　空调制冷系统不制冷的故障诊断

原因	故障诊断	排除方法
风机工作正常, 压缩机不工作	(1) 电磁离合器的故障 ① 熔断丝烧断; ② 导线接头或搭铁松动、断开、导线折断; ③ 电磁线圈断路或短路; ④ 电源电压低; ⑤ 恒温器开关烧毁; ⑥ 传感器组件损坏; ⑦ 压力开关动作异常; ⑧ 离合器间隙不合适或接触面有油垢	① 查找故障部位,更换熔断丝; ② 更换导线或接头,紧固搭铁; ③ 检查离合器,更换电磁线圈; ④ 检查、调整电压到 10.5 V 以上; ⑤ ~⑦ 更换控制组件; ⑧ 调整离合器间隙,清洗油垢
	(2) 压缩机的故障 ① 传动带太松或断裂; ② 压缩机咬死	① 调整或更换传动带; ② 修理或更换压缩机
风机工作正常, 压缩机工作	(1) 制冷剂泄漏 ① 管路破裂或接头松动; ② 压缩机轴封处泄漏; ③ 储液干燥器的易熔塞熔化	① 更换管路、拧紧接头; ② 更换压缩机轴封; ③ 更换储液干燥器的易熔塞
	(2) 系统堵塞 ① 系统内有水分造成冰堵; ② 系统内有脏污造成渣堵; ③ 膨胀阀感温包损坏	① ~③ 回收制冷剂,拆卸贮液干燥器清洁过滤器,更换干燥剂后抽真空,重新加注制冷剂
	(3) 膨胀阀的故障 ① 膨胀阀卡住不动作; ② 膨胀阀感温包损坏	① ~② 修理或更换膨胀阀
	(4) 压缩机的故障 ①进、排气阀门损坏	拆下压缩机修理

续表

原因	故障诊断	排除方法
出风口无风	(1) 线路的故障 ① 熔断丝烧断; ② 鼓风机开关或变阻器损坏; ③ 导线接头或搭铁松动、断开、导线折断	① 查找故障部位,更换熔断丝; ② 更换开关或变阻器; ③ 更换导线或接头,紧固搭铁
	(2) 鼓风机的故障 ①风机电动机损坏	更换鼓风机电动机

(二) 汽车空调系统制冷不足故障诊断与检修

1. 汽车空调系统制冷不足的原因

汽车空调系统制冷不足的现象是空调系统运行时,由于某些故障使得系统达不到规定的制冷量,车室内感到制冷量不足。

汽车空调制冷系统性能是否达到规定的要求,其主要的判别依据是车厢内温度能否达到预定的指标。一般情况下,若汽车空调运转正常,当外界温度在 35 ℃左右时,车厢内温度应保持在 20～25 ℃。要达到这一基本的汽车空调设计要求,除车厢的密封性能良好外,空调的制冷能力应较好。那么,有哪些因素会影响到空调的制冷效果呢?我们认为,如果汽车的空调制冷效果不好,可以从以下 8 个方面着手进行检测,查明原因:

(1) 制冷剂过多造成制冷不足

制冷剂过多,一般都是在维修时过量加注制冷剂而造成的。因为在空调系统中,制冷剂所占容积的比例是有一定要求的。如果所占比例太多,反而会影响其散热量,即散热量多制冷量就大;反之,散热量少则制冷量就小。同理,若在维修时过多地加入压缩机油,也会使制冷系统的散热量下降。

检修方法:从储液干燥器上方视液镜中观察制冷剂流动状况。如果汽车空调在运转时从视液镜中看不到一点气泡,压缩机停转后也无气泡,那肯定是制冷剂过多。如果加压的冷却机油量过多,空调系统正常运转时,能从视液镜中看到较为混浊的气泡。当然,若确定为制冷剂过多,则在空调系统低压侧的维修口处慢慢地放出一些即可。

(2) 制冷剂过少造成制冷不足

造成制冷不足的原因大多是由于系统中的制冷剂微量泄漏。倘若空调系统中制冷剂不足,从膨胀阀注入蒸发器的制冷剂必然也会减少,则制冷剂在蒸发器内蒸发时吸收的热量也将随之下降,制冷量也就下降了。

检查方法:制冷剂不足也可以从储液干燥器上方的视液镜中观察到。在空调正常运转时,若视液镜中有连续不断的缓慢的气泡产生,则制冷剂不足。若出现明显的气泡翻转的情况,则表示制冷剂严重不足。制冷剂若不足,应添加制冷剂,但要注意,若从低压侧添加,禁止倒置制冷剂瓶,若从高压侧加入则禁止启动发动机。

(3) 制冷剂与压缩机油内含杂质过多、微堵而引起制冷量不足

倘若在整个空调系统中,制冷剂和压缩机油内脏物过多,必然使过滤器的滤网出现堵塞,导致制冷剂通过能力下降,阻力加大,流向膨胀阀的制冷剂也会相对减少,故导致制冷量不足。因此,在维修空调时,选择合格的制冷剂是很关键的,尤其不应选择那些“三无”产品。

(4) 空调制冷系统中有水分渗入造成制冷不足

在制冷系统中有一个部件是储液干燥器(瓶),它的一个主要任务就是吸收制冷剂中的水分,以防制冷剂中水分过多导致制冷量下降。但当储液干燥器内干燥剂处于吸湿饱和状态时,水分就不能再被滤出,当制冷剂通过膨胀阀节流孔时,由于其压力和温度的下降,冷却剂中的水便会在小孔中产生结冻现象,并导致制冷剂流通不顺畅,阻力增大或完全不能流动。

检修方法:停机一会,待冰融化后,制冷系统又会表现出正常的状态。这是确认系统中有无水分的重要方法。为了更好地检测系统中水分的多少,有些汽车上所使用的干燥剂,不含水时的颜色为蓝色,一旦水分过多,干燥剂便成红色,这在该车储液干燥器上的视液孔上是可以看到的。

凡是属于制冷剂含水过多的故障,都应更换干燥剂或更换储液干燥器,与此同时,重新对系统抽真空,注入新的适量的制冷剂。

(5) 空调系统中有空气也是导致制冷不足的原因之一

空调系统中一旦有空气进入,将会造成制冷剂压力过高。制冷剂循环不良同样也会引起制冷不足。此类故障主要是由于制冷系统密封性变差或在维修中抽真空不彻底而造成的。

(6) 压缩机驱动带过松的检查

空调压缩机驱动带松弛,压缩机工作时会打滑,引起传动效率下降,使压缩机转速下降。压缩制冷剂的输送下降,从而直接使空调系统制冷能力下降。

驱动带检查方法是:在发动机停转时,在驱动带中间位置用手拨动驱动带,以仅能翻转 90°为佳。若翻转角度过大,则说明驱动带松弛,应拉紧;若用手翻转不动,则说明驱动带过紧,应稍微再松一点。当然,若紧固无效或驱动带已有裂纹老化等损伤,应更换一条新的驱动带。

(7) 冷凝器散热能力下降,也会导致空调制冷能力下降

由于汽车工作环境不同,装在汽车发动机前方的冷凝器表面会有油污泥土或杂物覆盖其上,从而使其散热能力下降。另外,冷却风扇的故障,诸如驱动带过松、风扇转速下降或风扇高速等问题,都会导致冷凝器散热能力下降。

解决方法:用软毛刷刷除冷凝器表面的污物,电风扇故障也应及时排除。

(8) 其他方面的原因

诸如电源电压过低使压缩机电磁离合器吸力下降或电磁离合器压板与皮带盘间有油污等,均会导致出现类似驱动带过松的"打滑"现象。若蒸发器表面结霜、吹风电动机转速下降等,也会造成制冷量不足。当然,若压缩机磨损或阀门关闭不严,同样会造成空调制冷量不足。

2. 汽车空调系统制冷不足的检修

汽车空调检修,一是系统出现故障后进行的检修;二是为确保系统安全运行而进行经常性的或定期检修。对空调系统制冷不足的检修同样如此,具体检查方法如下:

(1) 外观检查

首先检查压缩机皮带松紧度是否合适,支架、紧固螺钉、软管、铝管是否完好无损,冷凝器和蒸发器散热片是否干净无堵塞;其次,检查各管道接头、压缩机油封、冷凝器和蒸发器表面是否有油渍,若有油渍,则说明系统有泄漏;最后,用手触摸高压回路(从压缩机出口→冷凝器→贮液器→膨胀阀进口处),应呈较热状态,若在某一部位特别热或进出口之间有明显温差,则说明此处有堵塞;触摸低压回路(从膨胀阀出口→蒸发器→压缩机进口),应较冷,若

压缩机高、低压侧无明显温差,则说明系统有泄漏或没有制冷剂。

(2) 运行检查

启动汽车空调,在空气进口温度为30~35 ℃、发动机转速为2 000 r/min时进行系统检查。将风机风速调至最高,温度调至强冷挡,用压力表检查系统高、低压端压力。正常状况是:高压端压力为1.42~1.47 MPa,低压端压力为0.147~0.196 MPa,压力若不在此范围内,说明系统有故障。

3. 汽车空调系统制冷不足的故障诊断分析

空调故障排除应根据空调系统的故障现象,通过检查判断故障的位置和产生的各种原因。故障排除后,应对系统抽真空,目的是排除系统内的空气。抽真空后,再进行检漏。确认系统无泄漏时,按规定的制冷剂量充注制冷剂。冷冻润滑油油量过多,则增加功耗,并使热交换器性能下降;油量过少,则不能使运动零件得到润滑,并使密封性能变差。

空调制冷系统制冷量不足的现象是空调系统运行,但由于某些故障使得系统达不到规定的制冷量,车室内感到制冷量不足。产生该现象的原因、故障诊断及排除方法如表7.2所示。

表7.2 空调制冷系统制冷量不足的故障诊断

原因	故障诊断	排除方法
风机工作正常,压缩机工作正常	(1) 高、低压侧压力均高 ① 从见视窗观察制冷剂有气泡,说明有空气,无气泡,说明制冷剂过多; ② 冷冻油过多; ③ 冷凝器散热不良; ④ 高压管路有堵塞; ⑤ 热敏电阻失效; ⑥ 膨胀阀感温包松动或安装位置不当; ⑦ 膨胀阀开度过大	① 排除空气,放出过量制冷剂; ② 放出多余冷冻油; ③ 检查、清洁冷凝器; ④ 清除管路堵塞; ⑤ 更换热敏电阻; ⑥ 紧固或重新安装感温包; ⑦ 调整膨胀阀开度
	(2) 高、低压侧压力均低并伴有气泡 ① 制冷剂不足或泄漏; ② 膨胀阀有故障; ③ 膨胀阀开度过小	① 检查系统泄漏,加注制冷剂; ② 更换膨胀阀; ③ 调节膨胀阀开度
	(3) 高压侧压力正常、低压侧压力高 ① 膨胀阀感温包与蒸发器出口接触不良; ② 膨胀阀开度未调整好	① 重新安装膨胀阀感温包; ② 调整好膨胀阀开度
	(4) 高压侧压力正常、低压侧压力低 ① 从见视窗观察制冷剂有气泡且出口温度低,说明储液干燥器堵塞; ② 见视窗观察无气泡,蒸发器可能有问题; ③ 见视窗观察无气泡,膨胀阀开度可能未调整好或冰堵	① 清理或更换储液干燥器; ② 检查清洁蒸发器; ③ 调整好膨胀阀开度或干燥处理重新加注制冷剂
	(5) 高压侧压力低、低压侧压力高 ① 压缩机效率降低; ② 膨胀阀开度过大	① 修理或更换压缩机; ② 调整好膨胀阀开度

续表

原因	故障诊断	排除方法
风机工作正常,压缩机工作正常	(6) 高压侧压力低、低压侧压力为负值且见视窗无气泡 ① 压缩机停机后低压迅速上升,则有冰堵; ② 压缩机停机后低压缓慢上升,则有堵塞	① 制冷系统干燥处理; ② 清理制冷系统
	(7) 高压侧压力过低 ① 低压管路损坏; ② 低压管路堵塞	① 检查更换损坏管路; ② 清理制冷系统
	(8) 低压侧压力过低 ① 蒸发器结霜; ② 膨胀阀冰堵或脏堵; ③ 低压管路不畅通; ④ 热敏电阻失效	① 检查或重新安装感温包; ② 对系统进行干燥处理并清除脏污; ③ 检查低压管路并清理; ④ 检查更换热敏电阻
	(9) 低压侧压力有时正常,有时负压,系统内有水分造成冰堵	对系统进行干燥处理
	(10) 低压侧压力负压,高压侧压力过低,系统内有杂物造成脏堵	清除系统杂物,重新加注制冷剂
	(11) 低压侧压力过低,高压侧压力过高 ① 储液干燥器堵塞; ② 高压管路堵塞	① 清理过滤器; ② 清理高压管路
	(12) 低压侧压力过高,高压侧压力过低 ① 压缩机衬垫泄漏; ② 压缩机阀片损坏	① 更换压缩机衬垫; ② 更换阀片
风机工作正常,压缩机工作不正常	压缩机故障 ① 压缩机内部故障; ② 压缩机传动带过松、打滑	① 修理或更换压缩机; ② 调整或更换传动带
其他原因	电磁离合器故障 ① 电源电压低; ② 怠速调节器放大电路故障	① 检查调整电源电压; ② 检查或更换放大电路
风量不正常	(1) 冷风电机工作正常 ① 吸气口或送风口堵塞; ② 蒸发器结霜; ③ 送风管道损坏或堵塞	① 检查并排除杂物; ② 检查、调节温控器; ③ 检查、修理送风管道
	(2) 冷风电机工作不正常 ① 冷风电机开关或电阻器故障; ② 熔断丝烧断; ③ 电源电压过低; ④ 导线折断或接头松动脱落; ⑤ 风机叶片损坏	① 检查或更换开关或电阻器; ② 更换熔断丝; ③ 检查调整电源电压; ④ 更换导线或拧紧接头; ⑤ 更换风机损坏叶片

4. 汽车空调系统制冷不足维修注意事项

① 空调系统进行第二次充填制冷剂时，应先从高压侧进行抽真空，时间在 5 min 以上；然后再从高、低压两个位置抽真空。

② 填充制冷剂时，应从高压侧充填液态制冷剂，严禁从低压端以液态充填和起动发动机；可以起动发动机从低压侧充填气态制冷剂，但严禁打开压力表组的高压阀。

③ 在制冷剂填充过程中，切勿摇晃制冷剂瓶。

④ 严禁将制冷剂瓶放在 40 ℃以上的水中加热。

⑤ 在填充制冷剂时，应避免高温或火源，并在干燥、通风的环境中进行。

⑥ 严禁将水、杂质及空气混入制冷剂管道，严禁用嘴或压缩空气去吹制冷管道。

⑦ 连接压力歧管表软管时，应注意压力歧管表软管和压力表组歧管阀的正确对应连接以及高、低压力表所对应的压缩机进出阀接头的正确连接。

⑧ 连接压力歧管表软管或制冷剂瓶阀时，一般用手拧紧螺母即可，切勿使用钢丝钳等工具。

⑨ 从压缩机进出软管拆卸仪表软管时，必须快速、敏捷；拆卸高压软管时，要等压缩机停止工作(约几分钟)，待高压压力降低后再进行。

⑩ 在拆卸制冷剂管路或填充制冷剂时，切勿接近面部。

⑪ 在排放制冷剂时，要缓慢进行，以防带走压缩机油。

⑫ 给压缩机补充冷冻润滑油时，请务必使用指定牌号的冷冻润滑油，切勿混合使用或使用普通的发动机机油，对旋叶式的奥拓轿车压缩机来说，更应注意机油牌号。

⑬ 更换空调系统部件时，必须补充压缩机润滑油，应参考原装值为基准进行补充。

⑭ 连接制冷剂管道时，应在 O 形密封圈上涂一点压缩机润滑油。

(三) 汽车空调制冷系统制冷时断时续故障诊断与检修

空调制冷系统制冷时断时续的现象是空调系统运行，由于某些故障使得系统有时候制冷，有时候不制冷，车室内感到有时制冷量足够，有时闷热。产生该现象的原因、故障诊断及排除方法如表 7.3 所示。

表 7.3 空调制冷系统制冷时断时续的故障诊断

原因	故障诊断	排除方法
压缩机运转正常	① 制冷系统有冰堵； ② 热敏电阻或感温包失灵； ③ 冷风电机或开关故障	① 制冷系统干燥处理； ② 更换热敏电阻或膨胀阀； ③ 检修冷风电机或更换开关
压缩机时转时停	① 电磁离合器打滑； ② 电磁线圈松脱或接地不良； ③ 开关、继电器时断时闭	① 清洁电磁离合器结合面污垢，调整间隙； ② 检查电磁线圈并紧固； ③ 检查开关、继电器，必要时更换

(四) 汽车空调制冷系统失控故障诊断与检修

空调制冷系统失控的现象是空调系统运行时，由于某些故障使得系统无法改变原有工作状况。产生该现象的原因、故障诊断及排除方法如表 7.4 所示。

表 7.4　汽车空调制冷系统失控的故障诊断

原因	故障诊断	排除方法
在某一工况无法改变	① 热敏电阻或感温包失灵； ② 怠速调节器放大电路故障； ③ 膨胀阀卡住； ④ 开关、电磁阀故障	① 更换热敏电阻或膨胀阀； ② 检查或更换放大电路； ③ 检查或更换膨胀阀； ④ 检查或更换开关、电磁阀
车室内漏冷凝水	① 蒸发器集水管堵塞或安装位置不对； ② 低压管暴露在车室内	① 清除堵塞，调整安装位置； ② 采取隔热措施

(五) 汽车空调系统异响故障诊断与检修

1. 汽车空调系统异响的分类

汽车空调系统异响是常见的故障，一般常见的异响来源主要有以下几种：

① 电磁离合器噪音；

② 压缩机噪音；

③ A/C 压缩机打滑噪音；

④ 软管或制冷管路干扰噪音。

在进行空调系统异响故障诊断时，首先判断空调系统噪音的类型，然后进行下列情况处理。

(1) 噪音类型：叮当声、爆裂声、嘟嘟声、蜂鸣声

可能故障：压缩机叶片噪音。

排除方法：如噪音只持续 3 s 以下，属正常情况。如持续 3 s 以上，进行发动机怠速调整，如噪音依然存在，则对制冷剂量、压缩机机油进行检测，必要时进行更换和处理。在加注一定的润滑油后，检查压缩机是否还有噪音，如有则更换压缩机。

(2) 噪音类型：摩擦、旋转

可能故障：压缩机打滑。

排除方法：压缩机停止运转时，噪音是否立即消失？如是更换压缩机，否则检查驱动皮带及皮带轮。

(3) 噪音类型：碰撞、震动

可能故障：管道干扰。

排除方法：确认噪音是否从压缩机传出，如不是对管道进行紧固定、拧紧等操作。

(4) 噪音类型：咔哒

可能故障：电磁离合器。

排除方法:调整离合器压板和 A/C 压缩机皮带轮间隙。

2. 汽车空调系统异响的原因及排除方法

空调制冷系统噪声大的现象是空调系统运行时,突然出现比以往噪声大的异常声响(或声响明显增大)。产生该现象的原因、故障诊断及排除方法如表 7.5 所示。

表 7.5 空调制冷系统异响的故障诊断

原因	故障诊断	排除方法
机械噪声	(1) 传动带轮打滑 ① 传动带松弛; ② 传动带严重磨损; ③ 传动带张紧轮润滑不良	① 调整传动带; ② 更换传动带; ③ 加油
机械噪声	(2) 电磁离合器打滑 ① 压缩机负荷大,排气压力过高; ② 电磁线圈电流减小,吸力下降	①～② 检查或更换离合器
	(3) 压缩机 ① 安装松动或支架破损; ② 内部零件磨损; ③ 油面过低,润滑不良	① 紧固压缩机或更换支架; ② 修理或更换压缩机; ③ 添加冷冻润滑油
	(4) 风机固定松动或叶片等有摩擦	检查固定风机,更换损坏部件
工作噪声	① 制冷剂过多; ② 制冷剂过少,膨胀阀产生噪声; ③ 系统有水蒸气,引起膨胀阀产生噪声; ④ 高压侧压力过高,引起压缩机振动	① 放出多余的制冷剂; ② 补充制冷剂; ③ 对系统进行干燥处理; ④ 查找原因并排除

(六) 汽车空调供暖系统的故障分析及排除程序

汽车空调供暖系统的故障分析及排除程序与前述制动系统一样,故障的判断程序,是在听了驾驶员的保修情况后按由简到繁的程序,进行故障的具体部位判断,并进行故障排除,其现象、原因及排除方法如表 7.6 所示。

表 7.6 汽车空调供暖系统故障原因及排除

故障现象	故障原因	排除方法
不供暖或暖气不足	① 空调器风机坏; ② 风机继电器、调温电阻器坏; ③ 温度真空驱动器坏; ④ 热风管道堵塞或漏风; ⑤ 冷却水管阻塞; ⑥ 加热器积垢堵塞; ⑦ 热水开关或真空驱动器失效; ⑧ 发动机节温器失效	① 用万用表检查排除; ② 用万用表检查排除; ③ 更换真空驱动器; ④ 清理管路; ⑤ 清理水管; ⑥ 清理积垢; ⑦ 检修或更换; ⑧ 更换节温器

续表

故障现象	故障原因	排除方法
调节控制失效	① 熔断器断路或开关接触不良； ② 鼓风机调速电路失效； ③ 操纵开关不灵活； ④ 真空泄漏	① 检查熔断器和开关； ② 更换调速模块或调速电阻； ③ 调整或修理； ④ 检修真空系统管路和驱动器

任务三　汽车空调系统典型故障案例分析

案例 7.1　有一辆红旗轿车原出现不制冷的故障，经过外面一家维修中心维修后原故障已排除，但继而出现制冷不足的现象。

故障现象　通过检查发现空气系统及电路均无问题，但检测高、低压端的压力时，发现低压端压力过高，但高压端压力有偏低的现象。

经过系统常规检查后，通过观察检视孔出现空调工作时，视液孔内连续有气泡流动现象。

故障分析　由于该车是在别的厂维修过，而且是在原故障排除后出现的新故障，所以很可能是在维修工作时没认真地抽真空或有空气进入系统内。因为空调系统中一旦有空气进入或维修时抽真空不彻底或加注制冷剂时有空气渗入，都会造成制冷量不足。这主要是由于空气是热的不良导体，它在制冷系统的压力和温度下，不能溶于制冷剂，因而要占据一定的制冷剂空间，影响其散热能力。这些空气还会随制冷剂在空调系统中进行循环，从而导致自膨胀阀出来的制冷剂量下降，使空调制冷能力下降。制冷剂内空气过多，可以从储液干燥器上方检视孔内观察到。空调正常运转时，若视液孔内有连续不断的快速的气泡流动，则为系统内空气过多，这时就需要对制冷系统进行抽真空，再重新加注制冷剂。

故障排除　经过仔细地检漏后确认无问题，对制冷系统进行抽真空，然后注入适量的制冷剂，故障排除。

空调制冷系统出现的制冷不足、制冷效果变差等故障，一般以制冷密封性出现问题较为多见。因为现在轿车所用的制冷剂渗透性强，所以对系统的密封性要求也相应较高，制冷工作管道或工作阀稍有泄漏就会造成制冷不足的故障现象。

在维修制冷系统中除了借用专用工具进行检漏外，还得要细心、认真地做好规范维修，而且试机前后都要反复做好系统复查工作，确保故障完全排除。

案例 7.2　捷达都市先锋制冷效果时好时坏。

故障现象　一辆捷达都市先锋轿车，空调运行时，车内送风时凉时温。

故障分析　像这种空调制冷效果时好时坏的故障，既可能是电路方面引起的，也可能是空调管路系统相关部件引起的。仔细观察该车故障现象，车内送风凉与不凉，与压缩机离合器的工作与否并无直接关系。或许该车制冷系统内部有水分。

水分在管路循环系统中冻结形成冰塞，将会阻塞制冷剂在管路中的循环流动，一旦冰塞融化，又恢复正常工作状态。堵塞现象往往发生在制冷系统内部通道截面较小的位置，易于堵塞的部件绝大部分处于制冷系统的高压侧，如干燥过滤器、膨胀阀滤网等。

为了进一步确认故障，将压力表分别接在管路中的高、低压侧。让发动机运行，空调运转之后，高压表显示基本正常，低压表指示接近为零。压力表的指针产生不规则的剧烈摆动，无法读清具体数值。

仔细查看高压管路，发现膨胀阀附近有轻微结霜现象。当制冷系统内部存在水分或干燥剂吸湿能力达到饱和，往往会出现空调制冷效果时好时坏的现象。

据车主反映，该车以往曾发生过撞车事故，更换过冷凝器和部分空调管路，大概在安装检修、更换制冷系统部件时，空气进入系统中。空气中含有微量水分，会对制冷系统产生腐蚀，损害制冷系统。而且水分还在膨胀阀处结冰，阻止制冷剂的流动，降低制冷效果，严重时，还会导致冷凝器压力急剧上升，造成系统管路爆裂事故，如果拆检制冷系统部件时没有对管路系统进行密封，往往会产生不良后果。

故障排除　更换干燥过滤器。用压力表反复抽真空，排出系统内水分，充注适量的制冷剂。一切工作完成，空调运行正常，故障排除。

案例 7.3　一辆 1991 年生产的丰田登丰汽车，行驶里程：73 000 km，空调报警灯闪烁。

故障现象　空调报警灯闪烁。这车一开空调就发出可怕的声音，然后空调报警灯就闪烁。查看车辆，可怕的声音是从空调压缩机里传出来，已经达到根本不能再使用空调的程度。空调压缩机周围沾满黏糊糊的润滑油，接近烧毁的状态。

故障分析　这种型号的车，并没有设置专门驱动空调的皮带，而是与风扇以及其他设备共用一根皮带，因此一旦空调锁死，皮带被拉断，其他设备也得停止驱动，这是很危险的。为防止拉断皮带，特设检查空调锁死装置，一旦空调锁死，离合器即自动 OFF。实际上检查空调是否锁死的办法就是检测发动机与空调的转速差，这个转速差达到一定数值之后离合器即 OFF，与此同时真空开关阀也 OFF。顺便指出，空调沉重之后，空调皮带轮与皮带之间就打滑，滑动率超过 40%时，系统即认为空调锁死。具体来说，各车型的规定也多少有些差别，本车规定连续 0.6 s 滑动率在 40%以上即为锁死，这时离合器动作，同时空调报警灯闪烁。

故障排除　打开储液箱一看，里面积留了很多磨削粉。检查膨胀器，这里没有受到影响，但为慎重起见，也一起更换。剩下来还有导管，用压缩空气吹导管，在另一端用棉纱接着，证明导管中只有少许磨屑。用压缩空气吹净冷凝器。冷凝器有多个通道，一个一个地调查，有两个通道堵塞了。只能一个一个地疏通。储液箱也必须吹洗干净。一切就绪之后开始组装，然后填充冷媒介质，检查高压侧和低压侧都没有问题，然后再确认各项机能，结果全部正常。维修工作结束。

案例 7.4　一辆 1992 年生产的丰田 E－AE100 汽车，行驶里程：66 000 km，自动空调不能调整风量。

故障现象　自动空调风量调整失灵。

故障分析　这辆车自动空调的风量选择，不管是自动还是手动，从低到高共分六挡。首先确认故障症状，把自动、手动开关切换到 AUTO（自动）位置，根据温度的设置值空调风量能从弱到强连续变化。但是切换到手动位置时，即使温度设置得很低，风量也不稳定，偶尔风量大；温度设置得高，风量变化量也不大。说明手动时没法把风量从微量到高量进行调整。

在手动位置把温度设置得高，或者在自动位置把温度设置为最低，可以清楚地听到继电器的动作声和鼓风机的旋转声，应该说电源和电机都没有问题。鼓风机电动机上装着三脚连接器，大约是功率三极管，两根粗线是电源线，一根细线是控制线。

在自动状态下改变设置的温度，确认控制线的电压，电压确实随设置温度而变化，但风量随电压变化，因此，功率三极管是正常的。在手动状态时，从 LO(低温)位置向 HI(高温)位置调整风扇开关，电压变化不稳定，相应地风量变化也不稳。风扇控制原理是操作风扇开关时，功率三极管的基极电流分成六个等级，因而功率三极管的集电极和发射极电压也分为六个等级，这样加在鼓风机电动机上的电压也分为六个等级，所以有六个等级的风量。

故障排除 本车空调处于自动调整状态时，风扇电动机电压可以连续变化，所以自动空调放大器应该没有问题。拆下控制板，检查风扇控制开关，发现内部有一个小的可变电阻，估计这就是手动风量控制器，一测量电阻，电阻变化不定，从而确认这里不良。更换风扇控制开关后，测量手动控制风量时鼓风机电动机电流，电流从 4 A 到 17 A 分级变化，表现非常良好。维修工作结束。

案例 7.5 福特汽车空调系统不制冷故障检修。

故障现象 一辆福特轿车因事故修复空调器不制冷。

故障分析与排除 据介绍，该车冷凝器、膨胀阀、高低压复合管、干燥器已全部换成新的，充、放制冷剂好几次，先前制冷效果不太好，后来干脆不制冷，并且压缩机断续停机。

首先对起动发动机进行检查，但不到 5 min 压缩机就自动停机。根据以往的经验，压缩机断续停机一般有以下几种情况：制冷剂过量、压缩机电磁离合器的电源继电器故障、冷却系统故障、散热风扇故障和热敏电阻失效等。

通过检查，发现压缩机附近的低压(回气)管温度偏低(结露)，压缩机壳体温度也偏低，这是制冷剂过量的征兆。用压力表检测，果然是压力过高，达到 0.2 MPa(当时的气温为 25 ℃)，放掉多余的制冷剂后，压缩机就正常运转了。

开机 10 min，测试空调出风口温度为 15 ℃，制冷效果不理想。再检查压力，低压 0.12 MPa，高压约 1.4 MPa，与正常的压力差别不大。经检查，压缩机温度高，高压(排气)管温度也很高，低压回气管温度接近正常；检查膨胀阀无堵塞现象，鼓风机风道外进风口关闭，内通风道畅通无堵塞，蒸发器无污垢和积灰，冷凝器冷却效果良好(虽热但不灼手，也是正常的)。那么是不是压缩机因老旧而功率下降呢？不是。根据实践经验，压缩机工作异常和功率下降，其征兆是所谓“高压不高，低压不低”。但此车高、低压比值大体正常。再检查干燥器，没有堵塞，表面既不“挂霜”也不“结露”。那究竟是什么原因引起制冷效果差呢？最大的可能是系统内有空气或水分。若有空气，那么高压升高快，而且随着发动机运转时间延长，升高会愈来愈明显。我们用向冷凝器泼凉水的方法，证明系统内没有混入空气(如果有空气的话，压力不会很快降下来)。看来系统内很可能含有水分。因为以往遇到过有些氟利昂厂家生产的氟利昂质量不好，纯度不够，内含水分。经分检，认为水的含量不是太多，系统堵塞不明显(如含量多，膨胀阀就会堵塞而不制冷了)。现在只有怀疑干燥器了，可是干燥器是刚刚换上的新配件，按理不应该有问题。经检查干燥器的高压进液管与高压出液管，温度略有差别(如不仔细反复比较，很难鉴别出来)，说明干燥器有轻微堵塞。

放掉制冷剂(注意：稍微打开低压阀，慢慢排放，以免带走冷冻机油)，更换干燥器；抽真空(半个小时以上)；加注制冷剂，起动发动机；打开空调开关试运转。空调开机 5 min，系统运转正常，制冷效果良好，蒸发器出风口温度 3～4 ℃。

检修小结：这是一辆事故车，事故前空调器很好。事故只是把冷凝器撞坏了，其他部件均完好，换了新冷凝器，加了氟利昂为何不制冷呢？其根本原因是加注的氟利昂中有水，致使干燥器吸水饱和。据介绍：第一次加氟利昂后，膨胀阀“结露”，放掉氟利昂，换了膨胀阀；

第二次加氟利昂后干燥器“结露”，又换了干燥器；第三次加氟利昂后高、低压复合器“结霜”，再换复合管。这些做法都是因为误判为堵塞。如果开始判断有水分，放掉原有的劣质制冷剂，换掉干燥器，重新加注高质量的制冷剂，就不会出现继续换掉其他完好的部件而造成的浪费。

案例 7.6　捷达都市先锋空调制冷效果不佳。

故障现象　一辆 1999 年产捷达都市先锋轿车，空调制冷效果不佳，用测温仪在空调出风口检测，空调运行时车内最低温度只有 16 ℃。

故障分析　该车压缩机能够正常运转，在空调控制系统电路上应该不会有问题。故障应该出在空调管路系统上。不妨接上压力表测高、低压侧压力以确认故障范围。发动机运转时，将转速控制在 1 500～2 000 r/min 之间，让压缩机工作，低压表读数为 0.26 MPa，高于标准值 0.12～0.20 MPa。高压表的读数为 1.90 MPa，也高于标准值 1.20～1.50 MPa，高、低压侧压力均偏高。冷凝器散热不良、制冷系统有空气、制冷剂过量或膨胀阀损坏，都会出现高、低压侧压力均高出标准值的情况。

通过观察管路系统中的视镜，可以知道制冷剂量是否正常或制冷系统是否存在空气。该车制冷系统工作时，视镜中没有气泡流动；当提高或降低转速时，又会出现气泡。关闭空调后，视镜内立即产生气泡，随后消失。看来，制冷剂量正常。压缩机工作时视镜内未见有细小泡沫，看来制冷系统中没有空气。检查冷凝器。发现冷凝器的翅片已经严重堵塞，仔细查看，发现这些堵塞物全是毛状微粒，原来是杨树上的絮毛。那时正值夏初季节，杨絮飘舞，该车风扇运转时，将很多絮毛吸入冷凝器的翅片之中，影响了冷凝器的散热效果。从压缩机过来的高温、高压制冷剂在冷凝器得不到良好的冷却，空调制冷效果当然不佳。

故障排除　拆掉冷凝器的固定螺栓，用压缩气体吹净冷凝器上的絮毛，又检查了风扇胶带，发现胶带截面上有很多裂纹，更换一根风扇胶带，将冷凝器固定螺栓拧紧。复装试车，空调运行良好，制冷效果恢复正常。

案例 7.7　一辆三菱帕杰罗轻型越野车，空调系统工作时好时坏。

故障现象　一辆三菱帕杰罗轻型越野车，空调系统工作时好时坏，有时出风口吹冷风，有时则吹热风。在吹热风时，断开空调开关后，过一段时间再接通，空调系统还能恢复正常工作，而且，好与坏的时间长短毫无规律。

故障分析　首先在空调系统正常工作时，用歧管压力计检查空调系统制冷剂(R134a)的工作压力，检查结果高、低压力均正常。

根据故障现象，初步判断是制冷剂中含有水分，在空调系统工作时形成“冰堵”故障，所以产生上述异常现象。放掉全部制冷剂，反复抽真空后，充入新的制冷剂，故障依旧。在空调系统发生故障时，立即检修，发现空调系统不制冷、空调压缩机的电磁离合器不吸合，但空调冷却风扇正常运转。根据电路原理图得知，空调系统正常工作时，空调放大器的输出一路为控制冷却风扇继电器，另一路为经过双重压力开关和冷却液温控开关控制空调压缩机电磁离合器继电器。所以首先检查双重压力开关，压力开关正常；然后检查冷却液温控开关，在发动机冷却液温度正常情况下测得其电阻值为无穷大，处于非正常状态。

故障排除　检查到此已经明确，故障原因是冷却液温控开关无规律地处于非正常状态和正常状态，造成了上述现象。换装一只新的冷却液温控开关后，空调系统制冷正常，故障完全排除。

案例 7.8　上海通用别克轿车，空调出风口的冷风出风异常。

故障现象 一辆上海通用别克轿车装有R134a全自动空调。行驶过程中,空调出风口的冷风出风量逐渐减小,再过一段时间后,又恢复正常,出现间歇性制冷的故障现象。

故障分析 观察压缩机的工作情况,发现压缩机能够一直吸合。连接好空调压力计,测试系统内的高、低压端压力,数值正常。利用车辆专用检测仪TECH2进行检测,无故障码存储,读取ECU内有关空调的数据(主要是空调压力信号),没有发现异常。通过制冷剂纯度分析仪测试制冷剂成分后发现,系统存在28%的R12。别克轿车装备的是变排量空调压缩机。空调系统工作时,空调控制系统不采集蒸发器出风口的温度信号,而是根据空调管路内压力的变化信号控制压缩机的压缩比来自动调节出风口温度。在制冷的全过程中,压缩机始终是运转的,制冷强度的调节完全依赖装在压缩机内部的压力调节阀来控制。当空调管路内高压端的压力过高时,压力调节阀缩短压缩机内活塞行程以减小压缩比,这样就会降低制冷强度;当高压端内压力下降到一定程度,低压端压力上升到一定程度时,压力调节阀则增大活塞行程以提高制冷强度。

由于该车空调系统制冷剂内混入了R12,造成系统内压力控制不良,制冷强度上升。在此状态下工作一段时间后,过低的温度使蒸发器外壁结霜,空调出风口无风,当蒸发器外壁的霜融化后系统又恢复正常。

故障排除 因为别克轿车空调系统添加的制冷剂应为R134a,于是排空系统内的制冷剂以清空R12。由于过低的温度已经改变了压力调节阀内部弹簧的弹性系数,所以压力调节阀也应更换。更换压缩机压力调节阀后,用氮气清洗空调管路并抽真空后填充纯正的R134a制冷剂,再次开空调试验,故障排除。

案例7.9 一辆凌志LS400轿车,空调鼓风机只有高速挡,而没有低速挡。

故障现象 开启空调时,空调鼓风机只有高速挡,而没有低速挡。

故障分析 LS400轿车空调鼓风机采用自动空调鼓风机,而控制系统无法通过微机自诊断读出。从其电路图可以看到,空调微机输出一个正电压信号给鼓风机功率放大管基极R2,导通功率二极管,从而控制鼓风机搭铁回路,且鼓风机转速在功率管饱和之前会随着晶体管基极112点的电压升高而加快。当高速继电器接收到来自微机端子输出的一个信号时,高速继电器吸合,鼓风机以高速运转。

故障排除 由于鼓风机高速运转正常,这说明电源部分正常,故障主要出在功率晶体管A/C微机控制器或微机控制器功率晶体管的电路上,即空调风机控制器电路。用一只正常的10 W灯泡做成试灯,一端接蓄电池正极,另一端接功率晶体管的A2,将功率管的A1端直接接蓄电池负极,再将功率晶体管的B2接头接上一个10 kΩ的可变电阻,电阻另一端与蓄电池正极相接,调节可变电阻阻值。正常时,灯泡的亮度会随阻值的变化而变化,而此时灯泡却一直没亮,这说明功率晶体管有故障。更换一新的功率晶体管,鼓风机转速恢复正常,故障排除。

案例7.10 一辆捷达CI轿车空调压缩机离合器不吸合。

故障现象 行驶过程中空调压缩机离合器突然分离,而且再也不能吸合。

故障分析与排除 根据故障现象,考虑故障原因有可能是空调系统散热不良,长时间运转导致制冷剂温度过高,膨胀压力太大,冲破易熔塞而泄漏。但用压力计测试制冷系统压力,发现压力完全正常,由此可以判定故障应存在于电气电路部分。打开点火开关,接通空调开关，拔下低压开关插头，对其供电电压进行测量。电压值为蓄电池正常电压，说明空调开关、5 ℃温度开关及连接电路正常。然后，脱开发动机微机的连接插头，测量发动机控制单元至空调低压开关的电路，但未发现异常。另外，高压开关及其电路经检查也没问题。接下来要检查空调控制器。发动机微机通过空调控制器控制空调压缩机离合器的接合与分离，其工作过程如下：

当按下空调开关后，空调加入信号经温度开关，低压开关由 28 引脚进入发动机微机。当微机接收到该信号后，根据怠速开关和节气门位置传感器信号确定空调是否加入及如何加入。

如果怠速开关闭合，即发动机处于怠速工况时，微机收到空调加入请求信号后，并不会立即接通空调继电器，而是给出 140 ms 的延时，同时，微机将提高发动机转速。这样，当空调压缩机工作时，发动机将有足够的功率补偿，使怠速保持稳定。若节气门全开，即发动机在全负荷工况运行时，即使空调开关接通，微机也将切断空调继电器，使空调压缩机停止工作。

当节气门脱离全开位置时，微机会接通空调继电器，使空调压缩机恢复工作。检查空调控制器，发现空调控制器上的熔丝没有熔断且连接良好。其 30 和 1 引脚供电及 74 引脚与微机 76 引脚接地均正常。检查 74 引脚，测量 74 引脚，却始终是发电机电压 13.5 V，无接地。而空调压缩机离合器不接合时，该引脚电压值为发电机电压；在空调压缩机离合器吸合时，电压为 0 V，74 引脚与蓄电池负极相通。把 74 引脚人为接地后，空调压缩机工作正常。

因此，怀疑是发动机微机未接收到空调请求信号，从而不能对 76 引脚进行接地控制。故重新脱开微机插头，着重检查 28 引脚及 76 引脚，对这两处插针、插孔进行处理后装复试车，一切正常。至此查明故障原因为发动机微机插头接触不良，导致空调系统不能正常工作。

项目练习

1. 简述汽车空调系统不制冷的原因及排除方法。
2. 画出汽车空调系统不制冷故障诊断框图。
3. 简述汽车空调系统异响的原因及排除方法。
4. 画出汽车空调系统异响的故障诊断框图。
5. 简述汽车空调系统制冷不足的原因及排除方法。
6. 画出汽车空调系统制冷不足的故障诊断框图。
7. 汽车空调系统的常见故障诊断方法有哪些？
8. 简述汽车空调系统的故障诊断流程。

技能实训

一辆上海帕萨特 B5 GSi 型轿车空调不凉，且随着鼓风机风速的提升，出风口的温度也会有所升高故障实训。

一、训前准备

（一）学生组织

学生按照 5～6 人一组进行分组，每组内按照实训进行分工，主要有测量、工具准备、故障分析推导等工作。

（二）实训场地及工具准备

维修车间一个、捷达轿车或大众系列车型数台、大众专用诊断仪 V. A. G1551 或 V. A. S5051、维修工具及设备。

其他车型可参照本项目的实施过程，按照车型的维修手册和相应的诊断仪器进行诊断维修实训。

二、操作步骤

按照已经分好的小组，让学生制订维修计划，实施维修：资讯→诊断分析→制定检修方案→查阅维修手册进行检修→故障点确认与排除等。

（一）资讯

首先倾听客户对故障的描述后再进行有针对性的询问，确认故障发生时的症状、故障发生的时间、出现在什么工况和环境条件以及故障发生前后的保养维修情况等。资讯如表 7.7 所示。

表 7.7　维修车辆登记表

<table>
<tr><td rowspan="4">基本信息</td><td>车主</td><td></td><td>电话</td><td></td></tr>
<tr><td>性别</td><td></td><td>检修日期</td><td></td></tr>
<tr><td>车型</td><td></td><td>保养次数</td><td></td></tr>
<tr><td>底盘号</td><td></td><td>行驶里程</td><td></td></tr>
<tr><td rowspan="2">使用状况</td><td>道路</td><td colspan="3"></td></tr>
<tr><td>载荷</td><td colspan="3"></td></tr>
<tr><td>故障日期</td><td colspan="4"></td></tr>
<tr><td colspan="5">用户对故障描述</td></tr>
<tr><td colspan="5"></td></tr>
<tr><td colspan="5">故障现象确认</td></tr>
<tr><td colspan="5"></td></tr>
<tr><td colspan="5">故障原因分析</td></tr>
<tr><td colspan="5"></td></tr>
</table>

(二) 汽车空调不凉，且随着鼓风机风速的提升，出风口的温度也会有所升高故障分析

引起汽车空调系统不制冷故障的原因很多，在前述章节已有分析，主要有车厢的密封性能或隔热性能变差、蒸发器的空气量减少、冷凝器效果差、制冷剂充入量太多、膨胀阀开启过大、压缩机效率降低、制冷系统中制冷剂不足、系统内有空气、脏堵、制冷系统间断制冷、膨胀阀"冰堵"等，这里不再赘述。

(三) 制定检修方案

在制定诊断维修方案时，必须确定汽车空调不凉，且随着鼓风机风速的提升，出风口的温度也会有所升高故障原因。诊断和维修就是要看汽车空调是否具备正常制冷的条件，如果不具备就要通过维修和更换故障元件来满足。按照诊断由简到繁、先电后油、从外到内的一般程序，进行分析。

故障原因分析：

用手触摸空调系统高、低压管路，温度情况均正常，此时诊断对象移至冷气系统气流通道部分。大家都清楚外界新鲜空气是通过尘土与花粉过滤器进入进风口的，再由鼓风机送至蒸发箱，并在此处经过热交换变成冷气进入车厢内。由于全冷量工况下暖风小水箱的风门是关闭的，因此，尽管小水箱始终与冷却系统相通处于工作状态，但冷气系统仍能正常工作。小水箱的风门是由空调冷暖调节开关通过拉线控制的，一旦风门拉线松弛或脱落造成风门关闭不严，必然会使出风口温度升高。经检查，此种故障可能性被排除。

关于尘土与花粉过滤器是否堵塞的问题：如果进入内循环状态与外循环状态时，制冷情况存在明显差别，尤其是外循环时制冷量不足，则表明过滤器存在问题。而该车在使用内、外循环时制冷效果相差无几。看来问题还是存在于空调制冷系统。

帕萨特 B5 的空调制冷系统主要由空调压缩机、冷凝器、节流阀、蒸发箱及气液分离器等部分组成。在该系统检查过程中，节流阀进口端烫手出口端冰凉，表明该阀工作正常。如果制冷效果差的原因出在压缩机部分，则可能的原因包括：压缩机产生液击现象，内部击穿不制冷。比较明显的特征是：系统中高、低压值比较接近；压缩机内压力调节阀损坏，使压缩机不能变排量；系统内过脏，导致压缩机脏堵，不能实现变排量；制冷剂不足或过量。经测量，制冷系统压力值为：低压端 0.17 MPa，高压端 1.32 MPa（发动机怠速，鼓风机 1 挡）；低压端 0.17 kPa，高压端 1.37 MPa（发动机 2 000 r/min，鼓风机 1 挡）；低压端 0.15 MPa，高压端 1.72 MPa（发动机转速 2 000 r/min，鼓风机 4 挡）。

以上的数据表明系统压力正常，压缩机不存在液击现象。因对压力调节阀的工作可靠性尚无检查手段，于是采用替换法更换压缩机总成进行试验。考虑到变排量压缩机其结构特点决定了系统的高、低压力，受排量的大小、室外环境温度及负荷等诸多因素的影响，不能用测压力的方法来确定制冷剂的量。因此在加注制冷剂时，应严格按照要求采用专用设备加注 R134a 750 g。

为了检查系统管路是否堵塞，更换压缩机前用压缩空气进行吹冲，然后用清洁汽油进行清洗。同时还将节流阀拆下进行了检查，并将其滤网进行了清理。然而，结果依然令人失

望。在排除了压缩机、节流阀及管路故障的可能性后，蒸发箱便成了最可疑的对象。通常蒸发箱结霜也是导致制冷能力不足的一个重要原因。主要是因为空气通过蒸发箱时被冷却，在翅片表面凝水结霜，空气通道被堵塞，蒸发箱换热阻力增加，致使其制冷能力下降。于是拆下暖风空调调节装置面板及右杂物箱，将手伸进去触摸蒸发箱的表面。只有右侧大约1/4部分冰凉，由右至左逐渐由凉变温，而从节流阀到蒸发箱之间的管路上出现结霜现象。大家都知道，蒸发箱是利用低温液态制冷剂蒸发潜热来吸收空气中所含热量的热交换装置。因此，对于蒸发箱来讲，制冷剂和空气之间的热交换要尽可能充分。为了进一步判断蒸发箱内是否出现堵塞，进行了如下试验：

取一支家用热水袋装满开水，将其敷在节流阀到蒸发箱之间的管路上，用温度计检测出风口温度。如果出风口温度能够下降，说明蒸发箱是畅通的；反之说明蒸发箱内部堵塞。经测量，在热水袋敷上后，出风口温度未发生变化，由此可以判定故障部位就在蒸发箱。更换了蒸发箱后故障排除。

故障总结：变排量压缩机空调系统随着排量的改变，不会出现明显的系统高压侧压力过高、低压侧压力过低的现象，从而使得因蒸发箱堵塞造成的故障不能很容易被判断出来，这是由变排量压缩机空调系统的结构特点决定的。

（四）查阅维修手册进行检修

汽车空调系统主要部件的检测、制冷系统的压力测试、管路泄漏等项目，参见前面相应的学习单元。在这里按照帕萨特轿车空调系统维修手册学习空调维护作业检修。

（五）故障点确认与排除

按照检测维修方案，经过对制冷系统管路、节流膨胀装置、热交换器等部分的检修，最终会排除帕萨特空调不良的故障。

按照表7.8所示流程进行故障点确认。

表7.8　故障点确认

序号	检查项目	正常与否

按照表7.9进行故障排除。

表7.9　故障排除

序号	故障部位或零部件	故障原因	修复方法

（六）废料和废品处理

对维修中更换的零部件和废气、液体，要分门别类的进行处理，避免造成资源浪费和环境污染。

三、学生填写任务工单

任务结束后，填写《任务工单》。

四、实训结果评价

对实训结果进行评价。

项目反馈

将项目评价反馈填入表7.10。

表7.10　项目评价反馈表

项目名称							
学生基本信息		姓名		学号		班级	
		组别		时间		成绩	
考核能力	考核项目	评分标准	满分值	学生自评	小组互评	教师评价	平均分小计
专业能力	相关知识	是否正确	35				
	技能实训	是否正确	35				
社会能力	团队合作	是否和谐	5				
	劳动纪律	是否严格遵守	5				
	沟通讨论	是否积极	5				
方法能力	制订计划	是否合理	5				
	学习新技术能力	是否具备	5				
	总结能力	能否正确总结	5				

参考文献

[1] 郝军.汽车空调[M].北京:机械工业出版社,2009.

[2] 田小农.汽车空调检修[M].北京:人民交通出版社,2007.

[3] 麻友良.汽车空调技术[M].北京:机械工业出版社,2009.

[4] 夏云铧.汽车空调应用与维修:从入门到精通[M].北京:机械工业出版社,2008.

[5] 龚文资.汽车空调[M].北京:化学工业出版社,2010.

[6] 李祥峰.汽车空调[M].西安:西安电子科技大学出版社,2008.

[7] 崔选盟.汽车空调结构、原理与检修[M].北京:北京大学出版社,2005.

[8] 肖鸿光.汽车空调[M].北京:机械工业出版社,2009.

[9] 郑为民.汽车空调原理构造与检修[M].北京:化学工业出版社,2010.

[10] 尹万建.汽车电气设备原理与检修[M].北京:高等教育出版社,2008.

[11] 满维龙,郭微.汽车电气设备构造与维修[M].南京:江苏科学技术出版社,2010.

[12] 王金华.汽车空调检修[M].北京:高等教育出版社,2010.

[13] 徐剑东,谭本忠.汽车空调原理与维修图解教程[M].北京:机械工业出版社,2012.

[14] 梁家荣.汽车空调[M].北京:机械工业出版社,2013.

[15] 张蕾.汽车空调[M].北京:机械工业出版社,2006.

[16] 杨贵田.汽车空调[M].大连:大连理工大学出版社,2010.